新闻评论写作教学

开放的评论课堂

（第二辑）

马少华　著

中国教育出版传媒集团
高等教育出版社·北京

内容简介

本书选编了中国人民大学新闻学院马少华老师有关新闻评论课、论证与修辞课的教学日志和研究文章共70篇，生动地记录了师生间充满观点碰撞的课堂讨论和充分深入的线上线下交流。本书以真实的教学实践为依托，从新闻评论的思维与表达特点、观点与事实因素、论证与谬误、修辞效果、表现层面五个编目，深入探讨了有关新闻评论写作规律和写作教学的一些重点难点问题。

作为线下与线上相结合的创新性教学探索，本书第一辑曾获得2017年北京市高等教育教学成果奖二等奖，入编第二辑的是作者2015年之后写作的作品。本书围绕高校新闻评论课的教学内容和主要问题展开，由本科课程及于硕士研究生课程，由评论及于论证与修辞，呈现了在师生共同努力下认识的拓展和深化。本书不仅对新闻评论教学有启发作用，还可引导读者提高理性思辨的能力。

本书可作为经典教材《新闻评论教程》（第三版）的教学参考书，也可供媒体从业人员及喜欢言论写作或论证、修辞的社会大众学习参考。

图书在版编目（C I P）数据

新闻评论写作教学：开放的评论课堂.第二辑 / 马少华著. -- 北京：高等教育出版社，2022.7
ISBN 978-7-04-058435-6

Ⅰ.①新… Ⅱ.①马… Ⅲ.①评论性新闻-新闻写作-高等学校-教材②评论性新闻-新闻写作-教学研究-高等学校 Ⅳ.①G212.2

中国版本图书馆CIP数据核字（2022）第046781号

Xinwen Pinglun Xiezuo Jiaoxue: Kaifang De Pinglun Ketang (Di-er Ji)

策划编辑 黄子祺　责任编辑 黄子祺　封面设计 李树龙　版式设计 徐艳妮
责任绘图 邓　超　责任校对 张慧玉 刁丽丽　责任印制 耿　轩

出版发行 高等教育出版社
社　　址 北京市西城区德外大街4号
邮政编码 100120
印　　刷 三河市吉祥印务有限公司
开　　本 787mm×960mm 1/16
印　　张 22.5
字　　数 380千字
购书热线 010-58581118
咨询电话 400-810-0598
网　　址 http://www.hep.edu.cn
　　　　 http://www.hep.com.cn
网上订购 http://www.hepmall.com.cn
　　　　 http://www.hepmall.com
　　　　 http://www.hepmall.cn
版　　次 2022年7月第1版
印　　次 2022年7月第1次印刷
定　　价 49.00元

物 料 号 58435-00

序：没有围墙的评论课[①]

刘海龙

少华和我同是2002年秋季学期进入人大新闻学院任教的，他曾是名满天下的《中国青年报》评论员，我一直把他当成学习的前辈。接到为他的新书《新闻评论写作教学：开放的评论课堂》写序言的任务，第一感觉是这使不得。但他的一句话说服了我："咱们俩可是网友，交情不一般。"

确实是这样，我和少华一直以两种平行的身份交往，一个是网友，另一个是同事。1999年底在朋友的推荐下，我用刚买的二手电脑登上了中青在线的青年话题版。在这个当时人气颇旺的BBS里，我第一次体会到了身处网络江湖带来的快乐。从看帖、回帖，发展到发帖、论战，赶上了网络论坛的黄金时代。在众声喧哗中，少华的时评独树一帜，严谨理性，说理透彻，文字朴实，发人深思。在讨论中，我们便成了"网友"——尽管这个词现在听上去有些过时。

成为同事之后，我们有了线下的接触，更领略了现实中少华谦谦君子的风采，但还是不如线上的交往更纯粹。2000年后，随着国家出台一系列严格的互联网政策法规，风云一时的网络论坛逐渐衰落。2004年左右又兴起了博客，这是更适合少华这类传统媒体评论员完整、独立表达的新媒介。他如鱼得水，几乎天天更新，写时评专栏、写读书心得、写生活感悟，其中关于乌托邦的篇目已经集合为一本有趣的书《想得很美：乌托邦的细节设计》。本书则是出自其中的评论教学日志等栏目。我把少华的博客地址列在自己的博客链接栏，登录自己的博客时总会习惯性地去他那里看看有没有新内容。遇上自己感兴趣的话题时，还会肆无忌惮地评论几句（所以我也是此书的众多合作者之一）。本书的大部分内容，我都在第一时间读过。作为多年来的忠实读者，写点读后感就成了难以拒绝的义务。

到2010年左右，当大多数自媒体人转向微博时，少华仍坚守在博客。对于追求整体的、复杂的表达者来说，微博显然太缺乏表达的深度了。年复一年，少华博客上这些零散的评论课思考越攒越多，逐渐显现出体系来。少华真是个有心人，博客空间被他改造成教学改革的实验室。这些偶然出现在课堂内外的师生讨论被他写成博客二次传播，又引来更多学生与同行的参与，然后再反哺课堂，现在还成为富有特色的新闻评论课案例教材。少华可谓是真正打破了新媒

---

① 本文为刘海龙为2015年出版的《新闻评论写作教学——开放的评论课堂》（第一辑）写的序。

体与传统课堂的界限。

读少华的书稿时，我一边脑中浮现当时阅读这些文章的情景，一边赞叹他对教学的投入和对教学方式的探索，线上网友和线下同事两种平行身份终于汇合。和第一次在纸上读到的这些文章不同，当年在网上阅读的这些文章都有特定的政治、文化语境。评论也不像纸版上的这样经过筛选，而是一次性完整呈现。博客上有更多不适合写入书本的人际间互动，同时还有时间因素带来的特定节奏。有时是数人短时间内的争论，有时是一两天之后路人甲的精彩言论。和临场发挥的博客文章相比，书是按照评论的知识体系编排的，很难兼顾展现问题和讨论本身的演进过程。从某种意义上说，这本文集可以看成是老媒介（印刷书）对新媒介（博客）的模仿，原始传播的语境信息在转化过程中不可避免会有所衰减。

面对以印刷书本呈现的内容，读者自然会有重新语境化之后的观感。而作为一个原始文本的读者，我有幸比普通读者多了解一些“语境信息”，因此就不揣冒昧，谈些个人感想。

作为同事，我印象最深的是少华对教学方法的探索。和整个社会一样，高校也在经历着巨变。随着前些年高校的扩招，学生增加，再加上高校评估体系向科研倾斜，高校的教学质量下降明显。教师承担着国外公立学校的工作量，却被要求达到私立学校的教学质量与科研水准，其中的分裂可想而知。课上得再好，学生评价再高，但是难以被现有工作评估体制承认。而为这种不合理管理方式最终买单的还是学生。这导致师生双方对于课堂教学的期待与参与意愿都大大下降，课堂变成背英语单词或上网冲浪的场所，师生之间的联系变得越来越稀薄。但是在少华的教学日志里面，我们看到的却是另一种景象。他对教学充满热情，经常把自己的见闻与所思所想带入课堂，与同学们讨论。他把发言学生的名字写在黑板上，录下同学的课堂发言并将其中精彩的部分写进他的日志。从他的日志中可以看出，他记得每个发言同学的姓名及其发言内容，这种本事真是让人望尘莫及。西方人曾总结说一个好统帅必须随口叫得出每个士兵的名字，这样才能获得他们的忠诚。少华尊重在课堂上和博客空间中与他讨论问题的每个人，只要是独特的观点，不论他们是知名的评论员还是本科生，都一视同仁。这种开放的态度在课堂内外培养了一批忠实粉丝，据我所知，当学生看到他们的名字和文章、信件出现在少华的博客中，常感到兴奋，像得到嘉奖，这激励他们下次拿出更好的观点。正是由于他们热情的深度参与，少华的课堂总是充满活力。

中国的高等教育受传统苏联教学方法影响较大，一般先从抽象的概念、理论讲起，强调知识体系的构建，这常常导致实务课程教学与实践的脱节。然而从少华博客里这些充满趣味性题目的日志可以看出，少华的课堂是以学生为中心的。他从案例和具体作品出发，让学生在讨论和写作中自己领悟。教师只是个主持人，学生才是课堂真正的主角。这与近年来流行的翻转课堂背后的理念不谋而合。学生在课堂上并不是被动地接受知识，这些工作可以通过课下的资料阅读完成，课堂的时间应该留给思考、讨论和完成作业。这样，学生在与教师、同学的充分互动中才能将知识真正变成自己的经验。这突破了以知识点识记为中心的传统教学方法。任何一门学科的知识都无穷无尽，日新月异，即使记住了，考试结束后也总会忘记。与其让学生面面俱到地掌握一个学科的所有知识，还不如让学生通过探索自己感兴趣的几个知识点，真正体会某种新的思维方式带来的解放效果。事实证明，少华的这种方法行之有效，激活了课堂。

本书有一个独特的栏目——考试判卷说明，这也是少华对目前高校教学体制的一点个人的修正。在现有高校教学体制中，期末考试的主要功能是给学生的知识掌握情况评定等级，只能算是教学的附属物。我们所在学校要求所有期末试卷必须在考试后整理上交，以备查考。也就是说学生除了分数外，看不到自己错在哪里，对在哪里，失去了一次宝贵的学习机会。

> 在以往判卷子的过程中，我都有一个遗憾：如果教学过程中每一次看同学的作业都是一次教学和交流的机会的话，那么，最后判卷子却不是这样的机会。因为你虽然看出了各种各样的问题，也看到了同学非常好的表达，但却没有机会与同学交流了。这个检验学习结果的最后过程，对于他们永远是一个黑箱。因为，学校在制度上就没有安排出老师对考试结果与判卷标准向同学们做出说明的机会——我们再没有“课”了。这意味着在学校里，我们再没有时间也没有教室来合法地进行这种“最后的教育”了，尽管学生和老师实际上都有这种需求。（《最后的公正如何实现：我正在判卷子》）

上述对期末考试的看法，体现了少华对于教学的理解：它的每一个环节都应该是以师生交流为中心的。他通过自己的新媒体平台，弥补了现有期末考试制度设计上存在的弊端。其实本书还在许多地方体现了少华的这种良苦用心。他引入了教学博客，让同学重新发现课堂发言中未来得及展开的内容，将学生有代表性的问题及他的回答发给所有同学参考。这些博客在课堂之外，给了学生第二次讨论的机会。新媒体提供了一个更开放的平台，这次参与讨论的不再限于上课的师生，参与者有其他课堂的师生、编辑和记者、时评作者，甚至普通的网民。他的博客像是个没有围墙的小型专题研讨会，把对某个问题感兴趣的人聚集在一起。少华的谦虚中立使得许多讨论的结果变得异常开放，经常会导向新的未知领域，每个参与者都有所收获。可能多年后学生未必会记得在这个课堂上学到的新闻评论技巧，但是这种探索带来的意外与快乐一定会让他们终生难忘。

少华的课堂之所以有这个效果，和他对每个学生的尊重有密不可分的关系。这种人人平等的态度表现在他对于学生作业的看法上。他就像一个报社的编辑，把学生作业看成真正的评论作品：

……其实我一直不愿意把评阅学生习作说成是“判作业”。因为我看到的，都是独立思考的真实的评论作品，甚至是可以直接公开发表的作品；而我，除了是一名教师之外，也是这些作品真实的读者，尽管可能只是唯一的读者。我是怀着一种怜惜的心情来看待它们的，尽管它们从我这儿得到的可能只是一个分数。（《新闻评论教学应该有怎样的专业自信》）

这种态度会影响到学生的自我认知，如果他们把每次作业看成实战，就会以更认真的态度全力以赴。据我所知，这些作业中就有不少优秀作品后来见报发表。与此同时，课堂内外的研讨也经常吸引知名媒体的一线评论员们在博客上参与交流。比如在《一篇评论背后的编辑思考》中，《新京报》的编辑为少华课上所讨论的评论提供了编辑策划过程的细节，让同学们对一篇评论的生产过程有了直观认识。新媒体的参与感把同学们带入编辑部和作者的书房，了解作者和编辑们在写作中的思考和困惑，破除了专业写作的神秘感和距离感，让他们树立“我也能做到”的信心。这无形中打破了我们一直在批评的教学与实践之间的那道看不见的壁垒。

除了在新闻评论写作的教学方式上多有创新外，少华近年来在教学内容上也有新的尝试。对于不同观点，他向来抱着宽容的态度，但是一涉及论证与表达的规范，他就变得苛刻、较真起来。想必读者会在这本书里找到不少例子。这既是他多年来养成的职业习惯，同时也蕴含了他对于理想社会的某种期待。理性、规范的表达方式是通往协商与真相的必经之路，以此为基础的社会才能称为民主的。因此评论教学不仅是技术传授，而且是理性思考与表达方式的系统学习，它不仅涉及专业的新闻评论写作，也与新媒体条件下日益增长的公民表达息息相关。

近些年来，少华开设的课程不再局限于传统的评论写作，开始走向一般的论证与辩论。这也和媒体技术发展所导致的新闻学院人才培养结构的变化有关。一方面，专业从事新闻工作的学生比例在减少，但另一方面，传统媒体的话语权被更多人分享，公共空间的意见表达者更加多元。如果新闻传播教育还是固守边界，路只会越走越窄。未来的新闻传播教育不会局限在传统的专业记者培养上，还会走向针对大众的媒介素养教育。本书的“论证与辩论分析”课教学日志就是这方面的探索,尽管才刚刚开始。这是专业的新闻传播教育向通识教育、公众媒介素养教育靠拢的尝试。在一个心灵鸡汤大行其道、立场优先、情感鼓动压倒理性思考的时代,这样的公民教育既奢侈又十分必要。当公众的表达能力从140个字的微博进一步简化到转发、点赞,丧失的不仅是表达能力,还是思考与参与复杂公共事务的能力。所以,这本关于评论的教学日志所谈的不仅仅关乎评论,它还关乎健全公民的培养。少华用自己的行动开了个好头。

2015年

序：评论如何教育

高明勇

马少华老师的教学日志《新闻评论写作教学：开放的评论课堂（第二辑）》出版，期待已久，可喜可贺。少华兄嘱我作序，我依照我自己的观察、理解与思考，谈谈“评论如何教育”这个话题。

从评论史的视角看，评论教育的作用越来越大，如果说评论写作着眼于当下、关注现实生活，那么评论教育则是着眼于未来。

也正鉴于此，近些年我对评论教育投入了较多的时间和精力：一方面，我想看一看历史上那些具有现代意义的评论家是如何认识和写作评论的。① 另一方面，我试图从文献中考察中国现当代大学评论教育的尝试与探索——从教育目标到师资配备，从课程设置到教材编写，乃至实习安排。②

在对评论教育历史的考察中，我意识到，评论教学，作为评论思维培养的氛围与土壤——并非单纯依靠“象牙塔”内的讲授与培养，更多的要靠社会风气的熏陶与多种力量的潜移默化：一个重视事实核定、概念厘定、逻辑推理等公共言说要素的社会风气，举足轻重。③

在当下的语境中，如何让评论教育与现行的教育体制有机结合，让评论教育回归传统、回归逻辑，与业界保持互动，与喧嚣保持距离，无疑面临着较多的困难与挑战。而评论实践的发展与评论教学的变革，都提供了相应的参照。

无论是评论写作，还是评论教育，最终都要回到“具体的人”。在马少华的教学日志中，写作者是具体的人，教育者是具体的人，作为教学伙伴的学生，也是具体的人。我从中能看到一位又一位具体而鲜活的人，正在思考的人。看到他们，我就看到了鲜活的教育。这些教学日志至少是在纸面上可以观察到的评论教学。

几年前，著名经济学家汪丁丁教授出版过一本专著，叫作《思想史基本问题》。他在书中指出：思想史的核心意义，对教育而言，就是熏陶学生们关于重要问题的敏感性。这个书名和观点同样适合评论史。

---

① 详见《青年记者》2015 年以来“高看一眼”专栏。

② 详见高明勇：《言论史上的“评论课”——以燕京大学新闻学系为例（1924—1952 年）》，《青年记者》2016 年第 30 期。

③ 详见高明勇：《言论史上的“讲理课”——政论素养产生机制的一种梳理》，《青年记者》2016 年第 33 期。

一来,如何从评论史更为宽阔的视野去重新思考评论写作的意义和评论教育的价值;二来,从评论史的视角看,评论写作的基本问题都有哪些。

从本书中可以看到,少华兄关注的是评论的思维与表达、观点与事实、论证与谬误、修辞与表现等问题。

他曾写道:“作为评论教员,我还有什么可以坚守的呢?至少有这么几样吧:论证的严谨扎实、表达的创造力、观点交流的畅达。”

显然,少华兄也意识到基本问题的重要性。如果把评论作为一种基本思维训练的话,“论证”“表达”“观点”……这些都可以说是“基本问题”,以此为基础,配合具体实践,教学相长,评论教育方能心有灵犀,评论写作方能行稳致远。

很长一段时间内,困扰新闻教育、评论教育的一个“痛点”,是经常被批评“不接地气”,并由此衍生出学界与业界的沟通不畅乃至隔阂、误解等问题。这一问题的实质,其实是不少高校的新闻专业所教授的并不是“真实世界的评论学”,至少是距离真实世界有相当的距离。

评论写作和评论教学是要面对真实世界,理解真实世界,与真实世界对话的。可是,反观当下的评论教学,对“世界”的认知有多少,对“真实”的理解有几分,都是耐人寻味的问题。

本书的一篇篇教学日志,穿插着课堂内的观点碰撞,闪现着舆论场的批评互动——而这正是少华兄的努力带来的启示:“真实世界的评论学”不是脱离评论实践的“为教而教”,不是脱离现实生活的“为评而评”,不是脱离章法规律的“价值失焦”。

记得少华兄认真思考过一个问题:评论写作和学习的社会价值何在?

作为高校评论教员,这其实可以算作“灵魂之问”,问题的背后则是“评论的力量”何在?

思想家以赛亚·柏林在《观念的力量》(*The Power of Ideas*)中谈到,观念的力量是由意义和情感构成的矢量,观念并无力量,有力量的是情感:驱使我们行事的不是意义,而是情感。

评论本身也是一种观念的传递、表达与互动。评论的力量,说到底是观念的力量,是关注的力量,是沟通的力量,是直抵问题实质的力量。

当然,前置条件是,什么样的评论才算是有力量的评论?

这又涉及当下评论的内涵和外延如何重新界定,在不同媒体身份、不同媒介载体的转换间,评论又有何种区别。

力量,往往孕育在这些思考与追问中。

在阅读著名人类学家项飚教授的对话集《把自己作为方法》时,我第一时间想到少华兄。确实,他的显著特色之一,同样也是“把自己作为方法”来研究评论、教授评论。

按照项飚教授的观点,“自我”不再是一个自足的概念,而是一个可以检验的命题,在不同的层级和权重上,取不同的分寸和距离,而不止于一些抒情或模糊的话语。

马少华的评论课除了包含固有的学术文献与理论框架,还有大量直接从生活经验中抽出的现实见解与历史认识。他进行评论教学的同时,自己也在报纸杂志撰写评论,他利用博客发布教学日志,也利用博客与评论界互动,而他自身在报刊的编辑经历,又成为评论教学的第一手资料。

把自己作为方法,本应更多是人文社会科学的一种“正常”路径。

就评论而言,评论写作的出路在于把自己作为方法,“走出自我”,评论教育的出路在于“走进内心,走出围墙”。

著名人文学者陈平原教授在《文学如何教育》中说,文学教授要反省当下中国以积累知识为主轴的文学教育,呼唤那些压在叠床架屋的“学问”底下的“温情”“诗意”与“想象力”。在我看来,这既是研究需要,也是现实诉求。

如果“文学”替换为“评论”,这个观点依然成立。

从少华兄的努力来看,不难得出这样的结论:评论教育不是简单探讨“有没有用,有什么用”,而是探讨“如何才能有用”:个人层面如何写,机构层面如何办,学校层面如何教。

“何谓评论”的维度,从工具到知识,从文本到修辞,从参与到伦理,评论的内涵和外延已经发生“质变”。

“如何教育”的维度,从专业走向公共,从特权走向人权,从表达走向对话,评论的“围墙”越来越模糊,就像一些著名高校的围墙一样,消弭于无形之中。

在马少华这里,评论不仅是一种思想操练、一种公共表达,更是一种沟通对话。归根到底,他提供了一种“具体化的价值场景”“大趋势中的小提醒”。

代序：我并不据守“传统意义上的新闻评论”

2019-06-25

在第十三届红辣椒时评研讨会上，一位作者在发言时表示：

传统意义上的新闻评论，应该与自媒体进行差异化竞争……新媒体的表达自由、讨巧，极具个性化，目的是流量、吸睛，加上标题有夸张成分，有较大“吸睛力”。新闻评论应在选题、评论角度上面多做文章，避免选一些鸡毛蒜皮类的话题，或写一些鸡毛蒜皮分量的观点。

就谈评论的选题来说，这话本身我是同意的。但是，在学生的学期论文中看到其引用这段话中的“传统意义上的新闻评论”应该怎么怎么样，还是觉得与我自己的观念有些不同。

我在同学的论文中批注说：

“传统意义上的新闻评论”意味着一个历时态的对比框架，似乎不适合作为评论发展议题的逻辑起点。因为，为什么要坚持“传统意义上的新闻评论”？坚持的到底是什么？这些问题没有得到回答。

我的点评其实指出的是“传统意义上的新闻评论”在研究中的内涵和外延没有界定清楚，无论是在事实层面还是在价值层面。

这当然是从研究角度的挑剔。但是，在教学的理念上，我也不把自己看作一个据守“传统意义上的新闻评论”的人，尽管我曾经作为报纸评论员，写的就是“传统意义上的新闻评论”，现在作为评论教员，课上的教学案例也多是在主流媒体上发表的评论——这可能给同学们一种误解：我以“传统意义上的新闻评论”为评论的正道，而以新媒体上的创造性表达为昙花一现的旁门左道。

我最好不要给同学们这样一个保守的印象。

应该说明的是，我之所以给同学们这样一个印象，是因为：

第一，我自己的观察和写作经验是有局限的，主要局限于那些在大众传播媒体上发表的、讲求表达效率、注重论证的评论文章。因为我自己过去是报纸的评论员和评论编辑，即使离开报社，也主要在报纸上发表评论。

第二，我的评论教学体系是有局限的。尽管我已经在评论教学案例中注意增加了一些在新媒体甚至自媒体上发表的作品，尤其是那些在修辞上有创造性，在论证上更为专业的作品。但是，我已经形成且长期使用的教学体系，以及隐藏在这个教学体系背后的传播理念，是大众传播的，也可以说是主流媒体的。

实际上，我的评论课，是以最“传统”的大众传媒——报纸上的评论写作和编辑经验为基础，来讲授评论的写作传播规律的。因为目前报纸还大量存在，在《人民日报》《光明日报》《新京报》《南方都市报》等报纸和它们的新媒体上发表的大量评论，仍然在观点市场上拥有较大的份额和影响力。这似乎为我“传统的”教学体系提供了合理性基础。

但是，应当看到，互联网开阔的空间、自媒体多元化表达的渠道，已经在较大程度上改变了传播格局，因而必然在较大程度上改变传受关系，从而改变作者与读者之间关于“文体”的默契。

应当认识到，以往所有的“文体规范”，都是在特定的传播技术和传受关系之中建立的默契。它们在较大程度上受制于传播渠道的成本（比如报纸的版面、广播电视的播出时间）；更在较大程度上受制于不同受者的注意力资源（比如大众传媒的读者、观众和听众是“不确定的陌生人”，而书信的读者则是确定的熟人甚至亲人，他们各自投入的注意力是完全不同的）。大众传媒的报道和评论之所以特别讲究文本结构内部的效率（比如消息的“倒金字塔”结构），正源于此。

19 世纪末、20 世纪初评论文体的变革，梁启超所创造的“新文体”，以至他所确立的“时评”文体，正是在现代报刊这一传播媒介的基础上实现的。

而当代互联网基础上的新媒体，不仅带来了传播技术和渠道的变化，也比以往传播技术的变化更为深入地影响了传播格局（尤其是影响了观点传播的格局）。这在逻辑上必然带来文体的更新。作为评论教员，我应当用一个更为开放、积极的态度来观察这些变化：哪些是创造性的、有效的改变？它们为人们的观点交流增益了什么？

所以，我一般不愿意回答“老师，那样的文章算不算新闻评论”的提问。因为与“新闻评论”这个概念本身相对应的，可能是一个固化的、封闭的文体观念。尽管我们的课程名称目前仍然叫作“新闻评论”（其实它应该叫作“观点写作课”或“观点表达课”），但写作的实践是开放的。

那么，作为评论教员，我还有什么可以坚守的呢？

至少有这么几样吧：论证的严谨扎实、表达的创造力、观点交流的畅达。

——无论评论形态发生了什么样的变化，无论你是否还把它们叫作“评论”，这几样都是有实践价值的，也是有教学价值的。

我愿意为同学们未来多样化的、创造性的写作提供一些值得保留的基本价值，而不愿意暗示给他们一种固化的文体规范。

目录

第一编　新闻评论的思维与表达特点

新闻评论的传播环境和受众需求决定了评论思维和表达的一些特点，也影响到评论的选题。

评论写作中的传播性因素和认识性因素

2019-9-17

从上一个学期开始，我把第一讲"新闻评论的思维与表达特点"简化为普遍性、集中性、连贯性和效率性四点。其中"普遍性"主要体现在思维层面，而"效率性"则主要体现在表达层面——其实涉及的是有利于作品传播的层面。"集中性"和"连贯性"既体现在思维层面，也体现在表达层面。

我在课堂上向同学坦陈：我给新闻评论总结的这几个"特性"，并不具有"知识"的品格，而至多是"经验"的概括。也就是说，把它们看作独立的"知识"是没有意义的。我只是通过这种提示帮助同学们在整体上体验新闻评论，接通评论现象，建立自己的经验。所以说，它们是经验性的，是对到处存在的经验的一种归纳，它们本身并不具有完备性。

在本学期的第一次课上，我对此四个特点进行了简要解释：

"普遍性"，主要从人类认识普遍规律的层面揭示评论思维的广度和高度。

"集中性"，一方面是为了在文本中保证认识事物的专注和透彻；另一方面，则是为了保证文本在传播中的易辨识性和易接受性，这其实与新闻传播的特定环境有关。

"连贯性"，虽然是所有文本的普遍规律（规范），但在新闻评论的讲授中，我着意于揭示观点性文本的连贯性特点以及体现连贯的衔接策略，并特别提醒：文本层面的连贯是保障认识深入的手段。

"效率性"，则是新闻传播体现传播资源（包括受众的注意力资源）和传播节奏的本质特点，而评论有其体现效率的特定策略。

然而，在昨晚课后，一位男同学向我提出了一个问题，既显示出他独到的思考，也意外地促使我对自己的教学特点进行反思。

他说：

老师在讲评论的时候强调评论思维和表现的"集中性"和"效率性"。但我自己在阅读的时候感到，在一些思想性鲜明的著作中，作者的思路往往旁枝逸出，虽然有的没有充分阐释，也不是其思想的主线，但这些文字蕴含着更多的启发性。而与此相较，就像我们在教科书和评论中看到的那样，如果我们在开头较为明显的地方就看到了作者明确表达出来的内容，后面的内容无非是对前面显豁表达内容的论证或说明，那么从阅读心理来看，我可能对后面的内容感到索然无味，缺少期待感。老师，你是怎么看这个问题的呢？

我觉得，他的感受很真实，提出的问题也很有意义。我试着这样来回答他：

你说的这种情况确实存在，我在阅读中也往往有这样的感受。我想，之所以存在你描述的前一种情况，是因为人不仅靠语言文字去传播，更要靠语言文字去思考。你说的那种作品文本其实展示了一个真实的思考过程。这样的文本也隐藏着可能的认识空间。

与此相较，教科书则具备的是另一种功能：它是对成熟思考的传播，它只以更易理解和接受的方式传播那些明确的、完整的，也差不多是学界共识的观点。在教科书的文本中，你所说的那种“思想的文本”潜藏的“可能的认识空间”一般都看不到，确实会给人一种“一览无余”的感觉。这种差别是因为它们是功能不同的两种文本。

虽然新闻评论与教科书是不同的东西，但两者在某一点上相同：它们都是传播性的文本。传播意图追求的一些效果，会牺牲掉作者头脑中那些可能与论点关联度不高，或者不够完整、成熟的思考。如果后者足够重要和成熟，那么作者其实可以将那些思想另写一篇文章。

那位同学接着问：

如果我不写新闻评论，或者不按照新闻评论的规范那样写，而只是用文字记录下自己的一些思考，这样的写作可不可以呢？

我回答：

这当然可以，你不妨把它看作两个过程：一个是“用笔来思考”，一个是“用笔来向别人传播自己的思考”。只有在后面这个过程中，那些文字在形式上才会更多地接近新闻评论的样子，并受新闻评论体现出的那些传播规律的影响。

实际上，新闻评论的写作，也是“用笔来思考”。只不过，最初那些体现认识过程的文本，都会在后面的修改中删掉，最终形成的是一个适合传播的文本，而“体现认识过程的文本”（可以说是“草稿”）并没有单独的传播价值，除非是作为研究资料的历史名家草稿。

与这位同学的这番对话使我比以前更为清醒地意识到：我的教学体系，至少在“新闻评论的思维与表达特点”这一讲中，确实更多地注重新闻评论写作中传播方面的问题，而可能较少重视认识方面的问题。

我在讲到新闻评论表达的“效率性”时往往以消息写作中“倒金塔式导语”

为例,从中就可以看出我的这种倾向,因为它比较典型地反映了新闻写作在传播方面的技巧。

反观我的第一讲“新闻评论的思维与表达特点”,其中的“表达特点”固然体现在传播层面,但“思维特点”其实也主要是面向传播的,而不是指对特定事物的认识。

比如在讲“集中”的时候,我讲到作品议论的“集中”会提高一篇作品在传播中的可辨识性——方便人们描述和记住这篇文章“是写什么的”,这显然是针对传播效果的。

在我讲到提炼段落“主题句”是实现作品议论集中的表达策略之一时,也会强调“主题句”会提高阅读的效率——这不也是传播层面的事吗?

我的教学体系更为重视新闻写作中传播方面的因素,一方面可能是因为:传统的新闻评论课程在总体上仍然遵循着写作学的框架,尽管是一个专业写作学的框架。从古代的“文论”到当代的写作学体系,都是着眼于形式方面的。而新闻评论作为一门专业的写作学,它的形式特点体现的其实正是新闻传播的规律。

另一方面可能是因为:新闻评论中的认识层面——即如何针对一个具体的新闻事件或问题展开认识,生发观点,这其实更多的是在真实的选题、具体的情境中,由作者结合自己积累的认识资源和特定禀赋而呈现的一种过程,难以在普遍性的教学框架中深入和展开。

我的教学是以分析具体评论作品案例展开的,是从具体案例作品中揭示普遍规律,发现普遍因素的。因为这些案例大多是已经发表的作品,它们体现的是认识的结果,以及对认识结果的呈现方式,而认识的过程,则被隐藏在文本背后了。

多年来,我的教学一直以阅读、分析别人的作品为起点。我在《新闻评论教程》(第一版)的前言中曾经这样解释我的这个教学思路:

学习新闻评论教学的实际起点,应该是对新闻评论的阅读经验。这是因为:对于一个没有什么写作经验的学生来说,当然应该选择一个较低的起点,而不是较高的起点。只有从好的阅读经验出发,才可能使同学们自觉接近和培养好的写作经验。本书以阅读经验作为教学起点,首先从阅读的角度出发,培养同学们对新闻评论内容和形式的辨识与分析能力,然后自然过渡到写作要注意的问题。新闻评论教学的第一步,不是“如何写”,而是“如何读”。也就是说,先把学生当作一个有明确学习写作意图的“读者”,先教他“如何读”,然后在这个过程中,再教他“如何写”。这样的逻辑,是比较接近学习的实际心理过程的。

现在来看,这样的教学方法固然有其道理,但它确实可能会忽略对观点的生发过程的提示，而后者，恰是评论思维的创造性内容。

与此相较，那些至今仍在评论一线上写作、编辑的业界老师们，比如《中国青年报》的曹林、凤凰网的高明勇等，他们不受学校教学大纲和传统的教学体系的束缚，往往集中地以当下鲜活议题作为案例来教学，尤其是拥有揭示作品背后认识过程的认识资源，则会更多地触及评论思维中创造性的认识层面及其规律。

当然，我在通过别人发表的作品揭示普遍的认识规律和传播规律的同时，也会触及体现在一般规律中的那些生发性的认识因素，它们更多地具有稳定性和普遍性。

比如，研究人员程亚文发表于 2008 年 1 月 19 日《新京报》上的《中国经济低成本发展时代的终结》一文，是我用来说明评论思维抽象性的一个保留案例——也用此案例来说明评论中的归纳推理。作者在那一年中注意到的一些个别现象，如食品价格上涨、工资上涨、对企业征收环境税等，作为新闻都是“具象”，相互之间似乎没有什么联系。但是，由于作者对世界范围内经济发展的长周期规律和经济生活中各要素的普遍联系有成熟的观察和认识，他就能够得出一个表达在标题中的普遍性判断作为这篇评论的论点。

使这位作者在评论中得出这种普遍性认识的，是他心中长期积累的稳定的认识条件。我在分析这个案例时提示同学们，一个写在新闻评论中的值得交流的观点，往往产生于作者稳定的认识条件：他的知识结构和他的长期观察积累。这就不仅是传播因素了。

再比如，本周我使用的一个新案例是 2019 年 9 月 15 日《新京报》社论《规划“暗夜保护区”，给城市一片心灵栖居地》。这篇文章围绕《成都市中心城区景观照明专项规划（2017—2025）》中划定“暗夜保护区”的设想展开议论。我用它来说明“实现集中的表达策略”之一——“在过渡中排除其他议题，实现集中”。

在讲义中我写下如下的按语提示同学们：

《成都市中心城区景观照明专项规划（2017—2025）》，当然并不会仅仅包含规划“暗夜保护区”一项内容。该评论选择“暗夜保护区”作为议题，这本身就体现了集中。尽管集中的过程并未明显地体现在作品的文面上。议论的“集中”，是通过选择（价值判断）形成的。

在课堂上，我还发挥了一下，进一步提示同学们：实际上，只有对社会存在的问题有长期的体察，才有可能从那份规划文件的众多条文中敏锐地发现“暗夜保护区”的议论价值。

这一点，在《南方都市报》2019 年 2 月 23 日社论《买房不计公摊，强制规范需要强制执行》中体现得更为典型：这篇评论在住建部官网发布的《住宅项目规范（征求意见稿）》的 38 项内容中敏锐地发现“住宅建筑应以套内使用面积进行交易”这一点，因为——

公众苦“公摊面积”久矣！尽管只是“征求意见稿”，外界仍直接以“新规”对待，尽管在38项住建领域规范中不乏给排水、燃气、供热、生活垃圾处置等都关乎民众日常生活品质，但“告别公摊面积”一项给公众的触动显然更大。

我在课堂上提示同学们，显然，只有日常对社会公众的疾苦和一些长期得不到解决的问题有深入的体察，才可能在一份政策文件的许多项内容中对“买房不计公摊”这一点产生敏感。

而上述这些，都不是传播性因素，而是认识性因素。

评论中为什么会有抽象的东西？

2016-9-14

这个星期，我讲授了本学期新闻评论的第一讲“新闻评论的思维与表达特点”。其中，在归纳“新闻评论的文本特点”时，我用新闻报道文本作对比，提出了“构成要素多元”“抽象性”和“说服性”这三个方面的特点。这实际上是把我自己以前讲义中零散的认识归并到了“文本特点”之下，尽管可能列举不全。

在这三个特点中，评论文本具有“抽象性”因素是我一直以来的理解，只是对它的认识和解释不断深入，用来说明它的作品案例不断更新而已。因为，在我看来，评论中的“抽象性”因素——词语选择和推理过程的抽象性，体现着新闻评论的本质功能——认识性。

我的前辈老师郑兴东教授在《受众心理与传媒引导》一书中就触及了新闻评论的抽象性。他写道：

作品的构成对于作品的理解有很大关系。感性材料是理解的感性支柱，作品中富有具体、形象的材料，易于理解，而仅有抽象性、概括性的材料，就比较难于理解。因此，就新闻传播来说，新闻、通讯、特写等是比较容易理解的体裁，而评论则是比较难理解的体裁。①

在阐释“抽象”这个概念时，我也曾引用美国学者沃尔特·翁（Walter J. Ong）的观点，他在其《口语文化与书面文化：语词的技术化》一书中写道：

一切概念性思维都有一定程度的抽象性，但在使用的抽象程度上，有些概念比其他概念更加抽象。②

---

① 郑兴东：《受众心理与传媒指导》，新华出版社1999年版，第135页。

② ［美］沃尔特·翁：《口语文化与书面文化：词语的技术化》，何道宽译，北京大学出版社2008年版，第37页。

我对这句话有两层理解：一是抽象普遍存在——在人的认识与交流中，在人的思维与语言中；二是抽象性是相对的，是一个词语相对于另一个词语而言的。

正是在后一个意义上，抽象是一个“阶梯”——

我们可以从某一个具体品牌的小汽车抽象到“交通工具”，再由“交通工具”抽象到“工业产品”。以此类推，“交通工具”比“自行车”更抽象，“教育投入”比“课桌”更抽象，“自然灾害”比“泥石流”更抽象。

但是，为什么会有抽象的东西存在？人类的思考和交流中为什么难以避免抽象这个“难于理解”的东西呢？具体而言，新闻评论中为什么不能摆脱“抽象”呢？

这才是需要认识思考的。因为，我们已经习焉不察了。

我在课堂上为此问题安排了一个讨论环节。

一位同学以自己作为辩论队员的体验来说明抽象性的效果。她说：

在辩论中，当我把对一个问题的见解上升到抽象的层面的时候，就使这种论断获得了普遍的适用性，因此也就感觉特别有说服力。

这种交流中的切身体验非常难得，也具有启发性。

另一位同学认为，评论中的抽象性因素有两个来源：一种是因为评论是解释客观事物的，而那个被解释的客观事物（比如说科学术语）本身具有抽象性（我想，这往往是因为议题的抽象性），所以评论也就不免于抽象性；另外一种原因是：评论作者与读者之间有距离。

还有一位同学从“效率”的角度认识抽象性。她举例说：

比如，“自由”“平等”“博爱”这样对价值的表达，就是抽象性的。正是因为其抽象，世界上不同文化的人，虽有自己对自由、平等、博爱的不同体验和理解，却能够在抽象的层面上达成认同。

“效率”是她自己的说法，她的这种理解，我以前还没有考虑过。我想，她谈的是抽象在“交流”意义上的功能——它具有使人忽略具体差异，取得最大共识的作用。这与“抽象”在认识上的作用并行不悖。

一位母亲叮嘱她的孩子“多吃水果”，而并没有“水果”这个具体的东西——“水果”就是抽象的。但她为什么不说“你要吃苹果、梨、西瓜……”以至把所有“水果”一一列举呢？这显然可以从效率层面理解。所以“水果”这个词是一个有效的发明。但是，她之所以这样说，恐怕更是因为在苹果、梨、西瓜……之上，有着某种共同的东西吧？

我对评论中抽象性的理解，主要是在认识性的层面上。

在我看来，新闻评论表达人们对新闻事实的认识，而认识本身具有抽象性。抽象，正是为普遍和深刻付出的代价。

我们可以想一想，在什么层面上，人们不去细分课桌、课本，而要提“教育投入”？在什么层面上，人们同样不去细分柴、米、油、盐，而要提“生活成本”？对于一个国家是否真的重视教育这样一个认识而言，课桌、课本的差异是不重要的，“教育投入”这个抽象概念更反映本质。而对于一个国家的人民生活得到底怎么样，柴、米、油、盐的差异是不重要的，“生活成本”这个抽象的概念——人们在柴、米、油、盐等各种生活物资上的支出，才是更反映本质的。

食品价格上涨、工资上涨，以及对企业征收环境税，这些现象作为新闻都是“具象”，相互之间似乎没有什么关系。但是，它们在一篇评论中经过抽象的认识，都属于同一类东西，它是什么呢？这就是我一直在讲的一个案例作品《中国经济低成本发展时代的终结》中表达的“经济运行成本”。在这篇文章中，作者表达了对中国经济发展阶段的长周期判断。如果没有这样的抽象，这些具体的新闻现象就是互不相关的，因此也就不可能产生对经济发展的总体认识。

在清晨醒来的时候，我对这个案例又产生了进一步的思考：

这种被抽象表达的认识，虽然不像具体的事物一样可以直接感知，但可能像具体的事物一样客观存在。这种客观存在到底是什么呢？就是事物之间的“关系”。这种关系不是虚构出来的，不是仅仅产生于某位作者的主观认识，而是存在于客观事物之中，人们的主观认识只是发现并表达了它们而已。这种抽象认识个别得出来的客观“事实”（这种认识符合客观实际），也会在它产生影响的客观过程中得到验证。

在课堂上，我仍然以新闻报道作为对比，来阐释新闻评论通过“抽象”而获得的普遍的认识价值：

新闻报道总是特别喜欢那些具有特殊性、独异性的事物，而对普遍存在的事物比较淡漠。新闻评论则不同，尽管它总是由那些特殊性的事物提起议题，但是它的认识功能总是倾向于事物普遍性的一面，因为它总是要提出具有普遍性的判断。也就是说，它不会像新闻报道那样倾向于突出新闻事实特殊性的一面；相反，它要强调的正是那个因为“特殊”而获得报道的事物的“一般性”“普遍性”的一面。

这就需要通过引入、接通其他事实信息，来揭示出新闻报道中的新闻事实并不那么“特殊”。实际上，强调事物的“普遍性”，往往体现了新闻评论对新闻事实的“评论价值”（即认识价值）的论证过程。

所以，新闻评论一般总是从新闻报道所提供的个别事物开始，通过有效的过渡，进入一般的认识层面。

比如，2011 年有一位重庆农妇因腹部积水胀大，无钱医治，最后冒着生命危险用菜刀剖开自己的肚子。这一事件引发全国舆论强烈反应，也因其极端且特殊而被媒体广泛报道。多数评论都着眼于这一事件反映的普遍问题——农村的社会保障和医疗保障程度低。

《新京报》的一篇评论《"剖腹自医"：不忍见以"祸"求"福"》写道：

这些年，这样的"因祸得福"是不是太多了点？什么"儿子为救母打劫，母亲获捐款治病"……这些撕裂人心的新闻，让人觉得，弱势状态的人与"福"之间的距离实在是太遥远，他们获取"福"的路径，实在是太过于悲壮。①

——这就是引入相同、相似的事件，认识其中的普遍性问题，而忽略其具体的差异。我在一篇教学日志《从个别向普遍的迅速过渡》中曾对这篇文章进行过具体的分析。

当然，我也不能老是使用过去的案例。为了说明评论中的"抽象性"和"普遍性"，我在本周新引入的案例是最近凤凰网一篇评论郭德纲与曹云金师徒反目的文章《郭德纲的"家谱"里只有狗血，没有是非》。这篇文章的结尾就得出了这样一个因抽象而普遍的认识：

无论一个企业还是一个社会，如果选择了用不合理的制度固化坏的关系，那就容易"创造"坏人。在这样的坏关系中，其实任何一方都会成为受害者。②

显然，这里所谓"关系"，不是一般意义上的人际关系，而是指一种"制度化"了的关系，比如至今仍被郭德纲奉为天经地义的那种传统的、具有人身依附色彩的师徒关系。

这是超越于对郭曹二人之间具体是非的认识，对于我们处理和认识人的社会关系也有普遍的启示性。

评论中的选择性概括

2018-8-27

近日针对滴滴顺风车司机钟某奸杀案的众多评论观点，都试图从不同的视角，从不同责任主体身上揭示案件发生的原因、条件，以探求避免此类案件的有效途径。其中一种相对晚出的认识思路，相对特殊却比较典型，就是从犯罪嫌疑人乃至被害人的生存状态、社会背景出发来认识这类恶性事件。昨晚和今晨，我恰好看到两篇。

比如，在一篇题为《滴滴女孩遇害：当消费降级遇到消费降级》③中，作者这

① 《新京报》2011 年 5 月 24 日，作者：曾颖。

② 微信公众号"风声评论"2016 年 9 月 5 日，作者：敬一山。

③ 新浪网 2018 年 8 月 26 日。

样提及奸杀女乘客的滴滴司机钟某:

犯罪嫌疑人钟某,滴滴司机钟某,用一个词来精准描述,就是Loser。

他是四川留守儿童,由爷爷奶奶抚养长大,初中辍学,在老家四川成都金堂卖过奶茶,不成。多次创业,又不成,只能跑到东部沿海地区去做滴滴司机。在犯罪以前,他已经出清了自己的信用,在20多家互联网金融平台贷款。

上引第一句话,其认识的范式比较典型,属于称为"一般化"的认识思路。在认识的抽象梯度上,这是典型的"概括"。作者说的"描述",其实正是"概括"。因为"描述"一般只表现事物表面具体的特征,而"概括"则触及事物深层的普遍性——也就是它与同类的许多事物共同的属性。

这就是"一般化",它是我们认识具体事物往往要启动的一种思维机制,也是新闻评论思维的典型特征。

美国法学教授弗雷德里克·肖尔在《依规则游戏——对法律与生活中规则裁判的哲学考察》①一书中,开头就专门探讨了人类认识的"一般化"机制,并深刻地揭示了"一般化"思维中的选择性机制,即我们对事物的"一般化"认识,并不是相同的,而是依不同的主体特点和价值倾向对包含在具体事物中的不同"共性"进行选择的结果。

作者写道:

一般化就是选择。

我们说伊丽莎白号是一艘"船",而不能是一个"娱乐场所",就是关注其某些属性,而抑制了其他属性。……说伊丽莎白号是一条船,抑制了它拥有舞厅的属性。

发生在交通十字路口的事件,在律师眼中是民事侵权,在警察眼中是交通冲突,在医生眼中是后背上部受伤。不同观察者观察同一事件,从不同角度,基于不同目的进行一般化,被抑制的事件属性对其他人、其他目的和其他时间而言,则可能是相关的。②

这样看来,这位学者所讲的"一般化",就是选择性概括。他给我的重要的启示就是:概括——普遍性的认识角度,是具有选择性的。这是我以前没有意识到的。

我们回头来看前面那篇讨论滴滴司机奸杀案的文章:"滴滴司机钟某,用一个词来精准描述,就是Loser"。这个认识的"一般化",其选择性在于:它一下子

---

① 下文简称《依规则游戏》。

② [美]弗雷德里克·肖尔:《依规则游戏——对法律与生活中规则裁判的哲学考察》,黄伟文译,中国政法大学出版社2015年版,第27—28页。

把钟某身上的其他属性“抑制”掉了,而突出了其中一个一般化属性——“失败者”(Loser):

这是一个什么人?这是一根割无可割的韭菜,他在社会这个赌场里输掉了全部,然后一下子爆掉了,还要一个美丽的女孩为他陪葬。

而这个“一般化”的选择,同时也选择了评论的认识视角,即从社会阶层的分析角度来认识这一恶性刑事案件。

为了论证这个一般化的合理性,作者还引入一个相似的案例:

这不是孤例,上一个乘坐滴滴顺风车空姐遇害事件,同样的美貌少女,同样的社会边缘人,这不是嫌疑人一句穷凶极恶可以概括的。

与此同时,他还把遇害女孩打滴滴顺风车的行为,“一般化”为“消费降级”:

上次滴滴空姐遇害的时候,我曾经告诫我的读者,打车尽量打专车,要么打快车,不要打顺风车。

其中一个读者说,真打不起啊。这个女孩我是有交流的,她的收入属于偏高的收入,我很奇怪她怎么会说打不起,结果她算了一笔账,我才发现,她说得对,可能真就是打不起。

那时候,消费降级的概念还没有热起来,但我开始对消费降级有了感性的认知。

这一年来,生活中无数的坑爆雷,可能是P2P,可能是房租上涨,可能是区块链币被割了韭菜,可能只是单纯的工资跑不过物价上涨,很多人开始消费降级,选择了顺风车。

这个“一般化”,意味着遇害的女乘客其实也是社会边缘人。正是这个“消费降级”的选择,使一个社会边缘人与另一个社会边缘人相遇了,案件就这样发生了。

也就是说,该评论的作者把一个滴滴顺风车司机奸杀一个女乘客的案件“一般化”为两个社会边缘人的相遇,并暗示:当“降级消费”下的两个社会边缘人相遇于滴滴顺风车这个局促的空间里,刑事案件就可能发生。

这样的认识结果价值何在呢?

这样的“一般化”具有深入和开阔的认识特点,但完全抽离了刑事犯罪的特殊性,尤其是性犯罪的特殊性。而刑事犯罪和性犯罪,另有其超越社会阶层的普遍性。

出于防范、策略等功利性的认识目的,普遍性的方向(它对应的就是“一般化”或概括)是人类认识的基本方向,这也是评论写作的特点。

弗雷德里克·肖尔写道:

一般化是生命自身一部分的一个过程。我们所面对的,总是特定事物,那栋建筑,这些石头,那些词语——但我们是通过将这些特定事物组织进更大的群类来把握这个世界的。①

比如,就一桩司机奸杀乘客事件而言,从相关企业和公安部门的责任角度来思考,就是普遍性的认识视角;从人性之恶或者当事人的生存状态来认识,也是普遍性的认识视角。

但是,同是普遍性的认识视角,什么远,什么近,什么可能有用,什么看起来没用,还是有区别的。

我觉得,对于一个奸杀事件而言,试图从受害者的角度概括案发原因的认识思路,因其结论不免有伤害性,有违公共伦理,现在基本上没有市场了(相关数据也不支持这方面的判断)。

而从犯罪者的人性之恶的角度来认识,则可能是较远的,没什么用的。因为人性之恶几乎是一个深渊,不仅难以探寻,而且不可能根本消除。(19世纪末英国乌托邦小说《乌有乡消息》就曾写到在一个道德高度发达、物质极大丰富的理想社会中发生的一起情杀案件。)

所以,现在通常的认识思路都是回避案件当事人,而从外在的条件、机制等防范性角度来展开认识。

那么,从当事人(尤其是案犯)困窘的生存状态来认识,又怎么样呢?

我看到另一篇文章题为《让生存变得容易,才能真正让司机放过乘客》(作者:太阳雨a),仿佛奸杀是因为生存不易。在此不论其是非,只用来说明这种思路并非孤例。

抽象,就是选择不同的认识层次和认识方向

2018-9-19

抽象是人类思想和交流中普遍存在的东西。在表达观点、认识的评论作品中,抽象性表现得更为鲜明。

所以,我讲评论课,把抽象性作为评论的一个思维和表达特点。本学期讲了两节课后,我对它又有了更进一步的体会。

抽象这个东西虽然不如形象那么亲切可爱,有时甚至是一个有负面倾向的概念,但它普遍存在,以至于我们今天根本摆脱不了它,一张口就是“抽象”。

“我要吃水果。”——“水果”是抽象的。

---

① [美]弗雷德里克·肖尔:《依规则游戏——对法律与生活中规则裁判的哲学考察》,黄伟文译,中国政法大学出版社2015年版,第23页。

"我是老师。"——"老师"是抽象的。

"这面墙是白色的",这个是形象的吧?

错。"白"也是抽象的。

也正是这个原因,战国时的哲学家公孙龙有"白马非马"之说。他认识到:"白"是从白颜色的不同物象中抽象出来的一种普遍的属性,而不是马的本质属性。而"马"也是抽象的——它是从不同颜色、不同品种的马中抽象出来的概念。

人类的思考和交流中为什么难以避免抽象性呢?——在课上,我向同学们提出了这个问题。

美国法学教授弗雷德里克·肖尔在《依规则游戏》中是这样看的:

一般化是生命自身一部分的一个过程。我们所面对的,总是特定事物,那栋建筑,这些石头,那些词语——但我们是通过将这些特定事物组织进更大的群类来把握这个世界的。①

他说的"一般化"就是"抽象";相应的动词,就是"概括";同义的行为,就是"归纳"——它们往往都用 generalize 这个英文词来表达。

上面这一小段话,一方面表达了抽象在人类认识中的基本功能,另一方面表达了抽象性的普遍存在。

抽象在信息交流中的效率看来是更能被直接体验到的——比如"动物园"名称中的"动物"和妈妈让吃的"水果",都是有效率的表达,否则具体物种没法穷举。而抽象在探索和把握丰富客观世界中的认识功能,尤其是在认识的推进中的作用,也被同学们谈及了。此外,我们还可以在社会运行和社会管理中来理解抽象性,这样,"经济运行成本"和"教育投入"这类看不见、摸不着的抽象概念的用处,就可以理解了。

正是因为有了"经济运行成本"这个抽象概念,2008 年《新京报》的一篇署名评论才能从食品价格上涨、工资上涨,以及国家对企业征收环境税这些不同的具体现象中得出"中国经济低成本发展时代的终结"这样一个长周期的普遍性判断。

没错,虽然抽象普遍存在,但我们要讲授它,还是要回到评论的思考和写作情境中。

在本周二课前更新的讲义中,我写出了下面四个句子:

这面墙是白色的。

---

① [美]弗雷德里克·肖尔:《依规则游戏——对法律与生活中规则裁判的哲学考察》,黄伟文译,中国政法大学出版社 2015 年版,第 28 页。

马少华是教师。

于海明的行为属于正当防卫。

瑞典警察粗暴对待中国游客是侵犯人权。

我提出的第一个问题是:判断的主项与谓项的关系有什么特点吗?

有同学指出:这四个句子中,主项都是具体的,而谓项都是普遍的。

没错,这是陈述和判断的基本模式——确认一个具体事物包含在普遍的类别之中。或者说,确认一个事物中包含某种普遍的属性。

第二个问题是:这几个判断有什么差别吗?

有同学敏锐地指出:前两个句子与后两个句子的谓项有性质上的重要差别。

没错。前两个句子其实是陈述句——陈述无争议性的事实。如果有人怀疑马少华是老师,只须马少华拿出教师资格证和工作证让他看一下就解决了。

后两个句子虽然与前两个句型一样,但它们才是真正的判断,它们才表达观点,它们才会在评论中出现。

这是因为,无论是确认某个人的行为属于法律上的正当防卫,还是确认某种行为侵犯了人权,都可能具有一定的争议性,都需要作者提供论证(而不是拿出某个证件)。

甚至,第四个句子中的"瑞典警察粗暴对待中国游客"这个判断的主项本身也存在争议,至少瑞典方面就不认可。

即使对于前不久"昆山反杀案"的主角于海明,舆论几乎压倒性地认为他是正当防卫,警方也很快以正当防卫撤案。但我们学校法学院冯军教授还是写了一篇文章,以专业知识详细分析了案情,提出了不同观点。

我之所以提到这个例子,是因为这个班主要由法学院和新闻学院的同学构成,叫作"新闻法学实验班"(下文简称新法班)——学生们对这个案件都不免关注,也知道冯军教授和他的那篇文章。

在评论课讲到抽象的环节时,我以我国《刑法》①第二十条关于"正当防卫"的表述为例:

为了使国家、公共利益、本人或者他人的人身、财产和其他权利免受正在进行的不法侵害,而采取的制止不法侵害的行为,对不法侵害人造成损害的,属于正当防卫,不负刑事责任。

正当防卫明显超过必要限度造成重大损害的,应当负刑事责任,但是应当减轻或者免除处罚。

对正在进行行凶、杀人、抢劫、强奸、绑架以及其他严重危及人身安全的暴力

① 本书引用现行法律时,除特别注明外,一律使用全称,但省略"中华人民共和国"。

犯罪,采取防卫行为,造成不法侵害人伤亡的,不属于防卫过当,不负刑事责任。

这一条共有三款。我提示同学们注意:第一款中表述的对不法侵害人造成的“损害”与第三款表述的造成不法侵害人的“伤亡”,是抽象度不同的概念。我请同学们根据法律对这种特定情境和特定行为的规定和各款之间关系回答:为什么第一款使用抽象度较高的“损害”,而第三款使用了抽象度较低的“伤亡”?

好几位同学在回答中都表示:第一款中使用的“损害”包含着第三款中的“伤亡”。“损害”是更为抽象的概念,而“伤亡”是“损害”中比较严重的具体情况。第三款列举的都是极端危险的情境,而在这些情境中更容易出现的是“损害”中的“伤亡”。

一位同学认为从第一条就可以推出第三条。

另一位同学则让我们设想这样一种情况:

如果第一款用的是“伤亡”,而不是更为抽象(因此也包含更多情况)的“损害”,那么,造成“伤亡”之外的“损害”(它们比伤亡的程度要轻)的防卫行为,反倒不属于正当防卫,不受这一条法律的保护了,这明显违背立法的意图。

这些同学的认识和分析思路,明显反映出接受法学教育而形成的素养。

以我的理解,第一款之所以用“损害”,是因为法律确认的“正当防卫”不仅仅是造成“伤亡”的情况。实际案件中的情况不能穷举,所以采取抽象度较高的“损害”,以尽可能把更多的情况包含进去。

第二款体现了防卫人要尽可能避免包括伤亡在内的“重大损害”的义务。正是因为第二款指出了“防卫过当”的情况,实际上申明了防卫人可能承担的法律责任,法律才用第三款申明,在“对正在进行行凶、杀人、抢劫、强奸、绑架以及其他严重危及人身安全的暴力犯罪”这些极端的、防卫人难以把握“必要限度”的情况下,不受第二款“防卫过当”的责任约束。也正是因为第三款涉及的都是极端危险的情况,所以,法律才更为明确地选择了比抽象的“损害”更为明确、具体的“伤亡”。

公安机关正是适用第三款确认于海明属于正当防卫,予以撤案开释的。

此外,立法思维中有一个普遍规则:即所谓“入罪时举轻以明重,出罪时举重以明轻”。

所谓“入罪”就是确认有罪,在这种情况下,立法只需举出程度相对较轻的情况就可以了。如果相对较轻的行为都可以确认有罪,那么比其更重的,也就不在话下了。而“出罪”,也就是不承担刑事责任,法律只需举出程度相对较重的情况就可以了,因为比它程度更轻的行为自然不算犯罪。

刑法第二十条第三款举出“伤亡”,正是在“损害”的多种情况中“举重”的体现。

有同学解释第三款所说的“即使出现伤亡”的“即使”，正体现了“举重以明轻”的立法规律。

以上涉及的抽象性，只是反映了人们认识和交流的一般规律。人们对同一件事往往有不同的观点，写出观点不同的评论，这些认识中，有没有抽象性因素呢？

弗雷德里克·肖尔的《依规则游戏》中，有这样一段看似只是常情的话，触动了我：

发生在交通十字路口的事件，在律师眼中是民事侵权，在警察眼中是交通冲突，在医生眼中是后背上部受伤。不同观察者观察同一事件，从不同角度，基于不同目的进行一般化，被抑制的事件属性对其他人、其他目的和其他时间而言，则可能是相关的。[①]

这一段话使我感到：作为抽象过程的“一般化”，不仅是概念的抽象层次的上升（如苹果—水果—食物），而且可能代表了认识事物的不同“视角”和不同主体的价值判断。

而认识视角与价值判断，都与评论的思维相关。提炼事件中的一种因素，而“抑制”其他因素，这是评论思维常见的实战情境。

因此，抽象不仅是抽象层次“垂直向上”的提升，它也可能代表了不同的方向和不同的选择。但这种选择，有价值的优先次序问题，也有是否全面、准确、公允的问题。

我在讲课时谈到：对中国游客在瑞典受到警察粗暴对待（对这个事件出于不同的认定有不同的概括性指称）这个事件的评论中——

我们是看重酒店与墓地[②]（其实是旁边）的距离是几十公里还是七八公里，是风景如画还是荒凉僻远，还是警察将当事者强制带走后又弃之不顾这个基本行为本身？

我们是更看重一个普通人的道德水平，还是权力行使的规范？

我们是更看重其中的国家关系、文化差异，还是普遍的个体权利？

——这些都决定了评论认识方向和议论框架的选择。

在课上，我以先后发表的几篇评论为例，请同学们分析不同评论对这一事件的选择性概括/认识框架有何不同，为什么。

其中一篇是《环球时报》社评《瑞典必须严惩对中国老人施恶的警察》，从人

---

① ［美］弗雷德里克·肖尔：《依规则游戏——对法律与生活中规则裁判的哲学考察》，黄伟文译，中国政法大学出版社 2015 年版，第 27—28 页。

② 编者注：《环球时报》报道中称瑞典警方将游客强行拖离酒店后抛至一处墓地。

权的角度鲜明、强烈地表达了对瑞典警方甚至瑞典政府的批评：

瑞典是北欧的高福利国家，也是人权调门唱得最高的西方国家之一。去年以来，该国还不断针对中国内地依法处理香港书商桂敏海的案件攻击北京“侵犯人权”，导致中瑞关系紧张。原来这个国家的警方就是这样的素质，如此冷血、残忍。瑞典政府从哪里来的底气教训别国？它难道不该好好清理一下本国公务人员对人道主义精神的粗暴践踏吗？

——显然，侵犯人权是《环球时报》对这一事件的选择性概括。它认为，侵犯人权才是这一事件最值得重视的问题，而当事中国游客自身存在的道德问题，他与酒店的民事纠纷，以及可能存在于中瑞之间的文化差异、警察执法差异等问题，都是在这种选择中被“抑制”的因素。

我们从上面一段中还可以看到中瑞、中西“人权争议”的议题框架和长期以来的意识形态纠葛。

还有同学从《环球时报》在中国媒体中的“外宣”属性，以及它长期以来对西方的强硬立场来分析和理解该报在这一事件中的立场。

另一篇是稍晚一些的光明网评论员文章《道歉、真相和规则意识，一个都不能少》。其中两段写道：

所谓入乡随俗，就是需要尊重不同的文化和规则，并对违反规则的后果有基本的预判。从这点上来看，当事人违背酒店意愿逗留，在视频中还吵闹叫嚷，属于过度维权。而且事后刻意隐瞒甚至刻意夸大部分信息，以此来换取网友的支持，此等逻辑其实是裹挟舆论。如果真心想诉诸公义，寻求妥善解决，那就应该完整呈现信息。所以本次风波也提醒广大中国游客，走出国门，特别是在规则意识强、执法刚性不留情面的地方，更得有规则意识。

这里要重申一点，公民海外遇到纠纷，国家不是遮羞布，也不会不讲是非，一味偏袒护犊。但是具体到这起事件，对权力寄予更高的要求，也应该是基本的评判逻辑。鉴于此，瑞典警方仍然应该为处置不人性承担责任。

显然，其中提及的“规则”问题，是针对咱们国家的那位游客的，实际上确认了他自己也有一些不当行为。而其中提到的“对权力寄予更高的要求”，这里的“权力”是一个抽象概念，在此案中指的就是那两位瑞典警察。之所以用“权力”这么抽象的概念，是为了强调普遍的原则。

我赞成以人类普遍的原则来看待事物，而不是基于各自的差异来看待问题——那样容易没有是非可言。我赞同康德那样的实践理性：你提出一个权利要求，就意味着希望它成为普遍的原则，既对自己有效，也对他人有效。

显然，光明网这篇评论没有选择国家之间的冲突性框架，也没有选择中西意识形态冲突的框架，而只选择了普通人的规范情境和普通人与权力关系的框架。

这个权力既可以是瑞典的警察,又可以是中国的警察,也可以是任何国家机关。它在认识上的抽象层次其实是比前一篇更高的。

我还看到微信公众号“中央政法委长安剑”的一篇文章《如何看“瑞典警察粗暴执法”?理性与执着,都是追问真相赢回尊严的底气!》。其文虽然谈到的方面比较多,甚至赞赏了网友的理性,但其落点则是:“我们的警察是‘人民警察’!”

文章写道:

在网上,很多人对瑞典警察的“粗暴执法”十分愤怒:为何警察不协调旅馆让一家人在大厅住一晚,毕竟人家大老远到这儿了,老人又身体有恙。如果旅馆没有房间了,为何警察不帮忙找其他旅馆,并把老人送去?如果找不到,为何警察不把老人带到警队安排住下,再送上热水?

这个要求高吗?我们的警察,不是天天都在做吗?

那是因为,中国的警察前,有“人民”二字!

——如果你了解这个公众号的背景,也就不难理解这篇文章为什么选择这样一个认识视角了。

评论中的抽象:有倾向和意图的抽象

2020-2-25

昨天下午,我与选修和旁听我课的硕士研究生们一起,在微信群中上完了本学期“新闻评论研究”的第一次课。这也是我第二次微信群教学的体验。

研究生的评论课虽然叫“新闻评论研究”,但我安排的第一讲却与本科生课程有同样的起点:“新闻评论的思维与表达特点”。这是考虑到新闻学院的研究生有些是从其他院系跨专业考取的,本科时没有上过评论课。选取这个主题作第一讲可能是最接近写作实务的。

写作实务要达到的目标,是个体的认识经验和写作经验。而写作教学,则无非提供学习者接近、提炼、积累这些经验的路径和工具。经验是“缄默知识”,它们是不说话的,也难以交流和传授,因此对于同学们最终获得的写作能力和经验而言,实务教学是登山拐杖一类的东西,用过可扔。

多年以来,我把这些“拐杖”逐渐提炼为新闻评论思维和表达的四个特点:普遍性、集中性、连贯性、效率性,这也是我评论课第一讲的教学纲目。它不见得全面,很难说这就是评论的“规律”或者“规范”,但它们贴近、醒目、容易把握,在评论作品中有俯拾即是的例证。

比如,《新京报》评论《香山路上现堵车:现在还不是出来“撒欢”的时候》

(作者:蒲红果),我在微信群中截图展开的页面,只是文章开头的叙事。但从叙事列举的多个地名可以看出,作者显然不是在评论“香山堵车”这个具体的事,而是讲当前疫情形势下的普遍问题。

这是新闻评论思维的“普遍性”最直接、最简单的反映,也是“普遍性”最“普遍”的案例。

我又发出一张截图,继续问同学们,从《上海取消结婚登记:公共服务当随“疫”应变》这个标题中,能否看出评论思维的“普遍性”这个特点?

此时,同学们的发言纷至沓来:

吴东格说:

“公共服务”这个词语,是结婚登记的抽象。

李鸿博说:

从具体到抽象,从个别到普遍。

何菲说:

从“结婚登记”这个具体的聚集事件来谈疫情期间的普遍问题:不要聚集。

栾心怡说:

作者希望借具体的结婚登记,呼吁其他的普遍的公共服务也随“疫”而变。因为目的是启发其他公共服务,所以由具体到抽象是必要的。

我接下来又截图展示了作品接下来的部分:

请同学们注意——

不只是上海,其他地方……

不只要体现在取消结婚登记上,还应该是……

无论影院、体育馆,还是图书馆、学校……

不只是及时调整结婚登记……

这些有着特定标志语的句子,都在表达层面上体现了从具体对象出发,讨论普遍问题的思维特点。

我的教学经常提示同学们关注语句层面,因为思维的特点总是体现在语句层面词语的选择上。这就是思维与表达的关系。而词语本身,就是思维特点的证据。

这篇文章并不局限于对上海市民政局取消一个特定日期的婚姻登记服务做出积极的评价,而是将其提升到公务服务的动态管理这样一个普遍的认识层面,并由此拓展到更为广泛的社会管理领域。实际上,文章后面的段落还特别提及了许多地方的环卫工人都还没有戴上口罩的问题。

这种在对新闻事件的议论中进行拓展性观察和思考的特点,是新闻评论“普遍性”思维的典型体现。

我继续问同学们：

《辱骂式标语折射基层现代化治理困境》这个标题如何体现普遍性思维的特点？

吴东格说：

具象折射抽象。

毛雪说：

从某个地方静态的辱骂式标语中抽象出整个社会基层现代化治理的动态管理。

何菲说：

具体事件折射普遍问题。

王子君说：

以标语这一基层管理的具体操作，反映基层管理普遍存在的问题。

刘璇说：

辱骂式标语只是基层现代化治理困境的一个具体体现。

邓海滢说：

从讨论标语这个具体的失当行为到讨论基层治理可能存在的普遍的体制性问题。

叶子怡说：

从辱骂式标语和基层治理困境之间的联系入手，以一个困境实例切入，点出整个基层治理需要注意的问题。

大家说得不错。这个判断把一个具体的现象与一个抽象的概念相连接，反映了这篇文章对一个具体现象的抽象的认识层次。

实际上，评论还有一个"抽象性"的特点，它是专门针对评论的词语（表达）层面来说的。我没有把它算作与"普遍性、集中性、连贯性、效率性"并列的一个特点，是考虑到认识的"普遍性"在表达层面的反映就是抽象性，所以把它放在"普遍性"的下面，作为一个次级概念。"普遍性"与"抽象性"的关系，是一个事物的两面：一面是思维的特点，另一面是这种思维特点在语言层面体现的特点。

这时，李晓婷同学突然提出一个问题：

老师，我的想法可能有点奇怪，可以说标题中的两个事物之间有一定因果关系吗？因为现代化治理的困境在一定程度上导致了辱骂式标语。

其实她这样理解是合理的。

但是昨天我讲到这里的时候，脑子已经进入了阐发抽象的一般意义的惯性状态。我回答说：

因果关系更为直接。如果说这是一种因果关系，恐怕也只能说是抽象的因果。这与我们一般理解的具体事实之间的因果关系恐怕是不同的。我们思维的活跃和语言本身的模糊性会使我们理解事物的时候产生扩大化的包容性理解,这不一定有利于我们的思维更细密严谨。

丁振球说:

是的,两者不构成时间先后的关系,与日常理解的因果不太相同。

蒋贤成:

感觉有点像上义词和下义词的关系。

刘梓桐:

从具体的事件延伸到对问题的思考,而不仅限于此次事件本身,而是聚焦事件背后的问题因素,所以不能将其理解为简单的因果关系。

刘璇说:

感觉更像包含关系,现代化治理困境之一是简单粗暴,比如辱骂式标语。

我说:

抽象的关系,或许是"类"的关系。但这个"类",是认识主观建立起来的。类内的关系有的可以认作因果,但并非所有的类内关系都是因果关系。

于焕焕:

一个抽象的类的概念如果太普遍了,那这个判断的整体效力是不是反而会降低呢?比如,辱骂式标语与农村基层现代化治理的关系和与基层现代化治理的映射关系是不一样的。

我说:

你的思虑很深刻。

邓海滢说:

所以抽象也应当考虑尺度问题,太过抽象了可能会让读者难以理解,也会增加写作者的论述量。

我说:

你所说的触及了我的忧心,我以前讲抽象性就没有考虑到这个层面,一会儿我们会看到这个问题。

丁振球说:

更像是载体和属性的关系。苹果和水果,就不是因果关系。

这个见解让我不觉一笑,因为这正是我将要截图展示的一位大师的学术见解——

在归属式中,一个实体赋予或归附某种品质。从结构上看,我们把这种品质称为属性,把品质所赋予的实体称为载体。

在归属句中,某个实体被描述为具有一种属性。这就意味着把它指派给某个类。进入这种关系的两个成分,即属性以及“负载”它的实体,在概括性上是有差别的(一个包含另一个)。[1]

上述语言学知识可以作为一个参考来理解新闻评论——新闻评论的核心认识往往是对一个新闻事件的属性和品质的判断,即将新闻事件置于一个“类别”之中来认识。

而“类”本身,就具有普遍性,对“类”的表述具有抽象性。

这位韩礼德以后我们在讲评论的语言学分析时还要讲到,他是当代语言学中一大流派——系统功能语言学的创建者。

此时,刘梓桐提出一个问题:在具体的操作中,从新闻事件中提取最主要的“类”并进行深入的分析,和就这个事件可能涉及的其他的“类”该怎么去权衡呢?

我一遇到同学提出的“权衡”或“平衡”的问题就有点为难。

我说:

你的问题很好——又是“权衡”问题(我发了一个“难堪”的表情)。所有“权衡”“平衡”问题,其实总要在实际的案例之中进行分析来确定。可以抽象地提问,但难以抽象地解答。

此时邓海滢说:

这是不是涉及写作角度的选择呢?一个新闻事件必然有许多可选择的评论的角度,但一篇文章总不能面面俱到。这个问题可能和后面的集中性有关系。

何菲说:

那要看写作的目的是要集中判断哪一个类的问题。

李晓婷说:

在写作过程中其实经常遇到这个问题:不知道自己选哪一个角度,这个角度就是指类的抽象吧。感觉这个问题也是在问如何才能写出让人眼前一亮的评论。

这时侯,我们回到前面已经打开的一个讲义页面(见图1):

这个教学案例来自《批判性思维》。实际上,评论写作所需要的正是“批判性思维”,而讨论“抽象”的问题也是在进行批判性思维的训练。

李鸿博说:

“摩尔有陪伴的”,是不是更抽象呢?

我答:

---

① [英]M.A.K.Halliday(通译韩礼德):《功能语法导论》(第二版),彭宣维等译,外语教学与研究出版社2010年版,第133页。

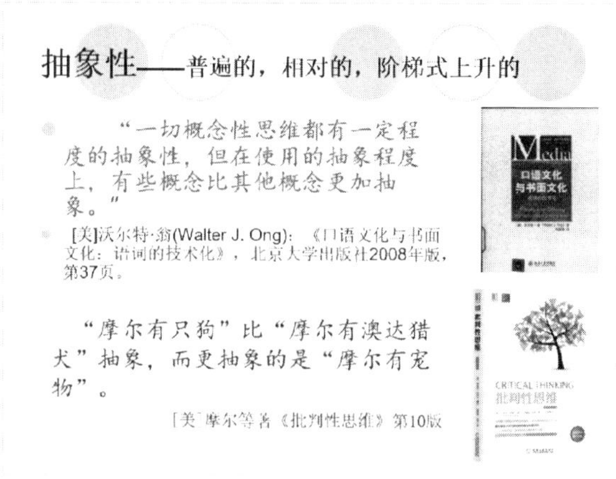

图1 “抽象性”讲义(1)

恐怕是的。

毛雪说：

“摩尔有陪伴的”或许就超越了类的范围了吧？

王子君说：

陪伴也可以是亲人的呀，扩散的边界是否过大？

刘梓桐说：

我的体会：抽象是一条没有尽头的路。

王子君说：

阶梯式上升，哈哈！

我说：

亲人与狗当然不是一类，即不是一个物种。但在这里，作者自主建立的是一个功能性的类。刚才同学问“扩散的边界是否过大”——我觉得扩散的边界取决于这样的扩散是否有认识的价值。除了思维游戏，人们在实际生活中不会无边界地抽象或扩展思维。在新闻评论中自然更是这样。

王子君说：

也就是说在写作中的抽象还是要为核心的写作目的服务。

刘梓桐说：

抽象要有价值，同时可能还需要回到原来的落点，需要一个闭环，不论圈画得多大，还要回到原点，能圆回来。

杨凯文说：

我自己的理解是，扩散的边界取决于是否有认识的价值，也取决于用于论证的逻辑是否能够触及。如果我们能够用严密的逻辑加以论证，多扩散似乎也是一种信息增量。

刘璇说：

不过一篇评论篇幅也不能太长，得有效率地扩散，扩散太多也是一种负担。

“扩散”这个概念是同学们在讨论中自然提出来的。我在编制讲义时并没有考虑到它，但它看起来是与“普遍性”相关的操作性概念。而在前面的发言中，就有同学谈到“适当的抽象，不能一味地任思维扩散”——把思维的扩散与我们大纲中的要点“抽象”联结起来。

接下来，我又上传了一个讲义页面（见图2）——摘录了“侠客岛”文章《给一线医务人员子女中考加分？加就对了》和我的文章《医生有医生的公平，考生有考生的公平》，两篇文章对中考加分或者中考分数做出了不同的抽象。

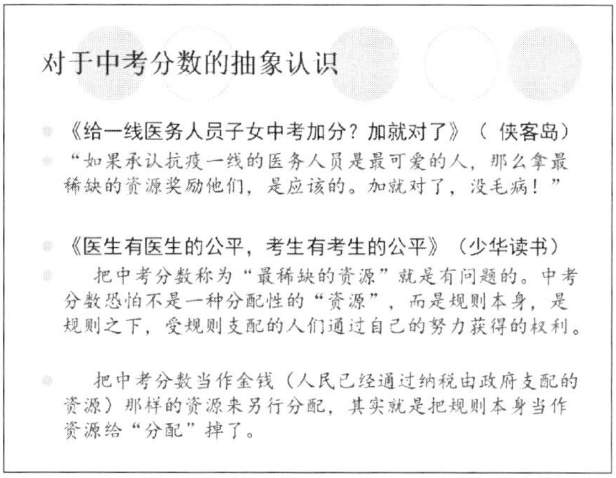

图2 “抽象性”讲义(2)

我们关于抽象问题的讨论，就最终落到了不那么抽象的现实争议上来了。

田垚说：

我觉得抽象的动机一方面和事物本身的属性有关，一方面和论证目的有关。侠客岛想论证加分是对的，抽象成资源之后自然可以引出资源如何分配的问题，政府也就具有分配资源的权力。但当马老师将分数抽象为权利之后，分配就不再合理了，因为权利本身就不能被分配。

李鸿博说：

抽象的指向不正确，往往会导致错误的价值判断。

邓海滢说：

将评论对象抽象成为某一类，是为了使其更好地符合自己的论点（或者达到自圆其说的目的),前者将分数抽象为非常普遍的稀缺资源,一定程度上超越了分数应该有的类的范围,因此对应的论证会引起很多争议。

毛雪说:

抽象成不同的东西,是不是因为写作者的认识和立场不同?侠客岛将分数抽象成资源,那么分配资源是合理的,马老师将其抽象成权利,随意更改权利是不合理的。

蒋贤成说:

不同的抽象应该是为了不同的劝说目的服务的。某些事情因为本身的复杂性可以归入不同的类别,但如果这种归类不具备足够的说服力,映射就会失效,之前论证的合法性也会丧失。

刘梓桐说:

不同作者有不同的动机和论点,可能就会从同一事物中提取出不同的属性。这种风险就在于,抽象是从总体中提取部分,这部分是否可以代表总体,另外两个不同的属性之间要如何进行对话。如果不能进行对话,那两个观点就很难达成一致,因为是在两个维度上谈这件事。

我说:

大家谈得真好,触及了抽象问题的复杂性,使这个问题更实际了,这不仅仅是一个思维、语言的问题。

栾心怡说:

抽象是为了赋予自己的论证合法性和合理性,因为没有足够的证据直接判断具体的行为是否正确,需要抽象到能够判断是否正确的类上才能进行判断。

李虹萦说:

第一篇文章将分数抽象为资源,是因为在多数人的认知中资源是可以按照某种规则来分配的,印证了文章想要阐述的可以给医务人员子女加分的观点。而第二篇文章将分数抽象为权利,是因为在公众认知中权利是平等的,不应有你多我少的情况,以此驳斥加分的政策。二者的动机可能都是将加分抽象为人们理解并熟悉的事物,或是普遍赞同的观念,来获得读者的支持和认可。

张炅说:

因为评论者观点不同,在对具体事物进行抽象化处理时会有不同的取向。

王子为说:

将评论对象抽象成不同的东西是为文章的观点服务的,是用抽象的概念和规则解释被论证的现象。侠客岛将分数抽象为“资源”,风险在于,这样似乎默认了分数作为资源是可以被人为分配和操作的,有违考试的公平原则,容易引起误会。

李晓婷说:

前一篇将中考分数看作“稀缺资源”,是为了论证以稀缺资源奖励有功劳的医务工作者的合理性;后一篇将中考分数看作“权利”,权利不可被分配。人们对同一个事物有不同的抽象可能是因为事物本身也是多面的、复杂的,而每一个个体拥有不同的思维方式与表达方式,其具体的抽象也就不同。而在这个案例中我认为对具体事物的抽象过程是存在风险的,要考虑是否符合主流价值与社会伦理,而不是简单的求新求异。

我说:

大家说得真好。这不仅触及了抽象的复杂性、价值性、倾向性,也触及了抽象的边界问题。

我以前理解的抽象,就是从苹果抽象到“食物”那样直上直下的抽象。现在看来,在实际的公共讨论中远没有那样简单。

刘杨接着说:

关于第一篇,我认为其预设立场是加分是可分配的,而非分数是可分配的。

(我插言:“这个辨识更准确。”)

王子君说:

总的来说,抽象是为评论者的写作目的服务的,在写作目的不同的情况下,评论者抽象的取向也不同,当这种抽象的取向有争议时,风险也就随之而来。

赵雯涓说:

首先,人们的观点立场不同,其次,对具体事物的判断确实存在不同的可能,所以会做出不同的判断和抽象。而存在的风险则是需要保证自己抽象出来的类有其合理性,并且和自己的逻辑自洽。

李鸿博说:

从某种程度来说,抽象也是为作者的观点服务的,但是这种观点本身能否站得住脚,以及抽象的过程还都要经过人们论证的检验。

丁振球说:

能不能这样理解,在涉及对有争议的话题进行是非判断时,人们就会对同一个事物有不同的抽象?风险在于,抽象会影响判断的结果,不符合逻辑的抽象会带来错误的判断。

叶子怡说:

除了抽象的限度,我想还有一个就是评论者和不同群体之间的对话问题。以加分一事为例,医务人员家庭和其他家庭自然会有不同的利益判断。一旦抽象的结果脱离了原本基于的逻辑落脚点,难以形成对话,就会引发一定的风险。

傅中行说:

我觉得抽象过程中的风险在于事物本身具有多种属性，而每个人在不同的场景下扮演的角色也不同，就像是一个人可以是消费者，也可以是子女，也可以是父母，所以就可能会出现为了证明自己的观点而证明的情况。中考分数既是资源又是权利，但我觉得在这一事件中，把分数抽象为资源虽然无可厚非，但它毕竟是不适合分配的，相较之下，权利更加适用于这一场景。我们要找到最合适的抽象属性。

回头看来，我觉得傅中行的这段话更为公允，她最后说到的“我们要找到最合适的抽象属性”也最为准确凝练。

接下来，我们又对滴滴司机杀人案的一篇评论中作者把杀人的司机抽象为Loser的认识倾向——即把一件具体刑事案件原因的认识导入更远更深的社会背景的合理性进行了讨论。

该评论选段如下：

温州一个美丽的女孩遇害被奸杀，看到她微博上前不久还在晒着自己的生活。据说是一个学校的校花，一天之内就撒手人寰。

犯罪嫌疑人钟某，滴滴司机钟某，用一个词来精准描述，就是Loser。

他是四川留守儿童，由爷爷奶奶抚养长大，初中辍学，在老家四川成都金堂卖过奶茶，不成。多次创业，又不成，只能跑到东部沿海地区去做滴滴司机。①

刘梓桐说：

把“杀人犯”抽象为“普通人”身份中的“社会底层人”，再进一步抽象成“失败者”，制造新闻中的对立冲突，却模糊了钟某本身作为“杀人犯”的属性。

王子君说：

将一个杀人犯归于Loser引起读者对于他作为一个失败者的同情，但无论如何任何一个失败者都不应伤害他人。

刘璇：

应该评判的是他杀人这件事，而不是他原本的身份和工作。

蒋贤成说：

用Loser，会把个体放大到群体，把具体的案件放大到某种社会现象，淡化杀人的个人动机，引导人从社会层面思考……

赵雯涓说：

这个抽象在一定程度上会转移读者的关注焦点，从犯罪嫌疑人钟某个人转移到了一个群体。

邓海滢说：

---

① 《滴滴女孩遇害：当消费降级遇到消费降级》，新浪网2018年8月26日。

贴给钟某的标签解释力不一定够,所谓 Loser 不必然杀人,杀人犯也不全是 Loser。这有点不顾这个新闻本身的事实而直接服务于写作者想要输出的立场了。

栾心怡说:

文章好像暗示着嫌疑人的个人经历和杀人行为之间存在某种因果关系。

我说:

这个选择性的抽象,一下子把钟某身上的其他属性“抑制”掉了,而突出了他的一个一般化属性“失败者”。而这个“一般化”的选择,同时也限定了评论的认识视角,即从社会阶层的分析角度来认识这一恶性刑事案件。

刘梓桐说:

两种危害都有可能:第一,淡化其杀人行为——“事出有因”,似乎钟某杀人是出于他的悲惨遭遇。第二,可能会给读者造成社会底层更容易产生杀人犯的看法。

熊隽晗说:

我有个问题,如果文章不用 Loser 这个词,只是单纯地客观描述他的人生经历,辍学、创业失败什么的,是不是也会有同样的引导?

我答道:

问得好。实际上,信息的选择本身就会暗示认识的方向。只是一个词语给人的暗示更为强烈。

刘梓桐说:

这个词语相当于把这些经历都做了一个概括,本来人们看到他的经历可能会有不同角度的看法,一个词把这个角度给固化了。

赵雯涓说:

从社会阶层的分析角度来认识这一恶性刑事案件,有可能最后会将该案件的发生部分归因于社会。而且现在这类案件,往往会有很多报道从嫌疑人的社会背景、成长经历入手,试图分析犯罪行为的原因。

丁振球:

但是矛盾的点在于,如果作者采访不到他本人的话,就只能通过他身边的人去还原他的形象和作案动机,这样就很容易产生想当然的因果关系。

我说:

说得没错。这是评论本身的局限性。其实,考虑到他的人生经历与杀人犯罪的关联性并不一定被人们普遍接受(破案的警察也不会考虑这个因素),因此选择这些信息本身就反映了作者的认识倾向。

毛雪说:

这种对具体案件的分析，是否本身就不太适合抽象概括呢？

董锦蒙说：

我感觉Loser这个焦点的抽象和钟某杀人的行为之间多少有些关联，但标题中的“消费降级”的背景感觉过于宏观。

栾心怡说：

他说Loser或消费降级会不会是想从接近性的角度和广大网民扯上关系，因为这有时是大家津津乐道的话题。

吴东格说：

老师，我想在雯涓的基础上提问，如果有些杀人犯行凶确实可以归因于社会、原生家庭等等，那么这种抽象本身，正不正确，应不应该？我们可不可以在充分讨论杀人犯本身作案动机的基础之上，去讨论社会问题？这种情况下抽象到社会阶层是可以接受的吗？

蒋贤成说：

感觉这种抽象是难免的，也能引发人们的思考，所以只要能有不同媒体给出事实的不同层面，能有多种不同角度的解读就好，读者可以根据不同材料形成自己的见解。

李晓婷说：

同意！毕竟讲清事实及原因是新闻应该做的，新闻评论最主要的功能是表达观点。

吴东格说：

说得不错！不同媒体如果给出对事实不同层面、不同角度的解读，就可以弥补误解了。

刘梓桐说：

我觉得好像还是不太合适，除非能够证明某种情况在某个社会阶层中普遍存在或至少是比较常见的，二者确实有直接的关联，否则仅从个案就抽象到对应阶层还是太武断了。虽然不同媒体可以进行弥补，但一个媒体在发声时至少应尽可能保证观点的平衡。

丁振球说：

关键不在于事实是否还原，通过还原事实来推测也是有问题的。动机本身只能通过行为来推测，就算是作案者自身也有可能说不清楚那一刻的动机，他说的动机也有可能是临时反思想起来的。

江竞达说：

我还想补充一点，哪怕采访到了本人，这种因果关系也是脆弱的、难以证实的。或许这类判断应该交由犯罪心理学的专家学者来进行推论和验证？比如有一些共同特征可能会导致犯罪(例如畸形的原生家庭)。

刘梓桐说:

同意,如果非要在新闻或评论中讨论犯罪行为背后的社会因素,需要有专业的声音出现。

何菲说:

转移读者注意力到社会中的"Loser"对长得漂亮的"校花"有杀害之心上,抑制"杀害"这个法律事件,强调"Loser"反社会的心理,是不是有点顾左右而言他?

李鸿博说:

个人认为,这篇评论中的消费降级和杀人没有太大关系。

丁振球说:

如果采访到本人,呈现出他本人对动机的描述,再有专家的分析,会更可信一些。但问题是,就算采访本人也可能得不到回答。对于动机的还原是事后推测,倒不如去分析如何避免此类事件再次发生。

我说:

大家说得都挺好。我试着回答小吴的问题吧。我觉得有这么两个问题可以分开来考虑:一是,对于这一类刑事案件而言,对核心事实的判断(尤其是专业判断)应当重于对更为开阔的社会原因的思考,至少要避免以后者代替前者;二是,一些非直接事实性关联的思考,有时确有促进认识的作用,但作者应考虑到其可能的消极影响,这也有一个优先次序。

徐雪莹说:

如果人们重新把抽象出来的词再具体化回去,也许就更容易发现写作者的倾向性了。"Loser"不必然导向"杀人"这一结果,说明这个描述并不精准。但读者在初看评论时,未必能意识到作者有意设立的框架。看来想鉴别一篇评论最好要有一定的逻辑学基础,是吗?

吴东格说:

对的,我们这节课就像一个逻辑学课。

……

从总体来看,对一个事件全面的认识恐怕难以从一篇评论中获得,确实如有的同学所言,要依靠不同评论、不同媒体、不同角度、不同倾向和论据的相互辩难(补充)。但从写作者个人来说,应当有一种评论伦理的考虑(即考虑到评论可能产生什么样的消极影响)。这种考虑是没有准确边界的,取决于自己对事物的认识广度。

同学们的敏锐思考,促进了我自己对这个问题的认识。

评论思维中的普遍性与抽象性是什么关系（答同学问）

2020-11-5

在本周一的课后，我虽然谢绝了《新闻周报》（学生媒体）让我做评论指导老师的邀请，但答应给《新闻周报》爱写评论的同学提供一些帮助。一位同学小行在私信中向我提问：

老师好，之前仔细拜读您的微信教学日志，学到了很多。其中一讲涉及评论的普遍性和抽象性，在看了您的讲解和师兄师姐们的讨论后我还是有点疑惑：普遍性作为思维的特点，是指思维可以从某一具体事件出发进行普遍联系或发散吗？那抽象性作为思维在语言层面的体现，是指某一具体事物可以进行意义层面的抽象吗？比如无锡无健康码通道的开通可以在论述过程中抽象成一个城市的"善政"、便民之举吗？

我说：

你的问题很好，触及了概念指涉范围的边界问题。这可能是概念使用的词语本身导致的。在我看来，普遍性虽然意味着涵盖更多的事物，但它不必然意味着"发散"。这是因为我是在更为严格的意义上界定"发散"的：沿着各种偶然的联系展开思维（见图 3）。而"普遍性"则是在同一类事物的边界之中，不同事物有共同的属性，或从某个认识角度看有共同的本质特点。这样的"类"正是"普遍性"的边界。具体而言，无锡无健康码通道的开通，是可以在论述中抽象成一个城市的"善政"、便民之举的。

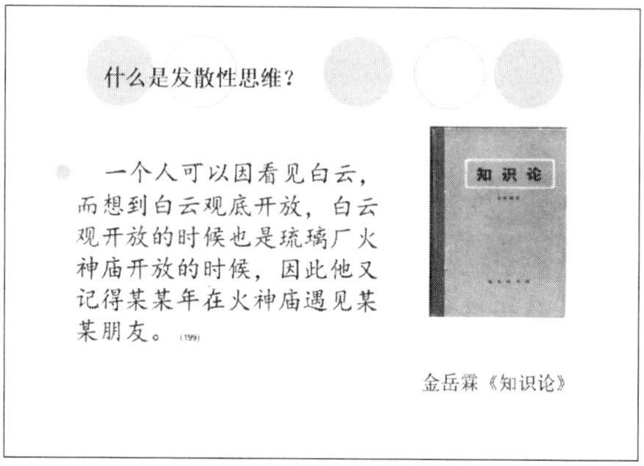

图 3　"发散性"讲义

小行说：

老师，我懂了。普遍性并不是凭空发散的，而是有边界的，更类似由一个事件谈到同类事件的联系;而抽象性可能更加偶然,把具体事物抽象成范围更大的东西。

我说:

你的前一半理解是对的。但抽象性并不是与普遍性“并列”的东西,抽象性是普遍性在思维和表达中的实现途径。我主要是从语言的角度来谈抽象性的。因为语言既是表达本身,也是思维过程的证据。

小行说:

抽象性是普遍性落在语言表达层面的,那要对一事一物都进行抽象吗?语言发生抽象的过程在某种程度上可以显示思维的普遍性吗?抱歉,我似乎总是曲解您的意思。

我说:

谈不到曲解啊!语言表达的准确性总是在交流中才能实现的。普遍性主要是针对思维所涉对象而言的。而抽象性思维过程本身,是普遍性实现的思维手段。抽象性并不局限在语言中,只是因为语言本身是思维过程的一个明证[少华按:语言是我们在评论中看得到的思维],所以我用语言来说明。抽象在本质上体现了事物的“类”,它反映的是事物之间的关系。而这种关系,既是事物之间客观实有的关系,也是人们认识的结果。[少华按:我的意思是,人们是通过认识,或者说是在认识中,把不同事物看作一类的。]

小行说:

哦,是我理解得狭隘了。抽象性可以包含的范围很大,只是因为我们使用了语言,所以抽象在评论中更多体现在具体的文字层面。但实际上其可用的范围是很广的,它是一种思维过程、方式,不一定全都体现在语言层面上。

我说:

是的。除了飘忽不定的念头、联想,有效的、生产性的思维一定是通过语言实现的(见图4)。当然,这个话可能有些武断,比如某些艺术创作中的思维可能并非通过语言实现,但不能说它们是“无效的、非生产性”的。我把上述断语限定在新闻评论这一类公共表达领域中吧。

我倡导同学们在课堂上发言、提问,甚至认为它们的价值超出我自己在课堂上的讲授。除了因为发言本身就是思维、表达训练,而且因为学生的提问可以触发、拓展我自己的教学思考。课外的师生问答也有同样的效果。

这种教学规律,其实在我国(也是世界)最早的教育教学经典《礼记·学记》中已被精彩地总结表述出来了——除了“教学相长”这个我们至今熟知的教学规律之外,该书还用一句修辞化的表述概括了师生问答的教学价值,那就是——

善待问者如撞钟,叩之以小则小鸣,叩之以大则大鸣。

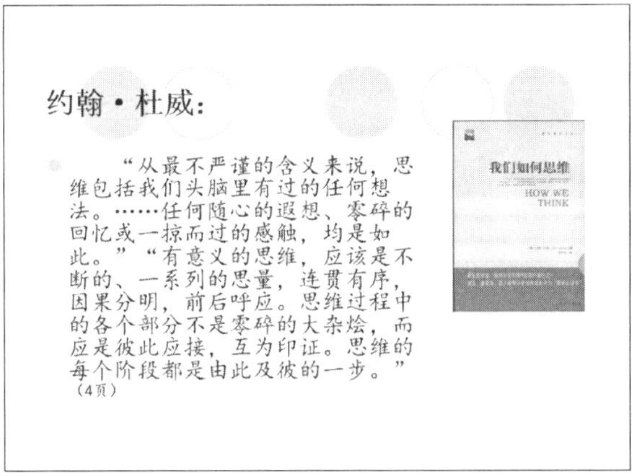

图 4 “评论中的思维”讲义

在这一组修辞中，老师就是那口“钟”，学生的提问就是“撞钟”。

这个修辞似乎把老师表述为一种消极的主体，将学生描述为一种积极的主体。

其实不能将这句话理解为老师对“扣之以小”的同学偷懒（小鸣），而恰恰讲的是“教学相长”的道理：老师的一些教学表述并不一定是完善的，也并不一定将自身使用的概念边界都厘定清楚了。如果同学提问较少，或提出的问题较浅（“扣之以小”），则不仅一些隐含的问题没有得到触及，而且老师也失去了进一步反思自己教学表述的机会。

今天小行作为一个撞钟人，叩出了较大的声音，叩出了值得我分享给其他同学的声音。我征得他同意，将我们的对话分享给大家。

评论中可能存在的“空概念”

2019-8-11

一、词语、概念、标签和它们指称的事物

今年 4 月，巴黎圣母院失火受损，震惊世界。一个久已在中国舆论场广泛流通的词语也频频在这个话题中出现：“圣母心”。

我是在评阅一篇作业和与学生作者的交流中，才开始认真地思考：一个被广泛传播的词语可以怎样影响人们的思考甚至观察，以至于使人们不假思索地使用它，仿佛亲眼看到了那个词语指涉的对象一样。

那位同学在习作中批评了网上对巴黎圣母院失火事件的两种态度：一种是因为联想到了英法联军火烧圆明园便对巴黎圣母院被焚叫好——这被称为“狭

隘的民族主义”;另一种则是为此痛惜不已,甚至倡导捐款修缮——这被称为“圣母心”。“圣母心”“圣母情怀”等词语也曾出现在近年来涉及宠物的舆论争议中和2016年运钞车押运员开枪打死疑似侵犯者引发的舆论争议中。这个词语内含贬义:它暗示某一种慈悲、慈爱的情感超出普通人正常情感的限度,因此可能不真实。

读了那篇学生习作,我感到:如果将痛惜世界文明遗产被焚毁的观点称为“圣母心”,其实是含糊的、不合适的。文中所言的“圣母心”,指的是有一些人倡导大家为重修巴黎圣母院捐钱。这种言论及其诉求行为的特征,如果具有潜在的强迫性,那么,使用“道德绑架者”就要比“圣母心”更贴切;如果这种言论只是倡导大家为被焚的巴黎圣母院捐钱,那么,在评论中称其为“倡导捐钱者”就更客观。

如果我们可以使用更为具体的不同词语来指称人们对某一事物的态度,那么,“圣母心”的外延又剩下什么?这个概念还有用吗?如果它只剩下人们对美好事物受损的痛惜之情,那么我们不是应称那些痛惜之人为“爱心人士”吗?

我疑心,“圣母心”这个词语,更近乎一个边界不确定,乃至没有对象实体的概念。人们一旦使用这个指称,就不可避免地抱有某种成见。一般的惋惜之情、恻隐之心也可能被认为是“圣母心”。因为,人群中的惋惜之情、恻隐之心必有程度的不同,而这个词语所质疑的,可能无非是差异而已。

实际上,那位同学也意识到了自己的这个观点“总是没办法清楚、明确、有力地表达出来”,是因为它是“基于自己对周围人的了解和推断写出的,而别人的痛心是真还是假本就是主观的想法”。该同学坦言:“这导致我论证时找不到明确的论据。”

这个案例使我想到的是:由于有许多本身就包含着观点(其中有一些是成见或偏见)的词语与那些指称事物的概念一起飘浮流动于观念的世界里,我们在议论某个公共议题的时候,不经意地选择这些词语来指称事物,可能从一开始就落进那些词语所暗含的观点乃至偏见之中。这是写评论需要警惕的。

实际上,新闻传播中的“标签化”现象近年来已经为社会学和传播学者普遍关注,并有许多深入的研究。“尤其在网络热点事件中‘标签化’传播成为显要特征。”①其中,媒体的新闻报道固然难辞其咎,但发端于报道的“标签化”,一定会影响到评论,并通过评论将“标签”固定下来,仿佛它们本来就是表达某些客观事物的概念一样。

词语、概念与标签,以及它们所指称的事物之间是怎样一种关系呢?

---

① 仝鹏:《客观性原则下网络热点事件“标签化”传播负面影响研究》,《出版广角》2016年第17期。

人们用某个词语来指称某个事物时,这个词语通常是表达那个事物的概念。在隐喻的意义上,我们也可以把这一词语称作该事物的标签。即,我们是在隐喻的意义上把表达一个概念的词语看作这个概念所对应的事物的标签。

而概念就包含了人们对某个或者某类事物的认识。比如,“我要吃水果”,水果就是一个概念。它是“可以吃的含水分较多的植物果实的统称,如梨、桃、苹果等”——《现代汉语词典》对“水果”的解释,也是这个概念所包含的人们对这类事物的认识。在这里,如果把“水果”这个词当作上述事物的标签,那么,这个标签也就表达了水果的概念,即我们说到这个词的时候,就是完整地表达了这类事物的本质属性。在这个意义上,并不存在“标签化”的问题。

但是,并不是所有用来指称某个事物的词语都表达了人们对该事物清晰、完整的认识,它们可能是临时性的,也可能只是选择了事物的某个特征,还可能是具有倾向性的。也就是说,并不是所有指称某个事物的词语都是某个事物的概念。在这种情况下,如果我们将这样的词语当作那个事物的标签,那么“标签”就要比“概念”宽泛得多,也并不像概念那样能表达事物的本质属性,有时甚至只是表达了与那个事物的想象性关系。这也是“标签”在近年来的舆论和舆论研究中通常的含义。“标签化”通常也是在这个含义上使用的。

比如,2014 年 6 月新华网刊发一组信用体系建设的报道,让江苏睢宁再次陷入舆论质疑。该县 2010 年推出的大众信用评级制度,由于将公民上访等行为也列为“信用缺失”,就曾遭到媒体和学者的质疑,被讥为“发放‘良民证’”。其中,“良民证”这个词汇当然不是对这个县大众信用评级制度的客观表达和完整认识,而是一个突出该制度侵犯公民权利的标签。因为“良民证”一词来自抗日战争期间汪伪政府的身份管理制度,所以这个词汇作为一个标签对网络舆论的情感影响非常明显。

《中国青年报》的评论员曹林在一篇文章中讨论了这个标签的消极效果:

> 很多网友看到这个刺激性的标题立马就火冒三丈了,顺着这个标签所预设的愤怒情绪去对这个想象出的风车进行“战斗”,对着这个稻草人去群殴,根本没有耐心去看政府到底做了什么工作。官民舆论场上的对抗,很多时候其实并没有不可调和的冲突,而都源于这种不分青红皂白的“标签战”,媒体给某个政府行为贴上一个人人喊打的标签,然后就只有质疑、攻击和群殴,而没有互信和沟通了。①

媒体、学者和一个地方的公众当然有权利批评政府行为,也可以用修辞化的指称——标签来批评政府行为。曹林上述分析只是揭示“标签”在传播中消极

① 曹林:《别臆想出“良民证”这个稻草人去狂殴》,《中国青年报》2014 年 7 月 8 日。

的次生效果——不全面和不公正，并以这种传播效果来讨论“标签化”评论的传播责任。

二、“标签化”的原因和特点

评论中为什么会出现这种指称对象可能空虚的标签性词语呢？这要从词语、概念和它们所指称的对象的关系说起。

人类思维是概念化的思维，思想交流也是概念化的交流。这意味着：概念作为人类对客观世界的认识的凝结物，不仅是个体思维的基础，而且是个体之间思想交流的基础。概念化不仅是思维的效率所需要的，而且是交流的效率所需要的。

概念化思维的效率在于：人们不用在思维过程中把每一个具体对象之间的共同属性重新思考一遍；而概念化交流的效率在于：人们在讨论“水果”的时候，不必把苹果、梨、香蕉这些概念的外延逐一列举一遍——其实当然也难以穷举。

这种思维和交流的有效性在于：人们默认且不怀疑“水果”这个概念是对应着“实物”的，就像人们不怀疑我们钱包里由人民银行印发的那些纸片对应着真实的财富一样——即使后者也可以在“支付宝”和“微信钱包”中以“虚拟”的形式存在。

表达概念的词语是事物的标签，两者之间在理想上一一对应。即使有些概念所对应的事物并非实体，而是事物的属性或思想观念，如果那些属性确实在事物中存在，如果那些思想观念本身确实在人们的思维和交流中存在，并且人们对它们的内涵和外延有着清晰的界定和共识，它们也就像“水果”所对应的苹果、梨、香蕉那样存在——既有思维之效，也有交流之效。

然而，并不是所有流通的概念都对应着确切存在的对象。有一些标签并没有对应的事物，它们本身也不表示任何事物的属性。“不是任何概念都有现实世界中的处延。如果一个概念所指称的对象在现象世界中不存在，我们就称之为外延为零的空概念，或者可能概念。”①（有的逻辑学教科书称之为“虚概念”或“虚假概念”。）

人类创造了许多并无实体对应的空概念，比如神、鬼、龙、凤，它们使我们的观念世界比客观世界更为丰富。但它们作为人类历史上错误的认识结构，已经没有现实的认识价值，不足以作为进一步认识——即推理的基础。所以，“如果一个推理的命题集中有空概念，这样的推理通常是无效的”。②

当然，也有学者不承认“零外延”的存在，认为“虚概念”也是有外延的，只是

---

① 胡龙彪、黄华新：《逻辑学教程》（第三版），浙江大学出版社 2014 年版，第 137 页。

② 胡龙彪、黄华新：《逻辑学教程》（第三版），浙江大学出版社 2014 年版，第 139 页。

其外延是虚构的。[1] 这从逻辑的严谨性上看是有道理的。比如“鬼”就有一个虚构的外延，尽管在历史上人们认为那个外延是真实存在的。但是，本文认为，如果在现实的认识语境和认识过程中来讨论概念，一个词语所指称的对象是否客观存在，仍然是一个真实的问题。这个真实的问题就是思维在现实的思想交流中是否有效的问题（而不是在逻辑上是否有效的问题）。在这个意义上，如果一个词语被当作一个指称事物的概念来使用，而它实际上没有对应的现实对象，它就是“空概念”——严格说来甚至算不上概念。

人类历史上的空概念，往往是指向自然世界或想象世界（死后世界就是想象世界），它们在如今科学昌明的时代已经容易辨识。而与此不同的是，当代舆论中的一些空概念指称的正是现实的社会、活着的人，因此不容易辨识。它们混杂在真实的概念之间，往往使人们在交流中徒费精神。

尤其是当那些词语可能既没有外延，也没有内涵——即没有一个基于人们共识的对其本质属性的明确描述，因此实际上很难说是一个稳定的概念。当它们被用来批评一类对象和群体的时候，就是“没有正确反映对象的质的规定性和量的概念性的概念”，即“虚假概念”。[2]

一些外延可能为零的“虚假概念”在当代舆论中存在，既有认识方面的原因，也有交流方面的原因。

有学者认为：

概念的形成并非轻而易举之事。首先要同客观事物接触（可以是直接的，也可以是间接的），并把事物作为认识对象；其次要依靠人类特有的大脑对认识对象进行一系列的认知、分析与综合，并通过事物的属性和量的形态把握事物质的规定性和量的规定性；最后还要运用一定的语言（符号）形式将上述认识成果凝聚起来、物质化。只有这样，才能得到我们所需要的概念。[3]

当代是一个新事物层出不穷的时代，随着互联网带来传播技术的革命，当代更是一个人们交流热情旺盛、交流频率倍增的时代。人们针对一个事物开展交流的热情往往大于认识事物的热情，人们交流的速率往往大于认识事物的速率。也就是说，人们可能在还没有充分认识一个事物的时候，就开始谈论它了。在这种快节奏中，一个事物甚至还没有真正被确认存在，就已经有了指称它的词语，那么这个词语想要表达的概念，就可能实际上没有外延。

从发展的动态角度看，人类认识客观事物和交流思想的过程不仅是“一个

① 参见张秀廷：《逻辑概念新论》（第二章），人民出版社 2013 年版。

② 参见张秀廷：《逻辑概念新论》，人民出版社 2013 年版，第 89 页。

③ 参见张秀廷：《逻辑概念新论》，人民出版社 2013 年版，第 3 页。

由真实概念逐渐代替虚假概念,深刻概念逐渐代替初步概念的过程”①,也是一个随着新的事物的出现不断生产概念的过程。社会生活变化越大,新的概念就越多。但是,在思想交流中,尤其在评论中,有一些并未得到明确界定的概念,也会削弱思考和交流的效果。

比如,我曾经在评阅学生习作时发现一个典型的问题:习作中的核心概念缺乏严格的界定,以至于它指称的对象在性质上差别很大。比如,在一篇批评“网红变现行为”的习作中,“网红”既用来指称在互联网上提供服务、售卖商品的“罗辑思维”的创办人罗振宇;也用来指称写了“最具情怀辞职信”的女教师。其实,前者就是一个正常的创业者,只是借助互联网创业成功。而后者则根本不是一个创业者,也谈不上成功,只是因为互联网传播效应而意外成名。当“网红”这个概念外延过大,其内涵可能就失去特点了。两者性质不同,对他们的判断也就不能相同。

这个问题的性质涉及逻辑规则的同一律。

一些外延可能为零的概念在当代舆论中存在的原因还可能是:新媒体时代传播主体多元,注意力竞争更为激烈。一些为赢得受众注意力而创造的概念,可能并无真实存在的外延,或者因为过于追求引人注目而偏离了其本来对应的外延。

有学者通过实证研究发现:

被“标签化”的人物或事件极易发酵成热点舆情事件,获得广泛关注。而面临激烈市场竞争的媒体极有可能出于自身利益考虑,为新闻人物或事件贴上标签,以扩大传播范围,提升媒体影响力。②

那些容易获得注意的标签性词语有什么样的特点呢?

它们往往具有修辞化的特点,而“修辞中有许多修辞手法(修辞格)都与形象比喻有关”③。形象的东西——诉诸“视觉”,哪怕是想象的视觉——总是比抽象的东西更容易引起关注,也容易保持记忆。这是由我们人类大脑的接受特点决定的。互联网传播的多元、迅捷和极大的流通量,使当代传播拥有修辞化程度特别高的特点。

但是,修辞本身的机制就是词语的“同义偏离”。“所谓偏离,就是对常规的变异。”④当偏离的程度较大,给人的印象也往往较深。所以,对注意力的竞争和追求,会使很多媒体人选择偏离程度更大的词语来指称事物,以至于这种词语偏

---

① 金岳霖:《形式逻辑》,人民出版社 1979 年版,第 19 页。

② 仝鹏:《客观性原则下网络热点事件“标签化”传播负面影响研究》,《出版广角》2016 年第 17 期。

③ 从莱庭、徐鲁亚:《西方修辞学》,上海外语教育出版社 2007 年版,第 452 页。

④ 从莱庭、徐鲁亚:《西方修辞学》,上海外语教育出版社 2007 年版,第 437 页。

离的倾向会影响人们对事物本身的认识。比如——

2015 年 6 月底，一篇名为《走私“僵尸肉”窜上餐桌，谁之过?》的文章拉开了“僵尸肉”事件的序幕。在此之前，“僵尸肉”从未作为一个完整的词语出现在新闻报道中，可以说，这篇文章创造了“僵尸肉”这个词。①

因此，有学者认为“僵尸肉”就是“标签化”报道的典型案例。而这个标签的特点，就是修辞意义上的“粗直语”——突出触发人们强烈恶感的想象性经验。

其实，与许多“外延为零”的空概念不同，“僵尸肉”是有外延的——它应当就是指不符合卫生标准的陈年冻肉。“僵尸肉”这个耸动感性的修辞化的标签尽管确实推动了媒体对肉类食品过期问题的报道和社会关注，却不足以准确表达这个概念的外延，或者说模糊了其外延。

所谓“标签化”，也往往具有群体化（整体化）的特点。

有学者认为，“所谓标签化是指一种自发的认识归类方式，将某一个事件或者某个人物自发地归为一类事件或一类人物”②。这正是在群体化的意义上定义标签化的，尽管群体化只是标签化的一种形式。

群体化自然比形象化更为抽象，但因为群体的“体量”大，所以也会比个人和具体事件更容易引发关注。这种标签对认识的消极影响在于：把具体事件中并不具有群体特征的个人因素，放大为群体共同的属性——既可能是性别的、职业的，也可能是地域的、国别的、人种的，结果就形成了大家所说的群体偏见或群体歧视。这方面已有很多研究。

在观点多元、利益多元的舆论场中，具有群体性特点的标签，即使其表达的概念并无清晰确定的内涵与外延，也往往能够使人们更容易在纷纭的舆论中辨识共同立场。但正如《南方都市报》曾在一篇社论中所说的那样：“当人们各持标签站队时，既可能出于观念的歧异，而更多时候往往又有利益的纷争。”③

用空概念、标签化词语，或者并无清晰的内涵与外延的词语指称事物，是人类认识和交流历史中的普遍现象。它们虚耗了人类无数思考和交流的精力。比如，在西方中世纪，如果“女巫”这个标签化的词语并没有它所对应的外延客观存在，那么讨论如何甄别女巫，怎样审判女巫才是公正的，就是思想和交流的徒然浪费。人类认识的曲折性和局限性或许根本无从回避，但就我们今天来说，汲取人类认识的历史经验（比如逻辑学就是有效的思维经验的凝结）和教训，尽可能在认识和交流中避免使用内涵和外延不清楚、不确定，甚至没有外延的词语来

---

① 文秋萍：《从“僵尸肉”事件看新闻报道“标签化”》，《新闻研究导刊》2015 年第 17 期。

② 朱力：《泛标签化扭曲社会认知》，《人民论坛》2012 年第 9 期。

③ 《知识阶层需正视影响力但不必悲观》，《南方都市报》2013 年 5 月 6 日。

指称事物，就可能提高我们认识和交流的有效性。

在评论中，我们需要问自己：我是在怎样的意义上使用一个词语的？它所指的到底是什么？

课堂讨论评论的“集中性”

2020-3-3

昨天下午上研究生的第二次评论课，在微信群中上课的速度很快，面对我截图展示的案例和随后提出的问题，同学们各自从电脑键盘或手机中传来自己独立的见解，推动着课程的进行，使他们自己和我都有应接不暇之感。因为在网上，他们的发言可以同时发出，如果是在课堂上，这通常是不可能的。

最后回看，在这个包括40名选课同学的60人微信群中，居然有36位同学发言。其中30位是选修同学，还有6位是旁听同学。

课程结束时我问大家：“累吗？”有一位同学说：“很累。”另一位同学说：“真的佩服大家的思维效率和‘写作’（打字）效率。”

还有一位同学说：“文字阅读还是需要一定时间的，一扫而过很容易漏掉一些细节，每次老想去赶同学们的思路。本来老师念评论原文那一段我觉得节奏很好，但是同学们已经迫不及待地发表自己的看法了。”

是的，我试图像在课堂上那样，用微信语音朗读截图上传的评论案例作品，一方面是为节省同学们的目力，另一方面是为了控制节奏，给同学们的思考留出时间。但就在我朗读的过程中，早已有同学迫不及待地从网络的另一端发送了他们的见解。这使我不得不放弃了朗读。

这样快节奏的课程持续了整整两个多小时才结束，“拖堂”半个多小时——平时在线下课堂上我是从来不敢的。但从教学的“进度”来看，其实只针对几个案例讨论了一个问题：新闻评论思维和表达的集中性。这是我在本科和研究生评论课“共同的第一讲”中所归纳的新闻评论思维和表达的四个特点中的第二个特点。

课程的节奏比平时在教室中要快一些，而教学进度却不如在教室，这是因为同学们针对案例开展了更多、更深入的讨论，而这些讨论往往超出了教师的预计。

教师虽然是教学关系中的主导者，但在上课进程中，其实师生双方都影响着上课的节奏。

教师在课堂上注入自己事先准备好的教学内容，固然有自己设计的教学线索和预想的节奏。但学生如果有足够的参与热情，他们自己提出的问题以及他们对教师提供的案例所发表的见解,也都会影响课堂的节奏和走向。

实际的课堂节奏就是师生双方相互推动(拉动)的结果。

我并不把这样双方有时像“拉锯”一样的过程看作教学效率的损失,而把它看作一种教学的机会。这不仅是因为学生投入热情本身意味着学习有收获;更是因为:学生自己的关注视角和见解,也许更能够反映他们自己的写作体验、观察体验乃至存在的问题。这恰好为教师指导学生提供了现实依据。

在这个意义上,虽然对于一篇评论而言,议论线索的集中性很重要,但一堂课上讨论问题的“集中”并没有那么重要。

其实,课堂讨论偏离教师预设线索的情况,在教室里也时常发生,但在疫情期间微信群授课中似乎更为明显:一位同学关注到老师展示的案例作品本身存在的问题,这引发了其他同学对这一类问题表达看法。于是,课堂讨论就可能转向那篇作品存在的问题,尽管教师展示那篇作品只是为了说明评论的一种规律。

这是敏感活跃的思维的一个特点,也是新闻实务教学的一个特点。因为实务教学中所使用的具体案例本身,总会包含着比抽象表达的理论更具体、更丰富的现实信息。而这些现实信息,都可能引导出新的课堂讨论方向。

实际上,我们可能在任何一个教学环节上接通新闻评论的普遍问题和写作中的实际问题。

比如,昨天下午的课堂上,我用鲁迅《论雷峰塔的倒掉》这篇杂文与腾讯网“今日话题”栏目一篇《美国小伙掰断兵马俑手指,文物出境该如何保护?》作为对比,说明“发散性思维”与体现评论“集中性”的“收敛性思维”的差异。

马上就有一位小垚同学提问:

这些对于集中性的讨论是仅限于新闻文体上的吗?在文学领域其实有很多发散的意识流作品,但一般认为这些也是有意义的。

这不算超出我的预料。

我马上在键盘上打字回答:

对,小垚问得好。文学作品的认识价值与评论传播的认识价值是有所不同的。文学启迪保留了更为开放的空间,其发散往往本身有体验和美的效果,不完全是为了表达认识。人们阅读文学作品也主要不是为求得认识。而评论表达的认识更为集中和确定。

另两位同学也同时回应了这个问题。

毛雪说:

也许并非所有的新闻文体都适合集中性,只是评论为了效率更需要集中。

李鸿博说:

个人觉得,意识流属于文学的范畴,新闻评论按文体也是一种论说文,要有论说文的特征。

我接着说：

集中实现的认识效率和传播效率，是评论这种文体的基本特点。人们一般不会期待新闻作品提供(认识之外的)别的价值。

然而丁振球同学接着我上句话提问：

那么，人们对新闻评论的价值的期待是如何形成的呢？

我回答道：

我认为是在供给与需求的长期磨合中达成的默契。

接下来，子荷同学的一个提问引发了更多讨论。

她问：

可是如果一篇新闻评论是围绕新闻对象从不同角度展开深入论述的，会意味着不够集中吗？

我还没有回答她的问题，同学们对这个问题的回应就已经纷至沓来——

叶子怡说：

更多地要看评论立足的观点。

小璇说：

一篇评论就得确定一个角度，向着一个方向论述。

心怡说：

从不同角度深入，感觉更多的是特稿的要求，评论讲究把一个问题说透。

鸿博说：

要看论述的内部关系：角度不同，本质相同也可以。

梓桐说：

集中容易帮助人们进行深入的思考。

毛雪说：

如果是不同角度的话，也许意味着观点的分散。

海滢说：

如果不同角度之间有逻辑关系，并且能指向一个总的观点，我觉得是可以的，如果之间没有逻辑……那应该还是不集中的。

雯涓说：

面面俱到就会降低效率。虽然对某个事件分析得比较透彻，可很多论述是没有太大用处的，也不算有价值的观点或论点。

叶子怡说：

在我看来，很多发散性的东西是难以在一篇评论中展现的。(发散太多)只会让读者摸不到头脑。

京宏说：

也是可以的，但最好还是能在不同方面间形成联系。

丹怡说：

一篇评论的容量是有限的吧？也许可以写一组，从不同的方面写。

心怡说：

如果各方面都讲透，可能要写大几千字……其实落笔写的时候能感觉到，就事件发散是容易的，因为每个小点不需要论述得很深。揪住一个观点论证反而比较难（可能这也是日常操作中新闻媒体往往就事件发散的原因）。

小菲说：

可以从各方面的论据集中论述一个明确的判断，但是不能从一个事例上散发多个（论点）。

竟达说：

我觉得（多个论点）能不能写进同一篇评论是一个实操类的问题，可能就是理论上可以做到，但是实际上还是写不出来，容易失衡。

晓婷说：

或许是因为它们之间没有清晰的逻辑关系？

凯文说：

但如果是解释性新闻评论呢？感觉解释性评论和科普在某种程度上很相似，都需要对一个复杂的事物从多个角度进行解释来帮助读者进行认识。

中行说：

涵盖多个侧面的话，这是新闻，不是新闻评论吧，这是为了新闻的平衡性。

梓桐说：

同意，新闻中其实会尽可能展现更多侧面，但是评论本身就是观点的倾斜。

子荷同学的问题很有价值，同学们的回答也往往带入了自己的写作体验。我一方面要回应同学们上面的发言，另一方面，则更想用一个案例来正面回应子荷同学的问题，以说明“围绕新闻对象从不同角度展开深入的论述”也仍然可能具有集中性——这一点前面海滢同学的回答已明确表达了。

然而，我从讲义后面调出的一个案例，却引发了同学们超出我预计的讨论。

我引用的案例作品（其实是为了在后面展示什么是评论段落中的“主题句”）是《养老金制度设计需要有长期视角》①。这篇作品的一个特点就是几个主要的论证段落中主题句整齐，典型地体现了作品清晰的结构。位于主要论证段落开头的主题句分别是：

① 《新京报》2017年3月10日，作者：鲁全。

首先，对制度模式的选择要有长期的视角。……

其次，对制度环境的评估需要有长期的视角。……

再次，养老金的管理体制的设计需要有长期的视角。……

我说：

子荷同学，这个案例就是“多个方面也集中”。

然而，这篇文章本身写得怎么样，很快就引发了同学们的讨论，其中涉及对其写作风格的质疑。

叶子怡说：

对模式的选择、对环境的评估、管理体制的设计都围绕着一个问题。

毛雪说：

关键的论述点在每个分论点中都有重复，比如“什么什么需要有长期视角”，但是在树状图里，分论点分开来进行，并未约束在一个关键的范围内。

丁振球说：

这篇文章涉及多个方面，但是观点针对一个角度。

李鸿博说：

感觉这篇评论在套模板。

小静说：

有点像高考三段论作文。看到之后，你会疑问哪个制度的设计管理不需要长期的视角呢？

京宏说：

对于这类新闻评论，我觉得自己的期待会是能否形成一个可行的对策。

丁振球说：

这篇评论做到了观点的集中，但是观点本身是平庸的。

京宏说：

这篇评论的对象更像是分立的，比如模式、环境和设计。

丹怡说：

它要将三个方面概括起来总结出一个“长期的视角”，这个概念本身就要是有一定抽象性才有包容性。

褚笑说：

我觉得这篇文章恰恰是形不散神散了，反而不够集中。看起来都在说“长期的视角”，但这只是词汇上的重复，颇像公务员考试申论。从文学性角度来说，这篇评论文章文字很贫弱：用语、词汇重复以及列举各种概念，都使可读性下降。

雪莹说：

评论为了简洁凝练，一般不会有太强的文学性吧，不同文体有不同的评价标准，不一定要从文辞是否优美的角度来衡量一篇评论的质量。

叶子怡说：

一篇集中的评论是否等同于一篇好的评论？这似乎又是一个新问题。

梓桐说：

我认为不等同，只能说做到了合格。

中行说：

我也觉得养老金这篇有些空洞，说白了就是从长计议、有长远的眼光和思维，尽管都属于“长期视角”，但是有点泛泛而谈。

同学们显然对这篇评论有不同的看法。我同时意识到：这个本来是为了说明“集中性”的案例，引发了同学们关于评论写作风格及其对传播效果影响的讨论。

我也表达了自己的看法：

多个侧面是否仍然是“集中的”，我觉得也可以从“生产性”角度进行评价：评论是否整体上提供了有益的认识价值？养老金制度确实涉及多个方面，如果从长期性的角度谈，自不免谈及多个方面的长期性问题。不同的制度虽然各自有各自的长期性问题，但养老金的特点（长周期运行），决定了它的长期性特别重要。一个人交了一辈子养老保险，到退休时，钱取不出来了，重要不重要？

其实，这篇文章从各个方面都谈到了比较专业的问题，作者鲁全是中国人民大学劳动人事学院的一位老师，可能同学们对这一问题的感受不像他那样深刻。

就一个具体问题和专业性判断而言，我觉得认识的“实料”要重于修辞。

我接着调出这篇文章写作的由头——一个交了多年养老保险金的农妇退休之后却发现取不出钱来的新闻事件——

3月3日，新京报报道了湖南浏阳市一位徐姓农妇在1997年购买的养老保险于今年3月1日到期后，无法按月领取养老金一事。根据新闻报道中提供的相关事实可以初步判断，徐某当初参加的是由民政部门主管的农民养老保险制度。1997年民政事业发展统计报告显示，截至1997年底，参加农村社会养老保险的农民达到7452万人，因此，该问题恐怕不是浏阳一地、徐姓农妇一人之事，而有可能涉及当年参保的诸多农民。

以及作者对这个新闻事件的解读——

正如新闻中所介绍的，徐某养老金权益无法兑现的主要原因是主管部门发生了变化。的确如此，1998年国务院机构改革，原属民政部管理的农村社会养老保险事务移交至新成立的劳动和社会保障部。2009年，为区分之前的农民养老保险制度，国家又开始试点新型农村社会养老保险制度，并于2014年与城镇居民养老保险制度合并为城乡居民社会养老保险制度。但是,无论行政主管部门如何调整,制度结构或参数如何调整,都不应当成为损害参保人利益的理由。

这些本来是写在文章开头部分的,我却把它们放在案例后面作为背景。所以同学们前面对这篇文章的判断就缺失了相关信息。

实际上,这个评论的由头和作者对这一新闻事件的敏锐判断,涉及“选题”——新闻评论实际发生的认识情境,它的价值恐怕要大于写作风格的问题。

而这时我也意识到,我把这篇文章中三个有着同样句式主题句的段落从文中提取出来直接呈现在同学们面前,以说明多个方面的议论同样可以实现集中的时候,其实没有预想到:同学们可能失去对这篇文章的实际写作情境的了解和对这篇文章社会价值的判断,而将目光更多地集中在写作层面。

看过评论背景后同学们的看法显然有些转变,当然也有同学原来就持有这样的看法:

海滢说:

可能理解这篇文章需要我们对以前的养老金设计有了解。如果以前养老金制度的设计的确没做到长期性的考虑……

毛雪说:

交纳养老金的独特之处在于可能很多年后自己才会受益,所以长期视角更适用。只是现在时代更迭速度越来越快,长期性的挑战越来越大。结合事件的背景,可能更容易理解这个“长期性”的总结。这一事件的问题确实出在长期性上。

子荷说:

可能这三个分论点单看有点平庸,但细看里面的分析还是有很多专业信息的,也颇有针对性。

丁振球说:

这篇评论可能在观点上不够吸引人,但与新闻事件的接近性很高,而且内容实用性很强。

这样,我们就由一个本来为了说明“集中性”的案例文本共同进入了一篇评论的实际写作情境,讨论它为社会提供的实际的认识价值。

当然,我从同学们对这篇作品在表现形式方面的消极反馈中,也能看到这种整齐划一的形式在年轻的读者群中的传播效果并不好。

我曾在一篇教学日志《评论写作中的传播性因素和认识性因素》中反思过,我的评论教学体系中,往往不免对评论的传播特点格外注意,因此讲到集中性、连贯性等特点时,更多着眼于评论文本的形式方面。这不免也会给学生带来一种有局限性的引导。但其实,一篇作品实际的写作情境涉及内容的认识性价值,是不应当忽略的。

由对作品“形式”的分析，讨论到作品实际“内容”，还发生在后面的一个案例讨论环节。

在这次课上，为了分析评论作品思维和表达的“集中性”，我引入2月27日《经济观察报》一篇评论《全面禁食野生动物不应是权宜之策》（作者：欧阳晨雨）。我将各段中与主题有关联的词语用下划线标识出来，以提示同学们思考它们与主题的关系。

① 那只悬在半空中的靴子，终于落地了。在新冠肺炎疫情防控的紧要关口，2月24日，十三届全国人大常委会第十六次会议表决通过《关于全面禁止非法野生动物交易、革除滥食野生动物陋习、切实保障人民群众生命健康安全的决定》（以下简称《决定》），明确全面禁止食用野生动物。

② 对于保护野生动物，中国有专门的立法，2016年才修订了《野生动物保护法》，但这部法律的缺失，却在新冠肺炎疫情面前一览无余。根据《野生动物保护法》，禁食野生动物的范围其实很有限，主要是国家重点保护野生动物和没有合法来源、未经检疫合格的其他保护类野生动物。但是，对于“有重要生态、科学、社会价值”的陆生野生动物，也就是人们常说的三有陆生野生动物，还有其他非保护类陆生野生动物，是否禁止食用，并不在《野生动物保护法》的射程之内。

③ 这就意味着，对于包括蝙蝠、鼠类、鸦类等约1000种陆生脊椎野生动物，随时可能成为饕餮食客面前一道野味大餐，而蝙蝠等“骨骼清奇”“身怀异能”的动物早已被证实，是非典冠状病毒、马尔堡病毒、埃博拉病毒等人际传染烈性病毒的藏身之地。当然，我们还有一部重要的《动物防疫法》，如果检疫措施到位的话，理论上也能防止疫病传播。但令人遗憾的是，这部法律对于动物防疫，主要针对的是家畜家禽和人工饲养、合法捕获的其他动物，对于蝙蝠等游离于法律保护之外的动物，如何来检疫把关，从程序到技术上都是空白地带。

④ 从长远看，对于这些被现实照出千疮百孔的法律，理应通过修法的渠道来尽快解决。但是，法律的正式修订，程序颇为烦琐，而新冠肺炎疫情防控的紧张形势，又不允许久拖不决，在这种急迫的情况之下，通过全国人大常委会迅速出台具有法律效力的《决定》，就成为一个“亡羊补牢”的解决之道。这种做法的好处在于，既能快速修补法律的漏洞，又能宣示国家对野生动物保护的态度，对社会公众起到一定的普法教育作用。

⑤ 审视这部《决定》，虽然字数不多，但措施之严厉，出乎很多人意料。除了重申《野生动物保护法》关于禁食野生动物的规定，明确“在现行法律规定基础上加重处罚”，《决定》还将“三有陆生野生动物”“在野外环境自然生长繁殖的陆

生野生动物”纳入保护范围外，甚至对“人工繁育、人工饲养的陆生野生动物”也一概宣布予以禁食。

⑥ 今后，养鹿、养蛇等关联经济产业将经历一次震荡，诸如口味蛇、鹿鞭酒等也将告别人们的餐桌。如此“壮士断腕”的决绝举措，如同疫情期间的“隔离”措施，也将在人类与野生动物之间，树起一座防控疫情传播的法律隔火墙，有利于从源头上防范和控制重大公共卫生安全风险，防止再次发生危害公众生命健康的重大疫情。

⑦ 当然，《决定》亦非万能丹药。下一步，《野生动物保护法》《动物防疫法》《传染病防治法》等法律的修缮，以及《生物安全法》的立法，都需要从速列入立法机关的议事日程。对于“人工繁育、人工饲养的陆生野生动物”，还不能一纸“禁食”了之。据统计，中国以供应食品、毛皮、药用原料、科研试材为目的人工繁育野生动物种类约 100 种，养殖企业及养殖户约 50 万家（户），从业人员超过 100 万人，年产值约 500 亿元。如何支持引导产业转型，包括给予一定经济补偿，也是必须妥善做好的“下一篇文章”。

⑧经历了这场疫情之痛，从国家到经济产业，乃至个人，都付出了高昂的代价，也留下了刻骨铭心的记忆，希望革除滥食野生动物陋习，养成科学健康文明的生活方式，也跟随立法的脚步，真正地建立起来。（作者系法律学者）

同学们的反应很快：

海滢说：

这篇文章集中讨论了禁止是否全面的问题，前半部分讲到《野生动物保护法》到底有什么漏洞，后半部分讲到《决定》如何填补漏洞及其意义。

叶子怡说：

这些关键词都是围绕核心观点展开的。

雯涓说：

后边的关键词，进一步分别论证如何保障“全面”。

马菲说：

这些关键词都紧扣核心概念“全面”，逻辑上也是通顺的，前面是讲了原有法律在范围上的“不全面”，中间讲了《决定》对这种“不全面”的弥补，最后则是落实到立法层面，达成“全面”。

丁振球说：

“全面”的反义词是不全面，也就是后面写的“缺失、空白、漏洞”。

心怡说：

第一段先划重点——“全面”，然后讲以往法律的“缺失”“空白”（全面立法的原因），再讲新《决定》修补的“漏洞”（全面立法的意义），最后讲下一步怎么

“全面禁止”(立法的未来)。

子荷问:

“迅速”和“全面”这两个关键词之间有什么关系呢?

我回答说:

“全面”是着眼于法律的覆盖面,“迅速”是针对立法程序和社会对法律的现实需求而言的。

在这个环节的讨论中同学们还说到了标题中“权宜之策”这个消极的词语是否与文章集中的议论线索相符的问题。其实这篇评论是正面的积极评论,没有批评的意思。但以否定性判断来表达论点,的确有可能干扰人们理解作者对这项“决定”做出的积极判断,那就是:(覆盖的)“全面”和(过程的)“迅速”。

然而,在这个案例的讨论中,一位恳切申请旁听入群的同学却用一大段话把大家引到了作品背后更深的认识层面。

这位叫褚笑的同学说(她可能借助讯飞语音软件才能一口气“写”出这么多字):

在我们国家,以养殖这些野生动物作为生计的农民和关联产业涉及的地区不计其数。全面禁止会断掉他们的活路,这些人没有饭吃,势必影响社会稳定,带来连带反应。这种连带反应的后果,也是我们国家不能长期承受的。更何况,农民之所以养殖野生动物,不是自己消费的,而是有市场需求的。这个需求不解决,即使表面上禁止了,也会有黑市。我认为关键问题在于:城市居民,乃至整个社会应该摒弃猎奇等不正当的食物需求,这无论从健康还是生态文明和社会价值观上,都是不正当的、畸形的。这样谈,观点或许会更加深入。

褚笑其实是我们学院多年前就毕业的研究生,她也上过我的评论课,当时在课堂上对逻辑问题就表现得非常敏感。毕业多年后,她已经通过自己的努力在媒体行业获得了一个很好的岗位了,前不久还在央视主持人大赛上崭露头角。但她上面的一段话使我忽然意识到:我们师生面对一篇作品“坐而论道”,其实可能因为脱离该作品在认识上的实际社会背景,而使讨论局限在表达和传播形式的层面上。

于是我向大家介绍说:“这位师姐在央视农业节目做主持人。对这个问题有更开阔的思考。”

晚上,褚笑通过微信发来了对这个问题更完整的思考:

事实上,这次疫情暴发以来,我对农村的疫情以及疫情对农业的影响确实稍微多想了一些。

野生动物,大量都是农户养殖给城里人吃的,甚至很多农户就是以此为生的。全面禁止食用野生动物对他们的影响是使其家庭失去经济来源,这是灭顶之灾。但是,这个事实可能距离同学们的生活比较远,他们想象不到。

疫情和封禁还带来了农产品滞销。农业农村部已经在官方网站上公布了滞销的农产品一览表,形势非常严峻。现在本来应该是海南水果的丰收季,也是销售的高峰期,因为中国的其他地区目前还处在冬末春初,没有水果吃。每年,海南的农民就等着这个时候赚一大笔钱。以前都是各种大卡车去海南抢水果,现在因为疫情影响,大部分物流中断,除了一些大的运输渠道(顺丰等物流)还在运转,小的运输渠道都断了。短期之内,这些小农户根本就找不到把水果卖出去的渠道,水果全部腐烂在地里,农户欲哭无泪。关键是,这差不多是他们一年中唯一可以挣钱的时机啊。

我们这些在城市里长大的孩子,对我国的农村、农业了解太少了,我也是在学习、工作的过程中,才不断发现自己的无知。

今天您的课还给了我一个思考:低级的评论比文采,中级的评论比知识,高级的评论比格局。

学生可以才气过人,但因为没有丰富的社会阅历和通识积累,更不具备在某一领域的专业性,他在写评论时就想不到某些方面,更难以提出什么有新意的观点,顶多说的是俗知俗见,再好一点的,文字上出众些罢了。

中级的评论能给读者以知识。比如,农村的野生动物养殖情况,就是知识的拓展。你如果对这方面不了解,自然就写不出来了,反反复复只能纸上谈兵,说来说去就那些道理。

事实知道得少,观点就不可能丰富。我们都有这样的经验:知道了新的知识,观点有时会发生 180° 的大转弯。就像某个新闻事件,随着线索被更多地发掘出来,舆论的态度可能会完全反转。观点是基于事实的。

这显然是学生走出校门,真的经过一些实践中的观察和思考才有的见解,我将她的见解在此分享给同学们。

辨识和追问评论中的“主题句”

2016-9-22

这个星期的周一、周二上午,我分别为本科三年级的三个班讲第二次评论课——“新闻评论的思维与表达特点”的后半程。讲到“集中”这个特点和实现“集中”的一种手段——“主题句”,并结合具体案例进行主题句的辨识练习和效果分析。

所谓“主题句”(topic sentence)是针对段落而言的,它反映的是段落内部的一种结构:段落的第一句形成全段的主题,其余部分都是对这个主题的阐释、论证或展开——总之，是围绕着第一句。

用一本牛津大学写作教程中的话来说——

当你写出一个主题句的时候，你就是在做出一个承诺：后面的整个段落都与这个主题句相关。不要离开这个主题。无论写到多么吸引人的事，如果它与你已经确立的主题无关，或者你不能合理地修改主题把这件事包含进来，那么你就只能放弃它。没有任何东西比不相关更损害文章的连贯了。①

用一本风行英美且译入中国的写作手册《风格的要素》中的话来说——

使段落成为文章的单元：一个段落只表达一个主题。

之所以采取一个段落表达一个主题的方式，其目的当然是为了方便读者阅读。在每段开头向读者发出一个信号，即主题又向前发展了一步。②

从我引述的这两本教程来看，"主题句"并不是新闻评论的特有的概念，而是普遍的写作学概念。当文体不确定的时候，"主题句"的规定性、"主题"的含义也就比较模糊。在我看来，它应该主要存在于议论性的文体中，也可能存在于某些叙事性的作品中，但在抒情性的作品中应该不会存在。新闻报道中的消息体裁也应该不会有段落的主题句，这是因为，按照"倒金字塔"的结构原则，整个消息的叙事性"主题"——事件的性质和最重要的事实要素，都在第一段的导语之中，因此在后面的任何段落中都不会再出现主题了。

而新闻评论作为典型的议论文体和议论文体中最讲求效率的文体，应该是最适合使用主题句的。

一本 20 世纪 20 年代出版的美国评论教材《社论版》写道：

（19 世纪后半叶南北战争之后）社论作者们改变了他们的风格。他们把那些长句子一砍两半；回避了那些外国词；使段落更短，并且给每一个段落写出一个清楚的主题句子，或称"段落导语"，这就使得人们的目光从头到尾"一目十行"式的浏览成为可能。这种风格可以帮助读者迅速地做出决定：是读这篇文章，还是跳过去。③

——这一段话，正是反映了主题句对新闻评论传播效率的作用。

比如，我在课堂上展示的 2012 年 5 月 10 日《新京报》社论《南海深水开钻是最有力主权宣示》就有典型鲜明的主题句：

用"流动的国土"实实在在地宣示国家主权，是现实的迫切需要。仅在南海海域，已有 200 多家外国公司钻探了 1000 多口井，油气年产量达到了约 5000 万

---

① T.S.Kane.(1983). *The Oxford guide to writing: A rhetoric and handbook for college students*. NY: Oxford University Press.

② ［美］威廉·斯特伦克：《风格的要素》，陈玮译，中央编译出版社 2003 年版，第 33—34 页。

③ R.W.Jones(1930). *The editorial page*, p.129. NY: Thomas Y. Crowell Company.

吨。无论从哪个角度说，南海资源开采，中国都不能缺席。“海洋石油981”平台，尽管距离南海热点区域仍远，却发出了超出开采海域的强烈信号：中国有能力打造出“流动的国土”，有能力用实际行动维护领海主权和海洋权益。

用“流动的国土”来强化国家主权，也是未来发展的要求。世界主要国家，无不视海洋开发战略为未来发展的主要支点。美国对海外石油依存度持续下降，并于近年开始走向能源独立，原因之一就是对于墨西哥湾等海域开发战略的推进。到2020年，美国40%的石油将来自海底。英国近年来持续推进海洋开发，并于今年设立了海洋能源开发特区，即使是能源富藏国俄罗斯，也在巴伦支海实行海洋开发合作战略。走向海洋，是大国可持续发展的必经之路。

——你看这两段的第一句话都是抽象层次较高的判断句，其实是文章的分论点。而主题句后面的内容则都是具体的事实材料，实际上起到论证主题句的作用。

这两个段落的主题句确实起到了“段落导语”的作用，“使得人们的目光从头到尾‘一目十行’式的浏览成为可能”。

因此，在我看来，新闻评论应该是“主题句”最为典型，也是分布最普遍的文体。

真的是这样吗？

这需要一个量化研究，包含主题句的评论文章真的不难找到。就在周一早上，我看到了当天《新京报》发表的心理学学者唐映红的一篇文章《你得过抑郁症也未必了解抑郁症》，并把它作为案例在课堂上对它的第六、七、八段分别进行了主题句的辨识和分析。

这篇评论发表的背景，是青年演员乔任梁自杀身亡所引发的舆论对抑郁症的关切。而这篇文章的作者从心理学专业的角度回应了这种关切。

它的第六段写道：

如果身边有亲友，或怀疑有亲友罹患抑郁症，首先要做的是说服、帮助或陪伴他去有资质的专业机构进行诊断甄别。这样做的好处在于，第一，避免低估患病亲友的病情。一些患者因为性格或生活方式的原因，即使身陷抑郁症中，外显行为也不大能观察出来，容易被误认为境遇性的心境低落而被忽视。第二，避免将亲友境遇性的心境低落做出错误归因。人们在遭遇到消极生活事件，如失恋、失业或其他重大挫折时，很容易出现境遇性的心境低落，这种暂时性的心境障碍无须特别的治疗就能自然康复，而如果错误地认为是“抑郁症”，则可能会强化和加重心境障碍，反而适得其反。

在讲义页面上，我把第一句话涂成红色，是示意同学们辨识这句话是不是主题句；后面的“这样做的好处在于，第一……第二……”涂成蓝色，示意同学关注这些话与第一句话的关系。

显然,第六段体现出比较典型的主题句结构,首句中提出“首先要做的是说服、帮助或陪伴他去有资质的专业机构进行诊断甄别”,在后面经“这样做的好处在于……”衔接,分别从两个方面(两种情况)进行了论证。

接下来,第七段写道:

如果亲友被临床甄别诊断为抑郁症,那么遵医嘱配合药物治疗是必须的。抑郁症的发病既有病人特质性的个体因素,也有情境性的因素,因此,作为亲友多关注和关心患者的生活,多给他以鼓励和赞许,以及陪同他多参与户外运动,都能有助于抑郁症状的缓解。重症性抑郁症患者通常会产生对生命、生活的无意义感,世俗成功对他毫无意义。因此,有条件的情况下,帮助患者找寻到生命的意义至关重要。

同样,我把第一句中的“遵医嘱配合药物治疗是必须的”涂成红色,是让同学们考虑这是不是主题句,而把后面的“多关注和关心患者的生活,多给他以鼓励和赞许”和“帮助患者找寻到生命的意义”涂成蓝色,也是让同学们思考这些话与第一句话的关系。

那么,第七段的第一句话还是主题句吗?

在课堂上,多位同学给出了否定的回答,因为首句提出的“如果亲友被临床甄别诊断为抑郁症,那么遵医嘱配合药物治疗是必须的”,没有在段落中得到进一步的发展或论证,后面的内容都是在谈亲友如何从多个方面帮助抑郁症患者。

对于这一段中句子的关系,有的同学说是并列或递进的关系。也有同学认为,后面谈的亲友对患者的帮助,实际上是首句中“遵医嘱配合药物治疗”中对医生的治疗进行“配合”的内容,因此仍然可以理解为一种统摄性的关系。但我觉得,这样理解难度大了一些。

再看第八段——

如果有条件,安排或陪同罹患抑郁症的亲友旅游是一种不错的选择。但要注意的是,旅途应当是放松的,而不应当是增加焦虑的,这就需要从旅途的趣味性和经济可承受程度来进行筹划。如果亲友的病情不太严重,那么设法增加他们的责任感也能帮助他们走出泥潭。其中,很重要的一点是,无论是陪同他们还是鼓励他们,都不必把他们当作特殊的“病人”,而仅当作遭遇到困难的亲友即可。因为抑郁症患者的生活能力以及社会认知功能并未受损,过于将其特殊化反而会加重他们的抑郁感受(被排斥感、异样感)。

对于第八段有没有主题句,周一上午两个班的同学都有些犹疑。我就表达了自己的看法:在我看来,首句提出“旅游是一种不错的选择”,后面就以“但要注意的是……”引出旅游中需要注意的问题,两者虽然不是“论证”性的关系,但后者的内容仍然没有超出“旅游”的范围。因此我认为首句仍然属于一般意义上的主题句。

“主题句”本身并不是新闻评论的概念,而是更为普遍的写作结构概念,它确实具有一种普遍的效率性。但因为新闻评论本身具有强烈的论证性,因此,新闻评论中的主题句比较典型地体现出论证性关系——即在一个段落中,主题句表达的是一个观点(往往是全文的分论点),而主题句后面的内容对主题句起着论证作用,它们往往是更为具体的事实材料。

但这并不意味着没有论证性的关系就没有主题句,因为一般意义上的主题句只意味着在“范围”上统摄全段。

这个问题,后来由一位国防班的同学小许用一个独立思考的提问更深地触及了。

他说:

今天老师提出的三个案例实际上是性质不同的文章。其中《“大学生零首付”当日召回也是及时纠偏》和《南海深水开钻是最有力主权宣示》两篇是传统意义上典型的新闻评论,因此我们看到其主题句也很典型。而另一篇《你得过抑郁症也未必了解抑郁症》,则其实难以看作是典型的新闻评论文章,它只是针对一个当下人们关注的问题以专家的身份提供专业知识。像这一类的作品是不是不一定需要像新闻评论那样严格地按照主题句的规则来安排?

我感到这位同学对文章功能的差异很敏锐,非常令人欣喜。

的确如此,当代受众需求多样,一个新闻事件出现之后,人们的认识性需求也是多个层次的,这可能大大超出了传统意义上新闻评论的功能。这是很正常的。我们不能以一个规则或者以某种“规则意识”来要求所有的文章,古人说“文无定法”“文成法立”就是这个道理。实际上,我讲评论,并不是讲“规则”,而是讲“效果”——讲某一种写作策略的效果。我用一些案例来展示这样的效果是如何实现的,以此给大家一种启发和选择。肯定有一些不使用这类写作策略的文章,那么为什么没有使用?它们实现的是什么效果?也都需要结合具体案例进行分析。我曾经写过一篇文章,叫作《从谨守写作规范到研究传播效果——对评论写作与评论教学的思考》(发表于《新闻与写作》2009 年第 11 期),就表达了这样的教学观点。

昨天在微信公号上发出本篇文章之后,有朋友在后台留言:“所举关于抑郁症一文,即便从标题来看也是一篇说明文,因此用议论文或者新闻评论的相关概念来套用,就不太恰当了。”——这个说法有一定道理。但典型的说明文其实是不大可能在报纸评论版上发表出来的。这篇文章的新闻性体现在议题与新闻事件相关;而这篇文章的“说明性”体现在作者的专业建议上。因为这些建议本身争议性不大,因此其论证性就不明显。即使是说明文,也不见得没有主题句,只是没有论证性而已。

然而,到了周二上午的课上,另一个班的同学却针对第八段展开了更多更热烈的讨论。

一些同学明确认为第一句中的“安排或陪同罹患抑郁症的亲友旅游是一种不错的选择”这个建议已经不足以统摄后文中对抑郁症患者更多精神层面的关注。还有同学认为,后来提到的亲友的陪伴和关切,尤其是精神方面的抚慰,对帮助抑郁症患者来说是比“陪同旅游”层次更高一级的手段。几位同学甚至提出了重新提炼主题句的方案。——这实际上进入了一种写作状态。因为在写作中重新调整和提炼主题句是一种常态。

主题句是否普遍地存在于新闻评论中?是否集中分布于某一类特定功能的评论中?它是否与新闻评论议题的争议性和论证的负担有更紧密的关系?要回答这些问题都可能需要大量的观察和量化分析。而为什么有些评论没有出现主题句,则需要结合具体案例分析这些评论的表达和传播效果。

总之,主题句是一种写作策略,而不是一种清规戒律。它收获的是特定的表达和传播效果——比如结构的清晰和表达的效率。但这些价值也并不一定是绝对和首要的价值。如同消息写作有“倒金字塔”导语也有延缓性导语一样,我们学习写作的人,首先需要掌握提炼主题句的能力,然后在具体情境中再去考虑,我是不是真的需要主题句。

还有什么可以帮助我们建立文章的连贯性?

2020-3-10

昨天我们的评论课讲了“新闻评论的思维与表达特点”中的后两个特点:连贯性与效率性。

评论作品内在的连贯性问题,其实是写作中普遍存在的技术问题。通常看来,它是一个语感经验的问题。即,我们凭借自己的语感经验使自己的文章显得连贯,而不是断裂零散;也凭自己的语感经验理解别人作品内在的连贯,使自己能够顺畅地阅读。

这样看来,连贯性就是一种“缄默知识”,似乎不能说,也用不着讲。

但其实,连贯性还是有一定规律可循的,有一些确定的标准可以作为分析、评价的依据。

语言学就为我们提供了一套分析作品内部连贯性的方法和术语。

昨天的微信群线上评论教学中,我就向同学们介绍了这些方法和术语。当然在此之前,我先请同学们凭借自己的语感经验对几个作品案例的连贯性做出判断和评价。

在上课之前,我先用一段视先录制的语音概述了我对连贯性的看法。

连贯性是话语的一般规律,是对任何有着线性接受过程的作品的要求;而新闻评论的连贯性还有它自己的特点。

有学者说:

话语依靠句子来实现,但这并不意味着话语就是句子的任意堆砌。由两个或两个以上句子构成的话语存在着深层的语义关系,即连贯性。①

这意味着,连贯性其实也就是可理解性。你能够理解作品中上下两句之间的关系、段与段之间的关系,作品就是连贯的,否则就是不连贯的。

比如古诗字句凝练简省,句与句之间并没有连词来明示它们的关系。它们之间的连贯性主要是靠读者的理解力来实现的。

比如唐朝诗人张仲素的《春闺思》只有四个五言的句子:

袅袅城边柳,青青陌上桑。

提笼忘采叶,昨夜梦渔阳。

前两句在空间、景色的描述上是明显连贯的:女主人公从城里走出来,一路走到田野上。但后两句"提笼忘采叶,昨夜梦渔阳",从时间上看就不连贯。那么它深层的连贯性在哪里呢? 这就是文学表达的空间了。它对你的理解力是一个挑战,你能够理解这两句之间的深层连贯性,它就是连贯的,它也就是文学的了,否则看起来就是不沾边儿的两句话。

我还想起有一部外国电影叫《通天塔》,它起初看起来分别讲了发生在四个国家的各自独立的故事。但是看到最后,你才明白,这其实是一个故事,也许可以概括地称为"一支步枪的故事"。作品要启示人们的是,当今整个世界已经连在了一起。它是用表层结构的不连贯来体现深层的连贯的。当然,由于人们对作品连贯性有期待,这也是一种冒险,但艺术是容许这样的冒险。

一般来说,连贯是对任何有着线性接受过程的作品的要求,它体现为作品内在关系中容易被理解的连续性,是接受过程的"润滑剂"。

如果缺乏内在的连贯性,作品就是断裂的、分散的,而非一个内在统一的整体;而受众的接受过程就可能"卡壳",乃至完全终止,即接受失败。

与连贯相关的另一个汉语词是衔接。

有学者认为:

一般来说,话语的衔接是通过词汇和语法等表层结构形式实现的,而连贯则

---

① 王东风:《语篇连贯与翻译初探》,《外语与外语教学》1998 年第 6 期。

是通过话语的内在组成部分(词、短语、句子、句群或段落)之间的语义或功能关系实现的。因此衔接只是为实现话语连贯而可能用到的手段,话语表层的衔接是建立在连贯性基础之上的。①

这样看来,衔接是实现连贯的手段,或者说,衔接是让你清楚看到连贯的一种语言手段,比如“因为……所以……”“不但……而且……”这些连词。当然还有更多手段,我们会在后面介绍。

新闻评论的连贯性主要是指思维的连贯,或者说,是逻辑的连贯,因此它的衔接手段也会与其他作品有所不同。新闻评论的连贯性一方面表现为思维的持续性,另一方面表现为文章的各种成分之间有着确定的、可以看到的逻辑关联。

这是因为新闻评论作为新闻文体,是讲求传播效率的。它必须让人清晰地看到它内在的连贯性,才能实现有效率的传播。

由于新闻评论主要反映的不是客观的外在事实,而是人的主观认识。这些认识性的内容之间,如果没有更为严格的关联性和指示这种关联性的明显可辨的文字标记,受众就无从把这些内容理解为一个整体,也不能顺畅地从一个部分进入另一个部分。

我们讲评论的一个表达特点是连贯性,首先是思维的连贯性。

美国哲学家杜威的《我们如何思维》这本书,对思维的连贯性及其对认识的重要作用描述得特别精彩:

有意义的思维,应该是不断的、一系列的思量,连贯有序,因果分明,前后呼应。思维过程中的各个部分不是零碎的大杂烩,而应是彼此应接,互为印证。思维的每个阶段都是由此及彼的一步。②

在上课讨论的第一个环节,我先试图用具体作品案例来调动同学们对作品内在连贯性的语感经验。但同学们的回答都已超越了语感经验,运用了一些分析方法及其术语。

我举的例子是《当新冠疫情进入到“国际化”阶段 我们怎么办》③这篇评论——

世界卫生组织(WHO)官员此前对新冠疫情在全球范围蔓延的担心,似乎正不幸言中。近日,海外确诊者人数扶摇直上,已达4258人,其中死亡70人。

新冠疫情“国际化”阶段的到来,大大增加了疫情防控的难度。在这种情况下,哪种防疫模式更好成为人们讨论的话题。

---

① 苗兴伟:《论衔接与连贯的关系》,《外国语》(上海外国语大学学报)1998年第4期。

② [美]约翰·杜威:《我们如何思维》,新华出版社2015年版,第4页。

③ 经济观察网2020年2月28日,作者:陶短房。

此次防疫三种模式中，我们最熟悉的当然是“中国模式”，即“举国动员、严防死守”，不惜代价切断疫情传播途径，力争将疫情扩散控制在尽可能小范围内，同时调动全国人力、物力，在重点地区“打歼灭战”。

我问道：

你们能发现这三个段落内部，以及段落之间的连贯性吗？它们是怎样实现连贯的？

同学的回答马上就到了：

思静说：

疫情的“国际化”和严重性→对防疫模式的讨论→中国模式。

小靖说：

新冠肺炎“国际化”情况→疫情“国际化”中的防疫模式→国际化背景下的中国模式。

隽晗说：

现象：疫情“国际化”→应对：采取哪种模式→应对的其中一种：中国模式。

京宏说：

段落之间的连贯性：第一段是现象，第二段从现象中提出问题，从第三段开始尝试给出回答（预测一下，下文将概括其他两种模式，然后在比较中回答标题中的问题）。

小璇说：

“国际化”阶段到来增加疫情防控难度→讨论防疫模式→三种模式中的中国模式，属于从现象到问题再到经验。

雪莹说：

第一段与第三段各自段落内的连贯性体现在从抽象到具体。比如第一段内部：“全球范围的蔓延”——具体确诊者人数（4258、70）；第三段内部：“中国模式”——“不惜代价……调动全国人力物力……歼灭战”。

我发现，同学们的回答有一个普遍的特点：他们习惯于概括——将具体内容抽象化，然后确认它们之间在抽象层面的联系。这也是长期思维训练形成的分析习惯，也许是从中学语文教育就开始形成了。这样的分析是有效的。

但我想将他们带入更为微观、更接近写作的层面。

于是，我马上提示说：“连贯不仅要概括出哪一句（段）说了什么，还要指出构成连贯的具体因素。”

这时候，我注意到旁听的褚笑同学在群中上传了一个截图。她用词语标示的方式向同学们展示了她分析文章连贯性的着眼点（见图5）。

她在后面补充说：

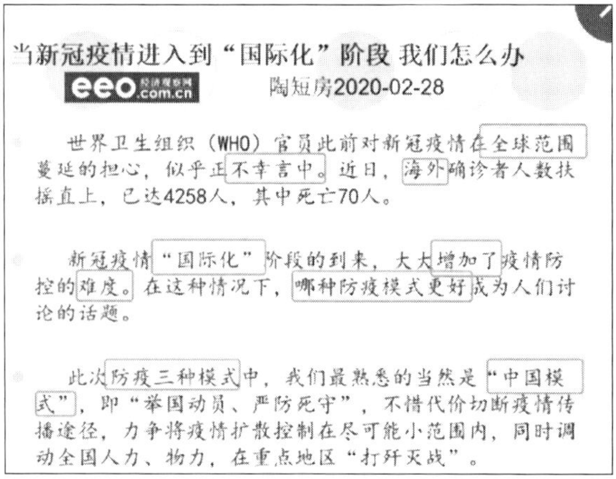
当新冠疫情进入到“国际化”阶段 我们怎么办

eeo.com.cn 陶短房2020-02-28

世界卫生组织（WHO）官员此前对新冠疫情在全球范围蔓延的担心，似乎正不幸言中。近日，海外确诊者人数扶摇直上，已达4258人，其中死亡70人。

新冠疫情“国际化”阶段的到来，大大增加了疫情防控的难度。在这种情况下，哪种防疫模式更好成为人们讨论的话题。

此次防疫三种模式中，我们最熟悉的当然是“中国模式”，即“举国动员、严防死守”，不惜代价切断疫情传播途径，力争将疫情扩散控制在尽可能小范围内，同时调动全国人力、物力，在重点地区“打歼灭战”。

图 5 褚笑同学的截图

我们的语言表达中，通常有70%的词汇是出于语法需要，用于组建句子的具体结构。但实际上在每一句里只有1~2个关键词。只看这些关键词，把其他的部分忽略，我们就可以理解整个句子的逻辑线索。我刚刚在上图中框出的文字是我认为的关键词。这就是为什么即使一个老外中文很烂，但是他断断续续地蹦单词，我们也可以理解他的意思。这其中的逻辑线，不是他表达出来的，而是我们想象的词语之间的关联。

褚笑是中国人民大学新闻学院2015年国际新闻方向毕业的硕士研究生，在瑞士交换学习一年，本科是学法语的，毕业后先后在央广、央视做主持人。这些学习背景和从业经历，可能促使她在语言方面进行自觉训练。而她的这些有外语背景的实用方法，也与长于语篇微观分析的西方语言学方法暗合。

我觉得，这是观察和确认文章内部连贯性的有效方法，它实际上是揭示了文章中同义、近义词语以及重复等实现连贯的因素。

其实，在同学们的发言中，就有一位外语学院的同学子荷接着前面的同学插言说：“而且有一些同义或者近义的关键词。”这可能没有引起其他同学注意。但我马上回应“这是一种典型的连贯手段”，赞赏她善于“着眼细处”。

而另一位同学吴东格的观察，也落到了具体的照应关系上：

可以看到文章中每一句话的开头都提了一下前一句话的部分内容，然后才引出接下去的内容，比如“全球范围”→“海外确诊”→“国际化”阶段，“疫情防控的难度”→“防疫模式……成为大家话题”→“中国模式”。

而这些连贯性因素，都包含在英国语言学家韩礼德系统功能语言学所提示的诸多连贯方法之中。

韩礼德把衔接分为语法衔接(grammatical cohesion)和词汇衔接(lexical cohesion)两种。语法衔接又可分为四种:照应(reference)、省略(elipsis)、替代(substitution)和连接(conjunction)。词汇衔接也有四种:重复(repetition)、同义/反义(synonym/antonymy)、上下文/局部—整体关系(hyponoymy/meronymy)和搭配(collocation)。①

我在介绍了这些连贯方法之后,又将《新京报》2020 年 3 月 6 日的评论《歧视新冠肺炎治愈者,也是一种心理病》(作者:与归)一文的 10 个段落逐段列出序号,并将其中的一些词语标识出来,请同学们对这篇文章的连贯性做出分析。

① 最怕的就是,躲过了病毒,却**被当作了病毒**。

② 日前,有媒体采访调查当地的新冠肺炎治愈出院者,发现他们当中很多人遭遇了各种**歧视**。如一位严先生就说,出院后人还没到家,就收到朋友的消息:有邻居把他的个人信息发在了微博,自称是“正义”行为;有邻居说他是妖怪,要把他赶走。

③ **歧视**新冠肺炎患者,本就已经很扭曲了,还自以为“正义”,这更可怕。单就拿非法**曝光他人隐私**还煽动**人肉、辱骂**这点来说,就没有任何正义可言。

④ **歧视**治愈者,也是一种**心理病**,得治。换位思考是最简单的治疗方子。设身处地想一想,如果被感染的是自己或自己的亲人,好不容易战胜病毒出了院,愿不愿意面对这种**冷嘲热讽**和**异样的目光**?我们一定希望自己看到的是温暖的援手,而不是冷漠。

⑤ 一个正常的社会,不会让被治愈者刚走出医院,又进入一个充满**病态眼光**的环境中。

⑥ 就新冠肺炎治愈者来说,国家诊疗方案对出院标准都有明确规定,他们能走出医院,其实并不容易。无论是政府还是医院,出于疫情防控目的,都不会轻易将那种不确定性投放到社会中。

⑦ 回看一些过激反应,已不仅是道德范畴,而是突破了法律边界。如**曝光**治愈者的**隐私**,如**辞退**治愈者的工作。2 月 5 日,湖北的姚女士,刚被治愈出院,就接到通知:所在公司因其确诊过新冠肺炎,决定自 2 月 10 日起与其**解除劳动合同**。

⑧ 消解这种**歧视**,显然不能仅指望那些大众或企业机构“自愈”。一方面,对于治愈者的个人信息,有关部门要做好保护工作,堵住泄露的阀门;另一方面,

---

① 胡壮麟、朱永生、张德禄等:《系统功能语言学概论》(第三版),北京大学出版社 2017 年版,第 179 页。

对于明显触及人格尊严的**侮辱谩骂**，对于侵犯治愈者个人权益的行为，也要依法打击。

⑨ 我们旗帜鲜明地反对歧视被治愈者，是因为不**歧视**他人，本身就是一种自我救赎。就像这次疫情，没被感染的大多数是幸运的，但这不代表我们会被锦鲤附身一辈子。而且，我们反对的，是一切**歧视**本身。

⑩ **歧视**是一种病，且病在人心。收起**异样的目光**，报之以关爱和鼓励，是为了他人，更是为了自己。

这一次，同学们的回答更多地落到了词语层面，也自觉地运用了刚刚介绍的语言学方法。

小璇说：

通过词汇重复衔接上下文，产生连贯效果。

贤成说：

从词法上来说，作者以歧视、治愈者、病三个关键词串起了全文，并且用疾病隐喻的方法把歧视行为比为一种心理病。

马菲说：

这里主要是通过表层的词汇同义反复实现深层逻辑的连贯性。

小雪说：

整篇文章把对连贯性的运用体现在对“歧视行为”的不断论证中，从阐述现象、分析问题，再到倡导应当如何做，都在围绕“歧视是种病”进行分析。

晓婷说：

从词汇来看，不同标识的词语应该属于同义词，是一种替代的方式，加黑词语指称歧视，加双线词语为治愈者，而歧视本身是一种病。这种连贯不仅把整篇文章接连在一起，还呼应了题目。

心怡说：

“歧视”“治愈者”是关键词，全文重复提及。另外还以局部—整体关系作照应，如严先生的个人信息被发到微博遭受攻击这一具体事件，和之后概括性的“曝光他人隐私，还煽动人肉、辱骂”，就是局部和整体的关系。

海滢说：

“治愈者”“病”和“歧视”基本贯穿全文，有些段落也通过重复和替换表达个别词语进行衔接，比如“正义”“曝光隐私”就只存在于部分段落中。

中行说：

通过不断提及关键词“歧视”或者带有歧视含义的词和句（如“异样的眼光”“侮辱谩骂”）以及事例来进行衔接。

丁振球说：

加双线部分都是主体，加黑部分都是歧视的具体举动。

雯涓说：

非常明显地运用了“照应”的语法衔接和“重复”“反义词”的词汇衔接。

梓桐说：

“歧视”“病”等词具有负面属性，“治愈”“正义”等词具有正面属性，两方面属性的词汇在文中穿插使用，使文章在冲突和对比中推进，从治愈到被歧视，再到如何看待这种歧视，最后得出病在人心的结论。

声勛说：

文章中不停地出现重复的词汇，通过反复提问的方式表达深层的连贯性。

子荷说：

从具体的段落内部来看，各段落内都有不少近义词和具有相反意义的词（比如“歧视”和“正义”）相互照应，还有上义词和下义词（比如第三段的“歧视”和各种歧视的具体表现），这些词的使用使得段落内的意义表达连贯起来，段内各个句子之间形成很强的关联。

因为这位同学是从外语学院选修这门课的，所以我顺便问她，这样的分析对于外语学院的同学来说应该不难吧。她也感觉今天的学习跟语言学的语篇分析很有共通之处。

同学们的发言结束之后，我上传了自己制作的一个表格：

段落	歧视及其下位词和修辞化表达	歧视的对象
①	被当作了病毒	
②	歧视	治愈出院者
③	曝光隐私、人肉、辱骂	新冠肺炎患者
④	歧视、心理病、冷嘲热讽、异样的目光	治愈者
⑤	病态眼光	被治愈者
⑥		治愈者
⑦	曝光隐私、辞退工作、侮辱谩骂、侵犯权益、解除劳动合同	治愈者
⑧	歧视、侮辱谩骂、侵犯权益	治愈者
⑨	歧视	治愈者
⑩	歧视、病、病在人心、异样的目光	他人

用简单的表格展示各段之间是怎样通过一些重复性词语和近义/反义词、

上位/下位词实现连贯的。因为我不会做更精致复杂的表格,所以把并非“歧视”下位词的“心理病”“病态眼光”“病在人心”等同义词语,也列在表格中了。

在上面的讨论中,东格同学提出了一个问题:

老师,但是为了连贯让词汇重复出现也会引起别的问题,比如我感觉这篇文章里“歧视”“病”等同义词汇出现的次数太多了,建议改用近义词或者相似的表达方式,不然容易给人一种“词穷”、语文不太好的感觉。

我觉得她的问题很好,于是回答说:

你说得对。使用近义词就是为了避免重复造成的沉闷单调。

而另一位同学雪莹也对这一问题做出回应:

是不是重复出现相似的词语有提高评论表达效率的考虑?因为这样读者即使不用动脑筋,也能马上把握文章的论证思路和逻辑。虽然英文文章常提倡用近义词或代词来避免枯燥……

这个问题后来又被一位马来西亚留学生洁民提出来了:

老师,如果一篇文章为了体现连贯性,过多运用雷同的字眼(治愈),不会看起来很烦吗?感觉一直在重复进行强调。

这位留学生对语言问题的敏感也令我赞赏。她之所以在后面才提出这个问题,也许是因为同学们讨论的节奏的确很快,令人应接不暇,她可能没有注意到前面已经讨论过这个问题了。

我回答:

这个案例可能在这方面有比较突出的问题,并不是所有作品都是这样。为了避免重复,还可以使用近义词、上下位词等手段。

小菲当时回应了一句:

可能是“治愈”的近义词较少吧。

丁振球也回应了一句:

主要是“治愈者”在文中是主体,所以不太好替换。

在这个案例的讨论中,有一位同学贤成的发言着眼于修辞:

一个是真实的病,一个是心理病,进行疾病隐喻的一个主要功能就是对歧视行为形成道德上的批判。

他的这个看法,不仅将我们对这篇文章浅层的连贯性分析引入了认识价值的层面,也意外地进入了涉及词语选择的评论伦理问题。

我说:

其实“心理病”有实指和隐喻两层不同的含义,但前者并不是批判的目标。因此,严格说来“疾病隐喻”并不好。它会造成两方面的消极效果:一是存在混淆心理病与真正的病症的可能性,二是对相应的真正病患造成语言歧视。

贤成说:

老师,我也觉得,从语言角度较真的话,明明想要破除现实中对“病”的歧视,但却在语言层面依赖于把歧视行为“疾病化”,其实还是默认了这种疾病的污名化。

小垚也回应说:

而且当批评歧视患者的人有心理疾病的时候,那些患有抑郁症之类心理疾病的人会感到不适,因为潜台词是把心理疾病视为贬义了。

我补充说:

比如“神经病”——长期被看成骂人的话。它会给确实患有精神疾病的人造成歧视。

梓桐说:

我认为,这里把歧视比喻为个人的心理疾病不太合适,就像老师说的,容易引起人们对心理疾病的偏见和误解,形成负面抗拒的印象。说是整个社会的心理疾病好像更合适。

叶子怡说:

社会的心理疾病还是对心理疾病的误读。

李鸿博说:

应该将其说成是一种病态的心理。

小垚说:

我也觉得把这里的“病”理解为“病态”比“疾病”会更好,因为“疾病”本身应该是中性的,但是“病态”就是带有贬义色彩的词语。

我觉得,同学们这些想法,都是尽可能削减“疾病隐喻”消极影响的一些策略。老师在课堂上不必去肯定某一种答案,而是引导同学思考评论选择的词语可能造成的社会影响。

此时我提示同学:

注意我把4、5、10段的“心理病”“病态眼光”“病在人心”等词语标出来。它们并不仅是“歧视”的下位词,那么它们是什么?

小雪说:

是对歧视的定性吗?

我答:

它们是对歧视的一种认识。

小炅说:

“心理病”“病态眼光”“病在人心”更像是作者对歧视行为的价值判断。

贤成说：

病是用隐喻的方式对歧视进行价值评判。

我说：

我觉得，“心理病”是对歧视的消极判断的修辞化表达。它揭示的是歧视的不正常。因为“病”是患病者自身存在的不正常状况。

下位词是人的基本经验，是事物与其“类”的关系，上升不到认识层面，难以构成评论的观点。所以“心理病”不同于歧视的其他下位词，它是表达判断，或者说是凝聚了作者核心判断的词语。

晓婷说：

也就是说，事物之间“类”的关系是人们普遍的经验，但“认识”才是个人化的判断，才是值得写成论点的。可以这样理解吗？

我答：

应该是这样吧。

小菲说：

作者想要联系“病”这个多义词表达“歧视是错误的”，又用比较简单的一种二元对立的思维来表明歧视的不正确。所以既然歧视不是一种“生理病”就只好用“心理病”来表达了。

我答：

有道理。实际上，说歧视是一种“心理病”是一种“占位”的表述，因为已经有“心理病”原来在那里了。

钊萍说：

占位？是指心理病在人们通常的认知当中本身就包含负面评价吗？

贤成先于我回应：

我理解的是作者使用的这个词在生活中本来就有特定含义。

我说：

是的，我的意思是，这个词本来就有自己指称的对象。而这个对象是无辜的，不是批评的目标。

海滢说：

老师的意思可能是心理疾病本来是存在的，歧视本来不是一种真正意义上的心理疾病。

东格说：

老师说的“占位”不是有什么负面含义，而是指心理病本身有原来的意思，这里使用这个词，但是不用原义，而是用自己赋予的意义，所以是占位。

我说：

“占位”是一个医学用语，我在此借用一下。

雨晴说：

但“占位”是否会引起误解呢？比如一些存在心理问题的人可能会产生不适。

我回答：

恐怕会是这样。这些评论伦理的问题，过去一直被忽略。因为大众传播常会忽视少数群体的心理反应。

连贯性分析是一个文本分析的细活儿。一两个具体案例和简单的方法，不足以反映连贯因素的丰富性和复杂性。同学们也可以自己注意观察，并尝试一些方法。

正如在讨论中有同学谈到的那样，连贯性与集中性是有内在关联的。但我们看一篇文章的集中性主要着眼于文章整体，主要着眼于内容。而我们看一篇文章的连贯性，则主要着眼于微观的词句之间、段落之间，有一点偏向于形式。当然形式和内容有时是没法分开的。

连贯性分析实际上是一种实务的训练方法：虽然着眼于文本，但目标则是为写作积累经验。

近代评论文体的表达效率意识

2019-2-28

18 年前，我从报社调到高校担任评论教员，对评论写作教学的一个着眼点是逻辑论证，另一个着眼点则是体现在作品结构中的表达效率。对此两点的关注一直延续到现在，以至于本学期我将评论课的第一讲“新闻评论的思维与表达特点”重新整合为四点——“普遍性”“集中性”“连贯性”和“效率性”——仍然保留了“效率性”这个新闻传播的基本特点。

我在课上讲到“效率性”的时候，使用的一个案例是梁启超《中学以上作文教学法》（这实际上是梁启超课上的学生抄录整理出来的讲义）。梁启超在讲课时说道：

作文时最好将要点一起首便提出，次则早点提出。如《荀子·性恶》篇起首便说：“人之性恶，其善者伪也”；开门见山，提起人的精神，使人非看不可。李斯《谏逐客书》起首便说：“臣闻吏议逐客，臣以为过矣！”下面列举客之有益于秦，的确是不能破。如若要说的话不敢说，先绕几个大弯，便是很坏的文章。八大家和明代的八股大家，论一事差不多都要从盘古开天地说起，自以为大气磅礴，实是最拙。①

我使用这个案例可能会让学生感到疑惑,因为梁启超评价的作品是古文,而并不是我们要讲的新闻评论。

这个时候我提示同学们注意:此时(1922 年)在南开大学讲学的梁启超,早已创办过或参与创办过《时务报》《清议报》《新民丛报》《时报》和《国风报》等多家报刊,对新闻传播规律了然于胸,并通过实践摸索,创立了特别具有表达效率的评论文体"时评",已然是一位新闻业(学)专家了。他对古文的评价标准,就不免带入了新闻传播的效率标准,而这并不一定是古人品评文章的标准。

我在这个教学环节还使用了近代评论的另外两个案例:

一个是我国早期报刊评论家王韬在《循环日报》上发表的评论《旺贸易不在增埠》,第一句话就说:"呜呼! 吾窃谓英人增埠之计左也。"

而 1904 年《东方杂志》创刊号"时评"栏目中的军事评论《马加罗甫死》,第一句"马加罗甫死,俄国极东之命运尽矣!"——几乎一语成谶般地断定了日俄战争的结局。

在互联网改变新闻传播的基本格局之前,我一直认为,中国新闻传播的基本规范,既受到了走在前边的西方新闻业的引导性影响,也是在中国近代新闻业者摸索实践之中产生的。后者更突出地表现在评论文体的创新方面,而评论文体的创新则更突出地体现在梁启超的文体创新方面。

今早偶翻自己过去的读书笔记,看到近十年前(2009 年 6 月 11 日)的一则笔记,恰好写到梁启超那个时代人们对文体表达效率的意识。我想,那应该正是新闻传播给人们注入的文体反思。

我读此报此文,一晃竟有十年了。书仍如新我已老,不觉感慨系之! 将此文收录于此:

晚上临睡前读《新民丛报》合订本,偶然在第 46 至 48 号合刊本的"华年阁杂谈"中发现一篇未署名的《文体》,感到其提出了近代文体的效率原则。比如:

设有甲乙两书于此,其所载之事理同,而甲书百言,乙书千言;甲书千言,乙书万言,则为甲书者善矣。何也? 读百言与读千言,读千言与读万言,其所费之岁月,既不等,而又以读百言与读千言者,比读百言者于读百言之外复得如读百言者九,而其所费岁月之数,与读千言者等,以读千言者与读万言者比而其例,又若是。如是乘除千万,而其差数至不可以道里计,其结果遂于人世间生两大差,曰:力之劳逸悬殊,智之高下悬殊,而野蛮文明之度,遂由之而分。(第 6787 页)

---

① 梁启超:《〈饮冰室合集〉集外文》(中册),北京大学出版社 2005 年版,第 892—893 页。

这个比较和推演，实际上道出了文体的表达效率与国民智力水平的关系。

文章还谈到：

近顷以来西学输入而文字界为之一变，其优劣未能卒定，而要比于以前已趋翔实矣。

尽管如此，该文仍然对近代以来的“新文体”提出了批评：

数年以来，一种刁套文体之发生是也。开卷而望，斑驳麟炳，如荼如锦，及至卷卷，有不能举其主义条例之所在。而外按之世事，内叩之吾心，卒不因是文而有所发明其阃奥，开拓其见解者，而徒多此一文，以煊赫新学界。固何所取者耶？未所恶乎八股文者，谓其无补于世界之事理故也。所恶乎八股文中之烂墨卷者，谓其竞胜斗巧于词调间而其去世界之事理愈远故也。若前云云之新文体，是改八股之体裁而仍用八股之伎俩者也；换烂墨卷之腔调仍具烂墨卷之体性者。

他还提出了几个标准：

夫文者，词不可不求其简，而事不可不求其详，思不可不求其密，理不可不求其瞻，声不可不求其和者也。

且夫简者，又非仅短少其词句之谓也。言有条理与无条理，言能择当与不择当，而费词与省词，其间盖霄壤矣。

这篇文章的作者不详。本期“华年阁杂谈”共三篇，只有第一篇《永乐建都北京之得失》署名观云。其余两篇均未署名，那么此篇文章的作者可能是蒋观云，但也可能是梁启超本人。不管怎么说，都反映了《新民丛报》同人对文体演化的反思。而这种反思，是有着大众传播实践经验背景的。

在“选题”的时候，你到底在确定什么？

2015-9-16

昨天上了本学期新闻评论课的第二次课，在上次课讲完了“新闻评论的思维与表达特点”之后，这次课讲“新闻评论的选题”。

“选题”是新闻评论教学体系的开头，因为它是每一篇评论写作的自然起点。但是，我一直感到，“选题”这一讲在实际授课中既可能讲得过空、过于抽象，也可能讲得过于经验化、个别化。这是因为：选题作为一个思维过程，是深藏在每一个评论作者的大脑里的，它难以像一篇评论作品那样作为一个“文本”放在我们面前进行分析。

我在讲选题时就尽可能把教科书中关于选题的抽象定义和概括性描述与每个同学评论写作的实践经验（或想象性经验）接通，与评论名家对选题过程的经验陈述接通,与那些偶然在作品文本中透露的选题过程接通,由此探讨选题究竟是怎样一个思维过程,它都包含什么,又受什么影响。

总体来讲,我倾向于把选题这样一个写作的"起点",与整个作品接通——选题与其他思维过程是连成一体的,而不是相互分割的。

也就是说,我要与同学一起探讨的是:当你选题的时候,你到底确定了什么?

我一般不愿意自己确立定义,如果别人的定义可以接受的话。因此,在课上,我首先介绍了上海老报人、复旦大学教授丁法章在《新闻评论学》中关于选题的定义:

新闻评论的选题,简而言之,即选择新闻评论所要评述的事物或论述的问题,它规定着新闻评论的对象与范围。①

我在讲义中把"事物""问题"这两个词描红,提示同学们注意这是两类对象——它实际上约略对应着后面提到的两种选题类型:"事件性选题"与"非事件性选题"。

我还标出了"对象"和"范围"两个词,提示大家注意:"对象"即上半句提到的"事物""问题",而(规定)"范围"则是另外一种不同于前者的思维。这也许是更接近写作过程的思维,即我们在上节课谈到的"集中"。

接着,我又介绍了四川大学殷俊老师和他的同事编著的《媒介新闻评论学》对"选题"的定义:

新闻评论的选题,就是从诸多纷繁复杂的新闻事实或社会生活中选择适当的评论对象,确定合适的论述范围,提炼出具有普遍意义的论题。②

我在讲义页面把其中"评论对象""论述范围"和"论题"三个词描红,意在提示同学们:这个定义比丁法章对选题的定义"多"出来了一个概念——论题。

本学期,我在这个过去仅仅介绍定义的环节设置了一个课堂提问:

上述对"选题"的定义和描述中值得注意的是选择"评论对象""论述范围"与"提炼论题",它们在认识的层次和进程上是不同的,其影响因素也不同。谁能说说为什么?

在我带的两个班上,有好几位同学主动回答。

第一个班的同学何仁亿首先发言,他说:"'评论对象''论述范围'与'提炼论题',好像是一个递进的步骤。"他尤其谈到了确定"论述范围"的作用:"写评论的时候特别天马行空,想起什么写什么,就变成了扩散式思维——而划定'论述范围'就可以避免这种情况。"

---

① 丁法章:《新闻评论学》(第二版),复旦大学出版社 1997 年版,第 79 页。

② 殷俊等:《媒介新闻评论学》,四川大学出版社 2005 年版,第 182 页。

显然，他对于上节课讲的“集中”有自己的理解与把握。我在那个环节讲到，新闻评论是一个“切割”出来的认识框架，刚好对应着选题环节的“论述范围”。

对于“提炼论题”，仁亿认为：这有点像是我们写作最后的“拔高”，就是我不能就事论点，要最后有一个相对来说“形而上”的思考。（少华按：其实是抽象化、普遍化的思维。）

接着他发言的女同学周玮认为：“提炼论题”相对于前两个选题环节，是一个更为抽象的思维过程。而第一个环节——选择“评论对象”决定整个评论的意义。

我感到，周玮的发言把“意义”赋予了“选择对象”，这使我当时心里有一点疑虑（但我没说出来），因为这可能给人一种印象：就是“意义”藏在对象之中。这就不能解释为什么人们对同一新闻事实会做出不同判断。我倾向于认为，“意义”作为一种价值判断，来自认识的主体一方，或者说主要取决于认识的主体。

而接着发言的同学唐旭则不同意何仁亿关于“提炼论题”是一个“拔高”的理解。他谈到：确定“论述范围”，是从评论对象中抽离出一些有评论价值的角度；而“提炼论题”是从上面若干角度中提炼出论点，而所谓“拔高”，则是把核心论点提出来之后才可能有的思维过程。

这两位同学的发言，都能让我感到他们虽然谈得抽象，但有着具体的文本经验，至少是文本的阅读经验。

唐旭，我久闻其名，读过他在学生媒体《新闻周报》上写过的许多评论。就像许多实际写过评论的同学一样，他当然也有自己的选题经验。但是，这样将自己的选题记忆与对选题的概括性描述对接是否有益于深刻把握选题过程，我也并不确定。但他在发言时，可能的确在头脑中搜索了自己的写作记忆。

而在后面第二个班的评论课上，新法班课代表林诗瑭在这个环节发言认为：与“评论对象”和“论述范围”不同，“提炼论题”是一个观点性的思维。

在听完同学们对这个问题的回答之后，我翻开讲义，展示了我自己对这个问题的理解：

选择“评论对象”和“论述范围”，虽有主观的判断，但更多地取决于新闻事件外在的客观影响。不管大家对同一事件的看法有何种差别，由于其客观的影响，人们可能都会把它作为“评论对象”。

而“提炼论题”则不一样，虽然它并不一定表达为一个明确的判断，但是，它已经形成了对一个事件的认识层次、认识视角。

其实,现在我觉得,当初把“论述范围”与“评论对象”一起放在“更多地取决于新闻事件外在的客观影响”的位置上是不太合适的。“论述范围”在认识上的深入程度虽然比不上“提炼论题”,但已经是一个更具有主体性认识的思维过程了。因为它是作者自己对“评论对象”的思考认识的一个收拢、集中和对议论边界的切割过程。

而我们把“评论对象”“论述范围”与“提炼论题”这三个“步骤”作静态的划分,虽然在分析性思考上有一定意义,但是,在实际的动态思维过程中,它们连成一体:也许,当你选择“评论对象”的时候,已经在“提炼论题”了。

或者说,如果你不是已经有了“论题”——对这个“评论对象”的独特认识,你就不会选择这个“对象”来评论。就像我班上的孙航同学如果不是确认了从老年医保的角度来认识“老人讹人”,就不会选择“老人讹人”作为自己的“评论对象”,尽管这类事件已经被许多人选择了。

前面周玮所言选择的评论对象决定评论的意义,也正是在这个意义上成立。

我也正是在课堂的这个环节中插入了孙航昨天发表在《中国青年报》上的习作《有医保的老人还会“讹人”吗?》作为案例,以消解“选题”这一讲可能存在的过于抽象的问题。我用这个案例来说明:对“论题”的选择,包含在选题这一认识过程之中,是这一认识过程中形成的更深更高层次的认识。新闻事件,因为作者不同的积累、不同的认识视角,可能提炼出不同的论题。

本学期我在选题这一讲中加入的新内容,除了作品案例之外,还在“选题类型”的“周期性选题”环节中,编入了我最近应“凤凰评论”主编高明勇之约写的关于“纪念性评论”的文章中的见解。正是在写作这篇文章时,我对周期性选题有了更深入的认识。我把文章中的一段抄录在讲义中,并以此页结束这次课程:

对新闻评论而言,与新闻事件提起的议题相比,对过往事件的纪念性议题其实更具有选择性和主动性,因其背后是评论者更为自主的认识。毕竟,在发表评论的那一天,其实什么事也没有发生,而评论却要让人们思考。

在某种意义上说,纪念性评论不仅可以点醒公众记忆,引发思考,而且它们通过时间的沉淀而带来的反思,赋予过往事件以新的认识。在这个意义上,纪念性评论似乎更具有反思的特征,具有推进认识的特征。

在新闻事件之外发现公共议题

2017-11

我在评论课上讲到评论的选题时,总是将选题的类型分成“事件性选题”“非事件性选题”和“周期性选题”。但我现在则更为清晰地意识到,与那些不同选题类型所标志的外在特点相比,不同议题的产生过程、途径,以及议题设置的主体,可能才是更为重要的。也就是:到底是谁向公众提起了某个议题,让人们关注、思考某个事物?是具有强大传播力的新闻媒体,还是那个静观默察的评论作者?

事实上,被我们看作“事件性选题”的,除了议论的对象具有“事件”的特点之外(比如,时间、空间的集中,有冲突感,有时效性),也恰好是被新闻媒体报道的新闻事实。这样的选题,实际上是由新闻媒体为公众提出(设置)的议题。

而那些“非事件性选题”,除了其议论的对象不具有“事件”的特点之外,往往也正是没有被新闻媒体所报道,而由评论作者在自己的积累、观察中独立提出的议题。

尽管后者缺少吸引公众的事件性因素和新闻媒体的广泛传播,但却是对议题的丰富性的一种贡献。因为,提供议题就是为公众提供思考空间;拓展议题,就是拓展公众的思考空间。

然而,如果没有借助人们对“事件”天然的兴趣,如果没有借助新闻媒体对“事件”的报道已经在社会中引发的关注,把一个严肃的议题推向公众并不容易。

只要我们略作观察或略作统计即可看到:如今媒体上绝大多数的评论议题是由媒体的新闻报道引发的。它们的可靠性已由媒体背书,大致内容也经媒体传播,构成了评论文本的语境——因此也减轻了评论陈述事实性信息的负担。这也是新闻报道构成新闻评论选题主要来源的重要原因。它既可能影响到评论作者的选题倾向,也可能影响到评论编辑的选稿倾向。这两种相同的倾向,都不利于事件性新闻之外的议题成为评论选题。

因此,在这里,既需要评论作者对自己观察思考得到的议题有信心,有突破上述障碍、吸引人们关注的表述能力;也需要评论编辑对来自新闻报道之外的选题有足够的敏感和判断力。

当然,处于观点传播“把关人”位置的评论编辑和社论作者,有天然的便利在新闻报道之外向公众提供议题,尽管这也需要他们顶住受众关注度的压力。因为,在新媒体时代,移动终端的流量可能反向地影响传统媒体的评论编辑对选题的信心。

作为一名评论教员,我在学生的评论作业中看到“据报道”的评论也更多一些。我担任过一些大学生评论大赛的评委,在参赛作品和获奖作品中看到的“据报道”也更多一些。这一方面是由于上述原因,另一方面也是由于学生观察社会的机会本来就少。但是,在某届全国大学生评论大赛的入围稿件中,我看到

了一篇《农村孩子为何不再想着把握上学机会》①,其中给我突出印象的是作者自己的观察:

我自己没有在农村学校上过学,对乡村教育也没有做过专门的调研,对相关的问题了解不多。可是,暑假回家,见到的一些人和听到的一些事,让我很惊讶,上学对很多农村学生来说竟然那样痛苦,或许,这是他们辍学的重要原因。

家里的夏夜,会有很多人分散在小城的各个角落卖烤玉米。他们中,有一个19岁的女孩,跟男朋友一起卖烤玉米。女孩说,自己初三没读完就不读了……

——作者实际上采访了几位农村辍学的孩子。

这篇评论因为没有依托新闻事件,等于自己独立提出一个议题,它在新闻媒体上得到传播的机会可能比较小。但是,特别值得肯定的是这位作者的认识态度。他(她)用自己的亲身观察和具体案例,把读者直接带到农村,带到与这个问题直接相关的情境之中,在这个问题涉及的真实的人们的选择情境中进行思考。这样一种认识态度,是值得鼓励的。独立的思考,可能应当从独立的观察开始。

《中国青年报》评论部主任冯雪梅曾经写过一篇文章《珍视那些观照"小我"的表达》,概括了她对自己编辑的评论版"青年话题"在选题方面的思考。这篇文章其实正是对这一类"非事件性选题"的价值的肯定。这里的"小我"指的正是评论作者从自己的角度观察到的社会——在新闻报道之外看到的更复杂、更丰富的社会。

从评论教学的角度,我们作为评论教员,也应当引导同学留意观察媒体报道和媒体评论中那些"非事件性选题因素"。

在今年9月的课堂上,我和同学们分析讨论的一篇评论《南方养殖业向东北转移,绕不过环保问题》②,第二段写道:

近日,在湖南桃源县召开的2017中国生态养殖技术创新大会上,农业部畜牧业司畜牧处李尚民表示,"当前资源化利用的问题中,部分地区的畜禽养殖规模超出土地、水资源等环境可承受范围,特别是南方水网地区,包括江苏、浙江、湖南等省,建议向东北三省等转移"。

作为东北人,我对养殖业从南方向东北转移,在环境上,同样有很大忧虑。不过,对于这事,也不必一口回绝,还是可以好好研究一下的。

---

① 此篇为中国人民大学与《中国教育报》合作主办的首届全国大学生评论大赛二等奖作品,作者是北京师范大学的王壹凡同学,发表于中国教育新闻网-蒲公英评论网(2015年8月17日)。

② 《新京报》2017年9月29日,作者:梁秀峰。

在课堂上，我向同学们提出的问题是："你怎么理解这个选题的'非事件性'呢？"

有同学注意到，这篇文章的开头虽然提及一个会议，但作者议论的并不是这个会议，而是会议中的一种观点，这种观点则反映了畜牧产业转移可能形成的某种趋势。无论是某种观点还是某种趋势，它们都不是我们所说的"事件"。

这是一种很容易看得清楚的判断标准，在这种标准中，同学们更看重的是作者议论（认识）的实际对象——一种具有官方背景的观点和事物发展的可能趋势，而不是作为这个对象背景的新闻因素。

实际上，对于那个会议，《中国环境报》、"澎湃新闻"和中国证券网都有报道。但只有"澎湃新闻"把"南方养殖或可向东北转移"列于标题中。① ——这本身就是在向社会提供"非事件性"的公共议题。

"澎湃新闻"的这种倾向值得肯定。它反映了一家转型之后的主流媒体，在新媒体环境中仍然能够把握公共生活中严肃问题的定力。

接下来就要靠那位评论作者的敏锐了。他反驳的观点和对其进行的论证，增加了这个话题的冲突性；他以质疑的立场推动了这个议题，把它由行业信息或行业动态推向社会公众。

这正是这一类选题的价值，无论我们把它称作"非事件性选题"还是叫作别的什么。

在现代社会中，新闻报道无疑是公共议题的主要提供者。而新闻报道往往偏爱"事件性新闻"。但是，如果整个社会的思考范围受限于新闻报道的视野和标准，受限于事件性新闻所触及的思考范围，那么社会的公共思考就不仅是有局限的，也是局限于"已然"的、突出性的事实的，也就投射不到那些潜在的、未能成为"事件"，却又影响着我们生活的事物上。

杂文家刘洪波多年前曾表达忧虑：

> "据报载"写作的大量出现，既显示了媒体在制造公共话题上的力量，也使相当多的时评人被引导成单调的"读后感"写作者，他们几乎不注意身边的事物，真实的生活不再成为他们写作的来源，原发性的生活思考和社会观察现在已经相当稀少。②

我在今天才体会到这种忧虑的深刻。

---

① 刘楚：《年38亿吨畜禽粪污利用率不足6成：南方养殖或可向东北转移》，"澎湃新闻"2017年9月24日。

② 刘洪波：《事评潮流中的杂文》，《2003中国杂文精选》，长江文艺出版社2004年版，第2页。

那些针对别人观点的评论有什么价值?

2016-11-2

在本周三个班的评论课上,我们进入了“新闻评论的论据”一讲。我使用了最近广东东莞押款车武装押运人员开枪打死人事件所引发的几篇评论作为案例作品;我们同学自己也写了相关评论并发表在一些媒体上。在课堂讨论这些作品的过程中,我向同学们提示:在极端事件引发的当代公共议题中,往往有两个不同认识层面的评论:其中一些评论指向事件的当事人,是对事实本身的认识;另一些评论则指向其他人对这一事件和当事人的反应,概括说来,是对舆论的反应。尽管在这一恶性事件中两个层面的认识不免混合在一起。

后一类评论的增多似乎成为近年来比较突出一种趋势。那么,问题来了——除了对事件本身发表看法之外,人们为什么会对针对事件引发的舆论反应发表看法?这个层面的讨论以及评论写作有着怎样的必要性?——在课堂上,我向同学们提出了这样的问题。

其实从研究的角度,还可以观察这一种评论在不同议题和不同写作群体中的分布情况,以及它在较长周期内的数量变化。

因为这是在课堂上临时提出的问题,我并没有期待同学们马上就给出很好的回答。但是,至少在两个班的课堂上,同学们在片刻(我也不可能等太长时间)思考之后,还是积极回应了这个问题——

燕媚说:

一个新闻事件出来之后,往往会因为事实真相与具体细节暴露不足而使得我们不易对事件本身进行判断。但是别人对这个事件所提出的观点与评论则不然。因为别人给出的观点,其实是依据他自己内心已有的标准和价值观提出来的,因而相比模糊、不确定的事件本身而言,众人对事件的看法和评论往往更有评论的落脚点。

瀚伦附和说:

事件本身的事实不一定很清楚,然而他人对这件事情的意见和看法则往往是清晰的,且每个人都是在同一水平上进行讨论的。

乐格说:

对事件的评论本身也是事件的一种延伸。事件所引发的观点的碰撞往往比事件本身更具有讨论价值。

子杰说:

这个层面的讨论和评论写作是观点自由竞争的体现。在信息多元化的时代,即便事件的细节是具体而清楚的,我们也可以对别人的观点提出自己不同的看法。

小傅说：

这个层面评论的意义在于其对公众带来的某种启发作用。事件本身究竟是怎么一回事，大多数人都是不清楚的，了解的信息是片面的。无论是事件本身还是对事件的评论，更多的是充当争论导火索的角色，评论者可以借此揭示自己的观点或是社会某些状况，达到启发公众思考的目的。

小磊说：

这一类评论的意义有两个方面。一来可以在别人评论的基础上重新了解新闻事实，并借此激发评论者的写作欲望；二来较之确凿的事实，观点上的碰撞更能够带来评论的空间。

京州说：

对事件的后续评论可以大致分为两种：第一种是对这一事件有了更深的了解后，对现有评论起到一种补充或修正的作用。第二种则是针对已有的评论而非事件发表自己的看法，一来是因为对事件了解得不充分，二来则是想通过对已有的评论提出自己的看法，从而达到获取道德优越感与心理满足感的目的，即这一类评论的出发点是评论者自身心理层面的满足而非对事件的解读。

在课堂上，我回应说：

京州的分析涉及写作心理的层面。人们为什么而写？人们写作的价值中当然包括满足自我的表达欲望；此外还有一个价值在于社会需求。它满足什么样的社会需求呢？同学们也可以考虑一下。

小哲说：

可以从内行与外行的角度来理解这一意义。对于具体事实的判断，特别是在专业的领域，更多的是由内行的专家来进行评论与解读。外行人则往往在专家解读与评论的基础上进行个人观点与价值观的表露，而这一过程中会出现不同社会价值观的相互辩驳与对垒。这个时候，争辩就不再只是围绕具体的事件，而是在一个抽象意义的价值观层面上了。

而值得注意的是，这种社会价值观的对垒并非是出于一种要把敌手打败的恶意心态，而是整个社会探寻真理的一个辩证过程。毕竟真理是越辩越明的，因此虽然普罗大众有各自不同的价值主张，但是在交流与交锋之后，最终仍是能达成共识的，至少这种善意的辩论能存在已经是和谐的一种体现了。

同学们的发言超出了我的预想，也丰富了我自己对这个问题的认识。我从中确认，对舆论和他人观点的回应，本身就是评论的一种重要功能：在公共议题中推动思想交流。它积极的预期目标，是通过包括辩论在内的思想交流，实现价值层面的共识。

在发言中，海昕同学正是在这个意义上来认识新闻评论和新闻评论者的社

会作用的,她说:

一个事件发生之后,人们或由于对事实了解得不充分,或由于以往的经验与偏见,抑或是由于价值观惯性带来的仓促判断,往往会做出脱离事实的判断。我们不能以司法判决的那种理性去要求每个人都完全了解事实以后再进行思考。不理性之声的出现是正常的现象,而评论者通过对这些不理性的观点与评论进行质疑与辩驳,引导公众回到理性思考的道路上,这应该是新闻评论者坚持的价值。

显然,她把对一个事件的情感反应和理性认识看作构成舆论的不同层次,从舆论互动的角度看到了新闻评论在舆论中的责任。

(发言记录由助教耿枫同学整理。)

因为缘起狗吠,我们就不谈杀人了吗?

2018-10-16

红网第四届全国大学生“评论之星”选拔赛正在进行之中。我自己虽然没有精力再做评委,但作为评论教员,我不仅鼓励同学们积极写文参赛,还对红网公号“红辣椒评论”每天推出的大学生参赛作品格外关注,并在课堂上与同学们一起分享、探讨。比如本周一(10 月 14 日)苏州大学陈瑶同学的《因狗吠杀邻居一家:“受害者心态”需摆正》。

我之所以对这篇评论格外赞赏,是因为在这一恶性事件发生和新闻报道之后,我读到的一些评论不知为何都忽略了这一事件中最严重的一个方面:有人杀了人。难道仅仅是因为,这个杀人事件是因狗吠而起吗?

在“因狗吠杀邻居一家”的事件中,我们不谈狗——它不可能成为责任主体,而只谈人。这里面至少有三类主体:纵狗扰人(而被杀)的人、激愤杀人的人、社会的管理者。其实还有第四类主体,就是立法者。

有的评论把养狗者、管理者和立法者都提到了,却唯独漏掉了杀人的人。尽管他最后成了整个灾难事件的责任承担者。

这是偶然的疏忽吗?

养狗扰人,已成为当代中国城市生活中普遍的民怨,长期得不到有效解决,而此次终于酿成了一个杀人事件。于是,纵狗扰人(甚至伤人)的人,似乎终于得到了一种报应;而治理狗患矛盾效果不佳的社会管理者,也似乎得到了一种教训。于是,虽然出了一个杀人的事件,关于它的议论仍然停留在文明养狗和养狗管理的框架之内。尽管这个事件本身的严重程度——有人死了,已悄然超出了养狗和治理养狗的框架。

而在我看来,人死是很大的事情。它改变了这一事件本身的性质,也应该改变人们的认识框架。

我正是在这个认识框架中来评价苏州大学学生陈瑶的作品的。这位同学在把视角对准这一灾难事件的最终责任主体的同时,准确地把握到了这一事件自身的特殊性——不在于作为原因的狗吠,而在于作为结果的杀人。

在这位同学的作品中,那位凶手不是一个被同情的对象,也不是一个被谴责的对象,而是一个被探究的对象:一个本来平日里安分守法的无辜之人,怎么就处于那样一个不幸的位置了?

这里说的不幸,不在于他被狗吠所困而得不到解决,而是在于:他杀了人。狗吠和狗主人的无理,这些原因可能减轻他的刑事责任,也可能减轻他的道德压力,但无法减轻他内心的罪恶感。这种困扰与被狗吠所困是不可同日而语的。

有同学发现在这一事件的网络舆论中,有许多人对那位有错在先的养狗者不表示同情,而相反,对那个杀人者表示同情。但这样的社会心理倾向,能够把那位本来无辜的人从杀了人的心理困境中解脱出来吗?

如果不考虑到一个本来无辜的人在一瞬间误入的这种绝境,不理解他在这种绝境中无法自拔的痛苦,人们真的算是理解他、同情他吗?

须知,他离那个被认定为正当防卫的于海明还远得很呢!

在这个意义上,分析这种极端事件中的当事人的心理,其实是我们使自己免于这种困境的一种积极的思考方向。

这种"反求诸己"的思考方向,与呼吁养狗者的文明素质和政府管理的到位有效并不矛盾。因为养狗者的素质只能管住自己,而政府的管理只能管住养狗者,他们都管不住那个不知在哪里,也不知在何时突然会激愤、血溅三步的人。

在本周一的课上,我问同学们,为什么我们列举的另一篇评论在提及这一事件给许多人"上了一课"时,提到了养狗者、管理者和立法者,却没有涉及那个杀人者呢?

有同学提出的解释是:养狗、管理和立法都是普遍的现象,而杀人,尤其是因为狗的事情而杀人,是极为特殊的个案,它们归并不到一起去。

也有同学提出的解释是:文明养狗已经是在舆论环境中长期存在的议题,是现成的。而这一事件不过是为这个议题提供了新的、更触动人的由头。

还有的同学提出的解释是:那是因为作者是遵循了"规则"的思路。在他看来,只要人人都遵守规则,就不会发生这样的事件了。

这些解释都有其道理。但是,即使没有狗吠,我们就不会因为别的事情使自己无意中处于"受害者心态"了吗?我们就不会因为这种心态的驱使而使自己的清白之手蒙上血污吗?

我觉得,这才是这个极端事件中的特定主体值得思考的意义。

在周一的课堂上，有一位同学谈到：在当代中国城市社会中，不同利益的人群接触更为近切，矛盾也发生得更为频繁。在这种结构中，“受害者心态”可能是具有时代性、典型性的。

显然，他的见解是在极端、特殊的事件中发现普遍的因素。他也是在时代性、普遍性的层面上支持了那位苏州大学同学的看法。

而我自己，则仍然对这一事件的严重结果不能释怀。

事实上，早在几天前的微信朋友圈，我在转发别的朋友的评论时就以按语的方式表达了如下的观点：

这个事情中最大的教训，最应该避免的灾难，与其说是因纵狗扰民而丢了自己性命，不如说是因愤怒冲动而伤害别人的生命。

与纵狗扰民的恶德相比，冲动杀人难道不是更大的罪恶吗？它难道不是我们良善人士更应该警惕、避免的灾难吗？

我之所以有这样的感慨，是因为几年前在英国作家阿兰·德波顿的《新闻的骚动》一书中读到的一些话已经悄然沉淀于心。他在思考当代媒体犯罪新闻时谈及古希腊悲剧的教化意义：

剧作家必须最大限度地调动戏剧技巧，以让观众在某一刻自发地领悟到：舞台上那位神经错乱的主角，尽管表现得情绪激愤、盲目轻率，害死他人也葬送了自己的名誉与生活，如果在新闻中出现会被当成疯子而逐出视线，但说到底，从某些方面看来也就是像我们自己。当观众看到剧中人犯下的可怕的错误与罪行，便只得别无选择地得出一个吓人的结论：也许一念之差，我也会犯下同样的错。这就是悲剧作品的道德与教化意义——向我们证明，让本质上正派亲切的人露出黑暗的一面，实在是易如反掌。

假如我们的心智十足健全，假如疯狂的念头不会左右我们的内心，其他人的悲剧就不会对我们产生如此大的吸引。当我们在媒体上追踪阴森的报道，潜意识里也许是在探索一个说来惊心但又重要的问题：如果某天我因为家庭纠纷而致情绪失控，在倍感受伤、精疲力竭、脆弱不堪之下，我会不会也动手杀了自己的另一半？假如我离了婚，前任又不让我探望孩子，出于扭曲的复仇心，我会不会也杀了自己的孩子？……

悲剧的意义正在于展示失去自控的可怕后果，以提醒我们把握自控是何等重要。①

可能正是德波顿的这些话，启发我在古希腊悲剧的意义上看待那个因不堪狗吠和不讲理的邻居而杀了人的人。他给我的与其说是教训，不如说是对自我

---

① ［英］阿兰·德波顿：《新闻的骚动》，丁维译，上海译文出版社2015年版，第178—179页。

行为的警惧。

愿我们远离杀人的悲剧，这对我们的意义远大于远离狗吠。

从同一个事实出发，评论具有不同的认识和色彩

2019-3-19

从同一个事实出发，评论往往可以进入不同的认识层次和认识方向。这些认识层次和认识方向共同构成了丰富的舆论景观，也反映了不同作者在知识、判断力、情怀和写作经验上的差异。不同评论往往高下立见，并不仅仅是一个“角度差异”可以解释的。尽管学生常常提出的问题是：“老师，这件事可以从怎样的角度来评论呢？”

2019 年初，“美团”一份调查，引发了是否应当对外卖小哥说“谢谢”的网络争议，也由此为新闻评论提供了一个新的议题。

这个议题之下，“基本”的认识层次就是讨论在市场经济社会中，提供服务与购买服务的人之间是否可以或应当有一份基本的温情，如果有会怎么样，没有又会如何。

而《中国青年报》评论员杨鑫宇的一篇评论，则在这个基本的层次之上，通过中外对比（国外消费者很少叫外卖），接通了这样一个认识层次：我国基层劳动者的劳动力价格较低。

> 一是因为城乡人口结构与产业结构尚在升级过程中，由此导致基层劳动力的竞争过于激烈；二则是对劳动力的权益保护尚不完善，外卖骑手这类打工者很难获得完整的劳动福利。①

这样一个认识层次，就超越了这个议题中社会交往的道德、情感层面，而为读者带来了对中国社会的深入认识，对基层劳动者群体的了解和在了解基础上的关怀、同情。

在上学期的期末考试中，我先请同学们针对同一个新闻事件写一篇评论。第二题则是：“结合自己的写作，请谈谈这一类事件有什么样的认识特点？在对这一类事件的认识中，可能需要怎样的事实判断和价值判断？你在自己的写作中选择的是哪一类判断？为什么？”

我发现，一位同学不仅能够看到那个事件中不同的认识层次和认识思路，并且能够指出某一个认识方向比较常规，而另一个思路会产生新意但也有难度，因为需要相应的知识和论据。我回头一看，那位同学在第一题写的评论，恰好选择

① 杨鑫宇：《要不要对外卖骑手说“谢谢”，本不该是个问题》，《中国青年报》2019 年 1 月 24 日。

了他认为比较常规、没有新意的方向。

这个案例反映出,评论可以写到哪个层次和选择哪个方向,并不是自己"想到"就能做到的。

其实,更多的情况是,由于知识和写作经验的限制,有一些认识层次和方向,是评论作者"想"不到的。能够"想"到,本身就是因为有经验,即使不是有写作经验,也是有阅读的经验。

考试题目给定的材料,是一个判定多方共同分担民事伤害赔偿责任的案件:

某职业学院6名同学从学校超市购买白酒,在宿舍一起喝酒。相邻宿舍的同学小亮被叫来一起喝酒至深夜,第二天却昏迷不醒,最终被诊断为脊髓炎并高位截瘫。小亮家人把学校、超市、一起饮酒的同学告到了法院。法院判决:小亮承担15%的责任。学校因管理不到位,没有尽到对未成年人的教育、监管责任,承担65%(共计80多万元)的责任。根据《未成年人保护法》"禁止向未成年人出售烟酒;对难以判明是否成年的,应当要求其出示身份证件"等规定,超市承担5%(6.7万多元)的责任。小伟等6名同学承担15%(20多万元)的连带赔偿责任。

在判决中争议最大的,是一起饮酒的同学们的赔偿责任——那些同学不仅没有劝酒的行为,而且在小亮醉酒后还把他送回宿舍休息,在发现他昏迷后还拨打了急救电话。

而这个难以执行的赔偿责任被小亮家人申请强制执行,便引出了执行法官面对那些学生家长晓之以理、动之以情的一番话语。

从同学们考试中的写作来看,就本案的司法方面来写,就有判决和执行这两个不同的议论点:即判决的公正性与判决执行的人情味。而在司法问题之外,还有整个社会对未成年人的保护问题。同学们能够从这个事件中看到这三个写作方向,就是出于基本的写作经验。

单就判决的公正性而言,评论写作中全面论证判决书中当事各方赔偿责任的合理性,是一般化的写作思路。而如果能够集中回应本案中的认识难点:当事者不愿意执行这一常人"难以接受"的赔偿责任,从法律和社会的基本价值出发,揭示出判决书法律责任分配背后的深层价值考量,这篇评论的认识层次就要高一些,而且议论更为集中,亮点更为突出。

而如果在这之上,能够融入自己对于一个和谐、美好的社会的理想、情怀,那么亮点就会更为突出。

比如,一位同学在考试的写作中,把6位一同饮酒的同学对受害者的责任概括提炼为"无心之失",并把这种"无心之失"的责任置于整个社会的风险防御机制层面来思考:

现代法律让“无心之失”者承担责任，是因为背负义务是生活在法律共同体下的公民常态。有法律之处，必有法律赋予的权利与义务，正是这些权利与义务，使原子化的个人连成一张紧密相连的社会网。以往，人们只将故意、恶意的行为纳入责任承担范围……这样的后果是，每个人承担的责任像一个小圆，这些圆相互外离，他们组成的共同体就漏出许多空隙，这些空隙被叫作“命不好”，在这些空隙受伤的人只能自己忍受。

现代法律把过失，甚至无过失的情况，如高空坠物无主则全楼住户平摊受害者损失，归入责任体系中，无疑是课以公民更多的义务，但同时也让那些原本陷于空隙、无法自救的人得到共同体的救济。就像小亮一样，看起来谁都没有害他，如果无心之失不被追究，那么他们一家则要自己承担上百万费用，无疑是再次被抛入深渊。所以，于法，这些无心之失者的分担，是在履行共同体成员的责任，让无助的社会成员得到救济。

这是中国人民大学新闻学院邓海滢同学在考试写作中的一段评论。显然，这样的议论空间是在判决书(尽管判决书也要求说理)中难以展开的，是新闻评论面对司法新闻时对人们的认识贡献。它们并不仅仅是强调“服从法律”的“法治意识”，而且更多地从“理解”的角度诉诸人们自己的理性。

文中所言“高空坠物无主则全楼住户平摊”，其实是载明于《民法通则》第一百二十六条的这样一个责任推定原则：“建筑物或者其他设施以及建筑物上的搁置物、悬挂物发生倒塌、脱落、坠落造成他人损害的，它的所有人或者管理人应当承担民事责任，但能够证明自己没有过错的除外。”在《侵权责任法》的第十一章第八十五条和第八十七条也有相关规定，如八十七条写明“难以确定具体侵权人的，除能够证明自己不是侵权人的外，由可能加害的建筑物使用人给予补偿”。

这样的法律规定，虽然有着悠久的民法传统，并非我国独创，但在实际判决中往往引发当事者和社会公众的不公平感，这与本案“共同饮酒者”的情境，虽然看似有所差异，但是在“不能证明自己没有过错而要承担责任”这一抽象层面上，与在其中肯定有人倍感“冤枉”的感性层面上，就比较接近了。这位同学在考场写作的有限时间里调动了这样一个法律资源作为论据，使自己的论证不至于高蹈虚空。

《民法通则》与《侵权责任法》的上述规定，在具体操作层面其实仅仅体现为举证责任的倒置和确认事实的“推定”(或然性)。而法律向受害者一方面倾斜，使受害者得到救济的价值目标，并未明确表现在法律条文中，这是法律本身的表述规范和它的局限性所致。

而我们同学的这一篇评论则不仅揭示、阐发了立法者的价值倾向及其背后的社会的价值倾向。推动评论走到这个层次的，就不仅是认识水平了，而是情怀。即她在价值上认可这样的原则，认可人们相互承担救助责任的社会。

《中国青年报》"青年话题"版原主编李方曾经在一篇《评论的境界》中谈到评论的"四个境界"：(1)把众所周知的道理讲清楚；(2)讲出别人想不到的道理；(3)权威；(4)有情怀，他认为别的东西可以学，唯独情怀学不来。

而另有学者进一步阐发李方没有具体界定的"情怀"，认为它包括"新闻评论的激励作用"和特定议题中的"温暖"。①

另有学者认为文艺评论的"四种情怀"包括"价值情怀""审美情怀""开发情怀"和"善良情怀"。② ——可以看出，无论怎样界定，情怀总是在提供的客观认识价值之外的，发自心灵、诉诸心灵的东西。

在我看来，在好的作品中，作者贡献的认识价值与他们的情怀往往融为一体。认识价值的构成基础，一般是公共知识或专业知识；而体现为情怀的，则往往是作者个人的价值观、理想和对价值因素、情感因素的敏锐感受力。

从上述同一个事实出发，除了判决中对各个主体责任分配的公正性，法官在"强制执行"过程中的"人性化"处理（通过诉诸"换位思考"的说服，使被执行人自愿执行判决），也是评论者明显可辨的议论点。

这看起来是比论证判决中责任分配的公正性更容易一些的写作思路，但也可能写得一般化。但是，有的同学还是能够从法律社会的基本价值出发，在评论中融入自己对和谐、美好社会的理想、情怀，写得不同凡响。

其中一位同学在《共情不需要强制》的评论中写道：

共情是人普遍具备的一种情感模式，面对某些特征明确的情形，感染力强烈的话语、易于引发共鸣的事件，人们通常会不由自主地产生代入感，基于最朴素的情感对事实进行价值的再判断和再选择。在这种情况下，促使利益相关方摒弃固有的偏执成见，放下金钱唯上的处事原则而接受一种短期内或许不利于己的观点才能够成为可能。在醉酒学生伤残案中，法官就是从被执行人的父母身份入手，调动他们的共同情感，从而促使他们在一个全新的视角中审视这个与他们关联密切的事件。

由此可见，进入强制执行程序的有且只有判决本身，人的共情无须强制执行。正如慧明法师所言："如人饮水，冷暖自知。"我们并非要借助人的共情有意地追求善；真心无善恶，本来就如此。我们要努力做到的，是借助共情提供的思

① 张鹏燕：《新闻评论的情怀问题——以〈南方都市报〉的一组社论为例》，《社会科学论坛》（学术论坛卷）2009年第3期。

② 厉震林：《论文艺评论的四种情怀》，《福建艺术》2015年第2期。

路寻找解决问题的最优方案——有时,本应强制而专断的措施可以被春风化雨般的言语所替代,冷冰冰的一纸公文也可以与一些更能打动人心的力量结合。该案中法官的执法过程就为我们提供了绝佳的范例。

这是中国人民大学新闻学院李曜宇同学的考试写作。显然,这位同学对这个事件的思考已经超越了具体事件和司法案件执行的层面,而进入更广阔的社会治理层面和人们社会共处的心理层面。这个层面就是他写作的情怀。

这不是具体的法律分析能够完全涵盖的东西。因为法律只会以清晰明确的文字告诉人们可以怎样做,不可以怎样做,而评论则直接诉诸人心,表达人们对国家、对社会、对自身有着怎样的期待。

与角度和技巧相比,我更强调积累、认识和训练

2020-6-13

前些天,我接受了公众号"传媒茶话会"关于评论写作问题的文字采访,涉及的其实是一些基本问题,而不包括当代传播变革中新闻评论面临的创新和困惑。但我感到,即使在这些基本问题上,业界、学界也并非都有共识。我对这些问题的看法,与采访者提问中潜在的前提也有所不同。所以我也借此机会把这些看法分享给关注评论写作的朋友和同学们。

1. 好的选题是文章成功的一半,新闻评论如何找到好的选题?

答:新闻评论选题有的产生于扑面而来的新闻事件,有的产生于静观默察的个体心灵,有的产生于媒体自身长周期的策划。

对于第一类情况来说,好的选题并非取决于事件本身,而取决于评论的作者或者媒体机构在共同面对一个有着很大影响的新闻事件时,自身已经具备怎样的知识储备和判断、分析经验。正是由于这种素质上的差异,同一个新闻事件对于不同的作者和媒体而言,其实是不同的选题。或者说,那些产生了很大影响的事件,或者恰好是自己的选题,或者根本不是。

比如,2018年10月间,湖南省娄底市新化县一男子伪造坠河现场骗取人身保险,他的妻子或难以承受打击,或因为生活压力携儿女自杀,网传也有"殉情"之说。《新京报》发表张丰的评论《男子骗保假死事件:别被"妻子殉情论"模糊了焦点》,把论题确定为乡镇女性的生存困境问题,这就是评论者的经验——对中国社会的经验和对人生的经验。

尽管看起来第一种事件性的选题似乎占据了绝大部分,但在观点市场激烈的竞争中,真正超越他人的选题实力,往往体现在个体的静观默察和媒体的长周期策划中。

比如2019年获得普利策新闻奖社论写作奖的系列社论，就是《纽约时报》的布伦特·斯塔勒斯(Brent Staples)在2018年一年中写作的以美国历史上的种族歧视为主题的10篇作品。它总体上以历史反思为主题，是寻向历史深处的，但作者在每一篇中都揭示了种族歧视的历史问题在今天的回响，把那一段黑暗的历史与当下分散发生在美国各地的新闻事件勾连起来，显示出历史与今天的关联。这样一个选题，包括它的结构和表现方式，肯定不是偶然产生的，而是长周期思考、策划的结果。我们在最近美国警察暴力执法导致黑人惨死所引发的抗议和骚乱中，都不难体会到《纽约时报》在2018年整个一年中那组陆续发表的社论选题所体现的深刻性和判断力。因为它实际上切中了美国社会没有完全解决的问题。

从这个案例来看，好的选题需要在对社会的深入观察和思考中寻找。

2. 新闻评论比拼的是视角。那么，如何为一篇新闻评论找到好的角度、立论？

答：其实，我并不同意这个问题所肯定的前提。在这个问题上，曹林老师与我的看法不同，他有专门的文章阐述。我还是在此阐述一下自己的倾向：新闻评论比拼的主要不是视角，而是作者的认识能力，这包括认识的深度、广度。它们取决于作者自己具备的相关知识、经验。尽管在外人看来这就是与人不同的视角；但实际上，如果没有相关知识经验，也就不存在相应的视角。

对于一个恰好对某一特定问题已经有自己独特的积累和认识的人来说，“如何找到好的角度”这个问题是不存在的。因为他对这个问题独有的认识，就是这个选题恰当的角度。或者说，他只是以自己独有的认识，为公众增加了一个认识角度。

而对于那些没有对这一问题有自己相应的观察、积累和思考的人来说，“好的角度”则可能是发现不了的。

3. 您心目中好的新闻评论长什么样？能否结合一两篇佳作分析一下好在什么地方？

答：我心目中的好评论，首先是为读者提供不同一般的认识价值——这包括认识的视野、认识的深度和高度。从作者的选题及其认识层次中能够看到作者的社会关怀。此外，应当有诚实负责任的扎实论证——这包括清晰的推理线索和来源清楚的论据材料。再有就是真诚的、有感染力的语言表达，以及准确选择的巧妙的修辞。此外，好的评论最好能够取得良好的社会效果。当然最后一点往往取决于外在条件，是可遇而不可求的。比如，1998年洪灾过后，《中国青年报》发表的郭光东的评论《国旗为谁而降》，使一个法条和观念深入人心，这已经是一篇评论难得的社会效果了。

再如，“澎湃新闻”的首席评论员沈彬是一位有律师资格的职业评论人。他的评论往往能够准确地从法律的专业角度揭示公共舆论中比较突出的问题，充满了对弱势群体的关注和正义感，也善于深入浅出地把专业层面的见解通俗化地表达出来。2017年，他写过一篇《深观察丨“以房养老”骗局：“借款+委托售房”的套路应禁止》，既从专业性的层面揭示了这类骗局规避法律的险恶动机，也能够引喻设譬，深入浅出地揭示事物的本质：

我国《物权法》明确“禁止流押契约”，即，当事人之间关于债务人届期不履行债务时，债权人（抵押权人）有权直接取得抵押财产所有权，是被法律明确禁止的。这是一条对债务人的“保命条款”，以防止债权人利用债务人困顿窘迫的弱势地位，谋取失衡的经济利益。而在“以房养老”的骗局中，在借款抵押合同之外，还要求老人签订一个全权委托“债主”代理处理房子的委托公证书，这是在规避国家法律禁止“流押契约”的规定。

打个比方，法律是明确禁止杨白劳还不出债时，黄世仁直接拿喜儿抵债，即便两人之间有这样的约定，也因为违法而无效。但是，黄世仁想出了一个“变通”的方式：我不直接拿喜儿抵债，而是要求杨白劳做公证委托书，在不能还债时，“委托”黄世仁全权负责喜儿的婚姻。这不是与虎谋皮吗？

上面第二段，作者利用国人耳熟能详的《白毛女》的故事情节和人物关系，把“借款+委托售房”套路的荒唐性精彩地揭示出来。这是对特定事物本身的深入认识与观念传播的表达技巧的有效结合。这篇文章促进了司法部明确制止这样的公证协议，也成为评论实现良好社会效果的典型案例。

4. 一名好的评论员应该准备哪些素养？又应该如何培养？

答：一名好的评论员应该具备对社会和人的普遍关怀、包括逻辑基础和谬误辨识力的批判性思维、对公共表达的热情以及成熟的论证和修辞能力。

一名好的评论员应该通过广泛的阅读，形成开阔而多元的知识结构；通过对优秀作品的揣摩学习形成丰富的文本经验；通过包括反思和辩驳练习在内的不断的写作练习，最终具备敏锐地形成观点和迅捷成篇的实战能力。

5. 您还有哪些可以分享的新闻评论写作技巧？

答：相较于一篇评论提供给读者的独特的认识价值来说，写作技巧并不是太重要。与其谈具体的写作技巧，我更愿意强调一些基础的写作能力的训练。比如，迅速形成全篇结构的敏感，是训练出来的。在写作中把彼此相关的内容突出、连缀起来，把不相关的内容放弃、摒除出去的敏感，也是训练出来的。使用抽象度不同的语言把同一个道理讲清楚的能力，更是训练出来的。给自己的观点寻找一个鲜明的形象（比喻的喻体）的能力，或把整篇文章的道理置于一个形象体系之中的修辞能力，也是训练出来的。这里面已经有一些技巧层面的东西了，但若没有基于训练的语言能力，也是无法实现的。

第二编　新闻评论中的观点与事实因素

评论是表达观点的文章，而表达观点离不开针对和引用事实。

价值判断，作为认识、选择和权衡

2015-9-30

昨天上了新闻评论课的第4次课，我接着讲“新闻评论的观点”一讲，重点讲到了新闻评论中的价值判断。

在这一环节，我介绍了自己阅读杜威作于1943年的《价值判断与直接性质》(*Valuation Judgement and Immediate Quality*)时的一个感悟：价值判断作为一种判断，是基于对后果的明白清晰的认识。即，只有认识到事物的“条件和后果”，才算进行了价值判断。“与这种价值判断有关的满足：喜欢、享受，它们本身还不是价值”，而只是“价值判断的潜在材料”。“如果仅仅宣布事实上人们享受或喜欢某一事物，还不是对所享受的这一事物的价值所下的判断。”

这个环节中的案例，我原先选用的是我们学院的学生媒体《新闻周报》2014年9月29日的评论《“方便”不是评价门禁的标准》，还有2015年1月28日《新京报》的评论《以尊重生命的名义改造限高杆》。前者判断“安全”的价值高于“方便”的价值。而后者针对一次因公交车撞上限高架而导致乘客死亡的事件，判断人的生命价值才是道路设施安全最终要保护的价值。

本学期我引入了一个新案例：今年9月24日微信公众号“腾讯新闻”发布的《法律认定“扶不扶”责任不难》(作者为腾讯新闻特约评论员戴昕，中国海洋大学副教授)中的一个段落：

> 如果在五五开案件中，法院限于司法事实认知能力的天然局限，不得不在放任鲁莽撞人者和错误追究见义勇为者这两种错误中做出选择，那么犯前一种错误好于犯后一种错误。除了维持诬告成功需要支出的成本、避免所谓好人“寒心”、社会“转冷”外，这样的制度选择也不会为撞人者逃逸制造额外的激励。

《法律认定“扶不扶”责任不难》

我在这个案例下设置了一个提问：

你如何理解这种特殊情境中的价值判断？它与前面案例中的价值判断有什么差异？它的普遍性又在哪里？

同学们对这一组问题发表了见解。因为这涉及较为专业的司法判断，一些法学专业之外的同学可能不够了解，所以，虽然发言的同学较多，但讨论和理解也许并不深入。

我请自己的研究生倩玉对发言记录如下：

斌成说：

真理是相对的，公平正义等一些价值判断相互冲突的时候，我们应当衡量判断它的社会价值以及它对社会产生的影响。争取以某种最优的标准，平衡地判断一个事件，既不能放过犯错误的人，也不能寒了见义勇为者的心。

我插言道：

但只要法官做出判断，两种错误就都有可能发生。

荣荣说：

此案与之前的价值判断有着明显不同的地方：它是吃力不讨好的。因为不论你怎么选，都会有人不赞成你的想法，我觉得文章给出的理由不够充分。法官在判案的时候还应当考虑社会效应，冤枉了好人可能有越来越多的人不愿意见义勇为，但放任了肇事的人也可能有更多的人去效仿他。

我插言道：

文章只是节选。

明洪说：

两难的情形下做一个选择，还是要考虑鲁莽撞人和见义勇为，哪种可能性更高。

同辉说：

我们首先应该明确这是一个案件。在法庭上法官做出任何判断都应该只对这个案件负责，对法庭上对簿公堂的双方负责，不应当用法庭上对案件的裁定来矫正社会风气。如果实在分辨不出来事实到底是什么样的，应该首先假定被告是无罪的，再看有没有充分的证据来证明他有罪。如果不能证明他有罪，就不应当判其有罪。

实际上，以往的讲义中，我曾引用过美国批判性思维教程《批判的思考》中的这样一段话来说明这种价值选择情境，使学生们更容易理解这种“消极意义”的价值选择：

在刑事法庭上，证明有罪是原告的责任。被告无须证明自己无罪。正如我们所说：“在证明有罪之前是无罪的”。实际上，如果举证责任由原告和被告均等分担，更多的审判可能会得出正确的结论（也就是说，有罪者被判有罪，无罪者被判无罪）。但是，我们明智地做出了判断，即如果我们要犯错，我们宁愿犯让有罪者逃脱的错误,而不是宣判无罪者有罪的错误。[①]

——即使这一段话,其实文面也没有详细论证,它所体现的道理需要诉诸人心,诉诸深远的社会效果,诉诸像佘祥林、赵作海、呼吉格勒图那样的冤案,才能够被理解。

而后面一节课提到的 2011 年 9 月 17 日《新京报》社论《"无尸不诉案"体现出的法治精神》,则对这个价值权衡原则有所论证:

2001 年北京女孩刘婷婷突然失踪。八年之后,刘婷婷继母李某的儿子范某,因涉嫌盗窃被刑拘,范某为了立功,举报当年母亲李某伙同崇某杀害了刘婷婷。随后李、崇两人向警方承认了杀人罪行,并讲出埋尸地点。但因时隔太久,虽经办案人员挖地三尺,也没找到尸骨。检察院以证据不足,决定"不起诉"两人。刘婷婷的生母高秋红,对此不能理解,上个月她提出了刑事自诉。

"与其杀不辜,宁失不经",错杀(哪怕只是错抓)一个好人,对社会的伤害也远比放走一个坏人更大。大家想想佘祥林、赵作海的蒙冤,和两案中两具无名尸体至今找不到凶手,就应明白前者的危害更大,因为司法机关一旦降低证据标准,冤枉好人,就会让整个社会陷入恐慌之中。

文中提到的"与其杀不辜,宁失不经",语出《尚书》。其文曰:"罪疑惟轻,功疑惟重。与其杀不辜,宁失不经。"——可以看作中国古代优秀的法律思维资源,尽管"罪疑惟轻"离现代司法的"疑罪从无"还有很大距离,但确实体现了"疑"——事实判断困难情况之下的价值判断权衡。

这正是我前面引用"扶不扶"那个案例想要提示的特点。因为我觉得,该案例比较突出地显示出价值判断的特点。

在讲到价值判断的"选择性"的时候,我例举了《催生一场伟大的爱情还是制造一个悲剧》中"我们宁愿看到平凡的喜剧,也不愿意看到伟大的悲剧"一句所体现的生命价值至上的原则。

2008 年 1 月 23 日,一名在深圳打工的女子乘长途大巴回老家途中,滞留在株洲,失去联系。男友为找到她,沿京珠高速的雪地徒步走了 100 多公里。结果,冻倒在路上,衣服结成了冰,头发上结满了霜。他说,"爬也要爬到她跟前。"[②]

针对舆论对这一事件当事人的热烈关注,社评写道:

……催生一场伟大的爱情,还是制造一个悲剧,是在感动之余必须思考的一

---

① [美]布鲁克·摩尔、理查德·帕克:《批判的思考》,余飞、谢友倩译,东方出版社 2007 年版,第 214 页。

② 林劲松:《男子徒步 100 公里寻找受困女友冻倒路上》,《南方都市报》2008 年 1 月 30 日。

个问题，而我们每一个旁观者，都是参与者。隐隐地，我们能看到一种危险的倾向：数家媒体参与了报道，以全程电话跟踪的方式向读者传递着每一个细节，鼓励并推动着杜登勇“将爱情进行到底”，未见只字劝阻；网友们的关注热情一浪高过一浪，些许的质疑之声被彻底淹没，显得有些不知趣——恕我直言，我想起了杨丽娟，一个在媒体和大众的怂恿和操纵下，追星追得几近疯狂的悲情女子。

与其等待理想中最浪漫的事发生，不如现实地做点事情吧。要么劝阻杜登勇停下脚步，要么在能确保安全的情况下再前行。路途漫漫，对爱情如此，对人生亦如此。在切实的困难面前，我们宁愿看到平凡的喜剧，也不愿意看到伟大的悲剧。①

在后面的新法班的课上，由于时间相对宽裕，我提到了一个不符合这个价值原则的反例——中国古代男青年尾生与女子相约桥下，因“抱柱守信”被涨上来的洪水淹死的故事（《庄子·盗跖》）。李白《长干行》（就是那首“青梅竹马”的诗）中“常存抱柱信，岂上望夫台”一句就藏着这个典故，反映了中国古代常有这一类“畸节”。我在一次给小学生讲到中国古人“守信”的品德时，差点讲到这个故事，事后一位家长为此惊出一身凉汗。还讲到十几年前某银行职员在歹徒的威胁之下交出银行保险柜的钥匙而被银行开除的真事——因为她没有为保卫国家财产与歹徒殊死搏斗。

这些“反例”都反映出：生命至上的价值观和价值序列并非天然普及，它至少曾经需要在评论中论证和传播。其实，十多年前，我在《中国青年报》的评论岗位上，真的曾为那位被开除公职的银行职员写过一篇评论《不是英雄，也有权利》，其中阐发的，就是生命高于财产、个体生命高于国家财产的价值观。

《设立“弃婴岛”与追究遗弃罪并不冲突》

接着，我根据孙伟平《事实与价值》中谈到的“价值推理”的原理，讲到一个案例——2014 年 1 月 3 日《北京青年报》“青评论”版上的文章《设立“弃婴岛”与追究遗弃罪并不冲突》。这篇评论体现了非常典型的价值推理，它根据价值序列为不同的社会价值和法律价值进行排序，然后对看起来存在价值冲突的困境给予清晰的、合理的判断。同学们课后可以找来这篇作品好好体会一下。这个议题涉及的争议是有关部门设置“弃婴岛”而（至少是暂时）引发了更多的弃婴行为。文章对此分析道：

理论上讲，法律具有生命、自由、财产、秩序等多重价值。这些不同法律价值对应着人类生理和社会等不同层面的基本需求，它们之间并不是完全平等、不分

① 《北京青年报》2008 年 1 月 31 日，作者：盟初。

上下的，而是有主次、先后之分的。生命自由价值任何时候都优于财产和秩序价值。在法律实践中，不同的法律部门、法律制度和法律规范，分别实现不同的法律价值。

这必然导致在具体法律制度和法律规范之间也有主次和先后之分，同样道理，那些致力于保障生命自由价值的法律制度和法律规范理应优先于维护财产和秩序价值的法律制度和法律规范。如此一来，设立“弃婴岛”与追究遗弃罪，孰主孰次，孰先孰后，便一目了然了。设立“弃婴岛”是为了切实保护弃婴的生命健康权，使其免受“二次伤害”，而追究遗弃罪只是为了处罚违法犯罪者，旨在恢复被遗弃这种违法犯罪行为损害的社会秩序。显而易见，在保障生命健康权这种最高位阶的法律价值面前，制裁犯罪这种维护秩序的法律价值必须“退居二线”。

一个新闻事件中的事实议题和价值议题

2020-10-16

我讲新闻评论，习惯于把评论的观点落实到不同的判断上，这样便于具体把握和深入分析。而对于不同判断，我更倾向于从事实判断与价值判断的大略角度对其进行划分，至多加上一个更接近实践的策略判断。

这并不是我自己的“发明”，而是我近 20 年前刚刚开始评论教学时就偶然接触的前贤的观点（见图 6），我在后来的学术阅读和教学实践中也更坚定了这样的划分标准——实际上是确信这种划分对清晰把握评论的认识空间是有效果的。

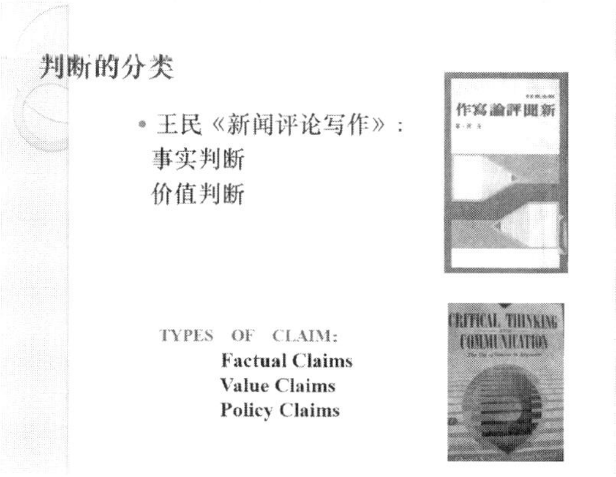

图 6　“判断的分类”讲义

所以，在本周讲完了观点中的价值判断之后，我布置了一次作业。请同学们根据近日的媒体新闻，分别选择一个事实性的议题和一个价值性的议题写作一篇评论；在评论作品之外，对自己选择的议题的事实性问题和价值性问题分别做出分析与说明。

这个作业的表述本身使一些同学产生了困惑，昨晚一位同学小祺在微信中提出了她的疑问：

“电影票房走低”是否为正确的事实性的议题？“社区居民抵制社区内建立血液透析中心”是否为正确的价值性的议题？

我犹豫了一下，谨慎回答说：

这是两个事实本身。取决于你对这个事实从哪个层面看，回应事件中的哪些争议。

同学接着问：

我还有一点不太清楚，事实性的议题和价值性的议题有什么区别？如果说事实性的议题是针对一个争议性新闻事件做出评析，那么价值性的议题的评论对象是什么？根据课上所讲的内容，我能够理解事实判断和价值判断的区别，但是不能完全理解这两种议题的区别。

我回答说：

其实是要看你做的是价值判断还是事实判断。我说价值性的议题和事实性的议题，是提示某些事件的评论可能明显存在价值方面或事实方面两种不一样的讨论空间。

也就是说，虽然评论的对象都是新闻事件，但不同的议题其实是不同的认识空间。有一些事件明显不存在事实方面的讨论空间，因为在这方面没有问题和争议，那么它们主要是价值性的议题。这与人们的期待和争议的焦点有关。

同学问：

也就是说，区别在于，一个是对事实尚不清楚的事件做推断，一个是对事实清楚的事件做价值判断？

我答：

从某种意义上也可以这么理解。事实性的议题其实是针对一些人们更关注其事实方面（原因、结果等）的事件；价值性的议题是针对一些人们主要关注其价值认识空间的事件。

但确实有些事件包含着事实和价值两个议论空间。这样，写作时需要做出清醒的选择，说明则需要更加明确。

我觉得这位同学的困惑可能比较普遍，我便把我的回答整理了一下发到这门课的师生微信群中。

这时我才意识到：这位同学之所以对“事实性的议题”与“价值性的议题”有一些困惑，可能还有一个原因：在作业要求中提到“议题”这个概念的时候，我其实还没有讲议题——那是要在选题一讲触及的概念。

因此，我又简单说明了一下：当我说到“事实判断”和“价值判断”的时候，是强调作者主观的方面，即观点在认识层面的特性。而当我使用“事实性的议题”与“价值性的议题”时，其实是侧重于提示事件本身和相关舆论为作者提供的思维空间——即侧重于提示客观的约束性。

简而言之，议题指事件的客观约束条件下的思考空间。它既有主观的因素（思考本身），也有客观的因素（事实本身或社会对评论的认识期待）。

我今天上午读到《新京报》一篇评论《航空公司拒载抑郁症旅客：处理可以更人性化》，我将它作为一个案例分享到评论课的微信群中，以说明我昨晚抽象陈述的看法。

《航空公司拒载抑郁症旅客，处理可以更人性化》

我提示同学们：

这篇文章涉及的事件，也许仍然存在事实层面的问题，但就作者最终确立的论点而言，该评论主要体现了价值性的判断，主要是在价值层面开展讨论。如果写这篇评论的是咱们的同学，他（她）在交作业的时候，应说明这为什么是价值性的议题。

很快，一位名叫小哲的外院同学针对这个案例提出了她的疑问：

我在读过之后有一个问题：虽然可以看出作者最终想要落脚的是价值判断，但文章大篇幅是在澄清当时事发的情况与解释事实，这样做，会不会有些重点偏离呢？

按照我的理解，如果一篇评论定位为讨论价值，那么就事实层面的澄清应当做到“解释明白”即可，无须占用很多篇幅。您怎么认为呢？

我首先觉得这位同学读文很细，思考得挺深。她的疑问也促使我进一步审视这篇评论中事实判断与价值判断的关系及其合理性。

我回复如下：

如果考虑到这篇文章的写作背景，是当前网络舆论对当事乘客的同情和对当事航班的责备，那么，前面对工作人员处置根据和正当性的解释，就是可以理解的。这篇文章确实有事实层面的讨论空间：当事航班的处置是合法有据的吗？从专业经验上是否可以接受？

责任和根据的分析是事实的层面；“人性化”的诉求，是价值性的。

那位同学接着说：

那这样可以理解了，在充分讨论了事实之后，作者笔锋一转，谈及价值，这样也未尝不可。因为一篇评论的内容并不是非此即彼，更多时候存在着事实判断和价值判断相互交织的情况。只是我在想,如果我是作者,在给这篇文章定题目的时候就要谋篇布局,尽可能在结尾讨论价值的时候再深入一些。

我觉得她的考虑有道理,她提出的问题促进了我对这个问题的思考。

我补充说:

这篇评论的事实判断肯定了当事航班的处置是有根据的,没有越权。但是在价值上批评他们不够人性化,两者并不矛盾。

小哲同学接着说:

前者偏理性,后者偏感性。

她的这个感受是我以前没有清晰地认识到的。我回复说:

恐怕是这样。这可能是因为,事实判断的根据是具体客观的,因此事实判断让人感觉到更多的理性色彩。而价值判断则诉诸人们的权利需求和情感需求,这就难免会增加感性色彩。

下午,又有一位同学翦翦在微信群中提出自己的观点:

说通俗点是不是价值性的议题就是针对一个新闻事件,你觉得是好或者坏,这种带有个人情感的论证?事实性的议题就是这个新闻事件发生了,你觉得它的历史由头是什么,影响是什么……这种带有关系性质的分析?

但是您刚才说的是"肯定"航空公司的做法属于事实判断。针对一些有争议的议题,我们肯定某一方或者否定某一方,属于事实判断吗?我感到它是一种责任认定,是带有评论者自身感情的肯定或者否定,又跟价值纠缠到一起了。

除此之外,我对评论者提出的"办法"也有点疑问,"应该怎么样"感觉是评论者自己的价值判断,但是又觉得是事实性评论产生影响后自然而然提出的措施。

我的回复如下:

只要是人在评论,而不是由机器评论,就难于避免自身的情感和价值观。即在逻辑上,人完全可能在受到自己价值观干扰的情况下做出事实判断,也可能因为这种干扰而出错。

我们区别事实判断和价值判断,主要是看其大端:作者表达的观点是否涉及原因、结果、性质、责任等事实自身的领域;另外可以从其判断根据是否是事实、法律等客观存在来区分。是否是事实判断与其判断的准确性无关,也不是说作者可以完全避免自己的局限或情感、价值观对判断的影响。"应该怎么样",当然是属于价值的。你看"应该",差不多就是一个"价值词"。不要粗略地把"肯定"或"否定"当作价值判断,因为在得出肯定的态度之前,人们可能已经做了事实判断。不要把实际存在的两个阶段的"过程"粗略地看作一个结果——价值态度。

此外，由于我们的实践语用是并不严格区别事实与价值，所以我们如果以语言作为根据来区分事实判断与价值判断，也是不充分的。

我感到这位同学表达的困惑其实也是她自己认真思考的结果。她发言的贡献在于触及了事实判断与价值判断的“纠缠”问题。这是多年来同学们都会感到，但并不是所有同学都会清晰表达出来的问题。她表达出来，给老师一个在课堂之外公开讲解这个问题的机会，就是对其他同学的贡献。所以我又在群中补充了我对“纠缠”问题的看法：

我觉得事实判断与价值判断相互“纠缠”的原因可能有三个方面：

一是思想层面上纠缠——即把两个思维过程混在一起了。二是语言纠缠——即我们把实际上边界不清的语言本身作为根据来看待事实判断与价值判断。我们在日常社会生活中看到的纠缠大多属于这两种，都可以通过更清晰的思维和更准确的表达来摆脱。

但其实还第三种——哲学层面上的纠缠。这才是真正意义上的“纠缠”，它们无解，不过与新闻评论这种日常思维和表达应用关系不大。

[少华按：美国哲学家普特南所著的《事实与价值二分法的崩溃》就是在这个层面上讨论事实与价值的纠缠问题。这是多年前刘海龙老师向我推荐的书。]

也就是说，如果不在人类存在与认识的根本意义——哲学层面来看待事实与价值的划分，这种划分大多数情况下都是有效和有用的，在新闻评论中也一样。

分论点与主题句

2015-10-21

我昨天上的是本学期本科评论课第 6 次课，两个班齐头并进，都从评论中表现分论点的段落主题句讲起。

在这个环节，原来安排的案例是 2014 年 9 月 3 日《京华时报》的“京华时评”《以国典纪念抗战的现实意义》。这是一个“准社论”形式的评论，它的突出特点是有着并列的结构和典型的段落主题句。我原来用这篇文章作为案例，主要是考虑到该文中作为分论点的主题句比较鲜明：

纪念抗战，需要这样庄严的仪式。因为，那段历史记载了……

隆重纪念抗战，也是捍卫历史的需要。历史总是在后人的回顾中呈现并被定义……

纪念抗战，还因为这段改变了东亚格局的历史，迄今仍对现实发挥着作用。日本作为这场血腥战争的策源地，战后……

但实际上，在更为复杂的公共议题中，往往难以见到这样整齐的主题句。因此，我把今天《北京青年报》评论《服务费取代份子钱体现改革的勇气》引入讲义，正是为了说明这一点——

日前，交通运输部公布的《关于深化改革进一步推进出租汽车行业健康发展的指导意见（征求意见稿）》提出，"份子钱"由出租汽车企业、行业协会与出租汽车驾驶员、工会组织平等协商。记者近日获悉，滴滴快的正联合上海市有关部门和传统出租车公司，以组织"出租汽车驾驶员服务社"的形式，试水以服务费取代"份子钱"或挂靠费的出租车管理模式。

取消份子钱是出租车行业改革的大势所趋。从外部竞争看，随着网络约车服务的兴起与普遍，出租车行业面临着极大冲击，若出租车行业不主动改革，不仅出租车司机将不堪重负，出租车行业也将陷入经营困顿。这是科技的力量，想回避和阻止不太现实，或者，必然代价巨大。从内部诉求看，当出租车司机收入减少时，份子钱的压力，以及对份子钱的抱怨就会增加，再想通过增加份子钱的方式，保证出租车行业的暴利，显然不再现实。即便，出租车企业想厚脸皮地维持现状，出租车司机也已经不太可能顺从。

这篇文章的第二段，仍然有着比较典型的主题句："取消份子钱是出租车行业改革的大势所趋。"——也可以看作文章的一个分论点。

但第三段就不同了：

但是，各地对于取消份子钱却态度不一，人们分析的原因是，相关部门和出租车企业对传统暴利模式的依赖与依恋。份子钱说复杂很复杂，有其历史成因，有其繁杂构成，但是说简单也简单，份子钱在很大程度上，就是利用有限资源谋取垄断利益的载体和工具——因为出租车牌照资源有限，获得出租车牌照资源的企业，便可以设置一个名叫份子钱的东西，光明正大地获取暴利。这是份子钱被诟病的根本原因，现在不取消份子钱的原因自然也是如此。这个原因其实已经是公开的秘密。当然，出租车企业不会承认，留恋出租车许可权的部门不会同意，他们认为份子钱是实现对出租车行业有效管理的必然制度。言下之意，没有份子钱，出租车行业就会乱。

这一段开头的句子是一个转折，与上一段的主题句并不是并列的关系。那么，这个句子仍然是一句主题句吗？这两段有着怎样的关系呢？

我在这里设置了一个问答环节。在沉默了好久之后，前后两个班都有同学发言表达了他们的看法。

芳宁说：

作者前面一段先说取消份子钱是大势所趋，但随后也指出一些人反对。第三段"各地对于取消份子钱却态度不一"后面的文字是为了论述段首这句话，从反面阐述前面一段可能引发的质疑。

琛炜说：

作者的观点是要取消份子钱。第三段说一部分人反对这个观点并陈述了原因，可能涉及论证中常用的一种技巧：先让一步，阐述反方的观点，将异见说出来，有时可以增加自己反驳的力度，让自己的论据显得更厚实一些。传播学中，当读者有批判意识的时候，采取“两面提示”的方式，说出对自己不利的观点，有时会更有效。

然而，接下来的两段似乎更为复杂：

出租车行业当然需要管理，而且相对来说，个体出租车司机比出租车企业的司机难管一些。但是，这并不意味着份子钱就难以取消。一方面，实现管理有两种方式，一种是权力管理，以权力的行使和强制保证秩序，一种是自我管理，以主体的自觉和参与保障运营。虽然，权力管理的好处是统一整齐，但在涉及市场问题时，权力思维与市场思维的脱节，就可能造成权力管理的滞后，以及垄断的出现，当然也可能因为对权力制约的有限，而出现寻租现象。这些问题，在出租车行业已经体现得非常明显。

其实，人们呼吁出租车改革并不是不要管理，而是希望简政放权，以自我管理代替大部分权力管理，以行业协会代替出租车企业，这并不是不能做到的。在国外，这样的模式早已有之，而且运营得非常不错，出租车司机和乘客都得到了实惠。即便，这种放开暂时会出现问题，也可以通过严格的自我监督和有效的外在管理，予以消除和解决。

那么，这两段的关系又是什么呢？

在这个问答环节，好像有着更长的沉默时间。但最终还是有同学主动发言。从开学以来，我一直坚持不点名提问。

雨师说：

第二段是第一段大框架之下从属的段落。即第一段一开始提出了两种管理方式，之后在第一段的大框架下又分了一段，专门介绍自我管理，将其作为另一个小的观点，从属于第一段的大观点之下。所以下面加下划线的句子是一个小的分论点，来强化第一段的大的观点。

这位同学的观点与我相似，第一段没有完成论证，但是由于段落已经过长，于是分成两个自然段。我们可称之为段落群，一个段落可以表达一个意思，一个段落群也可以表达一个意思。当一个自然段难以表达一个完整的意思，或太长了不利于读者阅读，那么下面一个自然段来接着完成上一个自然段应该完成的任务，也就是他说的“从属”这种情况。

炫玲说：

我觉得第二段不是第一段的从属,重点应在于第二段。因为这两段存在递进关系,主题应当在第二段。第一段说实现管理有两种方式,一是权力管理,二是自我管理,是为了呼吁用自我管理代替大部分的权力管理。第一段是为了让读者进入作者的知识体系——管理手段的划分,然后(第二段)才说出他的观点。

周玮说:

我们之所以讨论这两段是不是从属关系,是因为看似有两个主题句,一个是份子钱难以取消,一个是自我管理的问题。我觉得作者的态度是,如果自我管理可以,份子钱就应该取消,这两个其实是连接在一起的。说它们是从属关系,其实是一个主题句用两个不同的话来说。

俊杰说:

个人觉得是一个从宏观到比较微观的关系。两段本质上都在说明一个问题:取消份子钱后该实行怎样的管理模式。第一段提出有两种方法,语言是比较抽象化、理论化的;而第二段说简政放权,语言表达是比较具体的。

杨黎说:

第一段是阐述可能存在的两种解决办法,第二段是作者态度的倾向:第二种方法更有助于解决问题。

刘昊说:

第一段客观地阐述了两种方法,即权力管理和自我管理。第二段具体讲述自我管理的好处。这好像是对比的关系:既然权力管理的代价更大,为何不采用自我管理的方法?

天宇说:

不是很同意前面同学说的对比关系,我觉得两段之间更像一种递进关系。前边说权力模式是不可行、不合理的,并分析不合理在哪里。后边进一步提出一种方案:自我管理的方式,并分析它的合理之处。总之,前边具体解释份子钱的不合理之处,后边具体解释应该采用哪种方式去解决。

先思说:

第一段说有权力管理、自我管理两种管理方式,客观上像一种对事实的陈述。第二段则像一种价值选择,作者想表达在对待出租车行业改革的时候,采用哪一种方式会更好。

这个案例是我一早刚看到的,也不见得就领会透彻了。同学们的看法有分歧,也给我一定的启发。我自己感到的一点与同学们相同:那就是这两段不能分割开理解——它们是连续的一体。因此,第一段落实际上并没有完成一个完整的意思表达和论证过程,尽管第二段也似乎有自己的主题句——"以自我管理代替大部分权力管理,以行业协会代替出租车企业,这并不是不能做到的。”

我用这个案例试图说明的是:与那些通常在社论中看到的整齐的结构和简单的段落关系(通常是并列的)不同,一些对充满争议的复杂议题的评论往往有着更为复杂的段落间关系和段落内关系。

在这个案例中,我也提示大家注意“段落群”这样一个单位:也就是说,有一些段落并不独立承担功能,它作为“自然段”,可能附属于上一个段落,是上一个段落的补充或延伸。在这种情况下,这样的段落一般没有自己的主题句。

我一早考虑今天的讲课内容——分论点和主题句,就不知不觉地想到评论的结构。因为我明确地认识到:所谓新闻评论观点之间的关系,其实就是结构问题。因为,如果由分论点统领段落,分论点之间的并列关系一定就是段落、段落群之间的并列关系;而分论点之间的递进关系,一定就是段落、段落群之间的递进关系。

于是,我第一次在“观点”这一讲中插入了本来在“结构”一讲中的内容。

我在“结构”这一讲的讲义中写到“突出并列结构的表现方式”:它们在外在形态上,也往往具有相似性——相似的语句使得它们相同的功能和认识层次可以被读者清楚地辨认出来。这种语句的相似性并不是并列结构的必要条件,而只是使并列关系更为突出地表现出来的手段。

这样的语句其实正是段落主题句。

分论点并不一定由段落主题句来表达,但段落主题句往往表达文章的分论点。

这次课的另一部分内容,是结合分论点和主题句的提炼,来讲评这几天我看到的作业。我觉得,老师的讲课内容和学生的写作练习不应该是两张皮,而应该尽可能地结合。因为老师讲课内容的作用也无非是为了帮助同学的写作练习。

接下来,我讲评了涉及主题句的三篇学生作业,分别是:《“天价虾”何以天价?》《得诺奖就非得是院士?》和《中国传统制造业正在终结》。这三篇习作各有其认识特点和优长,而在主题句的提炼上,《得诺奖就非得是院士?》这篇是做得比较好的。每一个主要的议论性段落的主题句都是概括性的判断,可以看到其对论点的支持作用。

比如:

“非院士获得诺贝尔奖不只有中国出现”;

“诺贝尔奖只是众多认可学者贡献的奖项之一,不能奉为圭臬”;

“诺贝尔奖从评奖以来就饱受争议,不仅因为一些很优秀的学者没有得奖,也存在一些获奖者缺乏相应的贡献”。

而每个主题句之后的整个段落,都能够调动具体论据来支持主题句的判断。

在判作业的时候，我发现在“诺贝尔奖从评奖以来就饱受争议，不仅因为一些很优秀的学者没有得奖，也存在一些获奖者缺乏相应的贡献”这一主题句后面所列举的材料是奥巴马总统获得诺贝尔和平奖引发的争议。我在评阅中提示同学：“以和平奖为论据不够典型。”（其实是不相关，本文意在讨论自然科学界院士与获得诺奖的关系。）而这位同学在改稿中果然换了两个自然科学奖的论据。

评论中不同类型的观点和它们之间的关系

2015-10-14

昨天是本学期第5次评论课，接着讲“新闻评论中的观点”，具体讲到：事实判断与价值判断、普遍性判断与具体判断，以及评价性观点与呼吁性观点。

我用经济学家梁小民2006年发表在《北京青年报》上的评论《经济学家能为出租车调价做点什么》中的一段话阐释事实判断与价值判断的关系，那就是：“如果不知道出租车提价的具体影响，讨论出租车应该不应该提价有什么意义呢？”

这个案例，一晃过去快有十年了，我之所以仍然使用它来说明事实判断与价值判断的关系，主要是因为：

第一，出租车调价是比较典型的公共议题，而这个公共议题，当年的确引发了包括媒体评论在内的激烈的公共讨论。我记得那是北京出租车第一次提价，当时是由一块二上涨到一块六，舆论阻力较大。

第二，也正是我现在要在课堂上揭示的：这个问题尽管表面上只是价值问题，也就是不同群体的利益问题——乘客肯定不愿意涨价，而出租车司机肯定愿意涨价。这种“对立”引起的问题，除了强制解决，有什么可“说服”的呢？但事实上，在梁小民所提到的“出租车提价的具体影响”中，仍然有着可能被人忽略的事实判断：

出租车涨价到底对利益各方会有什么影响，涨价后乘车人数会减少还是不变，如果减少的话会减少多少，这些要有具体数字，不能想当然地推论。解决这个问题就必须计算出租车的需求弹性是多少。需求弹性是指某种物品价格变动之后，需求量会变动多少。例如，如果出租车价格上调20%，乘出租车的人次减少30%，出租车的需求弹性就是1.5。如果出租车价格上调20%，乘出租车的人次减少10%，出租车的需求弹性就是0.5。这对我们确定出租车调价有重要意义。根据经济学原理，当某种商品需求富有弹性时（需求弹性大于1），价格上升后由于需求量减少更多，总收益减少；当某种商品需求缺乏弹性时，价格上升后，由于需求量减少并不多,总收益增加。①

——这里面的事实判断,其实就有专业判断的意思了。这正是当代公共议题的一个特点。

接下来我引入了梁启超写于1905年的评论《关税权问题》,并讲解了历史背景。此文开头两段是这样的:

四月十六日上谕:"户部尚书铁良,著派充督办税务大臣。外务部右侍郎唐绍仪,著派充会办税务大臣。所有各海关所用华洋人员,统归节制。钦此。"此实耸动一世耳目之举动也。

此事于理宜行乎?曰:宜行。于时事可行乎?曰:未可。②

这篇文章所评论的新闻事件,实际上是清朝政府试图通过任命税务大臣的方式,夺回长期被西方列强占有的关税权。从维护国家主权的层面上说,这件事当然是完全有理的行为,在价值上应当肯定。所以,梁启超的判断是:"宜行。"

但是,中国关税权的丧失是1840年鸦片战争之后主权逐步丧失的结果。西方列强与之利益攸关,不会轻易放弃。实际上,作为海关关长的"总税务司",长期以来都是由英国人赫德担任的。在中国的弱势局面没有根本性改变的情况下,仅仅凭借一次官职的任命就想夺回如此重要的主权,明显过于乐观,对困难(包括列强干涉)估计不足。所以,梁启超的事实判断是:"未可。"

这是事实判断与价值判断"相背"的一种典型情况。

梁启超自从变法失败逃亡日本,广泛接受西方学术知识,实际上已经成了一个财政金融领域的专家,他在20世纪初写的一些评论都有专业评论的特点。比如,针对"广东国民赎路股票""国民筹还国债"等运动,他都能够从财政、金融原理的角度予以专业分析,在价值上自然肯定国民的爱国热情,而在事实上则对其具体效果进行冷静判断:认为可行就说可行,认为不可行就说不可行。

当代评论中的一个案例,我举的是2015年9月22日《北京青年报》社评《李嘉诚的"走"或是中国经济之福》中的一段:

李嘉诚的"走",说白了是一个地产商的出走。这是个坏消息吗?当然不是,中国经济已经被房地产绑架很久了,李嘉诚的"走"应该是一次不大不小的松绑,对转型中的经济甚至可能是个福音。中国需要松绑,需要卸下房地产这个包袱,这样成本才能降低,社会才能更具活力和创造力,中国经济的再出发才能得以实现。

在这一段中,大家可以体会,"不是坏消息"这样一个价值判断,是以对中国

① 梁小民:《经济学家能为出租车调价做点什么》,《北京青年报》2006年4月29日。

② 《梁启超全集》(第6卷),北京出版社1999年版,第1678页。

经济的事实判断作为基础的。具体来说,这个事实判断是对地产业与中国经济发展关系的判断。

接下来,我讲了“普遍性判断”与“具体判断”及其认识特征和相关案例。

举的例子是2014年10月14日《新京报》评论《让制度纠正错案成为司法“新常态”》和2010年7月7日《南方都市报》程亚文专栏评论《开放的社会生机无限》。

《让制度纠正错案成为司法“新常态”》这篇评论的作者敏锐地把握到一起冤案平反的制度意义:因故意杀人、强奸罪被判无期徒刑的广东珠海男子徐辉因检察院8年的努力,终于在服刑16年之后被宣告无罪释放——

徐辉案和近年来为媒体所聚焦的杜培武案、佘祥林案、赵作海案等颇显不同。之前我们所熟知的那些平冤纠错事件,关键因素要么是真凶落网,要么是当年的“被害人”“死而复生”、神奇归来。太多偶然和戏剧化情节让冤案苦主在由死而生的过山车中,更多感受到的是幸运,而非制度化的司法纠错力量。

接下来就是作者的“普遍性判断”了:

我们都希望天下无冤。但在中国走向刑事司法现代化的进程中,冤假错案还是个无从回避的社会现实。司法制度能做的就是密织法网,一方面以严格的法律程序去防范冤假错案,另一方面,对已经发生的冤假错案要尽可能及时发现、有错必纠。纠错或促成纠错并不仅是当事人家属或其律师的责任,以客观、公允为追求的检察机关同样负有纠错的义务。这是中国司法制度设计的初衷,也是检察监督需要强化的一大重点。成功指控一起犯罪,和通过监督成功纠正一起错案,都是司法公正的组成部分。

而在赏析以南非世界杯足球赛上的众多“外援”作为由头而写作的《开放的社会生机无限》之后,我提请同学们注意观察和体会文中如何由足球队员的肤色谈到国家政治和社会的“开放”,观察其中“扩展”和“提升”的线索,使同学们认识到其中一个重要途径就是普遍联系的思维。

在介绍评论中的“具体判断”时,我把昨天《新京报》评论《“专车新规”究竟在维护谁的利益》作为案例,同时让大家分析这篇评论的议论具有什么样的特点:

就相关内容看,若指导意见步入实施,将基本堵死私家车进入专车市场的通道,8年折旧报废期等制度性地增加私家车服务成本;优步等专业打车软件平台的运营模式也将发生明显变化,司机与打车软件平台签劳动合同等,将改变其与专车司机的法律关系。对这二者而言,专车被“转正”的成本与冲击可谓巨大。

……

需要指出的是,目前优步、滴滴快车等专车软件平台,尽管本意是基于共享经济充分利用私家车及其司机的闲暇时间,但实践中,也培育了一大批与出租车司机抢生意的专职私家车司机，如很多加入滴滴、优步等平台的，有相当部分是之前的出租车司机，并进行专职运营，使出租车公司等面临竞争不利地位。这在各地出租车市场体制机制等改革深度不够、动力不足之下，政府相关部门出台禁止私家车入市政策也就不足为奇。

——其特点正是更为具体的议论层次、更为具体的论据、对事物之间的关系更为细致的了解。

此外，我还介绍了 2014 年 12 月 11 日《新京报》评论《如何追回薄熙来的法国别墅?》。这篇作品中既有对标题所示的事实判断的回应，比如："两国既签署了民事、商事司法协助协定，也签署了《中法刑事司法协助协定》，这为继续追缴'薄案别墅'创造了可能性""但是，法律制度的差异、如何计算合作追赃的成本等都可能阻碍追赃"；也有对我国"海外追赃"问题的普遍性判断的议论。

最后，我介绍了"评价性观点"与"呼吁性观点"，这是来自中国人民大学德语系来炯老师《德语报刊评论的篇章理解研究》①中的一对分析概念。我觉得它们普遍地存在于评论作品中，并且对于理解评论中的不同观点以及它们的关系很有用。

我曾经写下《论点之后是什么》一文②以总结我在这个问题上的理解：

由于在逻辑上和事理上，人们只有对新闻事实做出了判断，然后才可能有在此基础上的诉求，因此，呼吁性的观点出现在论点之后，就是很自然的事了。

判断性的观点因为更接近新闻事实，往往更为具体。而诉求性的观点则不一定要限于具体的新闻事实，所以往往更为抽象，在认识范围上更广。

我也是在评阅学生作业的过程中，对于《批判性思维与交流：论说中的推理》③一书把观点分为事实判断（factual claim）、价值判断（value claim）和策略判断（policy claim）有了更深刻的感悟。我觉得，它们比较普遍地涵盖了公共讨论中不同类型的判断（观点）及其相互关系：事实判断分别与价值判断和策略判断相搭配。

如何评价论据的强度？

2020-2-28

昨天下午，我通过微信讲授了"论证与修辞"选修课在疫情期间的第二次

① 中国人民大学出版社 2007 年版。

② 载于《新闻与写作》2011 年第 11 期。

③ E.Inch & B.Warnick.(2002). *Critical thinking and communication: The use of reason in argument* (4th ed.). Allyn and Bacon.

课。这次课的主要内容是关于论证中的论据问题。

论证既要凭借逻辑方法,也要凭借论据,论据是论证的组成部分。在我评论课的教学体系中,论据这一部分是放在“新闻评论中的事实”中讲的,而不是放在论证这个环节中讲的。这在一定意义上是对论证问题的割裂。于是,我在这一门专讲论证与修辞的选修课上,把论据还给论证。这样,论证的教学体系,就合理地包含了两部分:“简单依靠论据的论证”和“运用不同推理方法的论证”。

应当指出,这只是便于教学的划分,因为这样划分比较清晰;但是在实际的论证案例中,论据和推理方式往往是融合在一起的。也就是说,不存在没有论据的推理,即第二种类型包含着第一种类型的基本因素;虽然对演绎推理的评价更多地着眼于推理在规则上的有效性,但对归纳和类比推理的论证力的评价不能不涉及对论据的评价。

另一方面,第一种类型也可能潜在地包含于对应的推理方法之中,比如“例证法”其实是包含在归纳推理之中的。

确实有一些论据在形式上看来是比较简单的:看起来只是提供了一些论据材料就达到了论证效果,比较典型的就是所谓的“例证法”。“例”是“举例子”的“例”,这也是评论中最为常见的论证方法。我们把它划分出来,单独讨论论据的问题。

而另有一些论证方法确实在形式上比较烦琐一些,也有更为严格的形式规范,比较典型的就是演绎推理的三段论。我们把它也划分出来,单独介绍推理的方法和规则,乃至因违反这些方法和规则所造成的谬误。

这次授课主要围绕两个方面展开:一是论据的不同类型及其效果,二是评价论据强度的标准。

我引用了近日《新京报》(《“渐冻症”群体应得到更多关注》,2017 年 10 月 16 日)和“澎湃新闻”(《马上评|诺奖得主站台微商:套路被看穿了》,2019 年 10 月 24 日)的评论作品,介绍“事例论据”的效果;引用《环球时报》关于中国人口突破 14 亿的一篇社评(《中国破两大门槛成绩挑战一币两面》,2020 年 1 月 18 日)和腾讯“今日话题”的一篇评论《曝光性侵女童案件,不是太多,而是太少》(2017 年 8 月 17 日)来展示数据论据的不可替代的特殊效果;我还引用了 2016 年雷斯林的一篇自媒体评论《觉得运钞车不该开枪打死人,真的不是圣母病》(2016 年 10 月 29 日),来展示特定争议话题中规范性文件的论据效果。

而昨天课上讨论最为热烈的环节是在课程后半部分的评价论据强度的环节。

我先介绍了我自己对论据强度的评价标准:

论据越近，强度越高；

论据的相关度越高，论证强度越高；

论据越具有专业性，论证强度越高；

人们对不同事物的价值排序、价值观念隐然存在于论证的背后，影响着论证的强弱。

然后我介绍了古罗马修辞学家（其实也是法庭上的雄辩家）西塞罗对弱推论的梳理：

没有确证命题的正确性；

以错误的列举为依据，我们提出的可能性比实际存在的可能性要少；

把事情追溯得太远；

命题所提供的理由不是非信不可的；

推论中的话与命题完全一样；

提供的理由对于主题的需要来说不恰当。①

我还介绍了非形式逻辑学中所谓评价论证的 RSA 标准：

决定好论证的标准有三个：相关性标准（standard of relevance）、充分性标准（standard of sufficiency）和可接受性标准（standard of acceptability）。②

我们讨论的第一个案例并非新闻评论，它其实是我多年前在《北京市实施〈中华人民共和国道路交通安全法〉办法实用手册》中偶然看到的一个法条背后的观点论争。

由于这个案例并非评论作品，我虽然对其有自己的分析，但在评论课上几乎没有使用过。它与大二学生的生活经验虽然远了一些，但是我猜测会有一定的新鲜感，所以我一开始就声明："希望大家别晕。"

《北京市实施〈道路交通安全法〉办法》第三十五条第四款：

左右两侧车道的车辆向同一车道变更时，左侧车道的车辆让右侧车道的车辆先行。

《北京市实施〈中华人民共和国道路交通安全法〉办法实用手册》的条文释义：

这条规则在制定时有两种相反观点。

第一种观点认为，应当右让左，即第三条车道上的车让第一条车道上的车先行。

---

① ［古罗马］西塞罗：《论公共演讲的理论》，《西塞罗全集·修辞学卷》，王晓朝译，人民出版社 2007 年版，第 41—42 页。

② 武宏志、周建武、唐坚：《非形式逻辑导论》（下册），人民出版社 2009 年版，第 706 页。

理由有二：

一是第一车道是快速车道，有优先通行权，且速度快，不好让；

二是左侧车辆向右侧变更车道有视角盲点，不如右侧车辆视线好。

相反的观点理由有三：

一是由左向右变更车道是由快速车道向慢速车道变更，采取的措施是减速；而由右向左变更车道，则是由慢速车道向快速车道并线，是加速过程，车辆控制难度增大。

二是为了保护驾驶人的安全。我国实行右侧通行的原则，驾驶人在车辆的左侧，左右两辆车撞到一起右侧车的驾驶人受伤的可能性大，从保护人身安全的角度讲，应当让右侧机动车先行。

三是1949年9月19日的（日内瓦）《道路交通公约》的附件2优先权条款规定：当两辆均无优先通行权的机动车同时到达一个交叉点时，在右行制国家，右侧车辆先行；而在左行制的国家，左侧车辆先行。我国实行右行制，应当与该公约保持一致，应当规定右侧车先行。因此采用了第二种观点。在这种情形下，左让右，这与《道路交通安全法实施条例》关于通过无交通标志、标线规定先行权的路口，右方道路来车先行的规定也是保持一致的，在变更车道时体现"右为先"的原则。这与中国古代右为上的原则也是一致的，容易记忆。当然主要是以保证安全为出发点。

我提出的问题是：在一个看似非常简单的法律规定背后，有着不同理由的辩论。你认为哪个理由更强，哪个理由更弱呢？

同学们的回答很快纷至沓来：

冯元说：

我觉得"二是为了保护驾驶人的安全……"这个理由更能说服我，因为它上升到了价值层面，从生命安全这个角度来论证让右侧先行的合理性。

宁欣说：

左让右的理由更强：描述更细，引用文件《道路交通公约》，另外考虑到生命安全的部分让人觉得更有接近性，更容易接受，毕竟每个人都有可能遇到这一问题。

舒瑞说：

同意冯元的观点。这两个观点的第一条，关于驾驶技术的论证实际上说服力是差不多的。在第一种观点的理由中，我认为视觉盲点这一条很重要，但是第二种观点的设计是出于保护人身安全，这是比什么都重要的。

舒睿说：

我认为第一个观点论据更强。第二个观点的第二点理由不太可能发生，对应西塞罗“我们提出的可能性比实际存在的要少”。第二个观点的第三点理由扯得太远,不如第一个观点的论据更切近、直接、有力,对应西塞罗“追溯得太远”。

珂嘉说:

我同意第二种观点的前两条,更加实际地告诉人们为什么要这样选择,先不论真假,它在修辞上就会给读者一种让人信服的感觉。

小洋说:

我认为观点一的第一条理由是最弱的,可以被观点二的第二条理由直接反驳。而两个观点的理由二则需要更专业地比较哪个对人的安全保护得更好。

家琳说:

第二种说法理由更强一些,其三条理由中第一条是对第一种说法的否定,指出了第一种说法对车道概念的理解偏差;第二条是对人身安全的表述,安全性的原则无论是在行车还是立法中都应该是放在第一位的。第三条是引用国际上的惯例和文件,专业性较强。

宏扬说:

第二种观点的论据相对更强一点,从速度的客观角度、人身安全的主观角度,以及对这个问题的相关法律规定三个角度论证,相对全面。而且表述得相对细致,能够直接说到大家关注的点,比如人身安全的问题。其实第一种观点中视角盲区的理由也是在考虑安全,但没有点透,论证的效果没有第二种观点的第二条理由好。

淙萱说:

左让右的三个理由分别从操作难度、人身安全、规章制度三个角度进行论证,让人产生论证层次丰富、内容充实、更有说服力的观感。

梦丹说:

第二种观点的理由兼顾中外、古今、车人(车辆行驶与人的记忆),更具有权威性,但是并没有从根本上解释安全的问题:右车优先为什么更能保证人身安全?

珂莹说:

我也认为观点二的论据更强,上升到人身安全这一层面,其实就是老师之前所说的“人们对不同事物的价值排序、价值观念隐然存在于论证的背后,影响着论证的强弱”。

依娜说:

我觉得第二个论证理由更强。其第一个理由对加速和减速进行了充分阐释,可接受度高;第二个理由谈及人身安全,和读者具有相关性,引起共鸣;第三个理由虽然时间久远,但可以理解为一个普遍性论据,更具说服力。

宁欣说:

其实两种说法都是从考虑安全的这个角度出发的,但是我觉得仅从论证来看,第一种说法缺乏更细化的论证吧,如果能举一些更有接近性的例子,或许给人的感觉会更容易接受。

心园说:

我认为第一种观点的理由二与第二种观点的理由二均从人身安全的角度出发,均具有较强的说服力。我也认同小瑞同学关于两个观点第一条理由的想法:驾驶技术因人而异。第二种观点的理由三则具有更广泛的适用场景(国际化的语境),移用至本土却不一定是最适合的选择。

我说:

这里面既有专业性的考量,也有价值性的考量,两种理由恰巧又支持不同的选择。

红梅说:

从维度上来说,第一个观点的两个理由都充分说明了右让左的情况下,车辆控制的操作难度小,第二个观点的第一个理由在同一维度说明了相反的观点。从安全性层面来说,第二个观点的第二个理由更为直接有利。从历史和现实条件来说,第二个观点的第三个理由很充分。两个观点的论证都满足相关性,在第一个维度上两组论证都很充分,但是第二组论证更为全面,而且价值关怀更明显,历史和现实条件论证也很充分,因此可接受性更强。综上,根据RSA标准,我认为第二组论证更强。

小洁说:

其实我觉得第二个观点的第三条理由提到《道路交通公约》也有一定意义。全球化的发展使人们可以游览各国,左右行制国家的公民都会去彼此的国家旅游,此时有一个国际性的公约作为规则,世界才不会乱套。

乐滋说:

我认为支持右让左的观点提供的论证并不充分,单纯从左侧的立场在陈述理由,并没有左右共同比较权衡难易,也没有考虑有关规范、文化因素。

小洋说:

《道路交通公约》那个理由会不会有点间接?因为公约的制定也有背后的原因,如果能进一步点明会更好。

珂莹说:

我刚刚查了一下,日内瓦《道路交通公约》好像是《联合国道路交通公约》组成的一部分,只是中国还没有加入,我认为它作为偏向国际化的标准是有意义的。但是它应该进一步的说明，点明该公约的意义会更好，这样列举并不能使读者完全了解该公约的适用性。

宁欣说：

是的，可以说明一下公约中对左右行车辆变道方面的考量，公约在制定的时候应该也对这个规则进行过讨论。这样其实也有利于增加这一点理由的说服力。

小瑞说：

其实我对这一公约有点别的看法。一般读者不大会关注这个公约，它是比较冷僻的一种规定。而一条规则的制定是面对不同的群众的，这一条虽然论证力度弱，但也是有道理的，能起到一定的说服作用，比如对有珂莹和宁欣这样想法的人。

宏扬说：

我觉得，或许还要考虑评判对象的身份？如果是普通大众，价值上的论证效果更好，说服力更强；如果是法律、交通方面的专业人士，仅有价值是不够的，专业性的论据立住了可能才能真正说服评判者。所以相对来说第二个观点的理由是更具有说服力的，考虑到了受众的不同背景，在受众相对熟悉的领域找到论据来让他信服。可能《道路交通公约》对于大众来说很遥远，但对于专业人士来说是很熟悉的。

我给宏扬竖了一个大拇指，然后说：

这个案例的典型性在于：两种观点确有不同的理由（论据）。最后的法律定本是权衡不同论据的结果。

乐滋说：

“右让左”的论证仅仅从己方观点出发，提供的论据很简短，可不可以说这一方的论证并没有预想读者的反对意见并加以必要的回应呢？我感觉这种论证方式也会显得比较单薄。

珂莹说：

根据受众的知识背景来考虑论据应该也有利于增强说服性吧，可能对于部分人而言某种论据更容易被接受，对于另一部分人却并非如此。

我说：

哈哈，大家对最强的论据看法不同。那么，最弱的理由是什么？有没有共识呢？

珂莹说：

最弱的我认为是日内瓦公约的那个，一般的司机会为了了解这个公约而去搜寻信息进而被说服吗？我觉得不见得，更多的是会被更直截了当的关于行车安全的论据说服。

红梅说：

最弱是第二个观点的第三个论据，因为一切从实际出发比遵循某个规定更重要吧，毕竟其他论据都在讨论实际情况。

冯元说：

是的，我刚刚就一直在思考这个问题，《道路交通公约》离人们生活有点遥远，乍一听难以让人留下深刻印象。我们评判新闻价值时有一个标准，就是相关性。当新闻内容越接近人们日常生活的时候，人们越容易关注它。放到论据来看，我由此产生了一个疑问：是否存在一个评判标准，专门用来衡量“论据距离人们生活远近所产生的不同影响”呢？比如说，是不是当论据越贴合人们日常生活时，人们越容易为之打动并被说服呢？不知道老师、同学们怎么看。

红梅说：

支持，西塞罗也有提到“把事情追溯得太远”。

小洋说：

我觉得公约这个理由本身不弱，因为制定一份国际公约应该是考虑到了很全面的因素，但是所展现出来的内容比较弱，显得像是“因为公约这么说了，所以我们要这么做”。

心园说：

我认为最弱的是两种观点的第一个理由，因为它们的目的显然都是想从技术操作上支持自己的观点，但是在两种观点的碰撞之下，它们似乎都无法自圆其说了。

小瑞：

我觉得我们考虑最强最弱都是有理由的，像我这样不会开车的就多考虑人身安全相关的因素，那司机师傅可能会看第一条，视野宽阔的人看第三条。这么看的话强弱对每个人是不一样的，所以想说服的话考虑全面比较好。当然，有些例子对绝大多数人来说都是说服力最强的。

我看大家讨论得差不多了，就说：

我说一下我原来的观点吧，不一定对，刚才有的同学的话其实对我有影响。

主张“左让右”的观点有三条似乎相距甚远的论据：

第一条是驾驶控制的难度，这一条与主张“右让左”的两条论据性质相同，力度也相当。

第二条，设想两车相撞后对生命的危害程度，这是主张“右让左”的论据中所没有的。而生命则是道路交通中最重要的价值，正是这种价值，使“左让右”的观点获得了最强有力的论据。

而第三点论据“符合国际公约”，其实是相距较远的论据，因为一国的道路交通管理法，当然是协调自己国家内道路交通参与者的权利关系，而涉及的当事者主要是自己国家的人民，因此是可以自行独立规定的。

至于最后附加的一条论据——“与中国古代右为上的原则一致，容易记”，则几乎没有什么论证力，因为它不仅与现在的社会生活相距很远，而且也几乎不被人们记起了。

从这个法条的论证过程可以看出：虽然主张一个观点的论据可以有很多，但论据其实是有强有弱的。论据的强弱，既取决于它们与我们生活的距离、与论点的距离，也取决于它们对我们的价值。法律之所以确定“左让右”，就是因为这个立法主张的论据中有一个特别高的价值——生命。

在这次课上，我再一次感受到，这些大二的同学思维敏捷，表达清晰，课堂参与度高，讨论的交互性明显。他们在支持一个观点的不同理由之间辨析权衡，这本身就是说服训练和批判性思维训练。他们不仅表达自己的观点，也对别人的观点做出积极的回应。有一位同学所说的“头脑风暴”的感受，就是这种活跃的思想交流的效果——它可能会让人兴奋。

我本来只是在线下课堂上才会期待这样的效果，没想到它在网上授课中也能实现。

论据，除了作为论据

2015-10-28

昨天的课讲到新闻评论中的论据，本来没有什么新鲜的，但是，在近日评阅学生作业的过程中，我对具体的事实性论据在评论文本中的作用有了一个比较强烈的新的感受。

我把这种感受提炼到讲义中就是：论据除了具有“对评论中的观点提供支持、增加判断的可接受程度”的基本作用之外，还有“丰富文章的话语层次，降低整个文章的抽象度”的作用。

在同学的作业中，我发现，有的同学全文除了在开头叙述新闻事实，后面的议论缺乏具体的事实性论据，始终停留在一个比较抽象的语言层面上，不仅使分论点缺少具体事实论据的支持，也使得文章显得沉闷，而且透露出视野不开阔、积累不够的问题。

而另外一些同学通过引入事实论据，不仅显得论证充分，而且降低了评论作品整体上的抽象程度。

比如，在一篇题为《空姐被塞行李架算不算性骚扰?》的评论习作中，同学不仅引入了美国最高法院在1986年“梅里特储蓄银行诉文森案”(Meritor Savings Bank v. Vinson)中接纳的法学家凯瑟琳·麦金农对性骚扰的定义——以这个定义来分析我国民航“空姐被塞行李架”事件,而且在后面“事实上,空中乘务员是遭遇职场性骚扰较为严重的职业之一”这样一个分论点之下,引入了香港平等机会委员会与香港空中服务员工会联盟对9000名受访空中服务员的调查数据,对人们认识一个信息不完整的事实纠纷有启发,有说服力。

两篇同学作业的对比效果,是我本来要在这一环节说明论据的“另一作用”准备的案例。但是,在课上,我在此之前拿出来的案例,则是头天《新京报》社论《“永不行贿”别只是浙商倡言》。

这篇评论针对马云在出席第三届世界浙商大会时提出希望浙商永远不参与任何行贿的新闻事件,在全面反腐的背景下阐发“正常透明的政商生态,是市场经济发育到一定阶段的内在要求”。本文为了论证个别企业行贿行为造成的伤害,引入了一个事实论据:“有12家中国企业上了世界银行的‘黑名单’。列入‘黑名单’的企业因涉嫌欺诈和贿赂,将在一定时期内被禁止承接世界银行资助的项目。”

这个事实论据来源于“前不久,商务部研究院跨国公司研究中心主任王志乐在‘强化企业合规,推进依法治企’研讨会上透露”,它反映出具有相关性的论据材料需要作者日常关注、积累。

昨天课上我引入的新材料,是英国历史学家迈克尔·斯坦福在《历史研究导论》一书中对证据作用的辨析,即什么才需要证明?需要什么样的证明?

他列出了从“凡单身汉必无婚约”到“下雨了”等8个“命题”,然后分析哪个命题无须证明,哪些必须证明,但又难以证明。

其中第5个命题“美国联邦海军的封锁导致南方在美国内战中的失败”,也许可以作为一个论据来支持当代美国海军主张增加财政预算的论点。但我们在迈克尔·斯坦福的暗示下仔细辨识,这个论据其实只是一些历史学家的“判断”(观点),它正像第6个命题“监牢中的这个囚徒犯了谋杀罪”和第7个命题“自由民主较共产主义更得民心”一样,“人们无法予以它们终结性证明,故它们仍具有争议性,它们只是历史、司法或政治判断”。

迈克尔·斯坦福对证据的仔细辨析提示我们:证据是为了消除不确定性;但需要证据的判断本身,正是有争议性的。

而我把这个已经从过去的讲义中删掉的材料重新引入“论据”这一讲中,除了因为它给人启发性之外,也是因为它比较好玩。它提示我们注意那些与理解评论写作教学相关的丰富的人类知识资源。

昨天课上我使用的新的案例,是前天晚上在“腾讯·大家”看到的秦晖先生的文章《再谈文革时期的农村医疗以及中医的作用》。

这篇文章是由“屠呦呦教授获得诺贝尔医学-生理学奖”一事再次触及了中医争议而起,但在文章中,秦晖先生主要论及了在“文化大革命”期间“中草药运动”中的出版物和中医药创新效果的真实性问题。而给我触动的,则是他反驳的一种论证:“文革时期的政治形势要求人们认真对待每一项政治任务,不认真或造假均属于政治问题,因此中草药著作普遍具有真实性。”

他的反驳诉诸人们的历史记忆和历史定论:

这样的论断真使我这个过来人大吃一惊:“政治任务”就能带来“真实性”?而且还“普遍”?“文革时期的政治形势”使人不可能“造假”?“不说假话办不成大事”是什么时代的名言?文革中斗争“走资派”“抓牛鬼蛇神”“一打三反”不是天字第一号“政治任务”吗?为此整的那些“黑材料”因此就有了“真实性”?就说医学,尤其是中医领域吧,文革前夕北朝鲜金凤汉发现“经络的物质性存在”不是“政治任务”吗?《人民日报》曾空前绝后地用两个半整版的篇幅刊登金凤汉的长篇“学术论文”并发表社论高调欢呼,不是基于“政治形势”吗?那些“凤汉管”“凤汉液”和“凤汉小体”等惊人发现也因此有了“真实性”?

金凤汉骗局发生在文革前,我国也只是鼓吹,“原创”是朝鲜的事,但“文革时期的政治形势”下医疗运动中的造假也绝非罕见。我曾提到文革时期各种新医疗法“在毛泽东思想指引下”创造了许多“奇迹”。文革终结后,这些“奇迹”多被正规医疗机构和专家彻底否定为“伪科学、大骗局”。[邓元诚:《我国聋人(聋儿)听力康复事业的回顾》]这也印证了我的一个看法:市场中为赚钱有假冒伪劣,但官场上为“政治任务”之需搞的假冒伪劣难道更少?不过,市场只要不是太畸形,毕竟还是真货多。官场自然也不会都是假货。当时的虚夸冒吹固然盛行,那些“新医”的创造是否也还有确实可用成分?今天没有研究的我无法判断,想来应该是有的。只是“普遍具有真实性”的断言就太过了。

在这个环节,我在课堂上提出的问题是:

从证据的证明力角度看,这个案例告诉我们什么?相似的案例,你还能够想到什么?

子曜说:

一个例子论证不够的情况下,需要多举一些例子去让别人信服,让整个论证过程更加完善。比如作者在文章中一系列的排比和反问,运用更多的例子来佐证。

我接着问:

提出这个判断的证据又是怎样的呢?证明力怎样?

建坤说:

提出的证据一定是大家普遍接受的，像一些已经确定了的事实证据可以作为论据，如果是一些价值判断，大家还有很多争议的时候，就不能作为很有力的证据。“文化大革命”期间的政治性会增加真实性，大家并不认可这个判断。像之前斯坦福举的美国海军的例子一样，如果事实判断不成立的话，是不能作为证据的。

诗塘说：

我觉得从证明力角度看，在评论的时候，要通过证据论证一个论点，首先要保证证据的真实性，此时证据越有名越好（大家都知道了，可信度比较高）。此外，论据一定要贴近论点的角度。曾经我在做评论作业时，想用一个司法惯例论证自己的观点，但选用的例子和论点联系性不大，这让文章的证明力显得不甚充足。

小珂说：

平时我们经常会遇到这样的论证方式：用一个看似合理的结论去论证另外一个结论。其实这里并没有必然联系，还存在着逻辑链的缺失。这样的例子很多，如瓶装水不能喝，因为某瓶装水的检测质量特别差；网络不能上，因为存在很多垃圾网站。这看似合理的论证，其实是不合逻辑的。

小越说：

有的证据本身也有待证明。之前网上有评论引用中医的一句话说“晚上11点之前要睡觉”。文中似乎在说，中医就是这样讲的，所以就应该这个时候去睡觉。但在这里，中医的观点也是需要论证的，因此文章的论据也是尚需进一步论证的。

就这个案例而言，我自己还想到了斯大林时期曾长期靠“科学谎言”和政治庇护而独霸苏联科学界的李森科。

接着，我们就讲到“论据的来源”，介绍了一些评论案例——

在《工伤问题还有商量》一文中，作者通过查阅“年度居民可支配收入的数据”以解读工伤新政策。

在《难道波兰政府买不起像样的总统专机》一文中，作者通过查阅“波兰的国民经济数据”，帮助中国人了解这个不太熟悉但实际上很富裕的中欧国家，以该数据作为论据，来支持自己关于波兰总统的座机“很破”不是因为国家贫穷，而是因为这个国家有着严格的财政约束的论点。

在《寻找真正的幸福》一文中，经济学家赵晓频繁使用权威机构报告，显示出这位经济学者接触文献的习惯路径，这也是学者的媒体写作为新闻评论带来的新的因素。

此外，我还引用获得1987年普利策新闻奖社论写作奖的《圣地亚哥论坛报》系列社论之一《复活节边境日出在创伤中终结》的作者自述，来展示职业评论人自己采访所获得的论据材料——它们往往构成抽象的评论议题中的感性因素。

最后，我们以《社保全流转的瓶颈不是技术而是意识》这样一个由"曾是一名国企下岗职工"的作者所做的作品案例，来探讨"个人经历的论证效果"。这个案例是我在为2006级本科生上课的时候使用过的，关于这个案例的讨论，可参阅我的课堂日志：《个人经历的论证效果》。

我们在对该案例的讨论中谈到：因为个人经验、视野的局限，个人经历论据恐怕难以论证普遍的判断。但是，在评论中，个人经历如果不是用来论证普遍的判断，它也可能有着抽象的数据论证所不能代替的感性效果。

也就是说，一个论据，无论是"具体呈现"还是"抽象提及"，在"质"（论证力）上是不会有差异的；但在读者心理接受的效果上有差异。

也就是说，这样一种个人经历的材料，在内容上是"普遍的"，在表达上是"具体的"。它是一个情感化的、具象化的论据。尤其是在抽象度本来就较高的评论文本之中，它还可以起到降低整个文本抽象度的效果。

接着，我还以去年课上两位同学的习作来展示个人经历的论证效果。其中，《质疑泛化导致的是"互疑型"社会》写道：

以我自身为例，我经常在火车站里遇到差几块钱买不到火车票的人，只在第一次给了一个老大爷10块钱，后来再遇到类似情况直接躲开，因为我怀疑他们是骗子。去年寒假我带着50块钱去天津，回来时11块钱的火车票没有了，只有19块钱的，而当时我只有18块，左思右想之下决定用一罐木糖醇和一块手表跟火车站里的人换1块钱，结果大家不是摇头就是直接走开。显然没有人相信我说的话，在那种孤独无助的情况下，我没有怨天尤人，因为从他们身上，我看到了自己。

——这一段评论，我当时判作业的时候就很受触动，昨天在课上读的时候也不免哽咽。因为它不仅使我体会到人的那种真实的绝境，也深深地感到那种基于反思的真实的同情心。

这个"个人的经历"当然不足以证明在火车站因"差几块钱"而求助的人中绝对没有骗子，却以自身为例，证明其中至少有人不是骗子，是真正处于困难中的人。

作为老师，我不会怀疑这种陈述的真实性。但课上也有同学指出：这类个人经历论据的真实性毕竟没法验证。

接下来，我使用另外一个学生作业《"科研反腐"不应依赖报销制度》来展示这种个人经历的论据作用的时候，至少课上的同学不会怀疑它的真实性，因为作者不仅把自己参加"大学生创新实验计划"报销时的繁难过程说得非常详细，而且这样的经历是在座的同学往往也体验过的。

用具体的事实性论据避免空论

2017-5-26

已故《人民日报》副总编辑范荣康曾经说过：

由于长期以来在报刊实践活动中，新闻和评论分离，配套供应，逐渐形成了一种定见：新闻只报道事实，评论只以新闻作由头。特别是党报新闻评论常常被认为是发言论，讲道理的文章，更形成了忽视材料的偏向。……新闻评论仍满足于大发议论，企图靠议论去说服读者，不注意运用材料，靠事实去说服读者……①

20 世纪 80 年代，一位长期在党报评论岗位上的老评论人说出的这番话，深刻而沉重。然而，这种只顾议论、轻视材料的文风积重难返，作为一种评论写作“范式”或者“传统”，至今仍然影响着评论的教学和评价标准——尽管这已经与世界范围内的评论实践，以及新媒体条件下的评论写作创新形成了明显的脱节。

我们在评论教学岗位上的人，应当为改变评论写作“空论”的文风做出自己的努力。

我作为一名教员和曾经的评论编辑，无论是在评阅学生的评论作业时，还是在给大学生评论大赛的作品打分时，都会对那些在文章中运用事实材料作为论据的作品给予更高一些的评价。

这一方面是因为，具体的事实性论据反映了作者对特定议题的认真的认识态度，往往只有这样一种认识态度，才会使作者充分掌握与议题相关的材料。

另一方面是因为，具体的事实性论据也会使文章本身有更丰富的层次感。那些具体的事实性论据往往比抽象的结论给读者留下更深刻的印象，或者说，那些具体的事实性论据可能会“代表”抽象表达的结论留在读者的记忆中。

比如，在 2016 年末一次演艺颁奖活动中，作为嘉宾的相声演员郭德纲在给获得“年度超萌宝贝”奖的安吉（演员沙溢、胡可的大儿子）颁奖时，在台上当着沙溢、胡可夫妇的面，五次调侃安吉是自己和胡可的孩子，引发舆论争议。我们的一位学生在题为《现实生活不是舞台表演，郭德纲的“调侃”实为过火》的评论作业中，为了反驳郭德纲所谓“演艺界可以接受的‘玩笑’”的辩解，贴切地使用了这样一个具体的事实性论据：

一位相声演员，分清相声舞台的表演与现实生活交往的界限是最基本的要

---

① 范荣康：《新闻评论学》，人民日报出版社 1988 年版，第 224—225 页。

求之一。这不单是相声这一门艺术的要求,也几乎是所有表演艺术对表演者的要求。以梅兰芳为代表的京剧男旦艺术家们就是一个很好的范例,不论他们在舞台上扮演的是豆蔻年华的少女还是高贵典雅的贵妃,在舞台下总是以或儒雅或稳重的男性形象出现在公众面前。

在上面一段中有三句话:第一句抽象度较高,它表达的是对郭德纲不当言论的抽象的判断标准;第二句则是一个过渡句,目的是将上述原则普遍化,以引出京剧表演艺术家的范例;第三句则直接表述梅兰芳的范例。而梅兰芳的范例作为一个事实性的具体论据,不仅精彩恰当地论证了"分清相声舞台的表演与现实生活交往的界限"这样一个抽象命题,而且使这个抽象命题本身化入一个具体鲜明的案例之中,给读者留下具有形象感的记忆。

接下来,在上述适用于演员的普遍标准之下,作者还引入了一个与相声演员更贴近的事实材料:

即使颁奖典礼上可以适当地使用相声的段子,郭德纲此次言辞也是有失艺德的行为。相声大师、相声艺术第五代掌门人张寿臣先生曾经在说《枪毙任老道》一段时,因其中涉及了关于某些身体隐私部位的词语,而当时又有女客在场,故特意拖延时间,不在女客面前说出这些话。

"艺德"是一个抽象的说法,什么叫艺德?张寿臣先生这个范例,就提供了具体生动的论据。

我们可以设想一下,如果这篇文章仅仅以"一位相声演员,分清相声舞台的表演与现实生活交往的界限是最基本的要求之一"和"即使颁奖典礼上可以适当地使用相声的段子,郭德纲此次言辞也是有失艺德的行为"这两个理由来批评郭德纲有失检点的话,虽然也可以成立,但其论证效果就要差得多了。这是因为,这两个抽象表达的理由本身也是判断,它们缺乏更为具体的事实材料这样一个层次来论证。

国外有教科书将论证的结构分为三个层次:论点、(支持论点的)理由、(支持理由的)论据。①

一些评论之所以比较空泛,大都因为只有"理由"这个层次——相当于前文中的"一位相声演员,分清相声舞台的表演与现实生活交往的界限是最基本的要求之一"和"即使颁奖典礼上可以适当地使用相声的段子,郭德纲此次言辞也是有失艺德的行为"——而缺乏具体论据的层次。

我在评阅学生作业时也时常感到,学生在论证中的框架结构往往搭得很好:

---

① T.W.Crusius & C.E.Channell.(2006).*The aims of argument: A brief guide* (*5th eds*),p.109. Mcgraw-Hill.

将分论点作为段落主题句，然后在段落中进行论证。但是，在这些框架之内，具体的论据往往付之阙如。用来论证分论点的，往往只是抽象地提及一类现象，而没有搜集具体的事实材料，没有展现一类现象是如何具体存在的，也就没有展现这类现象在生活中具体的影响。

比如，一篇题为《将助学金用在刀刃上》的习作，其中一段是这样写的：

目前高校贫困生判定标准模糊，助学实施规范不一的情况普遍存在。由于我国各省市地方具体情况不同，在国家相关政策文件中仅对贫困生判定标准、资助面以及助学金额给出了模糊的指导意见，这在某种程度上直接导致了基层实施过程中规范和标准的缺位。而具体规则的缺位必然导致助学金发放过程中的诸多问题。

在这一段中，“目前高校贫困生判定标准模糊，助学实施规范不一的情况普遍存在”是作为一种现象陈述的，但是，这些“标准”究竟是怎样表述的，以至于被定性为“模糊”？作者却没有提供具体论据。这种具体论据，可以列举一些高校资助贫困生规定的具体条文。而文中“助学实施规范不一”，也是一个抽象的表达，这些规范是怎样“不一”，则需要比较不同高校之间具有较大差异的规定条文。

当然，也许有人会说，一名在校学生不可能了解这些情况。那么，既然如此，这位同学又是怎样了解到“目前高校贫困生判定标准模糊，助学实施规范不一的情况普遍存在”的呢？从认识的次序上讲，难道不是先看到这些具体的材料，才概括出普遍的“现象”吗？

选择作为论据的事实材料时，要考虑到它们与论点和“理由”的距离。一般来说，如果论点是对一个特定问题和现象的具体判断，那么论据则应当选择更为接近的材料。所谓接近，就是在事物和行为的性质上处于同一或接近的种属关系中。

比如，本文第一个案例作品中，论点是对郭德纲的不当“玩笑”提出批评，其论据之一是京剧表演艺术家梅兰芳的范例——这是与评价郭德纲的语境接近的一个类别：演员，其论据之二是著名相声演员张寿臣的范例——这是与评价郭德纲的语境更为接近的类别：相声演员。

事实上，能不能找到和运用与议题所涉的核心事件更近的事实材料作为论据，往往反映出作者对特定的问题是否投入了“研究”态度。如果没有接近特定的问题本身，没有找到接近的认识资源，就不免会诉诸一般化的、通用的认识资源。

去年12月，我作为红网大学生“评论之星”选拔赛的评委，在评阅学生作品时，看到以关爱独居老人为主题的一篇文章，针对的新闻事件是：诈骗团伙冒充三甲医院医生电话坐诊，以可以返还医药费的谎言骗取1000余名老人120万元。这篇文章用来论证自己论点的“理由”，无非是老人渴望健康，防骗意识弱，以及跟不上社会变化，与他人交往机会少等这些大家都知道的一般情形，而文中具体的事实性论据，也只有“中国已经步入老龄化社会，2015年60岁以上的老年人有2.1亿人”这样的一般化数据。所以，这篇文章给人的感觉也就是泛泛而论。

而另一篇主题同样是关爱独居老人的评论就要好一些。它针对新闻事件是：一位经济上并不困难的老人却喜欢捡拾垃圾，结果家中堆满的易燃物酿成火灾。这篇文章引入的论据材料是心理医生对这种特殊癖好的解释及相关案例。这个独特的事件和与之接近的论据材料，使读者对独居老人的孤苦境遇有了印象深刻的新认识。

在去年的一场中国职业篮球联赛中，易建联在比赛中脱下脚上的李宁球鞋直接下场，要求穿上自己定制的耐克球鞋。而几天前周琦、王哲林等队员也在各自微博上质疑篮协提供的球鞋可能会加大受伤概率。针对这一新闻事件，一篇题为《弃一双鞋，赤脚走出中国制造新未来》的大学生评论由此生发出对“中国制造”的质量和生产模式的批评。

对于这篇文章，有的评委老师认为：没有扣紧由头去评论，扯得远了点。也有评委认为：由一双鞋联想到中国制造，也算有一定说服力。而我认为：这个问题已经涉及具体的知名产品的质量问题，离开具体的论据而泛谈“中国制造”，甚至谈到义乌小商品生产模式，恐怕是有问题的。

我觉得，这种写作倾向目前比较普遍：往往由一个特定的具体事件马上拓展到普遍的问题，但对具体事件本身缺乏认识，更缺乏研究。这是一种疏阔的写法，并不增进具体的认识。

还有一篇大学生的评论作品《交巡警拄拐执勤，除了敬佩还应反思》针对的新闻事件是重庆市渝北区公安分局交巡警支队某大队副大队长，在刚出院、腿部受伤的情况下代替队友执勤，在红绿灯“罢工”引起的多个十字路口的大混乱中指挥交通，由此成为网红。作者在赞赏那位交巡警的行为之后，又深想到一些问题。比如：“交巡警是一份随时都会面对突发情况的工作，拄拐执勤，怎么能应付得了？”“现阶段，绝大多数的企业部门在培养新人的过程中，大抵是让老员工带领新人，等到新人慢慢熟悉了业务流程，再渐渐地放手让新人干。而当天上岗的只有汪春华一个老队员，其他的老队员呢？”由此，作者在结尾提出：

交巡警拄拐执勤，听着就让我们很是感动，然而感动之后，我们就应该好好反思为什么他会拄拐执勤，以此避免以后再次发生这类让伤员上岗执勤的情况。关键是，基层警务人员调配制度、应急机制等方面的探索必须被提上议事日程。

然而,由于作者没有掌握更多的认识资源,这篇文章也就只能停留在抽象推想的层面上了。我在评语中给这位同学提出的建议是:其实并非不可以借用这个由头,调入更多的材料,了解并思考我国基层警力问题。

我们的一些学生作者之所以面对一个新闻事件时观点停留在针对报道中有限信息的抽象推断或抽象反思的层面上,只是因为没有下功夫充分利用政府信息公开制度条件和网络上发布的资源,为论证引入具体的事实性论据。

也许专业媒体机构运用资料的能力是我们同学个人难以企及的,但是,即使在学生的作业中,也有较好地调动事实性论据对具体新闻事件做出判断的案例。

2015 年 12 月 8 日,一辆救护车在从成都市限高 1.8 米的九眼桥下的辅路穿过时,被卡在桥中惨遭削顶。这个事故究竟是车之过还是桥之过?一位学生在评论作业中写道:“此次事故将九眼桥的设计弊端暴露无遗,显然应该由桥梁设计单位负责更为合理。”

他首先调动一个数据:“我国平均男性身高为 1.69 米,也就是说一个正常男性通过该辅洞时,几乎是贴着头通行。”接着,在“那么 1.8 米高的桥洞到底符合我国的相关标准吗”的质疑之下,调出了我国《城市道路工程设计规范》(CJJ37-2012)和《国家公路工程技术标准》(JTG B01-2014)对车辆的净高、隧道的设计施工限高标准,详细罗列具体数据。他由此得出结论:“通过上述这些数据,我们可以知道城市公路桥涵最低限高为 3.2 米,远在 1.8 米之上,就连人行步道都比九眼桥的辅洞高出整整 20 厘米。”

这就是一个利用公开的信息资源评论公共议题的典型案例。“车刮桥,是车之过还是桥之过?”(这也是那位同学作业的标题),这是一个具体的事实问题,没有具体的事实论据是没法判断的。

尽可能寻找和运用与自己的议题更为接近的事实性论据,在评论写作中为自己和读者增加更为清晰、确定的认识,这样的训练,也许可以使我们摆脱长期以来的空论文风。

课堂争议:名人个案的论证效果

2017-10-20

本周的评论课讲到评论中的论据。尽管多年前我就与学生一起在课堂上讨论过以个别案例作为论据的论证效果,但这次备课时,我还是在讲义中专门加了一个环节:将论据分为“个案”与“数据”两种不同类型来组织案例,引导同学们观察它们不同的论证效果。

我引入的第一个案例作品是《新京报》的一篇署名评论《“渐冻症”群体应得

到更多关注》。其中有这样两段:

这不但是个危险的病,更是个残酷的病,它几乎是用一种最痛苦的手段折磨人,疾病后期,病人不能活动,不能吞咽,不能呼吸,对一切痛苦都只能被动地忍受。对这样的病患,不论是在医学上还是人文上都应给予最大的关怀。

根据目前的经验,渐冻人平均能生存4年,目前主要的治疗都是维持生命为主,针对不能吞咽,要置放胃肠管,长期注射营养液,针对呼吸困难则需要做气管切开,予以呼吸机支持,精心护理的患者可活过25年甚至更长。著名的渐冻症患者霍金,大学期间诊断出渐冻症以来,不但生存了40多年,而且还成了学者大咖。

针对这个案例,我在课上提出的问题是:霍金这个论据的论证目标是什么?这个论据的使用(论证)效果如何?如何理解个案的论证效果?

十余位同学的发言触及了从社会关怀的生命伦理到新闻评论的传播效果等多方面的问题,他们之间不同的看法也呈现出一定的冲突性。

王一同学首先发言:

霍金这个例子的上一句是说:"精心护理的患者可活过25年甚至更长",那么,作者紧接着提出霍金的事例,最直接的目的就是说明这一句话。标题是说《"渐冻症"群体应得到更多关注》,那么,对他们精心护理就是关注的一种方式。精心护理之后能达到什么样的效果呢?一是说,能够给他们一定的人文关怀;二是至少能够延长他们的生命,他们甚至能够达到很高的成就。

我肯定了王一的理解思路——就是要在句子之间,尤其是紧密联系的句子之间理解句子的意义。看到这种论证性关系,也就是理解评论语句最基本的思路。

时秉乾同学发言说:

从这个例子的论证效果上来看,它可以回应社会上有人对"渐冻症"的一种看法。因为"渐冻症"的症状给人感觉就是会让人丧失行动能力,甚至可以用生不如死来形容。有的人可能就会想,他都已经没有行动能力了,我们去给他们这些关怀,价值在哪儿呢?有没有必要去做这个事?作者举出这样一个例子,就是说,你看霍金,因为我们社会给予他这些人文上、医学上的帮助,不仅能够延长他的生命,而且他也能够做出这么高的成就。这个事实上就是给社会提供了一个动力、一种价值,支持人们去更多地关怀"渐冻症"患者。

时秉乾同学把这个事例潜在的回应效果揭示出来了,应该属于结合社会语境的"深读"。

小滨同学则表示了不同的看法:

作者举霍金这一个个案作为论据可能是有一点不充分的。如果是我来写,我会举一些数据的资料。

但是,小滨也指出了这一个案的好处,就是:

举一个具体的例子会让读者感觉更生动一点,而且霍金有一定知名度,用他来论证是有一定说服力的。

小滨的看法倒是平衡——看到了个案论据效果的两面。

我们新闻评论的写作,总是要面对现实的人,他们本身就是感性的;而霍金这个论据就是感性的。——我在课上点评说。

王国桢同学说:

从论证效果来说,其实作者举出霍金这个例子,除了医学和人文关怀层面之外,还把它提升到一个社会效益的层面,就是:我们帮助那些"渐冻症"患者,对于社会来讲是有好处的。我们不仅从精神层面上应当给他们关怀,而且实际上我们提供关怀也是有好处的:今天关怀出一个霍金,可能明天又能关怀出另一个霍金——在其他方面给社会提供价值的人。从现实层面、社会效益层面上来讲,该例子会使论证更为有力。

肖鹏同学接下来的发言似乎使讨论进入了一个转折。他认为:

作者使用这个例子的论证目标其实很明确,就是精心护理可以使"渐冻症"患者活得更长一些;但是,霍金这个例子的最后一句话——"而且还成了学者大咖",这一句是不妥的。因为,如果按照这个逻辑来看的话,正因为霍金得了"渐冻症"得到了关注,才成了学者大咖,这本身与论点是有点脱离的。前面的例子是合理的,但后面的逻辑是有问题的。

我当时感到,肖鹏对"后面的逻辑"的质疑也许没有充分展开说明,但是后面的讨论似乎帮他说明了。

接下来是女生小欢发言,她也认为这一个案的效果不是很好。她说:

前面说了经过精心护理的患者能活过更长的时间。但是,要是了解霍金的话就知道,他并不是一个普通人,他的家庭非常富裕,他上的大学也是一个非常好的大学。所以,他这个病查出来之后,马上得到了很好的帮助,他自己也活出了自己的人生价值。那么读者读到这里很可能会想:普通病人会怎么办呢?所以,我赞同小滨的说法,这里可能用一些更加具有普遍性的数据资料来证明可能更好一点。

我问:

在你看来,这个人物太独特了是吗?

她做了肯定的答复。

另一位女生小铭接着发言。她的质疑似乎表达得更直率。她认为:

如果从这两段来看,前一段是感情强烈的对"渐冻症"患者困难的描述,实际上是诉诸人们普遍的同情;而后面这一段霍金的例子却似乎更功利一些,这让人感觉前后重点是错开的。

我不禁赞叹这位同学对文章的感觉敏锐细致。

小铭接着说:

患者最应该体会的是社会给他们的温暖,而不是我们看到他们有价值才给他们温暖。

这样,小铭同学就直率地触及了这个案例中并不明显的伦理问题,也似乎触及了在关爱"绝症"患者问题中康德的"绝对命令"与边沁的功利主义伦理观的潜在冲突。

我在此处向同学们提示,这个问题实际上可能存在这样两种思路:

第一种,我们关注一个残疾人或失能人是对生命的无条件、无功利的关爱,不考虑他们给社会带来的回报。这是一种绝对价值的立场,因此也不需要论证——你有就有,没有就没有。如果你不接受这种价值观,那么这个观点就对你无效。

还有另一种论证:如果我们关注他们的话,他们也会给社会带来价值。这的确是一种功利主义伦理观的论证,这种论证路径也许可以调动一些具体论据。

所以,我们关注他们到底是因为什么呢?

可能正是因为考虑到这一点,这位作者在这里没有正面触及这种潜在的矛盾,也许大多数读者都没有意识到藏在这里的伦理冲突。

这时,国桢同学再次发言,回应前面几位同学的质疑,为文章和自己前面的观点辩护。他说:

其实要说引用数据,作者已经引用数据了。他在前面说,"渐冻人平均能生存 4 年""精心护理的患者可活过 25 年甚至更长"——这就是数据。但是这个数据论证的效果并不显著。比如说,我们鼓励大家要好好学习,要把高考状元作为例子,这并不是说人人都能当状元,但是我们把他作为一个象征放在那儿,他就有一个象征意义,就能使宣传的效果达到最大化,更容易让人信服。

所以,他表示自己仍然认为作者在这里使用个例是合理的。

小琛接着发言,她赞成国桢的观点,并回应前面一些同学关于"功利"的质疑。她说:

作者之所以使用霍金的例子,是因为他是我们这一代学生心目中的成功典范。你给我讲"渐冻症"患者是怎样一个群体,我可能还是不能理解。但是我从小学过霍金的故事。这是借用一种名人效应把我带入作者的语境当中,所以,我不觉得这是功利的。如果让我来写的话,我也会选择一个众所周知的案例,让大家更好地理解我在说什么。有人认为霍金能够活得这么久,是得到了社会更多的关注,而我举出霍金为例,就是为了呼吁社会给予"渐冻症"患者更多的关注啊!

国桢、小琛对质疑的回应使得这个案例回到了具体的论证效果、说服效果和传播效果层面上来了。

接下来,小堃同学则根据自己在心理学课上得到的知识,支持使用具体案例提高论证效果,认为人们更易于"感性地理解",对具体的东西产生的心理波动比较强。他举了一个例子:

在大地震之后能够吸引人们捐款的,不是死了多少人,而是里面一个一个经典的故事案例,比如"可乐男孩"。死亡数据,仔细想想确实也很恐怖,但是引起人们情感共鸣的还是具体的东西,越具体越能吸引人。所以,这里用霍金这个大家都了解的人来支持观点还是不错的。

湛超越同学表示,自己是支持用名人效应来支撑论点的。但是——

可以不这么功利。可以多举几个案例,然后把"成为学术大咖"这样功利的话语去掉,就是可以接受的。

从未发言的小坚同学也忍不住表达了观点,而且表达得比较精彩。他说:

这篇评论是有一种宣传或者引导人们的效果和目的的。那么,如果从这个初衷来看的话,引用霍金这样一个案例在宣传、引导的效果上会更好,别人看到这篇文章,这样一个例子留下的印象也会更深。而数字毕竟不够感性,相对会冷冰冰一点,给人留下的印象也不会太深刻。

小坚同学的发言更为明确地把这个关于个案论据的讨论定格在新闻评论传播意图和传播效果的层面上。

小龙同学接下来发言,他仍然坚持认为数据比个别的案例要好一些:

这篇文章是想让整个社会给"渐冻症"患者群体更多关注,用数据说服性应该是最强的。而用个人的案例则不足以说服所有的读者。因为现在读者大多数都是比较理性的,具有批判性思维,他们就会想:是不是太特殊了?

小龙同学的发言显然又把这个话题从传播效果层面引向对受众的估计,这也是新闻传播不能回避的问题。

同样第一次发言的小衎同学也觉得用名人代替数据不是很好,他考虑的是社会上人们对名人占用更多社会资源的心理抵触情绪:

使用名人可能会使人想到:毕竟我不是名人,我也不可能是霍金。这会加深人们对公共资源有效利用的质疑。

小衎同学显然把这个案例引向反映着阶层矛盾的社会心理层面,受众并非或理性或感性那么简单,他们是已经有着各种复杂心理的人。

丁一鸣同学看到已经有十余位同学发言,又到了该下课时间,有点不好意

思,但还是要把自己的看法说出来。他的发言似乎要把同学们的不同看法统统包含进来:

对于理性一点的人来说,这个个案可能不合适,用数据更好一点;而对一般大众来说,这个个案又很有影响力,会使它论证的观点得到更好的传播。所以,从结果上来看,不管你质疑也好,直接受到影响也好,都会增强对"渐冻症"问题的印象。

这是从社会效果考虑的一个评价思路,也提示我们:评论的传播对象其实是不同的人。

最后发言的小萍同学也是第一次发言,她对个案的支持态度是从句子的结构中来的——她感到从 4 年,到 25 年,再到 40 年,有强烈的冲击力。

她的这个阅读感受本身就是感性的,回到了句子的感性效果层面。

这次课上的讨论如此热烈,是我在设计这个案例和提问时没有想到的,同学们对一个具体个案的不同评价和他们各自的理由,在相互冲突中触及了伦理问题和传播效果的不同层面。他们在这场讨论中不仅投入了自己的敏感,而且投入了自己的知识。

我总结道:

我们没法在今天终结这场讨论,没法在当下说服对方放弃自己的看法,这是观点论争的常态,也是观点本身的常态。也许,在同一个传播过程中,不同的价值难以取舍,这可能是我们这次争议的主要原因。我们可能是理性的人,也可能是感性的人;还可能既是理性的,又是感性的。我们想要影响、说服别人,但也难免被别人说服,受别人影响。不管怎样,不同观点充分地表达,总是一个争取共识的起点,或者说是一个促进认识的起点。与自己不同的观点,总会在某个时候潜移默化地对自己产生影响,按照波普尔的观点,这是自己的收益。

对同一个事实的两次叙述

2017-11-2

本周的评论课讲到"评论中的叙事效果"。为了吸引同学们对评论中叙事效果的关注,我特意把一个独特的案例作品放在课程的开头。这篇评论在叙事方面的独特之处在于,它把同一个事实过程——从事件发生到法院判决分别用两个段落进行了两次陈述。

这是 2017 年 10 月 28 日《北京青年报》社评《"老人来扶你"时受伤,你该不该赔偿》的开头第二段:

70 岁的孙女士在北京某超市购物时,看见李某及其孙女摔倒在电梯上,孙女士跑过去搀扶二人,不料摔倒受伤导致胸椎骨折。孙女士将超市和李某告上法院,要求二被告赔偿自己医疗费等各项损失共计3.2万余元。北京西城区法院一审认定超市无责,孙女士受伤是因为看见李某及其孙女有危险前去救助,因此李某有责任赔偿,判令李某赔偿孙女士各种损失共计2.6万余元。

《老人"来扶你"时受伤,该不该赔偿》

——显然,这是一个容易引发争议的事件,而法院的判决看起来也没有能够消弭争议。这篇文章接下来的两段就是引述网友们的质疑,从质疑提起诉讼的老人,到质疑法院的判决。有的说得很难听,将此案解读为"老人讹人"的升级版。

这篇评论是不赞成这种解读的。作者否定了网友对老人动机的质疑,并肯定了法院的判决,在此基础上引出这个事件和这个判决对社会道德的意义。于是,在评论的第四段,就呈现了对这一事件的第二次叙述:

经公安机关和法院调查,并借助超市监控和现场顾客的叙述,此案可以认定的基本事实是:孙女士看到李某及其孙女摔倒后,不顾自己年事已高行动不便,跑过去准备搀扶二人,尚未接触到二人时,自己也摔倒受伤。法院认定孙女士是在救助他人过程中受伤,其间超市没有过错(超市电梯正常运行,不存在对孙女士、李某及其孙女救助不及时等情况),李某也没有过错,但客观上是孙女士救助行为的受益人,判令李某对孙女士的损失给予一定的补偿。

——正是这第二次陈述,使我对这篇评论产生了更多的兴趣,尽管这个判决的争议性本身已经引起我的兴趣了。

在本周三个班的评论课堂上,我引导同学分析和讨论了这个案例。我提出的问题是:

这两个陈述有没有真实性的差异?

这两个陈述是否重复?

它们的差异在哪里?

为什么要对同一事实过程做不同的陈述?

我提出的这几个问题,是着眼于评论中"两次叙述"同一事实的必要性与合理性。因此这几个问题之间,也有如下递进的关系:

如果两个陈述在真实性上有差异——一真一假,那么,评论作者在评论中对事实进行虚假陈述,显然就越过了一个底线,是不可接受的。

如果两个陈述在真实性上没有差异,那么则可能重复。而评论中的重复,除非必要,则不合理。通常来说,事实因素的重复都不合理。

如果没有重复,那么两个陈述的差异在哪里?——这才是我要引导同学们仔细分辨的地方。如果到了这个认识程度,那基本上就肯定了"两次叙述"的合理性和必要性。

最后,基于对两个叙述差异的分析,发现作者"两次叙述"同一事实可能实现的效果。由此,既可以引导同学们注意评论中事实陈述与论点的关系,也可以使同学们思考事实陈述与特定议题的关系——比如司法议题、争议性议题,总之,一般是那些对事实的细节比较敏感的议题。

以上就是我对这个讨论的设计思路。

在周一和周二上午的三个班上,共有32位同学针对这个案例发言,下面摘录、合并其中一些观点和我的回应:

几乎所有同学都认为两个叙事并无真实性的差异,具体的讨论触及了这两段叙事的目的、效果和倾向性上的差异。

一些同学确认,两段叙述的性质不同、信息的层次也不同:

有的同学认为,第一段的叙事只是一个新闻由头,而第四段的再次叙事才是理性化的补充和解释。还有的同学用"由头"或"梗概"来指称第一次叙述,而用"论据"指称第二次叙述。

比如,有同学说:"首次叙述只是陈述新闻事实,而二次叙述则是从法律角度进行解释,不是简单的描述而是为自己的观点提供法律支持。"

另有同学说:"第一段的叙述交代了事件发生的地点、人物要素,第四段叙述则是进行分析,比如'不顾自己年事已高''尚未接触到二人时自己也摔倒受伤',这是补充细节,也是在进行责任划分,是对事实的分析阶段。"

还有一位女同学说:"这两次事实陈述,一个是概括性的事实,一个是细节性的事实。作者陈述概括性的事实,是把它作为一个新闻由头来介绍的;而下面那一段细节件的事实,则可以算是作者的一个论据。"

有一位同学说:"第一个叙述更像是采用了新闻叙事的视角;第二个叙述更像是采用了法律事实的视角。"

在新法班的课堂上,还有一位女同学指出:"这篇报道的特殊性在于,它是对一个司法案件的评论。它后面陈述的事实,其实是法院在审理中查明的事实。"(而我猜测这可能是作者从判决书中直接抄出来的。)

我在这里追问了一个问题:如果涉及一个司法案件的话,那么前面的陈述,难道不是也要以法院查明的事实作为根据吗?难道是法院确认的事实之外的事实吗?

有同学答道:"不是啊,我觉得它就是简单地像新闻一样陈述事实,而后面则是作者在进行论证的时候陈述的事实。"

——没错。后一个叙述的论证作用,也是被多位同学确认的。

有一位同学的发言第一句话就触及两个陈述的不同"目的"。她说:"第一个陈述位于文章的开头,它是对事件的一个整体上的概括,使读者有一个总体上的认识。而后面的陈述目的则在于针对网友的一些想法澄清事实,给网友们讲明法律到底是怎样的,讲明这个判决并没有法律上的问题。"

的确是这样,除了事实陈述之外,文章中也列举了《侵权责任法》和《民法通则》关于因保护他人民事权益使自己受到损害这种情况下,受害人可以向受益人请求补偿的规定。本案中的那位首先摔倒的李某,是被法院确认为"受益人"的——当然,对此也可能有争议。

还有一位同学注意到了两段陈述的叙事风格不同:第一段的陈述是无偏向的,借用大家都看到的版本引发争议;而后面的陈述则引入了不少细节,使得事实更加丰满,增加了评论的说服力。

另有一位同学着眼于这两段叙事对读者的作用不同:第一次叙事是开篇的概括,第二次叙事是帮助读者做更深入的判断。如果一开始就讲得特别细,可能读者会觉得发蒙。

我当时兴奋地说:"这是一个认识层次的问题啊!"

还有一位同学着眼于读者的阅读心理过程来看这两段叙事的效果:如果一开始就把法律事实放在开头,读者也能接受,但是,在读者心中的认可度可能没有这么高。如果一开始放上一个比较客观的叙述,读者心中也在想:为什么会这样判。这样,读者心中存在怀疑之后,再放上一个更有说服力的事实,可以加强读者心中的印象。

——显然,这位同学认定的是:第一个陈述可能引发质疑,第二个陈述可能消除质疑。但如果反过来,把第二个陈述放在前面,那么它减少质疑的效果不如放在后面那么好。也就是,她实际上触及的是信息注入的不同次序可能产生不同的接受效果。会不会有这样的规律呢?

另一个班的峻雨同学也认为:

这两个对事实的叙述还要根据在文中的位置来判断。第一个叙述放在文章的开头,必须要照顾到整个行文的流畅性。一开始读者需要了解事情的概貌,不需要把法律评判标准和法律依据夹杂在里面,只需要让读者知道事实的情况,同时引发大家读下去的兴趣。读了第一个陈述,读者会有一定的疑问,比如李某没让孙女士来扶,但孙女士在扶他的过程中摔倒了,为什么李某要负责任?因此读者会有继续读下去的想法。第二个应该是在论述之中夹叙夹议引出的,应该是作为论据来使用的。因此在这里将事实和盘托出是非常好的结构安排。

至于两个陈述之间事实信息的差异,有一位同学注意到:

第二个陈述其实是更诉诸细节地说明为什么李某要被判处一定的赔偿,就是因为——他虽然没有过错,但是因为他是孙某行为的受益人,就是多了这个细节。

没错,“受益人”这个概念——法院对其性质的判断,在第二个陈述中才出现,而在开头的段落则没有。

还有同学认为:作者在第一段里故意把后面要说的几个要点都省略掉,让大家有疑问;在第四段再对题目中的“该不该赔”进行解释。

另一个班的一位女生认为:首段的事实陈述比较客观,第二次的陈述则有事实的选择,如果两个位置颠倒则不太符合读者的认知习惯。第二次事实陈述更加接近作者的观点。

有一位男生认为:作者在第一段有意那么写,他利用了人们对事实的一些刻板偏见,故意引起争论。

也有同学认为:前后两段陈述是逐步深入的过程,第一段是把对事情的概括写出来,初读会引起读者的疑问——为什么会有这样的判决?第四段就做出了解释:补充了法院认定的部分。换言之,读者读第一段都会有疑问——我摔了又没让你扶,你过来扶自己摔了和我有什么关系,我为什么要给你赔偿?第四段加入了公安机关和法院的调查并借助超市监控和现场顾客的叙述,使得第四段对第一段的补充和解释更加客观、严密、有说服力。

另有一位同学从价值倾向上看两个陈述的差异:第一段事实陈述是没有价值倾向的,因为接下来是说这个事件(及判决)引发的公众争议,所以作者要先以一段没有倾向的陈述,来引出到底为什么大家对这件事情会产生不同看法。

还有一位同学注意到:这两段对事实的陈述基本是一样的,只是第二个陈述比第一个陈述多了一句话:“孙女士看到李某及其孙女摔倒后,不顾自己年事已高行动不便,跑过去准备搀扶二人。”这个事实里面多了一点价值判断的意思,也就是作者通过叙述表达了自己的价值倾向。

我心想:如果这句话采自判决书,那么它表达的就是法官的价值倾向了。

有一位同学注意到两次陈述中的一个细节差异:第一个陈述只是说“孙女士跑过去搀扶二人,不料摔倒受伤导致胸椎骨折”。但是第二个陈述中突出了一个特别重要的细节:其实她跑过去搀扶的时候还没有接触到那两个人,自己就已经摔倒了。

这位同学指出“尚未接触”这一点在后面的陈述中才被突出出来,这是细心的观察。在她看来,这似乎更不利于人们接受这个判决。

而在我看来,“尚未接触”这个事实其实也包含在前面的陈述之中,只是没有突出出来。虽然作者没有说清楚,但事实上网友通过各种途径都已经了解到了,争议就针对的是这个事实。

而这个细节出现在后面的陈述中,我猜想这是从法官的判决书中抄出来的,因为判决书不能不对这个基本事实予以确认。

但正因为这个事实,人们对判决的争议可能始终没有消除——无论是在前面,还是在后面。而我在课堂上也承认,正是因为这个"尚未接触",我内心的怀疑始终没有消除。"受益人"的认定,难道不是要通过救助的结果——至少是接触来认定吗?

当然,在课堂上我也对同学们谈到,立法者对纠纷中责任的分配,往往可能与人们个体的公平感有距离,比如"高空坠物"的伤害事件中,在无法查明侵权人的情况下,往往要由楼上十多家"不能自证清白"的住户共同承担对受害者的补偿。这里使用"补偿"而不是"赔偿",正是因为其中一些人是肯定没有过错的。这样的制度安排,是立法者不得已的权衡选择,否则那个被高空坠物砸死或砸伤的人就得不到社会的任何救济了。

但就此案来说,我感到,法官的这个判决有着道德引导性,就是要支持那些主动帮助他人的人,这方面考虑得比较多。但是,如果从另外一个角度来考虑的话,为什么这个事件会引发社会争议呢?因为它可能会带来这样一种不安。——这种不安被网友表达得过于极端,充满恶意,但确实存在,那就是:如果从损害轻重来说,我个人还没有受到多大损害呢,却可能因为别人的好心(这个好心是不能怀疑的),而要付出比自己受的损害更多的赔偿。这可能构成了一种不可预料的危险,从而引发不安。而这种不安,可能没有被法官考虑到。

这时,一位女生发言说:

老师,我在网上查了这篇文章的全文,其实也没有很详细地解释为什么客观上李某是孙女士救助行为的受益人。文章引用了一个法条——"因保护他人民事权益使自己受到损害的,由侵权人承担民事责任,受益人可以给予适当补偿"。——这些法条都没有问题,我觉得最大的问题是:为什么说李某客观上受益?但是这篇文章没有对此做出解释。

我说:

对,可能法官就没解释。

在其中一个班讨论的最后,一位同学针对这篇文章的叙事提出了一个评论写作的问题:

这篇评论一开始先说明简单的事件和判决结果,中间让一些人代替我们读者去问一些问题,或者指出一般人会怎么看这件事,然后再详细地说明法院的判决——一个更有说服力的结果。这是不是新闻评论一种常见的叙事的方式?

我回答:

这的确是一种常见的方式。但这篇文章相对特殊一点,其特殊性不仅在于作者要对法院判决和孙女士的诉讼请求是否合适表达自己的观点;而且它还有另外一层——像许多评论一样,作者不仅要评论这个事件本身,还要评论某种观点。我在想,这篇评论,从全文来看,它是不是一篇法治评论呢?——它确实涉及法律,也引述了法律条文和法院判决,但它主要还是回应社会的道德忧虑。

所以,就你提出的问题而言,这篇文章不是直接回应事实的,它是直接回应观点和舆论的。但是,观点是围绕着事实的,争议点恰恰在事实层面,在事实细节本身,所以作者不得已陈述了两遍事实。

第三编　新闻评论中的论证与谬误

评论中的观点往往需要论证才会让人接受。但论证中往往存在谬误的风险。

你断定某人进行了论证，标准是什么呢？

2020-3-18

本周一研究生的评论课进入论证分析一讲。因为是在疫情期间通过微信群授课，为了节省同学们的目力和上课时间，我先把论证的基本原理以及如何辨识论证做了一个概述，事先录制好，在群中播放。然后通过两个案例的讨论，引导同学们辨识论证与陈述、解释的区别，以加深对论证原理的体会。

论证作为一种说服手段，在公共讨论和新闻评论中都很重要。学者来炯在《德语报刊评论的篇章理解研究》中这样强调论证在评论中的作用：

与其说评论是强调观点的描述方式，不如说评论是论证观点的描述方式。

提出观点，说明得出这一观点的理由，并证明它是正确的、有道理的，就构成了评论篇章的“论证性结构”。①

而对论证的定义或描述，这两句话有什么不同？

论证就是用一个（或一些）真实判断确定另一判断真实性的思维过程。②

论证就是增加一个命题（论点）的可接受程度。③

还有其他一些定义，比如：

论证意味着支持一个判断的推理思路。④

论证与其他说服性策略的区别在于，论证中至少包含着一些理由。⑤

其实，比定义更重要的，是我们如何辨识一篇文章或一段话语中有没有论证，作者或者说话的人是不是提供了论证。

---

① 来炯：《德语报刊评论的篇章理解研究》，人民大学出版社 2007 年版，第 114 页。

② 《普通逻辑》编写组：《普通逻辑》（修订本），上海人民出版社 1986 年版，第 250 页。

③ 周祯祥、胡泽洪：《逻辑导论：理性思维的模式、方法及其评价》，广东高等教育出版社 2004 年版，第 63 页。

④ [美]文森特·鲁吉罗：《超超感觉：批判性思考指南》（第八版），顾肃、董玉荣译，复旦大学出版社 2010 年版，第 90 页。

⑤ D.E.Hinderer.(1992).*Building arguments*, pp.18-19. Wadsworth Pub.

有一本外国的教科书叫作《建立论证》，就提供了一个方法来辨识有没有论证：

就是要看不同的陈述之间有无支持性或证明性的关系，以及表达者最终的判断是否建立在这种关系之上。①

这样说可能比较抽象。

这本书列举了两段话作为对比：

(1) 媒体的经济新闻充斥着贸易逆差和预算赤字的消息。尽管美元对日元贬值，美日之间的贸易逆差仍然很大。持续的逆差需要我们加重关税或对日本进行其他制裁。

(2) 尽管持续的贸易逆差和预算赤字困扰着美国，从长期来看，提高关税的手段仍然是不明智的。关税导致经济运行低效，长期减缓经济增长，同时还可能引发严重的政治问题。②

那么，你觉得哪一段话中有论证呢？

子君说：

第二段第二句是论证，提供了理由与支撑性话语。第二段说提高关税不明智，并说明了提高关税带来的负面影响以支撑观点。

小雪说：

第二段是有论证的，论证的方式是说明这一论断的原因。

海滢说：

第二段有论证，"导致"一词能看出比较明显的因果关系。

这位同学从词语上着眼，也是我所认可的一种素质。

竞达说：

第二段用"经济运行低效，长期减缓经济增长……引发严重的政治问题"作为事实，从而论证"不明智"。第一段虽然没有提供相应的理由，却提出了解决办法——"制裁"。

振球说：

第一段仅仅提出了观点，第二段提出观点后，说明了提出观点的理由。

东格说：

"关税导致经济运行低效，长期减缓经济增长，同时可能引发严重的政治问题"，因此提高关税的手段是不明智的，前一部分是论据，后面推导出论点。

另外一本美国教材《批判的思考》，也列举了两句话作为对比：

---

① D.E.Hinderer.(1992).*Building arguments*, pp.18-19. Wadsworth Pub.

② D.E.Hinderer.(1992).*Building arguments*, pp.18-19. Wadsworth Pub.

(1)我相信上帝的理由是世界不可能是偶然产生的。

(2)我相信上帝的理由是我的父母是虔诚的基督徒，他们耐心地给我灌输这个信仰。①

小菲说：

第二句话中“我的父母是虔诚的基督徒，他们耐心地给我灌输这个信仰”这个理由是“我相信上帝”这个结果的论证条件。

洁民说：

第一句只是针对自己某一个信仰进行解释，第二句则是对相信上帝的理由进行深入的说明，其中“耐心”和“灌输”有论证的影子。

叶子怡说：

我们可以在第二句话中看到，“他们耐心地给我灌输信仰”是对“虔诚”的证明性论证。

小雪说：

相信上帝的理由中，第二句寻找的支撑点是父母的灌输，是对“我”有直接影响的，企图寻找一个更高层次的理由，但是这个理由和上帝之间并不存在直接联系。

竞达说：

第一句话给出的理由“世界不可能是偶然产生的”没有提供新的依据。因为这句话并不一定是“真实”的，而且也不一定是被广为接受的。第二句话是利用了“父母”对自己的影响来论证的，这个是有一定的普适性，能够为人们所接受的理由。

小璇说：

第二句是在进行论证，因为第二句话有事实：我的基督徒父母给我灌输，但第一句没有。

我事后想到：同学们的这些见解，是以论据作为判别有没有论证的标准的。这个标准是可以接受的，因为论证就是需要论据的。但是，如果没有判断，事实又起什么作用呢？

子为说：

第一句是论证，因为“世界不是偶然产生的”是一个判断，以这个判断来支持“相信上帝”的判断。

这位同学的着眼点令我心中一喜，因为他找到了一个比词语更为可靠的标

---

① ［美］布鲁克·摩尔、理查德·帕克：《批判的思考》，余飞、谢友倩译，东方出版社 2007 年版，第 251 页。

志:判断。论证,正是为了支持自己的判断的。没有判断,何言论证?论证无非是对判断的论证。

东格说:

两句话都不是论证吧……我觉得说我父母怎样怎样,有点像解释说明。

雨晴说:

第一句中的理由“世界不可能是……”是用于说服他人的,第二句中的理由是解释自己相信上帝的背景。

丹怡说:

第二句话中的“我相信上帝”是一个已经存在的现象,不需要论证。

隽晗说:

第二句感觉父母灌输和上帝存在没有关系,就像“我爱吃小笼包是因为我父母告诉我小笼包好吃”不成立一样,两分句就没有因果联系。

小雪说:

或许第一句再加上一个上帝与世界非偶然产生的关系,再阐述一下自己相信,逻辑会更清晰些。

这位同学思考的实际上是如何增加论证力的问题了。

子为说:

同意雨晴所说的——第一句中的理由“世界不可能是……”是用于说服他人的,第二句的理由是解释自己相信上帝的背景,因为“父母是基督徒”不能用来说服他人。

小菲说:

第一句话给出的理由仍然是一个评论和判断,需要进一步论证。

我回应说:

当然,要论证上帝存在实在太困难。

京宏说:

但我觉得第一句更像是“本能”而非“推理”,就是在无法证实的情况下,选择相信一种解释。

我后来觉得,其实这位同学的回答体现了深入的思考——超出了提供这个案例的那本教科书作者期待的思考。

东格说:

论证为什么我相信上帝,论据是“我觉得世界不可能是偶然产生的”;“我父母信上帝”是说明我怎么有这种信仰的,但没有解释这种信仰到底是被什么支撑的。

我当即在微信群中竖起拇指:“清楚!”

贤成说：

我觉得两句都不具有足够的说服力，“世界不可能是偶然产生的”这个判断不具有绝对的真实性，父母给我灌输也不一定具有足够的说服力，不听父母灌输的例子也不少。

雨晴说：

“世界不可能是偶然产生的”这句即使我们不相信，但也可以作为一个论据啊。

锦蒙说：

我觉得第二句话是一个事实陈述，而第一句话只是自己的一个判断。自己对世界不确定的判断无法构成对自己同样认定有上帝判断的论证。

声勋说：

第一句陈述了自己相信上帝的原因，这些内容不一定是大家能够接受的。第二个句子以自己的故事支撑了自己的观点。

我想，这个回答也是以对话语可接受性的评价作为标准来确认论证的。

竞达说：

可以削弱第一句话论证的方法是质疑“世界是不是偶然产生的”，削弱第二句话论证的方法是质疑“同样都是父母信教，但是自己也有可能不信教”。

这位同学的思考虽然超出了我们正在讨论的辨识练习，但它的确是论辩学提供的一个方法。荷兰论辩学家爱默伦在《论辩巧智——有理说得清的技术》中就提供了这样的方法。他称这类问题是“批判性问题”，是用来验证论力的问题。不知这位同学是否读过。

丹怡说：

论证的结论可能为真可能为假，不能说结论为假就不是论证了。

海滢说：

我怎么觉得这两句想要论证的目标不一样，一是想论证上帝存在；二是想论证我相信。

李鸿博说：

因为不能否认世界不是偶然形成的，所以相信上帝，父母的影响不构成论证。

小雪说：

我觉得第二个勉强算是论证。虽然父母是基督徒不一定导致孩子也是基督徒，但是这可以用来解释“我”本人为什么相信上帝。而“世界不可能是偶然产生的”也可能推断出别的结果，不能作为我相信上帝的理由，至少中间还缺了一环。

这位同学敏锐地注意到了第一句话作为论证的缺环。

我插言：

其实我们这里可以把结论的正确性、论证的严密性与是不是论证分开。

中行说：

我觉得上帝的那个例子，第一句话是在论证，其逻辑是：因为世界不是偶然产生的，所以上帝是存在的（上帝创造了世界）；而第二句话的逻辑是：父母相信上帝存在，因为我相信父母，所以我也相信上帝存在。我觉得第二句只是说明了为什么我相信上帝存在，而非上帝存在。

我马上赞叹道："你说得很清楚。"

此时，我截图展示了讲义上所录《批判的思考》一书中的解答——

你使用论证来表明一个陈述是真实的。你使用解释来表明导致一些事情的原因，或者表明事情是什么，或者是事情的意图是什么。

这两个陈述用词相似，但是第一个论证了上帝的存在，而第二个解释了我相信上帝的原因。

论证和解释通常使用完全相同的词语，我们不得不小心避免混淆两者。①

《逻辑导论：理性思维的模式、方法及其评价》一书中也解答了这类问题：

表达的功能表现在使一给定话语中的一个命题得到确定的支持，增强了该命题的可接受程度，则这个话语就是论证；若该话语的表达功能不是在提高命题的可接受或者可驳斥的程度，则不是论证，一般就是解释。

解释一个命题出现的情况一般是，对于那个被解释的命题而言，它的真实性或者可接受性是没有疑问的。②

我也介绍了自己判断此类问题的两个着眼点：

如何看有没有论证？

从关系看：有没有前提与结论的支持性关系。

如何看有没有好的论证？

从作用看：是否增强了话语的可接受程度。

然而，书中的解答并没有中止同学们的讨论。

洁民说：

这样看来两个都不是论证？因为谁知道上帝是不是真的存在。

京宏说：

---

① ［美］布鲁克·摩尔、理查德·帕克：《批判的思考》，余飞、谢友倩译，东方出版社 2007 年版，第 251 页。

② 周祯祥、胡泽洪：《逻辑导论：理性思维的模式、方法及其评价》，广东高等教育出版社 2004 年版，第 63 页。

理解同学们的观点，但我还是持有保留看法。因为第一句虽然说了世界不是偶然产生的，但这本身就是种感觉，没法检验。

我回应说：

他可能想要论证，并做出了一定的努力。只是论证不充分，没有说服你。

丹怡接着说：

论证的前提不一定全为真。

雨晴说：

我也认为无法检验并不能否定它作为论据存在。

雪莹说：

我觉得，“世界不可能是偶然产生的”与“我相信上帝”之间，前提与结论的支持性关系没那么强。

叶子怡反驳说：

论证的好坏与论证是否成立应该是两个问题。

李鸿博说：

确实是反面推理，但不严密。

我发了一个偷笑的表情说：

即使不可能是偶然产生的，也不一定就是上帝创造的。

子荷说：

老师，所以说论证是个尝试的过程，其结果成功与否并不影响论证是否成立对吗？

小杨说：

之前讨论的是论证是否存在，而非是否成立哦。

思静说：

论证应该是成立，但是没有成功？

我回应说：

这里，论证存在的标准其实挺低的，就是：有一个判断，然后给出理由。案例中的第二句话根本就没有一个判断。

隽晗说：

老师，可以这样认为吗：我觉得地球是圆的，因为我看到书上这样写——这是解释；我觉得地球是圆的，因为帆船在海平面行驶时先看到了帆而非船体——这是论证。

我在后来回看微信发言时才注意到这位同学的话，第二天一早回应了赞赏。

婷予说：

感觉那两句都在说原因、做解释，看不出太大的区别。

我觉得,这位同学的感觉可能正是出于,我们交流中使用的自然语言本身在语用中往往多义、含混,这也正是论证分析需要首先做论证辨识的一个原因。

其实该案例的两句话中“我相信上帝的理由”这个短语本身,就存在着理解的歧义:一种理解涉及“上帝是否存在”这样一个敏感的、有争议性的问题;第二种理解则是,“我”这个具体的人“信教”的具体原因。前者需要论证,也难以论证。后者只需要向人们解释一下个人原因就可以了。

洁民说:

若非要说成是论证,也是说服作用欠佳的。所以,若要定义一段话是否存在论证,是不是要以说服力来衡量?

我回应说:

你的问题很好。但说服力不是论证存在与否的标准,否则就没有“坏的论证”(谬误)的存在了。当然,如果一个论证特别差,以至于我们根本没有意识它是论证,这也是有可能的。

中行说:

我觉得第一句的意思就是说,世界肯定是有来源的,然后这个人选择了相信上帝创造了世界的说法。虽然这个论证不成功,但是无可否认,“世界是有来源的”增加了“上帝创造了世界”的可接受度。

鸿博说:

第二句话说“因为父母相信,所以我也相信”,只能是一种解释,不能是论证。

海滢说:

我觉得第一句话中“我相信上帝存在”是一个判断——在上帝存在与否中“我”判断他存在。第二句话中“我相信上帝存在”是一个现实,就是“我信上帝”这个情况,没有判断。

这是非常敏锐的话语辨识。

我插言:

也就是说,人对上帝没有一个自己的判断,也可能“相信”。

凯文说:

这样一来,论证更像是:这个观点本身为什么成立;解释则是:为什么我认同这个观点。

马菲说:

论证是捍卫自己的观点与判断并且目的是要说服对方,而解释是对因果关系的说明并且往往更偏向主观。

我回答:

你说得真好，但解释可能更为客观，比如父母信教。

雯涓说：

看老师发的 PPT 中引用的《逻辑导论：理性思维的模式、方法及其评价》的话，我也有个疑问，为什么解释不是在提高命题的可接受或可驳斥程度呢？

这个问题其实问得非常好。我们通常感到“解释”会有提高一个“命题”可接受程度的效果。如果我们不理解、不清楚一个说法，又怎么可能“接受”它呢？

她的这个问题在快节奏的上课进程中其实并没有被注意到。

事后回看微信群内容时，我回答说：

这可能是因为，需要解释的那个东西，本身并不是一个观点（主张），也没有争议性。比如，你如果问案例中的那个假设的人：“你为什么信仰上帝？”这句话如果涉及“上帝是否存在”这样的“大问题”，那他非要变成一个神学家才能论证。你如果只是想问他具体的原因，他只需要解释受父母影响就行了。但是，如果你提问的真实意思涉及“上帝是否存在”这样的“大问题”，而他仅仅回答受父母影响，那么他就是在利用语言的多义性在“偷换论题”了。

在当代多元价值观的时代，案例中涉及“上帝”的话题可能有一点风险——可能伤害一些人的宗教情感，何况我们的教室中往往还有外国留学生，所以我有一点犹豫。但后来又一想，连美国的教科书都不回避涉及“上帝”的教学案例，我一个中国教员又何必顾忌于此呢？

提高人们理性思维的水平是无须顾忌的。

顺便说一下，上面案例中，“我相信上帝的理由是世界不可能是偶然产生的”，作为论证确实是不充分的。它正是西方历史上“自然神学”的代表人物培里的论证思路。培里以自然界中的石头和在荒野中偶然发现的钟表作对比：一块石头，可以说并不是有谁创造出来的；钟表，则肯定有一个创造者——钟表匠。而世界是这样复杂的一个系统，像钟表一样，其中包括复杂精密的人体器官，比如人类的眼睛。它们一定不会是像石头那样天然就在那里存在的，而肯定是有谁创造出来的。那么，创造者不是上帝，又是谁呢？

但是，达尔文的生物进化论论证了：如果时间足够长久，那么物种通过变异和适应性的自然演化，自己就可以“创造”出像人类那样复杂的机体。

两者都是论证，只是一般认为后一种论证强于前一个论证。（当然，对于个别人也许正相反。）

正是基于进化论原理，牛津大学生物学教授道金斯把他的一本讲解物种进化的科普著作取名为《盲眼钟表匠：生命自然选择的秘密》[①]，意思是：大自然就

---

① 下文简称《盲眼钟表匠》。

是那个“创造者”，它没有意志、没有目标、没有设计图，也能够“创造”。

所以，“世界不可能是偶然产生的”并不是上帝存在的充分理由，因为还可能有其他理由。生物进化论，或现代生物学，至少为物种的起源提供了更具说服力的理由；天体物理学家也为天体的产生提供了宇宙大爆炸等理由。

从“天地之间”到宪法之下——评论课的演绎推理案例

2018-3-20

评论课作为新闻实务教学，在案例选择上既要典型，又要新鲜。

案例的典型性体现在：更为明显、集中地展示课程要提示的某一规律——最好作品还是名文。

案例的新鲜性就不用说了：新闻实务教学总要能够在当下正在传播的新闻作品中找到合适案例，才能让同学们认可某一规律是普遍存在的，而且当下就存在。

案例的典型性与新鲜性往往很难体现在同一篇案例作品中，所以典型性案例常常作为较长时间保留的案例，而新鲜性案例则随时更新。

典型案例+著名作品，可称经典案例。我在“论证”一讲，讲到演绎推理的时候所保留的经典案例，是梁启超《变法通议自序》中开头的一段：

法何以必变？凡在天地之间者莫不变：昼夜变而成日；寒暑变而成岁；大地肇起，流质炎炎，热熔冰迁，累变而成地球；海草螺蛤，大木大鸟，飞鱼飞鼍，袋兽脊兽，彼生此灭，更代迭变，而成世界。紫血红血，流注体内，呼炭吸养，刻刻相续，一日千变，而成生人。籍曰不变，则天地人类，并时而息矣。故夫变者，古今之公理也：贡助之法变为租庸调，租庸调变为两税，两税变为一条鞭……①

这是戊戌变法时期最著名的鼓吹文字，发表于《时务报》的第一期。这一段中的大部分文字，其实是从丰富的自然科学知识和社会历史知识中归纳推理出“凡在天地之间者莫不变”这样一个结论——这是一个归纳推理过程。而这一段最终的论证意图，则是从“凡在天地之间者莫不变”这个大前提，加上虽然在文中省略但无人怀疑的“法在天地之间”这个小前提，得出“法必变”这个结论——这是一个演绎推理过程。

之所以说这个案例比较典型，一方面是因为它在一段文字之中反映了演绎推理与归纳推理这两种思维形式的关系：在演绎推理中作为大前提的一般认识，无非是通过归纳推理从对个别现象的认识中推导出来的；另一方面是因为演绎推理的过程——一个完整的“三段论”，在开头的第一句话中就能够体现：

---

① 《梁启超全集》(第1卷)，北京出版社1999年版，第10页。

天地之间的事物必然不断变化；

法在天地之间；

法也得变。

如果考虑到中国几千年“超稳定”的社会结构给人们造成的“稳定”（不变）的“世界观”，如果考虑到中国近代以来的落后、封闭给人们造成的那种“稳定”（不变）的假象，要想说服人们接受“变法”并不容易。那么，建立“天地之间莫不变”这样一种观点，就是试图论证一个颠覆性的认识。

从在广东的万木草堂求学到在北京参与戊戌变法，已经间接获得了大量西方自然科学知识的梁启超，在这一段中从天体运行、地球演化、生物进化，再到人体的医学知识，用具体、生动、丰富的图景向人们展示了一个纷繁变化的世界。正是这样一幅可能让人眩晕的变化图景，颠覆了中国人“超稳定”的世界观。这样“法也得变”的结论，就获得了一个演绎推理的大前提。

中国古代也有一些著名的“变法”案例，也需要说服别人接受变法。商鞅“徙木立信”（见《史记·商君列传》）实际上是用金钱和隐含的强制力建立变法权威——权力对百姓的强制力就这么简单直接；赵武灵王要让贵族公子成接受“胡服骑射”，倒确实下了一番引喻设譬的说服功夫（见《战国策》）。但中国古代没有人能够像梁启超那样运用丰富的自然科学知识和逻辑推理方法——真正的论证，来进行说服。

梁启超虽然没有像严复那样直接向中国人输入西方逻辑学知识的功劳，但他对逻辑学非常敏感，理解非常深刻。他研究《墨子》，也能够精彩地揭示其中的逻辑论证。他晚年进入教育界，非常突出地把逻辑的推理论证知识引入作文教学。[①] 而在他最早的著名作品《变法通议》中，就已经非常典型地运用了归纳和演绎两种主要的推理方法。

然而，新闻评论教学不能仅仅使用时间久远的典型案例，还需要引导同学在随时更新的日常作品中发现、辨识课上讲到的论证方法。

今年3月，刚好是“两会”期间，“澎湃新闻”发表署名评论《深观察|期待合宪性审查为“收容教育”画上句号》（作者：欧阳晨雨），以全国政协委员朱征夫提交的一份对收容教育制度进行合宪性审查的提案作为由头，做出了如下论证：

根据国务院出台的《卖淫嫖娼人员收容教育办法》，所谓收容教育，是对卖淫、嫖娼人员集中进行法律教育和道德教育、组织参加生产劳动以及进行性病检查、治疗的行政强制教育措施。据此办法，公安机关可直接对卖淫嫖娼人员进行为期六个月至两年收容教育。

---

① 《梁启超全集》（第14卷），北京出版社1999年版，第4085页。

……

为保护公民的人身自由,《宪法》规定“公民的人身自由不受侵犯”,“任何公民,非经人民检察院批准或者决定或者人民法院决定,并由公安机关执行,不受逮捕。禁止非法拘禁和以其他方法非法剥夺或者限制公民的人身自由,禁止非法搜查公民的身体”。根据法律保留的原则,对于公民人身自由等基本权利的限制,只能由立法机关通过法律规定。

这篇文章关于《卖淫嫖娼人员收容教育办法》违宪的判断,实际上是诉诸宪法原则,以宪法条文作为大前提进行演绎推理得到的结论。上面引用的第一个段落,目的是建立一个演绎推理三段论的小前提,而第二个段落其实是为演绎推理三段论建立大前提。

大前提:《宪法》规定,剥夺、限制公民人身自由,需经人民检察院批准或者决定或者人民法院决定;

小前提:公安机关直接收容教育卖淫嫖娼人员未经人民检察院批准或者决定或者人民法院决定;

结论:公安机关直接收容教育卖淫嫖娼人员违反《宪法》。

接下来一段:

我国《立法法》第九条规定,全国人大及其常委会有权授权国务院对部分未制定法律的事项先制定行政法规,但是有关犯罪和刑罚、对公民政治权利的剥夺和限制人身自由的强制措施和处罚、司法制度等事项除外。

这一段提示的是另一个演绎推理三段论的大前提,加上本文前面段落对《卖淫嫖娼人员收容教育办法》实际实施效果(限制人身自由)的陈述作为小前提,由此构成下面的三段论:

大前提:《立法法》禁止行政法规规定包含剥夺和限制人身自由的内容;

小前提:《卖淫嫖娼人员收容教育办法》作为行政法规包含剥夺和限制人身自由的内容;

结论:《卖淫嫖娼人员收容教育办法》违反《立法法》。

这篇比较典型地运用了演绎推理三段论的新闻评论,涉及法律本身的合法(合宪)性问题。它告诉人们的是:法律之上,还有宪法;法律本身的“合法性”问题,要依据宪法才能论证。这是一种向更高层次的原则寻求论证资源的思路,就像梁启超论证“法何以必变”需要从“天地之间莫不变”来寻找根据一样。

而这种向着更为抽象、层级更高的原则寻求论证资源的倾向,本质上正是演绎推理的思路,显示出演绎推理的思维特征。因为演绎推理正是从普遍到具体,从一般到特殊,从整体到部分的认识过程。

演绎推理只有三段论吗？

2020-3-6

昨天我在微信群中给大二的十几位同学上“论证与修辞”选修课的第三次课，开始介绍论证的逻辑推理方法。按照惯例，首先讲的是演绎推理，我照例从三段论开始。不仅是因为这么讲比较顺当，更是因为演绎推理的三段论典型地体现了人类思维的理性，且这种思路在社会公共生活中有广泛的应用。

但是，这种次序并不是没有问题的。尽管很多逻辑学教科书和批判性思维教科书都把演绎推理放在归纳推理前面，但人类知识的源头并不在演绎推理中，也不在三段论的大前提中，而是一点一滴地从观察实践中来的——后者是归纳思维的过程。

而讲演绎推理，一开口就讲三段论，那么演绎推理就等于三段论吗？可能有同学心中会产生这样的疑问。这次即使同学们不问我，我也要问问他们，这确实是我在以往教学中跳过去的。

所以，昨天的课上，我就在事先准备的情况下，有意加了一个问题：演绎推理就是三段论吗？如果说，三段论是有两个前提的演绎论证的话，那么，有没有只有一个前提的演绎推理呢？

马上就有一位同学回答：如果文字中只出现了一个前提，那应该是因为大前提或者小前提中的一个是不言自明的，像梁启超的论证那样。

这样的回答，显然还是认为演绎推理只有三段论：所谓“只有一个前提的演绎推理”，并非只有一个前提，只不过另一个前提没有说出来罢了，因为往往不说读者也明白。就像梁启超在《变法通议·自序》中说的“法何以必变？凡在天地之间者莫不变”这一句中，“法在天地之间”这个三段论的小前提不用说出来一样。

于是，我只好接着问：你看这是一个直接推理吧——由“马少华是教师”这样一个前提，可以推出一个结论吗？可以推出一个什么样的结论呢？

这个问题中的“玩笑性”可能使同学们有点兴奋。在纷至沓来的回答中，有些显然是开玩笑的意思。毕竟疫情时期比较沉闷，难得有个机会放松：

马少华有学生。

马少华要上课。

马少华是灵魂的工程师。

马少华要讲课。

马少华会教书。

马少华要批改作业。

马少华具有授课资格。

马少华在教师节会收到祝福。

还有同学马上意识到:这样子推出来的结论是没有范围限制的,而三段论推出来的结论是有所限制的。

而我自己预先准备的答案是:教师中有一个马少华(有教师是马少华)。

这是通过将判断的主项与谓项直接“换位”得出的唯一结论——没有超出前提,这才是逻辑学意义上的直接推理。

直接推理是以一个判断为前提推出结论的推理。它是通过对前提的换质(肯定/否定)、换位(主项/谓项)完成的。有一些逻辑规则来保证这些变换有效(结论不超出前提)。

并且,就像我在前面解释三段论的有效性时所说的:结论无非是对前提中已经肯定了的全部中的一部分的肯定。

这正是演绎推理的特点。

这时有一位珂莹同学在微信群中提问:

直接推理一定要等值吗?比如说我如果推出“世界上有一个人叫马少华”呢?

我答:

主要是保证结论不超出前提。你也可以试一下,如何推出“世界上有一个人叫马少华”,保证逻辑有效。

冯元提问说:

老师您说“它是通过对前提的换质(肯定/否定)”完成的,想请问这里的“否定”是如何表现的呢?比如说刚刚“马少华是老师”这个例子。

我回答:

逻辑学在讲这个例子的时候挺绕,会编出一个不像人话的句子。

宁欣提问说:

这种否定是指直接进行否定吗?比如马少华不是一个警察。还是需要双重否定?

我回答:

对,通常会编出一个双重否定的句子。

我当时来不及翻书寻找的一个案例是:从“所有的资本主义国家都是搞资产阶级专政的”,可以推出“所有的资本主义国家都不是不搞资本主义专政的”。——这是我三十几年前读研究生时一本教科书中的例句。

而美国学者欧文·M.柯匹和卡尔·科恩的《逻辑学导论》给出的例句在形

式上也差不多："所有居民都是选举人"，换质后得出另一个命题："没有居民是非选举人"。①

那位同学关于"这种否定是指直接进行否定吗？比如马少华不是一个警察"的提问，我当时并没有完全反应过来。其实，从"马少华是一名教师"这个前提是不能直接推出"马少华不是一个警察"的，因为这个结论超出了前提。

没有前提可以支持"马少华不是一个警察"的判断。教师与警察非此即彼的关系并没有作为前提明示，生活中的经验也往往可证明事实并非如此。比如，经常在央视《今日说法》栏目中作为嘉宾的王大伟、李玫瑾等公安大学的教授，就既是教师，也是警察。

我接着补充说："因为直接推理包含的信息比较贫乏，认识空间有限，往往只具有形式的意义，有的完全是同义反复，没有多少认识价值，因此在公共讨论中较少使用。但它在简单的反驳中可能有用。而换位不当，也可能产生形式谬误。我们在后面讲'周延'规则时会涉及。"

我以过去的两个案例和"澎湃新闻"近日一篇社论作为新案例（见后文）讲完了三段论之后，就按研究生评论课的惯例进入对三段论"周延"规则的讲解。这是本科生实务课上本来没有的内容——因为看起来比较烧脑。上学期给在职研修班讲到"周延"的时候，一些同学叫苦不迭，考试前一再问"考不考周延？"

其实周延的问题对于演绎推理非常重要。因为演绎推理作为形式逻辑，它的有效性就体现在一些形式规则之中。违反了这些严格的形式规则，演绎推理就会变成似是而非的东西。比如：有些美国人是女人。汤姆·汉克斯是美国人。所以，汤姆·汉克斯是女人。

而在三段论的7条规则中，周延规则是比较靠前的规则（规则2、规则3），可以说是反映演绎推理思维规律的基本规则，后面的规则往往都是通过前面的规则抽象推导出来的，所以我们的课讲演绎推理规则要着重讲周延规则。

三段论的
7条规则

这次课使我惊喜的是：这些大二的同学对周延问题的领悟非常敏锐，对于讲义页面上所列违反周延规则的三段论，非常快地就能做出判断。而我正是在周延规则的意义上回头审视前面提到的"直接推理"及其换位规则的。

我展示的其中一个案例，是我偶然从齐格蒙特·鲍曼《门口的陌生人》中看到的一段话：

① ［美］欧文·M.柯匹、卡尔·科恩：《逻辑学导论》（第11版），张建军、潘天群等译，中国人民大学出版社2007年版，第228页。

匈牙利总理维克多·欧尔班有句简短易记的名言："所有的恐怖主义者都是移民。"这句名言为政府有效地进行生存之战，提供了一个广受欢迎的办法。而这办法之所以广受欢迎，是因为它隐含和包藏着恐怖主义者与移民之间完全对应、互为因果的看法，并因此把二者如此联系甚至完全等同起来。① ……

欧尔班的这句话非常典型地体现了"肯定判断的谓项不周延"——主项与谓项外延并不一致。作者对这一句的批判，正是揭示了将肯定判断的主项与谓项的外延等同起来的谬误。

而我们从直接推理的角度来看，这涉及作为前提的原判断的主项与谓项是否可以简单地直接换位：

"所有的恐怖主义者都是移民"是否等于"所有的移民都是恐怖主义者"。

旁听的同学褚笑马上回答："所有的恐怖主义者都是移民，只能推出：有些移民是恐怖主义者。甚至都不能推出：有些移民不是恐怖主义者。"

的确如此。因为换位前不周延的词项"移民"（肯定判断的谓项），在换位后变得周延了（全称判断的主项）——结论超出了前提。

换位法作为一种直接推理的方法，结论也不能超出前提。

古希腊的亚里士多德在《前分析篇》中就曾特别谈到直接推理的换位规则：

在全称陈述中，否定前提的词项是可以转换的。例如，如果一切快乐都不是善，那么一切善的东西就都不是快乐。肯定前提的词项虽然也必然是可以转换的，但却不能转换成全称陈述，而只能转换成特称陈述。例如一切快乐都是善，那么某些善必定也是快乐。②

所以，从"所有的恐怖主义者都是移民"直接推理的话，只能得出"有的移民是恐怖主义者"。

当然，作为一名新闻教员，即使是在"论证与修辞"这样一门作为通识课的选修课上，也不能仅仅讲一些形式上的东西，我还要在讲课中尽可能接通当下社会公共生活中的问题。

比如，当前新冠肺炎疫情下，城市限制人流的防疫措施导致一些房屋租客的工资收入减少，有的甚至根本没有回到城市，他们希望退租或免租。由此引发了平台、业主、租客甚至金融机构等各方的利益如何协调、损失如何处理的问题。

"澎湃新闻"3 月 2 日的一篇社论《房租的损失，只能由各方一起扛》一文就讨论了这个问题。文章写道：

大疫打破了原有的租赁秩序，人人都在"损失"：对租客来说，是不能正常入

---

① ［英］齐格蒙特·鲍曼：《门口的陌生人》，姚伟等译，中国人民大学出版社 2018 年版，第 32 页。

② ［古希腊］亚里士多德：《工具论》（上），余纪元等译，中国人民大学出版社 2003 年版，第 85—86 页。

住；对平台来说，是空置率的提升；对房东来说，是被要求降房租。大家都有道理，大家也都有自己的苦衷。

文中还有下面一段，我觉得可能潜在地体现了演绎推理的思维特点：

这个问题不能“就法律谈法律”，因为民事法律规则调整的是，存量的权利义务关系，损失只是被“转移”，而没有被吸纳。就像律师所指出的：不能一刀切地用“不可抗力”来单方面转嫁成本。2003年“非典”期间也出现不少租赁合同纠纷，但多数法院认定为“情势变更”，而不是“不可抗力”。适用“不可抗力”，意味着完全推卸责任、解除合同了事，而适用“情势变更”的原则，则“大家各退一步”，共同分摊损失。

这个问题涉及的法律根据分别是：

《民法通则》第一百零七条：因不可抗力不能履行合同或者造成他人损害的，不承担民事责任，法律另有规定的除外；第一百五十三条：本法所称的“不可抗力”，是指不能预见、不能避免并不能克服的客观情况。

《最高人民法院关于适用〈中华人民共和国合同法〉若干问题的解释（二）》第二十六条：合同成立以后客观情况发生了当事人在订立合同时无法预见的、非不可抗力造成的不属于商业风险的重大变化，继续履行合同对于一方当事人明显不公平或者不能实现合同目的，当事人请求人民法院变更或者解除合同的，人民法院应当根据公平原则，并结合案件的实际情况确定是否变更或者解除。

我在课上提出的问题是：从该社论的这一段中你能够看到演绎推理吗？你会怎么表述这个演绎推理呢？

褚笑回答：

（1）房租应该根据因为不可抗力而导致的一些重大变化进行调整。（2）疫情是不可抗力，导致租客的工资水平发生重大变化。（3）所以房租需要调整。

我回答：

对，如果认定是不可抗力的话，那么就可以直接不执行合同了，即免除违约责任。这样，利益是一边倒的，而不是“各方一起扛”。

褚笑马上做出调整：

（1）合同应该本着公平的原则，当公平被明显打破的时候，合同不应执行。（2）疫情明显打破了合同签订双方的公平。（3）所以合同需要调整。

我事后觉得，这个三段论可以接受，因为其大前提正是《合同法》的原则。

珂嘉说：

（1）继续履行合同对于一方当事人明显不公平或者不能实现合同目的。（2）人人都在损失。（3）根据实际情况变更或解除。

冯元说：

(1) 合同成立后客观情况发生了当事人在订立合同时无法预见的、非不可抗力造成的重大变化,人民法院应结合案件实际情况确定是否变更或解除合同。(2) 疫情发生后租客收入减少、平台空置率提高、房东利益受损。(3) 各方一起扛。

乐滋说:

(1) 合同成立后发生特殊意外导致履约对当事人不公平或不能实现合同目的,合同可以考虑解除。(2) 疫情下继续执行租房合同对平台、租客、房东都明显不公、无法实现合同目的。(3) 合同应该结合实情调整——即“一起扛”。

我提醒同学:注意保持词项的严谨(包含关系)。三段论要表达简洁,方可从形式上检验是否有效。

我接着说:

同学们意思到了就行。关键是确认大、小前提,不一定要写出一个三段论。

我觉得,这个案例体现的是:适用不同的大前提(法律原则或条文),会对具体的问题得出不同的结论。同时也意味着对具体的问题做出一个性质判断(小前提)。

涉及法律关系的推理,通常都是以法条本身作为大前提的——它们没有争议。推理的关键其实在于小前提,即对具体问题性质的判断:这类纠纷产生的原因是“不可抗力”还是“情势变更”?

最近新闻报道中确实有一些涉及“不可抗力”的判决(今天中午央视新闻还有),都是关于生产企业之间的合同纠纷——因为疫情,没法执行合同了。但租房的关系复杂一些,所以作者不愿意采用“不可抗力”原则。

“不可抗力”是一种强原则,明示于《民法通则》之中。即使双方合同中没有约定不可抗力的条款,如果不可抗力真的来了,一方难以执行合同,也可以拿它作为理由,争取免除合同违约责任。但“情势变更”只出现在司法解释之中,虽然它也有指导司法判决的效力,但通常都要法官更为审慎地考量合同双方的利益,本着“公平原则”解决。一提“公平原则”,其实就是分担损失。

乐滋同学提问:

老师,“情势变更”和“不可抗力”是互相独立的两个可以用的大前提吗?还是说,不可抗力是导致情势变更的原因?

我答:

相互独立。“情势变更”正是“非不可抗力”。

其实我也是现学的。

涉及法律关系的论证比较典型地体现了演绎推理。我在昨天传给大家的一篇小文章中就有一些典型案例,我们后面专门安排了一讲,来观察此类论证的特点。

我想，如果同学们可以在最近一年社会公共议题的讨论中发现一两个演绎推理（毕竟归纳推理中的例证法更为常见），并且对其有效性进行分析，也许可以算作一次作业。

微信群中的课程从两点半上到四点半，我心喜居然讲完了周延规则，就对同学说："大家累了吧？今天是不是就上到这儿？"然后我就"爬楼"去回看和整理前面的同学发言了。

不一会儿，我在微信中注意到，有一位宇欢同学向我提问："老师，我有一个疑问。"

我赶紧"下楼"来看，她提出的问题是：

在刚才上课的时候您提到演绎是从普遍到具体，归纳是从特殊到一般，我在《批判的思考》一书中看到两个例子，都是从具体到具体的，类似于：

（1）小明考试分数比小红高，小红分数比小强高，那么小明分数比小强高。

（2）我看了四五次这个节目，每一次我都很喜欢，那么下一次肯定也会喜欢。

这属于演绎和归纳论证吗？书上说是属于的。

我回答：

对。我也注意到这个问题，不同的教科书对归纳的描述有所不同。《批判的思考》是把一些结论是具体的推断也看作归纳，其实这里面包含着一个演绎的过程。也有的书，把类比划分到归纳。因为两者的前提都是具体的。但是，无论怎么划分，前提是具体的，应该可以看作归纳；前提是普遍的，则为演绎。

由"我看了四五次这个节目，每一次我都很喜欢"得出一个对全体节目的普遍性判断，我们可以视之为归纳结束。然后，从"这个节目我喜欢"这个大前提出发，加上小前提"下一次看的也是这个节目"，得出结论"下一次看我也会喜欢"——这是演绎。

"小明考试分数比小红高，小红分数比小强高，那么小明分数比小强高"，这是一种典型的关系推理。关系推理，在逻辑学教科书中的确是划分在演绎推理之中的。不过，演绎推理最典型的，还是三段论，即从普遍到具体。关系推理，是具体事物之间的推理，前提的确是具体的，但这种关系之所以成立，背后当然有一个共识，即认识规律。

宇欢同学又问：

那演绎推理是包括三段论、直接推理和关系推理的吗？

我回答：

演绎推理包括三段论和直接推理。但我看到的教科书，确实都把关系推理放在演绎体系里边了。那么,关系推理的演绎特点怎么理解呢?

你可以想象有一个大前提:就是事物之间——数量、前后、上下这些关系具有一定的客观次序,这些次序来自人类生产生活经验的总结,差不多是公理,不会错乱的。而小前提就是小明、小红、小强等具体的数量和空间位置,结论就是对他们具体关系的判断。

宇欢说:

所以从某种意义上来说关系推理也是三段论的一种,只不过大前提为人所熟知,没有陈述出来?

我说:

这个我不敢说。我不敢说关系推理是三段论的一种。我只是试着为关系推理划在演绎推理之中提供一种理解途径。

我在讲评论课时,从来没有讲过关系推理,因此这方面的准备并不充分,但没想到勤于思考的学生还是问到了这个问题。

什么样的新闻评论倾向于演绎推理?

2018-4-30

这个问题是我在研究生的评论课上讲到"论证分析"一讲时提出来的,它缘起于几篇新选用的评论案例。

与归纳和类比相较,演绎推理的典型案例似乎在新闻评论中并不好找,这是多年来我在评论教学中的一个感受。尽管对此并未深入思考,但它其实潜藏着两个问题,即评论中为什么需要演绎推理?什么样的评论需要演绎推理?换句话说就是:演绎推理这样一种从普遍(一般)命题(判断、原理)出发的说服(论证)方式,与哪一些议题有着密切的联系?

我讲演绎推理保留的经典案例,是梁启超《变法通议·自序》中开头的一段。但是评论教学不能仅仅依赖时间久远的典型案例,而需要引导同学们在随时更新的日常作品中发现、辨识不同的论证方法,这是评论实务教学每个学期都面临的问题。这就可以回答"什么样的新闻评论倾向于演绎推理"。因为,我们可以方便地在日常评论作品中找到演绎推理,并归纳这些作品在议题上具有的某种共性。

这种共性是什么呢?

今年3月份,在讲到演绎推理的时候,我为讲义引入了一个新案例——同济大学法学院金泽刚教授的评论《深观察|消费者高价索赔,到底算不算敲诈勒索罪?》("澎湃新闻"2018年3月13日)。作者针对的新闻事件是当月和此前发生

的多起消费者购买到假货或过期食品后因向商家“高价索赔”而涉嫌敲诈勒索被警方刑事拘留的事件。

作者写道：

由于我国刑法对于敲诈勒索罪的条文表述仅仅只有“敲诈勒索”四个字，这种概括式表述容易引起适用上的分歧。一般说来，认定是否构成敲诈勒索罪的关键点包括是否具有“非法占有”目的（主观），以及实行威胁恐吓的手段（客观）。如果行为人是为了获取自己权利范围内的财物，即使是使用了一定的胁迫手段，也不应认定为敲诈勒索罪。

根据我国《消费者权益保护法》规定，经营者提供商品或者服务有欺诈行为的，应当按照消费者的要求增加赔偿其受到的损失，增加赔偿的金额为消费者购买商品的价款或者接受服务的费用的3倍；增加赔偿的金额不足500元的，为500元。但这一规定仅对商家有约束力，对消费者没有约束力。

也就是说，消费者可以超额索赔，但消费者可以要求赔多少，法律并没有做出限制。根据“法无禁止皆自由”的原理，消费者进行高价索赔理当在其权利范围之内。至于说商家给不给赔，司法是否支持，则是另一回事。

在上述购买方便面的李某某索赔案中，其明知不可能得到那么多赔偿，但他作为消费者的权利的确受到了侵害，其主观上希望给予有过错的商家以严厉的经济惩罚，加上法律没有限制赔偿数额，所以认定其具有非法占有的目的依据不足。如果仅仅因为索赔数额过大，就认为涉嫌敲诈勒索，那基于敲诈勒索罪对于数额起点要求本身就较低（1000元至3000元为起点），则大多数消费者索赔案都可能涉嫌敲诈勒索罪。这对于维护消费者权益显然十分不利。

——那么，以上几段的论证意图何在？

在我看来，作者首先建立了大前提：“敲诈勒索罪应当具有‘非法占有’目的和实行威胁恐吓的手段”。然后建立一个否定消费者高额索赔是以“非法占有为目的”的小前提。最终得出消费者高额索赔无罪的结论。这是一个典型的演绎推理三段论。

这个演绎推理“三段论”在抽象的认识层面上其实在引文第一个段落就已概括表述完成，接下来的两个段落都是在抽象地论证高额索赔不应认定为“以非法占有为目的”，最后一个段落，结合李某某索赔案的具体情节，得出了李某某不属于“以非法占有为目的”——形成三段论的小前提，最终得出李某某不属于敲诈勒索的结论。

作者接着又根据《消费者权益保护法》论证了“消费者提出向媒体曝光是法律赋予的监督权利，不能定性为胁迫或者恐吓”。实际上论证了另外一个小前提，加上前面已经建立的大前提——“敲诈勒索罪应当具有‘非法占有’目的和实行威胁恐吓的手段",从而得出消费者高额索赔并以诉诸媒体相威胁的行为都不属于敲诈勒索罪的判断。

所谓"定罪三段论",是法律推理的概念。学者张静焕在《法律逻辑方法与个案评价》一书中用一个"定罪三段论"来分析2006年"许霆案"初审法官对许霆的判决:

凡是以非法占有为目的,秘密窃取公私财物,数额较大,或者多次盗窃公私财物的行为就是盗窃罪。

许霆以非法占有为目的,秘密窃取公私财物,数额较大。

所以,许霆犯了盗窃罪。①

又用一个"量刑三段论"来分析判决书对许霆的量刑:

凡是盗窃金融机构,数额特别巨大的,处无期徒刑或死刑。

许霆盗窃金融机构的ATM机,数额特别巨大。

所以,许霆应当被处无期徒刑或死刑。②

只要查阅一下1997年修订的《刑法》就会发现,上述两个三段论的大前提,其实都是对刑法条文的表述(2015年刑法修订时取消了此罪的死刑)。而此案当年在媒体和法学界的争议,则集中在许霆取钱的ATM机是否属于"金融机构";而许霆从ATM机取钱的行为,是否属于"秘密盗取"。而量刑方面的争议,则集中于许霆从ATM机中多取出的17.5万元(此案发生于2006年)是否属于"数额特别巨大"。这都是在演绎推理三段论小前提上的争议。

如今金泽刚教授的评论《深观察丨消费者高价索赔,到底算不算敲诈勒索罪?》,论证也主要集中在小前提上。

这两个案例都涉及定罪量刑,都体现出同样的法律思维。它们可能显示了演绎推理典型地体现(集中)在法律议题的思维之中,无论其体现在法官的判决书中还是法学教授写的时评中。

那么,新闻评论中的演绎推理,是否集中或局限于涉及法律的议题呢?

恐怕也不能这么说,只能说:涉及法律关系的论证更为直接、典型地适用演绎推理;或者说,有着法律思维素养的人,可能会更为自觉地使用演绎推理。

我在讲义中更新的另一个演绎推理案例是《南方都市报》3月16日社论《民生项目代表票决,人大监督从决策开始》。这篇文章借一位全国人大代表提及的"浙江民生实事项目人大代表票决制"作为由头,做出了如下论证:

---

① 张静焕:《法律逻辑方法与个案评价》,吉林大学出版社2009年版,第108页。

② 张静焕:《法律逻辑方法与个案评价》,吉林大学出版社2009年版,第108页。

……按照地方人大组织法①,人民代表大会的法定职权包括有“规划经济建设、文化建设、公共事业、优抚工作和救济工作”,相较于权力更加趋于日常化的公共管理职能,人大法定职权中多有规划意味。尽管在人大职权的条款中,亦有对预决算以及具体年份工作报告的审议内容,但同样处在宏观监督的范畴。事实上,以投票方式表决的哪怕任何一项宏观事项,投票者内心的判断依然可能基于具象的现实调研和体验,将具体的感受抽象化,人大代表票决民生项目在做的,就是把抽象的人大代表职权进一步夯实,让监督效果看得见、可评估。

这篇文章的论证目标是,“浙江民生实事项目人大代表票决制”是地方人大代表已经被法律赋予的权力,因为无论是地方政府还是地方人大,都无权为人大代表创设一项新的权力。所以,作者是从《地方人大组织法》赋予人大代表的法定职权(审议预决算和政府工作报告)的“规划性”中推导出这项“民生项目票决”权力的。

从司法判决到法律法规的合宪性审查,再到地方行政决策,这些公民权利和民主权利的议题都有向更为抽象、层级更高的原则(权利或权力来源)寻求论证资源的倾向,这正体现了演绎推理的思路。因为演绎推理正是从普遍到具体,从一般到特殊,从整体到部分的认识过程。

演绎推理在评论中的适用范围还需要不断地拓展观察。因为我们对事物的整体认识总是从个别案例中隐藏的倾向开始的,这其实是归纳思维。

“不慎丢失拾得的手机该不该赔”的法律与逻辑

2015-12-3

女大学生小梅捡到一部手机,在她归还给失主的途中被偷了。小梅在失主的要求下,只好赔了一部新手机。

她真的该赔吗?我们的一位学生在评论作业中以法律为据进行推理分析,而她的推理过程,却在本周二作业讲评中引发了课堂争议。我由此对其中的法律、逻辑问题也有更深的思考。

如果我们相信报道②无误的话,这个小梅可真够倒霉的。但是,我们的这位同学尔雯在评论中并不认可失主的索赔要求。她写道:

这是有法可依的。《物权法》第一百一十一条中明确提到,“拾得人在遗失物送交有关部门前,有关部门在遗失物被领取前,应当妥善保管遗失物。因故意

① 指《地方各级人民代表大会和地方各级人民政府组织法》,以下简称《地方人大组织法》。

② 吴光亮:《捡部iPhone归还途中被偷 失主索赔 她分期付款买了个新的》,《重庆商报》2015年11月29日。

或者重大过失致使遗失物毁损、灭失的,应当承担民事责任”。据当事人小梅的说法,手机是在她归还的途中被偷的,也就是说,在她把手机拿去归还失主之前,她已经尽到了“妥善保管”的责任,而手机在归还途中被偷,并不符合这条规定中提到的“故意或重大过失”致使的后果。从新闻报道中不难发现,拾得者小梅并没有“故意”使遗失物毁损、灭失的动机或行为,至于本事件中手机被偷属不属于小梅的“重大过失”,则需要进行进一步的讨论。

在前晚评阅这篇作业的时候,我就注意到,上面这一段其实包含着一个演绎推理的三段论:

大前提:拾得人因故意或者重大过失致使遗失物毁损、灭失的,应当承担民事责任。

小前提:小梅并没有故意或重大过失。

结论:小梅不应该赔偿失主损失。

这个三段论,以法律条文作为大前提,以对小梅行为的判断作为小前提,最后做出“小梅不应该赔偿失主损失”的结论。大、小前提和结论之间,有着包含关系。

但是,上面这一段中最后还留有一句话,“至于本事件中手机被偷属不属于小梅的‘重大过失’,则需要进行进一步的讨论”。显然是因为尔雯同学对上面小前提的可靠性并不踏实——实际上她只论证了“并非故意”。

于是便又有了下面两段论证:

目前,对“重大过失”一词还没有具有法律效力的定义,但民法理论对其有着明确的解释:指行为人因疏忽或过于自信,不仅没有遵守法律对他较高的注意之要求,甚至连人们一般应该注意并能够注意的要求都未达到,以致造成某种损害后果。在这里,我们又需要引入一个法律概念——“注意义务”。何谓注意义务?《牛津法律大辞典》中对“注意义务”的解释是“一种为了避免造成损害而加以合理注意的法定责任……如果一个人能够合理地预见到其行为可能对其他人造成人身上的伤害或财产上的损害,那么,在多数情况下他应对可能受其影响的人负有注意义务”。注意义务包含两部分内容:一是行为致害后果的预见义务;二是行为致害后果的避免义务。通俗来说,即是:如果一个人没有预见到可能发生的致害后果,而这种后果是一般人都能预见的;或是预见到了后果,且这种后果是稍加注意就能避免的,他却没有避免,那么这个人就没有尽到他应该尽的注意义务,在这种情况下,他就是有“重大过失”,对此事应该承担民事责任。

这样就不难判断小梅有没有犯下“重大过失”,并进一步得出她需不需要承担民事责任的结论了。在分析中不难发现,在归还途中手机被偷,属于一般人难以预见的后果。换言之,这是意外因素导致的后果,正如一开始失主不能预见到自己的手机会丢失一样。难以预见这个后果,也就不存在采取措施去避免这个后果的问题了(何况手机被偷并不是“稍加注意就能避免”的),因此,手机在归还途中被偷,并不属于小梅的“重大过失”,那么她自然不需要承担其对应的民事责任,也就是说,她没有任何必要去承担失主所要求的赔偿。

上面两段也包含着一个三段论:

大前提:“重大过失”指行为人因疏忽或过于自信,不仅没有遵守法律对他较高的注意之要求,甚至连人们一般应该注意并能够注意的要求都未达到,以致造成某种损害后果。

小前提:小梅在归还途中手机被偷,并不符合上述情况。

结论:小梅没有“重大过失”。

这个三段论对应着上面两个较大的段落,前一个段落诉诸民法理论对“重大过失”的解释。而为了更好地说明这个解释,作者还插入了《牛津法律大辞典》中对“注意义务”的解释。这个段落的作用就是为演绎推理三段论提供一个大前提。而后一个段落,则依据前一段的判断标准,对拾得人小梅在具体事件情境中的行为做出判断。这一段的作用就是提供三段论的小前提和结论。

显然,如果把这篇作业的上面三个段落连接起来,这篇习作的论证部分可以看作是分别以法律条文和民法理论为大前提的两个相互衔接的演绎推理三段论。其中,第二个三段论的作用,实际上是为了论证第一个三段论的小前提。

这显示出了尔雯对演绎推理三段论的成熟把握。

但是,在昨天的课堂讨论中,同学们不同的观点差不多形成了争议局面。

我请助教倩玉记录了其中一个班的同学在这个环节的发言。

君穷说:

大前提是肯定的,而小前提是否定的。大前提规定的是怎么做应该承担民事责任,并没有规定怎么做不应该承担民事责任。换言之,既然小前提说的是小梅没有怎么做,与之对应的大前提理论上应该规定怎么做不用承担民事责任。

荣荣说:

大前提是分成前后两句话的,如果小前提否定的是前件,其实是一个逻辑谬误,只有当否定的是后件的时候,才是正确的。大前提实际上没有错,但是最好变一下顺序。

君穷说:

应该是根据合同法上的另外一条规定,无偿保管人没有重大过失的不承担赔偿责任。①

① 《合同法》第三百七十四条:保管期间,因保管人保管不善造成保管物毁损、灭失的,保管人应当承担赔偿责任,但保管是无偿的,保管人证明自己没有重大过失的,不承担损害赔偿责任。

韶滨说：

我觉得这样论证是可以的，因为法无明文规定不为罪。

我说：

你要说的是背后的基本法理。

君穷说：

罪刑法定是指刑法的，民法中并不一定是这样。

尔雯说：

君穷同学刚刚所说的大前提规定了何种情况下应该承担责任，而没有说何种情况下不应该承担，但这是一个互补的关系，你达到了就要承担，没有达到就不用承担。

斌成说：

我也想反驳一下君穷，法律需要通过一些法条去限制政府的行为；通过这样的方式照顾到公民的自由权利，而民法调整的是民事行为，是适用于法无明文禁止即自由的。

俊杰说：

我想要提另外一个问题，我觉得这里面还需要证明的是这个手机是不是确实是被偷的。根据小梅事后的行为可以推测这个手机是被偷的，但证明这一点才更适合这个法条，也更符合小前提。可不可能是一开始小梅想要将手机还给失主，但事后想了一下又后悔了？

我插言：

但是这一点可能没有构成争议。

尔雯说：

其实是有一些争议的，失主有提到他觉得小梅可能是在演戏，这可能是失主的猜测，他没有任何实质性证据对小梅进行怀疑，而小梅也无法证明自己，双方都说不清楚。

策旭说：

我觉得这个三段论可以，但应该先说事实。法条本身是没有争议的，但该案件为什么适用这个法条作者却没有证明。所以作者应该先说明事实，再说这个事实符合这个大前提，符合这个法条。

昭君说：

我昨天看到一个网友的评论：失主既然让小梅证明她不是故意“被偷”的，那失主怎么证明这个手机不是他先偷去再让小梅赔一个的呢？这么说的话，两方都应该举证，因为都有这种可能性。

亚男说：

我觉得上述三段论本身可能是存在一定漏洞的，就是刚刚有同学说的否定前件还是否定后件的问题。但我们也应该意识到这是一个法律案件，在民法的案例里面法无禁止即自由，其实上述三段论是建立在这个前提之上的，因此是成立的。

小蝶说：

我想提问的是，通常写评论的人会援引一些证据，而这些证据大多数是从新闻报道里来的，这实质上的前提是认为新闻报道里的就一定是真的，是全面的。怎么让读者意识到，写新闻评论的人可能隐藏了不利于他论证的东西？

我回答说：

这是一个评论伦理的问题，它取决于评论者的良心。除了良心之外，客观上能够约束评论者的，就是在评论的“意见市场”上他人的批评。

上面同学的发言，我当时感到最具颠覆性的，是君穷和荣荣同学对第一个三段论在形式规则上的质疑：在一个三段论的推理中“否定前件不能否定后件”。

这个规则实际上讲的是小前提相对于大前提和结论的这样一种关系：如果三段论的小前提否定了大前提中的“前件”，那么在结论中不能得出否定“后件”的判断。

违反这样的规则所产生的谬误，通常用充分条件假言推理来说明。我曾在以前的研究生评论课的讲义中引用过一个案例：

如果一个人是世界冠军，那么他是闻名于世的。

爱因斯坦不是世界冠军。

所以，爱因斯坦不是闻名于世的。

——这个推理的结论当然荒谬，它显示的正是否定前件（世界冠军），不能在结论中否定后件（闻名于世）。因为爱因斯坦还会因为自己是著名物理学家，发现了“相对论”而闻名于世。

而回头来看我们同学作业中的第一个三段论：在君穷看来，小前提“小梅并没有故意或重大过失”，就否定了大前提中的“前件”——“拾得人因故意或者重大过失致使遗失物毁损、灭失的”，因此在结论中就不能得出“小梅不应该赔偿失主损失”。因为，按照逻辑，小梅还可能因为其他原因承担民事责任，就像爱因斯坦虽然不是世界冠军，还可能因为其他的原因“闻名于世”一样。

也就是说，如果仅仅以“拾得人因故意或者重大过失致使遗失物毁损、灭失的，应当承担民事责任”这个法条作为大前提，小梅尽管没有“因故意或者重大过失致使遗失物毁损、灭失”，但她承担责任的可能性不能在逻辑上被根本排除。

按照君穷的看法，只有大前提明确表达什么情况是不承担责任的，小前提判定小梅符合这种情况，才能得出不承担责任的结论。

但是,在我看来,在司法实践中,在具体的诉讼活动中,小梅如果不具有法律规定应当承担责任的条件,那么,诉讼结果自然有利于她。这是因为,司法活动是一个有限的认识空间和认识结构,如果它规定了什么情况才应当承担责任的话,那么不具有这种情况的人,就自然不承担责任了。至于失主小王可能根据另外一个法条起诉小梅让她承担责任,那就是另外一个认识结构中的问题了。

实际上,在我看来,“拾得人因故意或者重大过失致使遗失物毁损、灭失的,应当承担民事责任”这样一条法律规定,从逻辑学的角度看,应当理解为一个“必要条件的假言判断”,也就是说,它应当理解为:只有当拾得人因故意或者重大过失致使遗失物毁损、灭失的情况下,他(她)才应当承担责任。而“必要条件的假言判断”的规则是“否定前件就要否定后件”。

比如:

大前提:只有水量合适,小麦才能长得好。

小前提:这块地的水量不合适。

结论:所以,这块地的小麦长得不好。①

这应当是我们对法律表达的逻辑学理解。

所谓“法无明文不为罪”的原则也与这样的理解契合。因为法律明文表达的责任,应当被理解为“只有当”——某种“必要条件”出现的情况下,当事人才应当负有责任。也就是说:法律只需明确表达一小部分需要惩罚或承担责任的行为,而不可能把人们的无数其他行为,都置于可能有罪或可能承担责任的不确定之中。

此外,在课堂讨论中,对上述同学作业中的论证的另一个颠覆性挑战是俊杰提到的质疑:我们怎么知道这个手机到底是不是被偷的?

这是我没想到的。我在看作业时已经下意识地认为手机在小梅手中被偷是双方共同认可的事实了。

在课堂上,有同学认为:如果失主怀疑小梅,他就应当承担举证责任(他当然没法举证)。那么,小梅说手机在送交失主的途中被偷,她就不该承担举证责任吗?

她同样没办法举证。因为她要举证,必须以警察抓到小偷为前提。而如果抓到了小偷,小梅的赔偿责任也就自然不存在了。

所以,在双方都没有办法举证,因此关键事实没有弄清的情况下,应当不应当写这篇评论呢?——这是那位写了这篇作业的尔雯在课后问我的问题。她自己在作业修改中也回应了这个问题。她写道:

---

① 《普通逻辑》编写组:《普通逻辑》,上海人民出版社 1979 年版,第 179 页。

失主在接受采访时提到，他认为小梅是在“演戏”，即怀疑小梅有私自侵占或转卖手机的嫌疑。然而，这也仅仅是个怀疑，即使诉至法院也应当由失主承担举证责任，失主的主观猜测并不能成为索赔的依据，何况失主的猜测在逻辑上是不成立的。“如果她（小梅）真的是好心，为什么不在捡到手机的时候就想办法联系我?”这种说法就像是扶老人者将摔倒的老人送到了医院，家属便以“如果人不是他撞的，那他为什么要把人送到医院”为理由来咬定对方为撞人者，无论是从逻辑上说，还是从情理上讲，都是没有说服力的。加之报道中提及，小梅最后“用分期付款的方式买了一部同款手机还给（失主）小王”，试想若是她把手机侵占或是转卖了，必然有足够的钱赔偿，又何必用如此大费周章的方式呢?

我想，尔雯补充这些信息是要说明：根据这些报道中的信息，我们可以凭自己的判断力，在认识上接受小梅没有说谎。

而我在昨天下课之后，在讲台边面对尔雯的询问，则谈到了信任问题。

我们对别人说的话，是不是都要怀疑？是不是都要找到确实证据才会相信？其实不是的。美国学者福山的《信任——社会道德与繁荣的创造》一书阐述了这样的观念：信任作为一种原则，是节省交往成本的社会资本，即我们通常是只能信任，而受到损失或有证据时才会怀疑。在这个意义上，在普遍怀疑的社会中，人们交往成本就高，社会运行成本就高（这在某种程度上，正是当今中国社会存在的一个问题）。因此，信任是原则，不信任才需要理由。在福山看来，普遍的信任，作为一种社会资本，它本身是社会运行的润滑剂。

我对一个人公开的声称，就是这样看的。在这个案例中，除了失主本人，我们对小梅公开声称的手机被偷，首先应当是信任。在这个意义上，不信任才应当举证。我的这个倾向，没有什么太多的道理，只是因为这与我们通常的社会交往原则相符，即我们实际上正是这样对待别人的，我们实际上也是这样接受外来信息的。

我写到这儿，就把上面的文字作为教学日志在自己的微信公众号“少华读书”上发布了。然而，当我把它传到自己教的一个班的微信群中以后，有同学又提出了新的质疑：

卓逸说：

我有疑问，我觉得，那条法律规定不是必要条件的假言判断……倒过来就是充分判断：如果小麦长得好，那么这块地水量合适；如果某人应当承担责任，那么他有故意或重大过失致使遗失物毁损、灭失。前者合适，后者不合适。

俊杰说：

如果一个人是世界冠军，那么他因冠军而闻名；爱因斯坦不是世界冠军，爱因斯坦不因冠军闻名于世。

卓逸说：

这个就限定太多了，变成充分必要条件了。

我说：

卓逸说得有道理，我再想一想。

卓逸说：

而且我觉得俊杰说的可以投影到上面，法律规定的是充分必要条件，如果满足条件a，那么因条件a承担责任，这是充分必要条件。不满足，则不因条件a承担责任，对应的是法无禁止即自由。

荣荣说：

逻辑上否定前件是谬误，这是因为前件的肯定和否定不意味着涵盖了后件的所有情况。大前提：如果A，则B；小前提：C不是A；结论不能是C不满足B，因为B还可能包含A以外的情况，使得C既不满足A又满足B。但是法律上A是B中的“是”包含着“当且仅当”的意味，即不存在又不满足A又满足B的情况，因此可以直接通过C不是A推出C是B。

我说：

“当且仅当”（这是充分必要条件假言推理的逻辑语言）——我同意法律规定的是充分必要条件。我原来只看到了“必要”一点。

荣荣说：

源于法律语境的特殊性，与普通形式逻辑不同。

荣荣的说法，促使我撇开两种假言判断的不同规则，再次审视演绎推理三段论普遍的规则——周延规则。我明白是怎么回事了！

从三段论的周延规则来看：B在前提中位于肯定判断的谓项，不周延；而在结论中，B则位于否定判断的谓项，变成周延了。这违反了三段论的一个规则：在前提中不周延的项，不能在结论中周延。

昨天课上，当君穷、荣荣谈到“大前提中两句话对调一下”就成立了的时候，我就意识到可能是周延问题，但当时脑子已经不太转了。课上又没有讲过周延规则，课后总结时，我只从必要条件假言判断的规则来理解如何成立，忘了其中的周延规则问题了。

其实这个被质疑的三段论，与我前年上“论证与辩论分析”课时一位同学给我提出的一个案例，在形式上完全相同。

他问：

老师，您看这个三段论为什么不成立？

美国大学是优秀大学。

中国大学不是美国大学。

所以,中国大学不是优秀大学。

我在思考之后回答说:

“优秀大学”在大前提中处于肯定判断的谓项,并不周延。但是,它在结论中处于否定判断的谓项,因此是周延的。所以,这违反了三段论的规则:在前提中不周延的项,在结论中也不得周延。

以“美国大学是优秀大学”作为前提,之所以不能推导出“中国大学不是优秀大学”的结论,正是因为:这个三段论在前提中只是对“优秀大学”的“部分”(即“美国大学”)做出了判断,却在结论中对“优秀大学”的全部做出了判断——即以“否定的方式”(否定中国大学包括在其中)提到了它的全部外延。这样,结论明显超出了前提的范围。

三段论关于“周延”的规则,在本质上限制的正是结论超出前提的错误推理。

同学们课堂和课后的辩难,使我对这个问题有所思考,也得到了一个典型案例。我在研究生的新闻评论课和“论证与辩论分析”选修课上讲周延问题,但在本科课堂上从来不讲,因为时间不够。但现在看来,讲三段论不讲周延规则,十分危险,连老师自己都可能陷进去。

在班群中,卓逸补充了一句:“不周延的 b 变成周延的 b 也不会这么容易混淆。”他马上又更正说:“我说得不对,正是因为法无禁止即自由,不周延的 b 变成周延的 b 才顺理成章。”

我想他的意思是:正是因为“法无禁止即自由”这个并非逻辑规则的法律规则的介入,那个在作为肯定判断的大前提的谓项上的 B(承担责任),到了结论中成了周延的——位于否定判断的谓项(不承担责任),看似违反周延规则,但实际上正确。

昨天课上,君穷和荣荣对尔雯第一个三段论形式上的质疑,尽管在法律的意义上并不构成对她得出结论的否定,但在逻辑上有着重要意义。因为在特定的认识条件下,一个正确的结论,不能证明推理方法的正确;违反形式规则的推理方法,不能保证推导出正确的结论。

比如:

有些美国人在电影界工作。

梅丽尔·斯特里普是美国人。

所以,梅丽尔·斯特里普在电影界工作。

——这个三段论的结论正确吧?

但是,它与下面的三段论完全相同——你再看看结论:

有些美国人是女人。

汤姆·汉克斯是美国人。

所以,汤姆·汉克斯是女人。

这两个三段论形式相同,它们都违反了三段论的同一个规则:中项必须周延一次。“美国人”就是那个不周延的中项——它在大前提中是特称判断,不周延;而在小前提中处于肯定判断的谓项,也不周延。在这里,所谓不周延,就是全部的美国人没有被提到,就像“马少华是老师”,“老师”的全部外延没有被提到一样。因此,某人不是马少华,不能推导出他不是老师。

归谬法,可以怎样推演“吹哨”的危害?

2020-3-13

昨天是我的“论证与修辞”选修课在疫情期间通过微信群上的第四次课,讲完了演绎推理的归谬法。上课开始,我先播放了自己事先录制的音频——对归谬法做了一个概要性的介绍:

归谬法是也只是一种反驳的方法,用法律论证的术语来说,它不能“证立”什么。

反驳也属于论证,但它不是增强自己观点说服力的论证,而是削弱对方观点说服力的论证。一般来说,削弱他人的观点,要比论证自己的观点更容易一些。

就演绎推理而言:反驳对方的观点,只需要发现对方的前提不可靠,或者违反了论证规则,只需其一就可以。而论证自己的观点,则不仅要保证前提可靠,而且论证也要完全符合规则。

就归纳推理而言:证明自己的观点需要搜集性质相同、尽可能多的论据。而反驳他人的观点,只需要指出一个反例就够了。

回到归谬法,它作为一种反驳的方法,本身有赖于演绎的方法。也就是说,它是由一个假设的前提,推导出一个结论的。这个结论就构成反驳,或者有反驳的效果。而反驳的目标,恰恰就是那个前提。也就是说,这个推理,不是为了证明结论,而是为了反驳前提。而那个被反驳的前提,就是对方的观点,或者是对方观点所依赖的前提。

有一部批判性思维教科书说:

为了证明一种主张为假,先假设它为真,然后有效地演绎出一个结论。接着检验这个结论而不是原有的主张,看它是真是假。如果是假的,则原主张为假。人们把这种演绎方法称为归谬法。①

① 谷振诣、刘壮虎:《批判性思维教程》,北京大学出版社2006年版,第30页。

还有一部教科书说:

归谬法是按照对方的逻辑推下去,直到推出荒谬的结论,以证明这个逻辑的无效。

它有三种形式:(1) 从被反驳的判断中引申出假判断;(2) 从被反驳的判断中引申出两个矛盾的判断;(3) 从被反驳的判断中引申出与其相矛盾的判断。①

引申出来的这些判断,都足以削弱前提。

说归谬法是以演绎推理的方式完成的,不意味着你总能在归谬法中看到一个演绎推理的三段论。但是我会用一个典型案例,使你看到一个归谬法怎样可以被展开呈现为三段论。

我还播放了一段1960年肯尼迪竞选美国总统时使用归谬法的录音:

竞选对手:

参议员,你是否肯定,你已为这个国家做好了充分的准备,或是这个国家已为接受你担任总统做好了准备?我们需要一位尽可能成熟和有经验的人。我可否劝你耐心等一下呢?[少华按:此言是指肯尼迪年仅43岁这个“弱点”。]

肯尼迪回应:

让我们的党和国家作为我工作经验和能力的鉴定者……担任了14年通过选举产生的重要职务还算经验不足的话,那么,你提出的十个姓名中只有三个,而且全部美国总统中也只有少数几个人可算是经验丰富的,而20世纪的全部美国总统——包括威尔逊、罗斯福和杜鲁门在内,则都是经验不足了。假如以年龄而不是以经验作为标准的话,那么这种检验标准把所有年龄在44岁以下的人都排除在受人信托和负责指挥的职业之外。也就是说,杰斐逊不应写《独立宣言》,华盛顿不应指挥大陆军,麦迪逊不应制定美国宪法……而克里斯托夫·哥伦布不应发现美洲。②

我提示同学们注意归谬法中往往存在的特定标志语,你能从中看到归谬法的什么特点吗?

宁欣说:“会有‘假如’‘如果’等词,假设一个主张为真,然后由这个假设向后推出一个结论。”

对,假设连词可能是归谬法的一个标志语。

我们再看一篇新闻评论中的两段:

印度对自己行为的首要辩解,是对中方修路有“安全关切”。此言看似有道理,不少民科们的文章中也大量谈到“中国修路如何切断印度看重的西里古里

---

① 《普通逻辑》编写组:《普通逻辑》(修订本),上海人民出版社1986年版,第274—275页。

② 李天道:《外国辩论词名篇快读》,四川文艺出版社2005年版,第212页。

走廊”。

但问题是,一旦有“安全关切”就可以随意越过已定界,进入其他国家的领土吗?照此逻辑,莫迪政府上台以来,印度更是加紧在中印边境地区大量修建基础设施,基于这种安全关切,是否中方也可以进入印度领土,阻止印度修桥建路?①

“照此逻辑”也是归谬法的一个标志语。

所谓标志语是方便我们注意并确认一种推理方法的词语——它不一定会出现,但它的出现肯定反映了这种推理方式的思维特点。

再看一个案例:

这个问题争议的焦点在于印度所扣押“高压蒸汽釜”是否属于军民两用物项。笔者通过可靠途径进行了核实。该产品的生产厂家——山东一家私营企业表示,该“热处理炉壳体系统”(印方所称的“高压蒸汽釜”)是一个橡胶热压器的壳体系统,主要应用于橡胶类制品的制造,如工程机械轮胎的修复制造,海港使用的防撞气囊,橡胶储液罐,橡胶管道等。该产品不在中国商务部和海关总署发布的《两用物项和技术进出口许可证管理目录》中。山东这家私营企业,主营业务是压力容器类产品及列车车辆使用的复合材料零件,与中国军方无关。巴基斯坦的买家也与巴军方无关。其实,任何一个思维正常的人都清楚,中国如果真想支援巴基斯坦武器装备,又何必先运到印度的港口?印方如此污蔑中国,简直是在侮辱世人的智商,正所谓欲加之罪何患无辞,如果印方非要这么做,那么是否中国向巴基斯坦出口一块钢板都可以被认为是要加强巴方的武器装备?②

你注意到了吧,在这一段中,作者主要的反驳方法是提供论据;而所谓“归谬法”,只不过是体现在这些反驳之后的一句话中。这也反映了归谬法的作用有限。

我由此引入亚里士多德关于归谬法论证效力的评价——在几种论证方法的比较中,它的论证效力是不高的。

肯定证明更具有本原的性质,因为没有肯定证明,便没有否定证明。

肯定证明优于否定证明,很明显,它也优于归谬法。

否定证明就纯粹优越于归谬法,而肯定证明由于优越于否定证明,所以很显然也优于归谬法。③

---

① 林民旺:《[解局]印军非法滞留这么久,莫非是在等解放军送行?》,微信公众号“侠客岛”2017年8月6日。

② 刘宗义:《炒作“大翠云”号,印度意欲何为》,《环球时报》2020年3月7日。

③ [古希腊]亚里士多德:《工具论》(上),余纪元等译,中国人民大学出版社2003年版,第299—300页。

此外我们还做了一些练习——把几个归谬法的案例还原为演绎推理三段论的形式。辨识那些隐藏在归谬法中的大前提和小前提,辨识那些不同对象的类比关系以及它们的类比,是怎样增强了作者要反驳的观点的荒谬感的;而它们的差异,又是怎样削弱归谬法的说服力的。

实际上,早在几年前,我就在教学思考中揭示了归谬法机理中的归纳、演绎和类比关系。我的体会是:要把涉及两个事物的归谬法还原成演绎推理的形式,就必须从两个具体对象的相似属性中抽象出一个普遍性判断,这个普遍性判断揭示了藏在两个相似对象中的共同属性的本质。之所以需要从两个具体事物的相似属性中抽象出一个普遍判断,是因为只有普遍性的判断才可能成为演绎推理三段论的大前提,它才可能包容小前提和结论。

但是,超越具体对象的个别属性,抽象出普遍性判断,这是一个很有难度的认识过程,即使作者和读者可以理解这个认识过程和认识层次,这样的理解也失去了类比推理更接近具体事物本身的优势——生动性。所以,在文面上,要保留那些具体对象,尽管它们可能只是一个抽象原则的标签。

这次课上比较深入讨论的一个新案例是此次疫情期间一组在网络上广为传播的微博观点,我把它抄在了讲义页面上:

要是各个领域的人都当“吹哨人”,这也挺麻烦的啊。

国防部的人看了战备方案,觉得有问题,拍照发到网上让大家提意见。

司法部的人看了拟议中的法律草案,觉得有问题,拍照发到网上请大家发表看法。

教育部的人看了密封的高考试卷,觉得某道题出错了,拍照发到网上呼吁考生注意。

商业部的人看了外贸谈判方案,觉得某些条款不合理,拍照发到网上让大家劝阻政府。

……

只要后来证明他们都是对的,那就成了国家英雄了……

这么干,像话吗?

当时我就意识到这是一个鲜活的归谬法案例。我忍住了要针对它写一篇文章的冲动,而把它留作课堂讨论的案例。作为一名教员,我更愿意把一个有意说服他人的文本当作分析的对象:它可能产生的说服力到底在哪里?而哪里又是它说服力的边界?

让我先听听同学们的看法吧。

我在课上提出的问题是:这是一个归谬法吗?他的说服机理是怎样的?它的论证边界在哪里?

褚笑说：

我觉得他的论证有问题。疫情中的“吹哨人”面临的是危害公共安全的重大紧急事件，这和国防部的战备方案、司法部的法律草案等不能类比。

我问：

那么你看他列出的事项中哪一个是可以成立的呢？

珂嘉说：

法律草案本身就是需要公示的吧？

褚笑说：

他的问题在于根本没弄清楚什么是“吹哨人”——在哪些领域需要“吹哨”，哪些领域和事件不适用。

宁欣说：

我觉得他总结出了吹哨人的特点：在自己的职位上看到可能关系社会利益的事情，选择把信息告诉大家，即便刚开始很少人在意。但是就像褚笑师姐说的，作者举的这些例子中大部分是有关国家机密和安全的，公开本身就是不符合规定甚至违法的。

褚笑说：

他的大前提是：不是各个领域都需要“吹哨人”。比如教育部、司法部、国防部等领域不需要“吹哨人”；我觉得论证到这一步还可以。然而最后他得出的结论似乎是：社会不需要“吹哨人”，这就谬之千里了。

梦迪说：

我觉得都不成立，因为这些行为都不符合程序。战备方案、法律草案、高考试卷、谈判方案都应该是保密的，只有通过相关的正规程序才可以发布。

在新冠肺炎疫情“吹哨人”事件中，一个很重要的问题就是程序问题，即“吹哨人”并不是通过正规程序进行信息公开的，但这也是矛盾之处，因为正常的信息公开方式一时受阻，作为一个医生、一个社会成员，“吹哨人”基于自己的良知和专业，选择了通过个人方式发布信息。

所以我觉得是否“吹哨”的判断标准应该是这件事的紧迫性和现实情况。疫情就很紧迫，不得不通过非正常手段。将案例中的其他情况与之类比，只是看到了相似性，忽略了本质的差异性。

这样看来，归谬法有效性的边界恐怕在于事物之间本质的差异，而“紧迫性”应该是“吹哨人”可以被接受的理由。

顺便提一下，昨天一篇微信公号文章中用“在商场逛街看到电子设备在闪烁，然后就可以大喊一声：‘起火了’”来比拟李文亮医生的“吹哨”——

还记得吗？曾经有人半夜自觉房间气味异常，然后就大声起哨儿，在网络和社区高呼化工厂毒气爆炸泄漏了。结果导致数万人恐慌性奔逃,然后因踩踏和恐慌造成多人受伤和财产受损。这还是一起较小的无证据哨音,那要是到处猛吹乱吹呢?会怎样?你看到一个人神神秘秘,然后就可以在地铁里大喊一声:“恐怖分子来了,快跑啊!”可以吗?你在商场逛街看到电子设备在闪烁,然后就可以大喊一声:“起火了。快跑啊!”这可以吗?①

这个比拟是不恰当的。那位被全国人民怀念的医生并不是“在商场逛街看到电子设备在闪烁”就被吓得惊慌失措的外行人,而是以自己的专业经验眼睁睁看到“起火了”(病毒人传人),他都不能大叫一声提醒大家吗?

美国最高法院大法官霍姆斯20世纪初曾在几份判决书中确立了那些具有“明显而即刻的危险”的言论,不应当受美国宪法第一修正案对言论自由的保护。比如在电影院诈叫“起火了”,就是这种有危害性的言论。

但李文亮等医生其实恰恰是看到了“明显而即刻的危险”才向人们示警的,他们的示警并非造成了“明显而即刻的危险”,因为“明显而即刻的危险”当时在武汉已经客观存在了。

此外,那篇微博言论以“要是各个领域的人都当‘吹哨人’……”这样的前提而构造的归谬法,我也似曾相识。我觉得,它可以作为归谬法中的一个独特的类别予以分析,也许可以称之为“如果所有……型归谬”。

多年前,我接到过一位上过我课的同学的邮件,其中提到了一个令她困惑的案例,其实就是这种“如果所有……型归谬”。

她的邮件写道:

有一个问题我一直不解,就是上小学的时候有学生往地上扔垃圾,老师批评他时,学生就会说“我扔一张纸又不会造成多大的影响”,这个时候老师往往就会说“如果每个人都像你一样扔一张纸,那么整个环境就会变得糟糕”。在这个案例里,老师的论证逻辑其实是:如果每个人都像你这样做会造成很坏的结果,所以你这样做是错的。

现在我的问题是这种论证逻辑是否有效?如果由想象每个人都采取一种做法会导致坏的结果就可以推导出这种做法本身是错的,那么根据这个逻辑,我们就会推出当医生是错的——如果每个人都去当医生,那么这个社会就没人种粮食、没人保家卫国了;不生孩子是错的——如果每个人都不生孩子,那么人类就无法繁衍了;出国也是错的,如果每个人都出国那么国内就没人了……

很明显这个逻辑能推论出很荒谬的结论,但是,如果这个论证方法是无效

---

① 周小平:《不要让哨儿代替了理智和科学,也不要让真正的预警人寒心!》,微信公众号“今日平说”2020年3月12日。

的，那么那位小学老师还能怎样反驳那个学生呢？

我的回复如下：

从你使用的“那么根据这个逻辑”一句来看，你实际是在不自觉地使用归谬法，即试图通过最终推导出一个荒谬的结论来否定最初接受的前提。

那么，这个归谬法是否有效，那就要看从“扔一张纸”的情境推及“做医生”的职业选择情境，是否一直保持着合理性。

在我看来，“扔一张纸”的条件是容易达到的；而每个人从自己出发，节约每一张纸的社会效果也是积极和明显的。因此，在规模效应的基础上，“每个人的一张纸与整个环境有关系（或消极或积极）”是可以接受的，也是有数据可以验证的。

但是，“做医生”则不同了，这不仅因为做医生需要较高的条件，而且因为这是一个职业选择问题——每个人根据自己的条件进行的职业选择必然导致多元化的结果。因此，“每个人都做医生”是不可想象的，也是不可能的。

因此，把一个在可能的、可接受程度较高的情境中产生的判断推到一个不可能的或可接受程度较低的情境中，由此导出的结论，可接受程度就不高。

因此，我觉得，你的归谬法是有问题的。

你提供的案例给我这样一个启发：仅从相同的形式出发而进行归谬法推演，恐怕是不全面的。归谬法本身有一些陷阱和边界问题，我并没有完全弄清。但可接受程度这样一个因素，肯定是需要注意的。

但是，你通过同样的句子形式质疑“每个人都……那么”的论证力，肯定是有批判性的，因为，并不是任何一件事都可以“每个人都”的。从“一个人做”到“每个人都”，这一步本身需要论证。

后来我把我对这个案例的回答在博客上写成一篇教学日志，标题是《归谬法推演中的可接受性限度》。

我再解释一下：

归谬法的机理是：如果一个结论是错误的，那么这个结论所依据的前提便是错误的。

但是，反驳者其实反对的并不一定是一个被表达为抽象原则的前提，而是一个同样依赖于这个前提的具体观点。也就是说，他把一个要反对的观点先抽象为一个普遍原则，然后再推出一个或一些具体的结论，尽管那些具体的结论并不是他要反驳的那个具体观点，而只是让大家觉得明显荒谬的观点。

（你能绕得过来吗？）

然而，以“如果所有……”（“如果每个……”）作为前提的归谬法的漏洞往往在于：一个具体行为的适当，并不一定依赖于“所有”对象都适当的前提，而依赖于另外的特定前提。

有一些归谬法给人“似是而非”的感觉，“似是”是因为它包含了一些人们认可的例证（主要是类比例证），“而非”是因为不同事物之间的类比关系较弱，即事物之间存在着较大的差异。

归谬法可能在哪儿遇到“雷”？

2020-11-3

昨天的评论课进入“论证”一讲，从演绎推理的案例分析讲到归谬法，下课之前的最后一个案例《可以道端午安康，不能说端午快乐？》①出乎我意料地引发了一些争议。

其实在前面讲到“论据”一讲的时候，我就曾把这篇今年6月发表在红网红辣椒栏目中的评论作为案例。在这篇文章中，作者引唐代卢肇《竞渡诗》和宋代苏轼的《少年游·端午赠黄守徐君猷》为论据，以证明古代人其实是把端午当作一个快乐的节日的，从而出色地反驳了“前几年有专家说端午节是纪念祭祀日，不宜互祝快乐，只能互道安康”的说法。

而本次课上，我将这篇文章中雄辩滔滔的归谬法作为案例，却遭到了一些同学的质疑。

这篇文章写道：

专家的逻辑很荒谬。这天因为有人死难，我们就必须保持悲伤肃穆的神情。那较起真来，几乎每天都有人死难，我们是不是永无笑脸面对生活的时刻了？

你看天安门广场的人民英雄纪念碑上就清楚地写着：三年以来，在人民解放战争和人民革命中牺牲的人民英雄们永垂不朽！三十年以来，在人民解放战争和人民革命中牺牲的人民英雄们永垂不朽！由此上溯到一千八百四十年，从那时起，为了反对内外敌人，争取民族独立和人民自由幸福，在历次斗争中牺牲的人民英雄们永垂不朽！

先不说自鸦片战争以来，有多少仁人志士抛头颅洒热血。光是14年抗日战争，我国死伤同胞3500万，每天都有数不清的英雄壮士殉国。

还有，新中国成立以来的灾害中死难的同胞又有多少？唐山大地震死难24万人；汶川大地震死难8万人；玉树地震死难近2700人。今年的新冠疫情，目前已经有4600多位同胞死难……

按专家的逻辑，我们是不是得天天保持神情肃穆，以纪念缅怀死难的同胞？

---

① 红网2020年6月25日，作者：梁勇。

我之所以把这篇文章作为案例,是因为我自己觉得它比较典型地表现了归谬法的表达特点和论辩力度,时间又比较接近。此外还有一个原因与论证无关,那就是:我自己内心更愿意接受这篇文章给个体以更多自由(而不是更多禁忌)的价值倾向。

但从后来同学们的质疑来看,它也典型地反映了归谬法存在的风险。

首先发言的美仪同学表达了疑虑,她说:

这篇文章的逻辑我明白。但这个批判我不是很接受。作为这篇文章争议点的传统节日端午,更多的是一种文化符号,它让我们记住的是自己民族的传统文化。这与作者用来论证的仁人志士抛头颅洒热血、同胞在灾害中死难是不一样的。

我理解她的意思是:作为传统节日的端午节,无论是应当肃穆,还是应当快乐,它所承担的社会功能,与我们在某一固定的日子哀悼死难的先烈和同胞的社会功能是不一样的。

这同时使我意识到:当归谬法诉诸两类事物类比的时候,它们之间的差异,有可能受到细心读者的质疑。

接着发言的思琪同学表达得更为确定:

其实这两类事物是不能类比的。如果类比的话,应该类比一个纪念日——比如大屠杀纪念日。……

——她一提到这样的纪念日,我就明白了这篇文章归谬的软肋:我们确实有这样一些纪念日,在这些日子里,全体人民保持肃穆,国家和社会也期待人们在这一天保持肃穆。

坐在后排的小红举手发言:

我同意作者的观点,但他的批判可能有问题。端午节的起源和传说非常多,到底是不是为了纪念屈原或伍子胥,其实是不确定的。它也许就像春节一样,是一个祈福的节日——祭祀龙神,消除灾难。如果作者要反驳的话,可以从这个角度去反驳。此外,中国的传统节日已经演变为一种民俗,这与当代国家设立的纪念日是有差异的。

我后来感到,作者之所以没有明确拿一个当代的纪念日来类比,而是以归谬的方式将“保持肃穆”泛化到“每一天”(以至于使其不可接受),除了追求把对方的观点推到一个荒谬的程度,使反驳效果比较明显之外,可能还因为他内心已经隐约意识到:当代的国家纪念日或哀悼日是这种归谬法的软肋。

但是,为反驳某一个具体的日子应该“保持肃穆”,便将其泛化到每一天都应该“保持肃穆”这种不可接受的观点,实际上超出了原有的论题。

接着发言的小哲同学说:

在归谬法使用的时候，一定要想清楚：当你用一个判断去推翻一个观点的时候，它们之间的内在联系到底有多大？否则就会造成——乍一看这么一大堆排比很唬人，但仔细一想又觉得，好像哪里有一点不对。

还有几位同学发言之后，我讲了自己的看法：

这篇评论讨论的争议，既涉及事实问题，也涉及价值问题。事实问题是：端午节原本是一个什么样的节日？在历史上人们是怎么。度过这一传统节日的？价值问题是：今天的人们可不可以，应不应该把这样一个传统节日过成一个欢乐的节日？基于历史论据，我觉得文章在事实层面的论证是成功的，在价值上也有可取之处：总体上，我倾向于给个人更多的自由和更多的欢乐。

可能正是基于没有说服力的论证，这篇文章在运用归谬法的时候虽然畅快淋漓、雄辩滔滔，但显然有点大意。这种归谬法的逻辑，绕不过去刚才同学们所指出的当代纪念日——绕不过人们对“在当代纪念日应当怀着肃穆心情”的广泛认同。

归谬法虽然是一种演绎的反驳，但它其实往往要诉诸引入其他事物的类比。而归谬的“不灵”，归谬法可能遇到的“雷”之一，可能是诉诸类比时两个事物之间的差异。虽然任何两个事物之间都会有差异，但具有批判性思维的人，会对差异更敏感。

下课后，有一位新疆兄弟学院交流的女同学走到讲台前问我：“虽然这个归谬存在问题，但这篇文章前面的论证仍然是有效的，对吗？”

我觉得这是她内心的感受，我肯定了她的想法。在归谬这个环节上的论证弱点不足以削减这篇作品其他论证的说服力。但这也反映出归谬法不可单独依赖。

还有一点我当时没有对那位女生说：如果一篇文章中的某一个论证有弱点，那么读者往往记住的就是那个弱点，而不是文中更强的论证。这是《批判性思维与传播：论说中的推理》一书中提及的一个心理效应。是不是这样，我也不能确定。

本学期的评论课讲到第七周，才有这样一次课堂讨论的小高潮，这使我很高兴，也使我看到了同学们投入的热情和批判性思考，促进了我自己对归谬法问题的进一步思考。

下课之后，我打开手机，才注意到一些课上来不及发言的同学在微信群中的发言。

俊杰说：

端午节和其他的节日相比有它的特殊性：确实是有这样沉痛的文化历史，但是作者以偏概全了。

郸琪说:

后文“苏东坡也把端午当成恣意狂欢的佳节。他说:‘好将沈醉酬佳节,十分酒、一分歌。’如果按专家的观点,在端午节这天喝得烂醉如泥,有失体统与斯文,应该不是一种纪念先贤的正确姿态吧?”这一段作者的类推就比前文类推灾害、战争纪念日要更好一些。

我回复说:

这文中有的论证不错,但用到归谬法时可能有些大意了。归谬法既有类比关系不合适的“雷”,也有演绎推理全称判断的“雷”(即一个普遍性的判断可能会遇到一个它包容不了的具体案例)。

我在回家以后把我对这个案例的思考传到课程的微信群中:

归谬法的实际运用可能并非是简单的演绎推理。它往往诉诸引入另一个事物进行类比——就可能遇到两个事物的差异问题。如果读者觉得这种差异重要,比如今天课上辛美仪、李思琪、陈红等同学指出端午节这样的传统节日与当代国家纪念日有性质上的差异,那么这篇文章中的归谬就会遇到障碍。

归谬法也往往试图潜在地提炼出一个普遍命题——这实际上是归纳的抽象,但是一个从个别事物提炼的普遍命题就怕遇到使其不成立的反例。思琪同学明确指出的国家哀悼日,就是这篇文章归谬中潜在的普遍命题的反例。对吗?

8 年前,我在一篇题为《归谬法中的类比思维与抽象思维》的文章中就意识到归谬法的类比中可能存在的问题,以及在抽象(实际上是归纳)中可能存在的问题。但昨天课上同学们的讨论,还是使我对这个问题的认识更深了一点。

再谈归谬法中的演绎与类比——答同学问

2020-11-18

评论课上有一位小哲同学前天晚上在这门课的微信群中向我提问:

类比法和归谬法,这两个论证推理的异同在哪里呢?我感觉归谬法就像类比的一种情况,而您在上课时,是把归谬法放在演绎推理下讲的,向您请教。

我当时虽然正在看电视剧《瞄准》——正看到大结局最紧张的时候,但也马上回答:

对,正统的归谬法就是演绎推理,就像我第一个案例(钓鱼岛的案例[①])所展示的那样,教科书也是按演绎法讲的。我从中分析出有类比的因素,实际上是针对在社会生活中人们普遍使用的归谬法。它们并不典型,也有人认为这一概是

---

① 见下页。

乱用。有一位网友在我的微信公众号中的留言,正代表这种正统观点(见图7)。

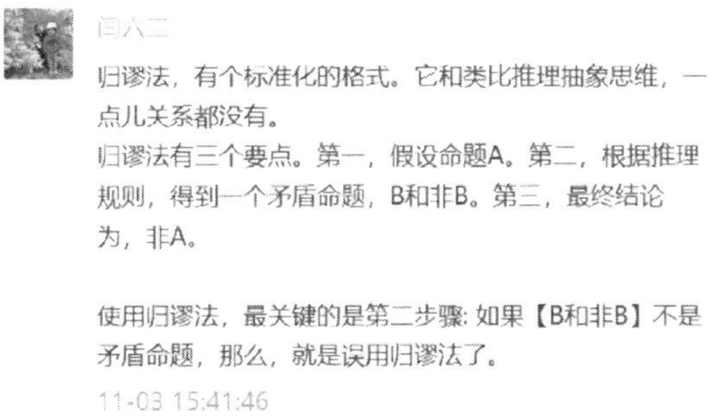

图7　网友留言

如果按照这种说法,我关于归谬法中应用类比的分析根本就不成立。

由于当时我回复得较为仓促,她也没有继续追问,我的答复并不充分。

昨晚,她接着提问:

老师,也就是说,正统的归谬法是一种严格的演绎推理,符合三段论的结构,以原推理导出荒谬的结论来反驳原结论,在这种情况下,会不会要求,导出荒谬结论的推理和原推理是可类比的?所以这才会出现,如果两者关系不大,那么归谬法的效果也就减弱很多了。

所以我才觉得有些混淆,我看到的归谬法中类比的因素还是相当重要的,搞不清了。

我回复说:

你问得好。我觉得教科书讲归谬法,或者以抽象的符号来展示,或者以包含社会信息较少的简单句子展示。因此,其中包含的两个事物之间的关系是不明显的。但是,到了社会生活的实际论辩中,具有归谬法表达特征的反证中包含的两个事物关系就会比较明显,归谬中存在的类比问题也就会比较突出。

我始终认为,演绎、归纳、类比三种思维方法不是相互隔绝的,而是潜在相关的。[少华按:比如,从对方的一个观点中抽象出一个潜在的前提,这是归谬法中的常用办法,但这个抽象的过程就是归纳。]两个用来类比的事物的共性,就是包含着它们各自本质特点的“类”,也就是演绎推理的前提。但一般类比时,人们只在具象层面进行思考,不会抽象出它们潜在的抽象前提。

我用来说明归谬法的“钓鱼岛”案例,是比较接近正统的(也就是用演绎推理来展示的):

大前提:凡实际控制一个地区即拥有该地的主权;

小前提：日本实际控制着一个地区（钓鱼岛）；

结论：日本对该地区（钓鱼岛）拥有主权。

大前提：凡实际控制一个地区即拥有该地的主权；

小前提：俄国实际控制着一个地区（南千岛群岛①）；

结论：俄国对该地区（南千岛群岛）拥有主权。

该案例来自央视主持人白岩松在2012年的评论节目中使用归谬法驳斥日本首相的言论：

还是回到野田本身所说的这番话，“尖阁诸岛②是我们无可争议的领土，我们控制着该岛，所以我们对尖阁诸岛拥有主权”。换一种说法他是不是也很想听到，俄罗斯控制着北方四岛，所以俄罗斯对北方四岛就拥有主权呢？③

但你看其中有没有类比因素呢？

同学说：

这个例子中两个推理的大前提是一致的，也是相对抽象的。我认为隐含的类比在于，日本和俄国都是国家，在这个层面上两者具有可比性，所以这个归谬法是成功的，由抽象的大前提，导出两个不同的具体的结论，以起到反驳的作用，是这样吗？

我回复说：

这样说来，你看到了“隐含的类比”了。

你再看韩愈《讳辩》中的“若父为仁，子不得为人乎？”是否包含类比？

如果古今中外许多看起来像是归谬法的包含着类比关系的反证都不算是归谬，那么还剩下多少真正够格的归谬法呢？

她说：

对于钓鱼岛这个例子来说，抽象的大前提是比较明晰的，但我觉得在日常生活里，我们有时用归谬法时，会忽略这个大前提的存在，而只是简单地进行小前提和结论之间的比较，所以会有“气势胜过说理”的感觉，虽达到归谬效果，但经不起细细推敲。

我说：

是的。归谬法的陷阱也多在这里。有的时候，作者往往只看到了归谬的表达特征。我觉得，当一个归谬法比较标准的时候，其中包含的类比就不明显（或者没有，或者人们意识不到）。而当一个归谬法中包含着两个差异较大的事物

① 日本称“北方四岛”。

② 即我国钓鱼岛。

③ 《中日关系：四十很难不惑》，中央电视台《新闻1+1》，2012年7月10日。

时，其中类比的因素反而会特别突出。

我又通过截图上传了以前使用过的一个案例（见图8）：

归谬法与类比推理的关系
马少华 2013年2期《新闻与写作》

昨天，美国奥吉布瓦人（北美印第安人的一支——译者注）首领亚当·诺德韦尔在罗马打了一个非常有趣的比喻。他是从加利福尼亚出发的，当他身着部落服装走下飞机的时候，他代表美国印第安人宣布，像克里斯托弗·哥伦布发现美洲一样，他凭借“发现权”占领意大利。他说：“我宣布，今天是意大利的发现日。哥伦布有什么权利发现美洲？当地居民已经在那里生活几千年了。既如此，我现在也有同样的权利来到意大利，并宣布，我发现了你们的国家。”

——英国学者安东尼·韦斯顿的《论证是一门学问》中的一个案例。

作者把上述材料转换了一下叙述形式：

诺德韦尔没有任何权利代表另一个民族宣称对意大利拥有主权，更别提什么“发现权”了（因为当地人已经在意大利生活了很多个世纪）。

哥伦布“凭借发现权”宣称对美洲拥有主权与诺德韦尔宣称对意大利拥有主权类似（美国土著也在那里生活了很多个世纪）。

因此，哥伦布没有任何权利代表另一个民族宣称对美洲拥有主权，更别提什么“发现权”了。

图8 归谬法与类比推理的关系

你看，这个案例是反驳一个前提的反证。它有一个潜在的演绎推理大前提，但推论转移到了另一个对象上。前者意味着它是演绎推理的反证法——归谬；而后者，就是潜在的类比。

所以，我觉得，包含着类比的归谬法，是以同一个演绎推理的大前提，但换用了另一个事物作为小前提的，因此结论表现为诉诸另一个对象的反证。演绎的特征，反证的特征，都是归谬法的特征。

同学说：

老师，我想到了之前我们上课谈到的“端午快乐”一文，作者在文中提到了新中国成立以来因灾害死难的同胞等,他把端午和“每天都有人死难”作类比,大前提是什么呢?

[少华按:参见本书《归谬法可能在哪儿遇到“雷”?》]

我说:

我想这个归谬法中演绎推理的大前提是:只要有人死亡,我们就不应该享受快乐。是不是这样?

同学说:

哦!这样说来,作者的逻辑是从这个方面着手的,那我觉得可以理解了!

我说:

这个大前提是对方没有说出来的,按照同学们课上的分析,这其实也不是对方的观点。它当然荒谬。

[少华按:如果从对方的具体观点中抽象出一个普遍性的前提,但这个前提却其实并非对方的观点,那么这个抽象过程本身就是有问题的。结果似乎是通过归谬的方式反驳了对方的观点,但其实是攻击了一个稻草人。]

归谬法在实际运用中,往往是用来反驳对方一个具体的观点,但需要把对方的观点抽象为一个普遍命题,作为演绎推理的大前提,作者自己添加一个小前提,结果推出一个荒谬的结果。如果这个小前提是换用了另一个对象,而结论是对另一个对象的判断的话——其中必然包含着类比关系。

最后,我倾向于认为:只要具有“演绎”和“反证”(间接)这两个特点的反驳性推论,就是归谬法,或者我们就可以接受它为归谬法。至于它的论证力是强还是弱,则是另外一个问题。就像一个坏人,我们不能不认可他是人一样;一个坏的论证,我们可以称其为谬误,但不能不承认它是论证。

归谬法中的“谬”是怎样得到的?

2020-11-19

昨天,我以《再谈归谬法中的演绎与类比——答同学问》为题,将前两天晚上与同学在微信中的交流整理出来,将其作为微信公众号文章发出之后,我才将自己对归谬法的另一种隐微的思考梳理清楚。这涉及:归谬法作为一种运用演绎推理的反驳方法,为什么会掺入类比因素?也涉及:归谬法中的“谬”是怎么得到的?

我想到,归谬法虽然作为“演绎的反驳”——“按照对方的逻辑推下去,直到推出荒谬的结论”,但实际上可能分为两个阶段:前一个阶段是纯粹的演绎推理,不问前提是否真实(因为本来就是为了反驳那个前提),只管逻辑上是否有效;而后一个阶段——即推导出一个荒谬的结论,则并非诉诸纯粹形式逻辑,而是必须诉诸对内容的考察。

也就是说,使结论显得荒谬,不是演绎本身能够实现的,而是那个结论在知识、经验或立场上使人难以接受。教科书中所谓“从被反驳的判断中引申出假判断”“从被反驳的判断中引申出两个矛盾的判断”“从被反驳的判断中引申出与其相矛盾的判断”①,其中所谓的“假判断”和“矛盾”,也都是基于公共知识和个体经验,甚至具体的立场得出的。它们是社会生活的内容,而不是逻辑的内容。

白岩松反驳日本前首相野田佳彦的那个归纳得出“俄国对北方四岛②拥有主权”,正好在内容上是日本不能接受的,尽管野田潜在的大前提(实际控制就拥有主权)适用于钓鱼岛这个小前提的时候是有利于日本的。

有学生网友“夜如年”在文后留言:

我在想我们需要这种包含类比的归谬法,是不是因为原来的反证得出矛盾不被普遍接受(比方说钓鱼岛是我国领土不被一些西方人士接受),于是类比反证一个对方一定接受的矛盾,来达到说服目的?

我回复说:

这个归谬在形式上并不直接显示一般归谬法所谓得出矛盾的结论,而是它恰好推出了日本首相不能接受的结论。如果不用北方四岛这个小前提来适用他的大前提,则得不到这种效果。而一旦引入北方四岛,那么类比(两个事物)的关系就客观呈现了。

归谬法诉诸类比的因素,也不是在其演绎推理的阶段——因为由同一大前提不同小前提推导出来的两个不同的三段论在形式上都分别有效。

类比关系客观地存在于适用同样前提的事物之间,是否在文中使用类比实际上体现了作者对两个不同事物(是否)适用于同一前提的内心考量。

也许可以说,在归谬中,人们并非是在有意识地诉诸类比,而是类比关系客观存在。当归谬涉及的两个事物之间的相似性有可质疑之处时,人们实际上是以怀疑类比的可靠性来怀疑这种归谬的。

我提到归谬法中的类比因素,就是这个意思。

而“使结论显得荒谬”的效果,一方面可能表现为:这个结论的荒谬一眼可辨,人们凭直觉、常识和经验就觉得荒谬。比如“父名晋肃,不得举进士;若父名仁,子不得为人乎?”

---

① 见本书第157页。

② 俄称南千岛群岛。

另一方面可能表现为:这个结论与被反驳者自身的观点、立场相矛盾。白岩松反驳日本前首相的案例就属于这种情况。

这样的推论,本身不涉及结论本身的正确与否,只要“矛盾”就够了。因为按照逻辑学的矛盾律,一个人不可以既主张一种观点,又反对同一种观点。他也同样不可以既接受一个前提,又不接受同一个前提。

在归谬法的运用中之所以要引入另一个事物,往往是因为另一个事物才会使同样前提导出的结论的荒谬性更突出。

比如,欧洲人可能没有意识到哥伦布“发现”美洲这个说法有什么荒谬之处。但是,当一位美洲的奥吉布瓦人身着民族服装在意大利走下飞机,宣布凭借“发现权”占领意大利的时候,他们就觉得荒谬了。

有人说李贺的父亲名“晋肃”,与“进士”谐音,因此李贺如果考进士就是犯了家讳,属于不孝。唐朝的人可能没有意识到这种说法的荒谬。但是,当韩愈写出“若父名仁,子不得为人乎”的时候,这种荒谬性才得以极端化地、直观地体现出来。

其实这两个案例中的两组关系之间有着同样荒谬的前提——分别可以作为两个演绎推理的大前提。只不过人们并不一定要“还原”出那些大前提。

而“另一个事物”与演绎推理的关系,就是论辩者将另一个事物作为演绎推理小前提,适用于要反驳的大前提。这是演绎推理前后两个阶段的结合点,也是归谬法中演绎推理与类比因素的结合点。

在归谬法中,演绎推理是在逻辑(形式规则)上必须是有效的。至于结论的荒谬性,却不一定是由演绎推理本身负责的,而是有赖于人们自己对结论做出的判断。而这个判断,是经验性的,甚至是直觉的。

在这个意义上,归谬法虽有演绎推理的形式规则,但因为它有着更为功利的(实际的)说服(论辩)目标,其包含的成分并不完全是形式的。

这才是我们在古今中外到处可以看到的归谬法,是人们普遍使用的、作为辩论术的归谬法,不管你是否愿意把它们称为归谬法。

韩愈就不知道这叫归谬法,但他也用了。

不同的归纳推理,对疫情后的世界做出不同的判断

2020-3-31

在昨天晚上的研究生评论课上,我借用近日两篇对全球化的命运和世界经济形势做出乐观判断的媒体评论,作为归纳推理的案例。与我以往使用的案例相比,它们具有一些新的特点,也与我们师生在疫情中的思虑更为相关。

其中一篇是《经济观察报》社论《全球化摁下暂停键，但不是结束》(2020年3月27日)，另一篇是中国网特约专家余凌曲的文章《中国没有必要“跟从”美国开启量化宽松政策》(2020年3月27日)。

如果我们把这两篇评论看作归纳推理的案例，那么归纳推理就不仅有从个别现象抽象出一个普遍原理的思维路径，也有从个别现象中推断普遍的发展前景的路径——结论为一个具体、确定的判断。

《全球化摁下暂停键，但不是结束》从目前新冠肺炎疫情中的各国反应归纳出对全球化前景不同的结论，实际上体现了传播理论中“两面提示”的方法。其中一种归纳是：

一些人相信，为防控疫情，很多地方封城锁国，人流和物流中断，全球化遭受重大挫折，即使疫情结束，这一趋势也将延续。……

一些论者相信疫情结束后，很多国家会选择将产业链放在更靠近自己的地方，更多依赖于国内生产——他们就此认为，海外订单的消失只是未来的提前预演，孤立和贸易保护当道，民粹主义盛行，这一轮全球化将就此终结。

这当然是对全球化前景的悲观判断。

由此而生的另外一种言论是，这也没有什么可怕的——中国有14亿多人口，规模超大的市场，中国拥有世界上最完备的工业体系，就算都靠自己也玩得转。

——这样的观点虽然看起来没有那么悲观，但也对全球化持消极判断。

然而，这篇社论的作者则从疫情期间各国之间的相互需求与合作，特别是从中国在疫情期间向世界各国输出防护资源，以及由这样的世界需求而激发的生产能力等各个方面，归纳出了更为乐观的结论：

我们看到的还是一个互相需要的世界。应该承认这并非单向的依赖，而是互惠的生存。正因为身处高度分工协作和专业化的经济生态，互帮互助的全球抗疫才成为可能。跨国公司对产业链安全与效率的权衡始终存在，即使有非经济因素的扰动，背弃基本的经济规律也不是好主意。如果将疫情看作对全球产业链的极限测试，也许可以说，经济全球化摁下了暂停键，但这不是结束，甚至不是结束的开始。

对于这篇评论，我在课上提出的问题是：

你从上面的案例中看到归纳推理了吗？

你能看到两个不同结论的归纳推理吗？

如果是这样的话，哪一个归纳更好呢？我们为什么倾向于接受其中一个呢？

第二篇文章《中国没有必要“跟从”美国开启量化宽松政策》，作者是中国(深圳)开发研究院金融与现代产业研究所副所长余凌曲，虽然话题比较专业，但同样触及人们对世界经济的普遍预期。

面对疫情期间的消极景象,作者的判断也是乐观的:

当前,世界经济正处于疫情大暴发引发经济衰退风险的“关键时刻”,市场参与者恐慌心理一触即发,这从各国股票市场、债券市场、外汇市场乃至大宗商品市场、黄金市场均出现的大幅震荡可以清晰看出。但是,我们需要看到,延续了十年稳定发展期甚至繁荣增长期的世界经济仍然保持着强劲的韧性。

值得注意的是,作者在文章中展现了较长周期的观察视野:

自2008年国际金融危机爆发以后,又发生了欧债危机、美国政府停摆危机、非洲债务危机、拉美主权债务危机、新兴国家汇率危机、全球贸易战危机等一系列对全球金融经济稳定产生深刻影响的重大事件,全球金融市场一直处于震荡调整之中,世界经济增长的路径似乎也发生了巨大变化。但如果我们把分析世界经济的时间拉长,会发现近年来世界经济并没有如金融市场震荡反映出的那么糟糕,甚至可以说世界经济当前仍然还处在“繁荣增长期”。

……

观察世界经济的韧性,我们可以再回溯国际金融危机对世界经济增长率的影响。2008年爆发的全球金融危机使世界经济出现了过去40年间的唯一一次负增长,2009年世界经济增长率为-0.1%,其中发达国家为-3.3%,新兴市场和发展中国家为2.8%,均为40年的最低点。如果我们把时间拉长至5年,把2009年及前后各两年作为一个整体分析,2007—2011年5年世界经济实际增长率分别为5.6 %、3.0%、-0.1%、5.4%和4.3%,年均复合增长率为3.62%,同样也高于近40年历史平均水平。一定程度上可以说,当年影响深远的国际金融危机仅仅只是让世界经济增长实现了一次“均值回归”,并没有从根本上改变世界经济的增长路径。

那么,这篇文章归纳推理的特点在哪里呢?

叶子怡说:

它先回顾了2008年金融危机之后的“均值回归”。再到现在,我们仍可以期待出现新一轮“均值回归”。

贤成说:

多次国际金融危机没有改变世界经济增长的趋势,因此这次疫情也不会。

晓婷说:

历时分析是用2008年金融危机前后的全球经济增长情况来推论当前的疫情应该也会像2008年时那样,会带来新一轮“均值回归”。

小雪说:

从2008年金融危机带来“均值回归”,并未改变世界经济增长路径的判断,归纳整个历史时间线上经济的发展规律，推论当下经济发展也会遵循这种规律。

洁尼说：

从历史发展的脉络来分析此次疫情的发展趋势，归纳出类似的结局。

海滢说：

在一段较长的时间里观察金融危机，总结出“均值回归”的结论，再将这个结论应用于疫情分析。

没错，关于归纳推理，《批判的思考》一书就是这么告诉我们的——

当我们把已经发现的东西延伸到还未考察的事情上，我们就是在进行归纳推理。

归纳推理提供给我们一个方法，即把我们对某些已知事物的信念延伸到那些未知的事物上。①

但是，对于这篇文章中乐观的判断，同学们在昨天的课上也有不同的观点。

秋琦说：

但是这篇文章只用了 2008 年金融危机这一个例子论证世界经济会保持增长，论证的效度是不是不够强？

丁振球说：

两个危机有共同属性，但是也有相区别的地方，这次危机主要是疫情导致生产停滞，大批人相当于失业，消费也减少，疫情的持续时间不可控。

中行说：

我也觉得，全球的众多形势都发生了改变，引发危机的原因也不同。

贤成说：

当前世界经济的大格局也与 2008 年不同，感觉这个论证不是很有效。

心怡说：

2008 年是周期性的内生的金融危机，这次是外在疫情引发的，而且不只是经济金融，而是方方面面的危机……所以这个论证可能只是为了安抚大家。

李鸿博说：

2008 年的经济危机是在正常的经济形态下出现的，现在的危机具有不可预料性、不可抗性和强破坏性。

子荷说：

作者有点报喜不报忧的倾向。因为当前形势的很多问题并没有被论述到。

说实话，从专业的角度来说，我们师生的知识和经验都不足以评价这篇文章

① [美]布鲁克·摩尔、理查德·帕克：《批判的思考》，余飞、谢友倩译，东方出版社 2007 年版，第 383、384 页。

的论证力。但是,这篇文章作为媒体发表的"大众传播"文本,本来就是为了给普通人读的,目的是说服普通人接受作者的观点。而学生对这篇文章论证力的"挑剔",就体现了他们自己批判性思维的素养。

我对学生的质疑未置可否。我觉得,如果把10余年前的世界金融危机与这次新冠肺炎疫情对世界经济的影响看作两个独立的事件,那么,这两个事件确实是一种类比关系,而且,这两个类比项之间确实有差异。

但是,从那位作者引用的长周期的数据来看,他显然更强调的是一个经济过程,也就是说,这两个事件同处于一个延续了几十年的经济增长过程和趋势之中。在他看来,这个过程本身没有结束。这样看来,这个论证就不像是对两个有着共同属性的独立事件之间的"类比",而更像是对一个事物自身发展的"概括"。

我曾在一篇题为《为什么历史经验是一种较弱的论据》的教学日志中谈到对历时态归纳与共时态归纳的不同评价:

一般来说,在同样条件下的被观察对象之间,有可能更多地具有相同相似的属性,因此结论的可靠性也就更大。而不同的条件则相反。"历史"就是不同的条件。

人们运用归纳法考察事物的历史周期越长,历史发展的速度越快,事物存在和发展条件的相同相似性就会越弱,事物之间的差异就会越大——以致大到它们变得不再是"同一类事物"了,因而归纳结论的或然性也就会增大。

但是,我们在课上讨论的那篇文章从2008年世界金融危机,谈及2020年新冠肺炎疫情对世界经济的影响,应该不算是一个跨越周期很长的两个事物的类比,而是在谈一个经济增长过程——一个事物自身。

当时,小雪同学提示大家:作者为了增加这个论证的有效性,似乎还在文中进行了横向论证:

再来观察本次疫情带来的影响。在各国加大力度强化疫情防控的形势之下,与生产相关联的经济活动停滞,全球供应链断裂,经济衰退风险迫在眉睫。但是,我们仍然可以期待出现新一轮"均值回归"。中国庞大的内需市场有待激活、美国引领的数字经济加快改造传统行业、发展中国家加速弥合基建鸿沟、宏观调控政策"工具箱"更加丰富……这些都是支撑世界经济快速复苏的重要因素。

这一段对当前世界经济中积极因素的归纳可能比长周期的"类比"的可接受性更强。但它实际上揭示的是:同一经济增长过程中内含的增长因素并没有消失。

已经过了下课时间,我提出了一个并非支持这篇文章的论证,却可以提示大家理解这篇文章作用的看法，就是所谓“自我实现的预言”。

“自我实现的预言”这个理论概念反映的是人们的信心对事物实际结果的影响。这个说法往往会让人觉得有些“唯心”，但它在经济活动中常常可证。因为经济本身对人们的信心十分敏感。从某种意义上，经济既要靠物质资源和人类交往支撑，也靠人们对经济的信心支撑。这有利于我们理解那些对经济形势做出积极判断的文章的写作动机和它们的作用。

我记得去年中美贸易摩擦期间，《新京报》接连有好几篇否定中国进入“低欲望社会”的文章，比如《中国进入“低欲望社会”？那是不懂时下国人的消费》（2019 年 10 月 14 日）、《中国进入“低欲望社会”？消费升级才是大趋势》（2019 年 10 月 21 日）。我当时感到，它们固然表达和论证了作者自己和媒体内心确信的判断，但同时也是为了提高人们对经济发展的信心。因为，如果“低欲望社会”的观点左右了人们对经济的判断，那么，人们就可能真的会处于一种“低欲望”的心理状态，进而节制消费，那么中国经济发展所依赖的内需动力恐怕就会减弱。

在今天看来，未来的经济前景如何，既取决于我们的行动，也取决于我们的信心。

当然，信心本身并不是论证资源。我们相信明天会下雨也不会增加明天下雨的可能性，但信心是影响人类自己的活动——包括经济活动的客观因素。

今天一早，我看到一篇中新社记者专访新加坡著名学者郑永年教授的报道：《疫情冲击或超大萧条，全球化可能退回“经济主权时代”》（中国新闻社 2020 年 3 月 30 日“国是直通车”微博）。

在专访中，面对“您怎么看这次疫情对世界经济的冲击？和 2008 年时相比有什么异同?”的提问，郑永年回答说：

这次疫情的冲击我认为会远远超过 2008 年，可能会比 1929—1933 年大萧条时还糟。

这是以更长的观察周期来判断此次新冠肺炎疫情对全球经济的影响。他得出的结论与我们昨晚讨论的两篇评论的乐观判断有所不同。

而他的着眼点，恰好在于两个事件之间的差异：

2008 年时主要是单纯的金融危机，但新冠肺炎疫情引发的不仅是经济危机，还有恐慌引发的社会危机、政治治理危机以及国际秩序危机，是多重危机在一个时间段内集中爆发，我把它叫作“并发症”，这和 2008 年“病症”比较单一有很大不同，也更加危险。

……

大萧条的中心是西方，之后从西方逐渐扩散到其他国家，但当时全球化的程度远没有现在这么高。当前,世界已经成了"地球村",在这种情况下全球主要经济体暴发疫情,造成的伤害会远远大于当年。

我将这篇文章提供给同学们参考。这篇文章也在一定程度上印证了昨晚课上同学们对那篇持乐观判断的文章保留的质疑。

归纳推理是从个别推断全体的思维活动,它本身就具有或然性(不一定正确)。人们从不同角度、不同层次以个别现象作为前提推断整体状况(性质),因此不同的归纳推理之间存在着强弱对抗,需要理性地辨识和评价。

不同的归纳在说服着我们,它们像所有归纳一样具有"或然性",影响着我们的信心,也考验着我们对论证的辨识力。

让我们用归纳推理，像警察叔叔那样破案

2020-3-20

昨天下午的"论证与修辞"课,我们进入了"论证"一讲的归纳推理环节。我结合案例概要介绍了归纳推理的基本原理之后,很快转入本次课的重点内容——密尔的"求因果五法"。

我在过去的评论课上较少讲到"求因果五法",主要是因为很少能够看到自觉运用这些方法的新闻评论案例。而逻辑学或批判性思维教科书中,则多以科学研究中的案例来说明这些方法。

但我觉得,讲归纳推理而不讲"求因果五法",就像讲演绎推理而不讲"周延"等形式规则一样,都是没有说透的教学。

因此为了这次并非评论课的"论证与修辞"课,在备课时,我在讲义中充实了"求因果五法"的内容,并找到了比较接近于当下议题的现实案例。——我们做教师的人在课堂上讲授基本的理论和方法,这些固然不是自己的原创性思想,但如果不加入自己的一点理解,甚至不加入一些自己寻找的案例,那就真的只是知识的搬运工了。

讲到归纳推理从个别推到一般的基本思路,《批判性思维》教科书会拿"从一只苹果推断一筐苹果是不是烂的"来举例,我在讲义中也会拿"达尔文从加拉帕格斯群岛的效舌鹅物种分化来推断出所有物种都有共同祖先"来举例。但是,除了这些普通的生活经验和伟大的科学原理之外,归纳推理还包括一套更为精密,目标也更为具体的解决问题的方法。它是由英国逻辑学家约翰·斯图亚特·密尔(又译穆勒)总结出来的五种单独使用或配合使用的方法:求同法(契合法)、求异法(差异法),求同求异并用法(契合差异法)、剩余法和共变法。它被人们称为"求因果五法",又称"密尔求因果五法",着眼点是从不同事物的相

关性因素中推断事物的因果关系。

穆勒认为真正的归纳必须有所推，即能由已知推出未知的东西。如果结论只是简单地概括前提中所列举的东西，则不是真正的归纳。他认为真正的归纳法必须在总括事物情状的基础上进一步探求其因果关系，推究其未来的效验。①

比如，其中最基本的方法是求同法：

如果被研究的现象的两个或更多的事例只有一个共同的事态，那么，这个事态——所有事例在该事态上相契合——是给定现象的原因。

该方法比简单枚举法优越。它不仅试图发现原因与结果重复出现的连接，而且试图确定这个唯一的事态——不变地与我们感兴趣的结果或现象关联的一个事态。这是科学探究的一个重要的也是非常普遍的工具，例如在寻找某个致命的流行病过程中，或者在查找某些地质现象的原因的过程中，流行病专家或地质学家将选出特定的那些事态，他们询问，明显不同的事态集合（答案就在其中）在什么方面相一致？②

顺便说一下，“穆勒”是严复的译法，他在清末译了很多西方学术著作，其中包括逻辑学著作，因此有《穆勒名学》这部译著。后来“穆勒”这个译名不用了，就像严复当年将逻辑学译为“名学”也不被后世沿用一样。但严复作为较早将西方逻辑学引入中国的学者是功不可没的。

美国教科书《逻辑的力量》举了这样一个例子：

假设瓦纳小学有5个学生在午餐后呕吐。学校护士把每个学生午餐所吃的东西列了一个表：

学生1：牛奶、鱿鱼沙拉、糖果棒。

学生2：鱿鱼沙拉、可口可乐、薯片。

学生3：牛奶、鱿鱼沙拉、巧克力蛋糕。

学生4：苹果、橙汁、鱿鱼沙拉。

学生5：鱿鱼沙拉、牛奶、胡萝卜、小糕饼。③

那么，你能推断哪一种食物出了问题吗？

同学们在微信群中“异口同声”——“鱿鱼沙拉！”

而我为了下午上课寻找的新案例也运用了求同法，是一篇书评《思想史中

---

① 张志建：《严复学术思想研究》，商务印书馆国际有限公司1995年版，第114页。

② ［美］欧文·M.柯匹、卡尔·科恩：《逻辑学导论》（第11版），张建军、潘天群等译，中国人民大学出版社2007年版，第522页。

③ ［美］斯蒂芬·雷曼：《逻辑的力量》（第3版），杨武金译，中国人民大学出版社2010年版，第333页。

的比较研究以及比较研究的问题》[①]。这篇文章介绍了近日南京大学出版社出版的犹太裔学者卡尔·洛维特久负盛名的专著《韦伯与马克思:以及黑格尔与哲学的扬弃》。文章中有一段写道:

洛维特的研究方法为当代广大思想史家广泛采用,即将思想史上的伟大人物放在一起,在两者的思想之间建立点对点的对照关系,然后进行平行叙事。但问题在于,纯粹的点对点比较并无多大意义,因为它并不增加读者的知识量,除非比较能被置入一个更大的涉及因果关系的问题之中。比如在中学生物课上,老师将四个带有不同位置小孔的黑色小盒罩住四个种在花盆中的幼苗,并将它们放在同样的环境中进行培育。经过一段时间后,老师将黑色小盒拿走,向学生指出幼苗分别往不一样的方向生长,但这些方向都指向了原有黑盒的小孔处。通过比较四个案例,老师得出"植物往有光的方向生长"这一事实。在这个实验中,老师对四个案例进行比较是手段,揭示光源和植物生长方向之间的因果关系是目的。在自然科学领域,通过比较来揭示因果关系是学者的一种共识,但在人文社科领域,这一点往往被忽视。

我由此想到,何止是在人文社科研究领域,在我所关注的新闻评论中,自觉运用求因果五法这种更为具体、目标更为确定的归纳推理方法的案例,也是比较贫乏的。

接着,我讲了一个警察破案的故事——其实,这正是归纳推理和"求同法"的典型案例。

这个故事的案情是:一伙歹徒在河北省临西县境内的高速公路上以在路中放置轮胎为诱饵,引诱想"捡便宜"的司机下车,然后实施抢劫。[②]

我将警察发现的线索整理出来,但先将其结论隐去,请同学像警察那样去破案。

警方观察到:多起情节相同的高速公路抢劫案的现场附近都有一个涵洞。由此推测——

警方还发现:多起同类案件都发生在高速公路的北侧——车辆是从山东方向过来的;路南侧有一个道口下公路,可通向当地乡村。而被抢劫的司机都是外地司机。由此推测——

在同学思考案情的片刻,我在微信群中提问:

我发现警察破案典型的方法是归纳。如果只有一次犯罪案件,警察往往根本无从破案。这是为什么呢?

宁欣说:

---

① 经济观察网 2020 年 3 月 16 日,作者:陶力行。

② 案例引自中央电视台《今日说法》栏目 2016 年 3 月 17 日播出的《埋伏》。

没有共同点，难以寻找突破口。

宏扬说：

如果只有一次案件，变量因素很多，很模糊，找不到关键点。

珂莹说：

找不出共同事态，无法进一步推理。

我说：

说得好！那么，你们能猜出上面警察的思路吗？

乐滋说：

第一个观察推测出"涵洞"可能是嫌疑人作案前后停留的地点，可能有嫌疑人的线索或者痕迹。第二个是不是可以推测作案的嫌疑人很可能是当地乡村居民，打劫人生地不熟的路过者，可以着力排查道路通向的乡村？

宇欢说：

(1)抢劫者埋伏在涵洞里；(2)抢劫者藏匿在当地乡村抑或就是当地乡村的人。

冯元说：

嫌疑人可能来自高速公路南侧的当地乡村，通过涵洞上高速或者离开高速，主要针对来自山东的外地人。

梦迪说：

犯罪者相同，藏身地为涵洞，抢劫对象为高速路上路过的司机，犯罪者可能是乡村里的人。

我向这几位女同学竖起一只大拇指：警察阿姨！

同学们的思路和警察破案的结果差不多。

警方观察到：多起情节相同的高速公路抢劫案现场附近都有一个涵洞，由此推定涵洞可能是犯罪分子埋伏之处，也是事先隐藏犯罪工具(尤其是诱骗受害人停车的大轮胎)的地方。警方还发现：多起同类案件都发生在高速公路的北侧，而被抢劫的司机都是外地司机，由此推定犯罪分子规避公路南侧是为了怕抢到当地人，进而推断犯罪分子是公路南侧的当地人——锁定了排查范围。

而美国教材《逻辑学导论》则用一个医学领域的发现作为求同法的案例：

在几年前求同法的一个类似使用产生了一项给人类带来巨大利益的发现。人们发现，在某些城市里牙齿腐烂的速度相当慢，而当时不知原因为何。研究发现，那些城市中存在一个共同的事态，在那些城市的供水中氟的含量不同寻常的高。人们得出，使用氟能够减少牙齿腐烂的发生。该结论随后得到证实。结果是人们在全球范围内的城市供水中加氟。简言之，我们找到了一个对给定现象的所有事例来说都是共同的事态,此时我们可以自信地认为,我们发现了它的原因。①

我们的同学对饮用水加氟这一点可能没有什么了解和体验,2013 年普利策新闻奖的社论奖就是奖给一张美国地方报纸《坦帕湾时报》的,它为所在皮内拉斯县 70 万人口恢复饮用水加氟而在一年内付出了持续努力。

而讲到"求因果五法"中的"差异法",我用的第一个案例,还是那个小学生吃坏了肚子的故事。

还以上述学校午餐为例,"结果"是呕吐。应用这个方法,学校护士需要找出吃了午餐不呕吐的学生。

例如:假设学生 6 和学生 7 并不出现呕吐:

学生 6:比萨,可口可乐,轻拌沙拉

学生 7:热狗,牛奶,薯片

既然结果(呕吐)不出现,那么原因也就不存在。而且既然学生 6 和学生 7 不吃鱿鱼沙拉,那么护士也就获得了另外的证据线索,以支持鱿鱼沙拉是呕吐的原因。②

我问同学:

从这个案例来看,你看出求同法与求异法的关系了吗?

宁欣说:

求异法是用来证明求同法的结论是否正确吗?

乐滋说:

一个是正面论证,一个是反面论证。"若 p 则 q"和"若非 q 则非 p"互相可以转换。

红梅说:

二者可以互相补充以证明同一个结论。

冯元说:

感觉求异法有时候可以作为求同法的验证环节。

耀媛说:

只有求异法说服力不强。

我说:

的确是这样。所以,"求因果五法"的第三种是求同求异并用法。

宁欣说:

---

① [美]欧文·M.柯匹、卡尔·科恩:《逻辑学导论》(第 11 版),张建军、潘天群等译,中国人民大学出版社 2007 年版,第 523 页。

② [美]斯蒂芬·雷曼:《逻辑的力量》(第 3 版),杨武金译,中国人民大学出版社 2010 年版,第 333 页。

二者相互补充，但是只用求异法可以得出结论吗？

小瑞说：

只用求异法无法得出原因，只用求同法的话倘若事件复杂也不能够确定是相同点中的哪一个起到了作用。

小珂莹说：

求异法可以得出结论啊，但是只能得出不是这个东西导致的呕吐，不能得出到底是哪个东西导致的呕吐。

我给两位同学都竖了大拇指，然后说：

我们可在生活和文献中观察一下。

而第二个案例——“科学的酗酒者”，则看起来是一个荒诞不经的玩笑。

什么东西使酗酒者多次喝酒？他仔细观察，第一晚他喝的是苏格兰酒和苏打，第二晚喝的是波旁酒和苏打，接着是白兰地和苏打，朗姆酒和苏打，杜松子酒和苏打。他发誓再不碰苏打！

科学的酗酒者正确运用了这些方法的规则，但是它们被证明是无效的。因为在先行事态中的相关因素没有被揭示出来。如果酒精被确定为这所有事例中共同的一个事态，用差异法很快将苏打淘汰，这是可能的。①

这个案例又说明什么呢？我问。

展笑说：

案例中有两个相同的元素：除了苏打还有酒。

梦丹说：

这个例子体现出差异法的验证效果有时可以起到关键作用——尤其在共同事态不易从表面提取或难以确定的时候。

淙萱说：

多个共同事态存在时，可以用差异法进行排除。

宏扬说：

求同法需要保证多个案例求同后只留下一个因素。

红梅说：

说明求同法在面对有多个相同因素的事物时难以有效归纳出结论。

珂嘉说：

说明只用求同法有时候会出现错误，如果他再使用一下求异法就可以检验出到底是苏打还是酒导致他天天喝醉。

---

① ［美］欧文·M.柯匹、卡尔·科恩：《逻辑学导论》（第11版），张建军、潘天群等译，中国人民大学出版社2007年版，第547页。

红梅说：

是不是相当于控制变量啊？

耀媛说：

求同法的单次运用不能得出最终结论，决定性的共同因素有时候并不是表面变量。

心园说：

运用求同归纳需要注意求同因素的数量（或许不止一个），且需验证结论与对象的因果关联性。

这位发言不多的同学这一句说得很到位。

这其实是有人对密尔“求同法”的批评，它也暗含着“求同法”中可能存在的漏洞，即我们在后面要讲到的“轻率归纳”。

接着，我展示了一篇以前在评论课上使用过的案例：

恰恰现在很多手艺、艺术都已经学校制了，而这样的学习之中，我们很少听说师生之间有那么多的书剑恩仇之事。唯有仍然保留着传统的、江湖式的传授方式的相声、二人转等艺术，总是不断地闹出一些幺蛾子，不断爆出内讧，不是师徒反目，就是徒弟之间互撕，圈子内的互殴，而且撕起来还不如泼妇骂街体面，斯文扫地，其状难看至极。

我想，这些落后的、过时的艺术传授方式真得改改了……①

这是我在评论中很少看到的使用“求因果五法”之一的案例，但在这门课上，同学们对这个案例的分析较为积极和透彻。

这个案例使用了什么方法呢？我问。

宁欣说：

先求同找到共性，然后再找要说的这个问题（德云社）和大多数共性之间的差异。

宏扬说：

求同求异法？找到大多数手艺、艺术的相同点，和相声、二人转等艺术与其他艺术的差异。

耀媛说：

用求同法得出传统的传授方式存在问题的结论，再根据求异法与学校制作比较。

淙萱说：

求同，学校制的职校里师生恩怨都较少；求异，传统传授方式中师徒常有

① 廖保平：《“郭曹互撕”，别拿着江湖思维正气凛然》，《新京报》2016年9月6日。

恩怨。

阅读几本逻辑学教材和它们提供的案例,我感觉到,所谓“求因果”的五种方法并不是同样重要的,其中主要的方法应当是求同法,而求异法则是它的补充方法。而一些教材中谈到的“求同求异并用法”并非独立的方法,而是上述两种方法的结合使用。就像前面同学所说的,求异是对求同的修正或检验。“剩余法”,则如其名所暗示,它是在运用其他方法找到主要原因之后,对“剩余”原因的推定,因此并不是一种能独立运用的方法。

五种方法中,“共变法”更为独立一些。如果说其他方法是“静态分析”的话,“共变法”则是引入变量的动态分析方法。在《普通逻辑》中,这种方法更适合使用的案例是控制实验;而《逻辑的力量》一书中只使用了:“你踩油门的力度越大,汽车的速度也就越快。”——虽然简单清楚,但也未免显得太简单了,不足以使我们认识到这是一种科学的思维方法。

所以我使用了《批判性思维》(原书第10版)的另一组案例:

共变(covariation)指一个现象的变化同时伴随着另一现象的变化。大气中CO_2的排放和全球变暖之间的共变意味着二者之间可能有因果关系。当烟草商花更多的钱做香烟广告时,吸烟率随之增大,这种共变意味着二者之间可能有因果联系。[①]

快到下课的时间了,我接着谈了自己对“求因果五法”与归纳推理一般原理关系的认识。

从一个类的不同对象中提炼共同因素,是归纳推理从个别推断一般的基本思路,它产生的是人类的一般知识;而“求因果五法”则是在此基本思路的基础上面对并解决具体(实际)问题的目标更为明确的论证策略。

“求因果五法”的相互补充,在一定意义上是为了削减归纳推理难以根本克服的“或然性”,或者说,是为了避免轻率归纳。

轻率归纳,正是我们下一次课的内容。

归纳、类比:可错性的人类知识之源

2015-3-20

昨天晚上的第三次“论证与辩论分析”课,讲到“归纳推理”及其可能产生的谬误——“轻率归纳”。

与演绎推理相比,归纳推理(这个概念在有的教科书中也包含类比)的一个

① 参见[美]布鲁克·诺埃尔·摩尔、理查德·帕克:《批判性思维》(原书第10版),朱素梅译,机械工业出版社2015年版,第273页。

特点是“或然性”,也就是说,结论并不一定正确。

在谈及归纳推理在历史领域的论证效力时,我介绍了胡适关于“历史是‘不再来的’,所以一切公式比例,都不能普遍适用”的观点①,并引出了波普尔在批评“历史决定论”时提出的人类进步不可预测的观点②。由此引发了同学们在这一环节较为热烈的讨论,他们之间甚至产生了往复的争辩,比如关于“预测”这种认识行为的条件及可能性问题,甚至谈到了“未来学”的基础和逻辑。这是我没有想到的。

为了说明波普尔关于“进步不可预测”的观点,我提到自己小的时候(20世纪70年代)妈妈从学校给我带回来的一本书《科学家谈21世纪》——也就是在20世纪五六十年代预测现在,给我带来一种在贫乏的阅读条件下非常美好的阅读体验。那一代优秀的中国科学家几乎预测了科学给未来(也就是现在)的生活带来的所有变化。但是,他们没有一个人提到(据此也可以认定他们没有一个人想到)如今极大地影响了我们当代生活的一个事物——“那是什么呢?”我问同学们。

“互联网!”同学们异口同声地答道。

没错。“进步不可预测”,因为进步的条件——人类在进步中的发明,是不可预测的。进步是累积的结果,而这种累积是不可预测的。这就是波普尔的逻辑。

我在讲义中针对一个案例(其实也正是关于互联网的忧虑)的按语写道:

从这个例子中可以看出——人们的归纳性思考的实际效用,都是基于以前的事例来判断所面对的新的问题。

这是为什么呢?

因为新的事物给人们带来的影响,需要在将来才能确认。而将来的证据,是不能拿到现在来帮助认识的。所以,只能以过去大致相同的材料来帮助认识。

但是,这种思维中有一个看不见的假定,就是:过去的事物和现在的事物会是一样的,具有共同的规律。

而这个假定,其实是有点靠不住的。

如果我们面对的是一个较短周期中的不同事物,或者是一些同时存在的事物,那么,把这些事物作为归纳的前提,大致都没有问题。

但是,如果是面对一个长周期中的不同事物,尤其是那些极大地改变了人类本身的事物,那么,从过去的事物中归纳出来的判断是否还能帮助我们判断新的

---

① 胡适:《武力统一论》,《独立评论》1934年1月第八十五号。

② 参见卡尔·波普尔:《历史决定论的贫困》,杜汝楫、邱仁宗译,上海人民出版社2009年版。

事物，实在是有疑问的。

但也有同学（一位一年级的女同学思齐）勇敢地质疑这样的观点。实际上，在课堂上，不只一位同学对我的案例、结论，甚至我引述的教科书上的定义提出自己不同的看法。这显示了同学们放松的心态和批判的思维。

到快下课的时候，我才打开了类比推理环节的第一个页面——

根据两个对象在一系列属性上是相同的，而且已知其中的一个对象还具有其他属性，由此推出另一个对象也具有同样属性的结论。

此时，有一位同学对类比推理的可靠性及其机理提出了质疑，这引发了课堂内激烈的讨论和争议。

明哲同学以以下“例子”来说明类比推理的可接受性。

他说：

比如我做一道题，不会，但是此前曾经做过一道与这道题比较相似的题，那么，我就试着用解那一道题的方法来解这一道题。结果，可能对了，也可能错了。这总比我完全没有办法好。

我问：

那么，这种对错完全是经验的吗？

他表示肯定。

然而，除了这种经验性的“试错”，类比推理的可行性在事物内部有没有什么根据或规律呢？

有同学答道：

当一个事物中 A、B、C 这三个属性与 D 属性的相关性较高时，那么，另外一个拥有 A、B、C 这三个属性的事物，其拥有 D 属性的可能性就比较大了。

这个回答正是我心中所想：类比推理的可行性，既依赖于人类的经验，也可能深藏在事物普遍的联系之中。

在这样的讨论中，大家都认识到归纳推理、类比推理这种“结论超出前提”的认识路径的可错性。但同时也认识到：这种有点冒险的或然性的认识，恰恰是人类知识之源。

其中孙昊同学的发言给我印象很深，他说：

归纳推理是靠不住的，类比推理是靠不住的。但如果这两者认识都不被允许存在的话，那么，演绎推理也不能存在了——因为演绎推理的前提正是通过归纳和类比识得到的。如果是这样的话，人类的一切推理都不可能。

我觉得，这位同学的话非常深刻地触及了人类认识的困境和悲剧感，但也同样非常深刻地触及了人类认识的实践性和积极性。就像对未来的预测一样，人类的认识充满着知识的局限和认识工具的局限，但人类不可能放弃预测和认识。

这就是人类积极生存的姿态和选择。

生物学为评论课提供了什么

2017-3-18

我是一名新闻评论课教师,本业阅读之外,日常也读一些杂书,比如包括进化论在内的生物学科普著作。这一方面是因为人类的普遍好奇心——“我们自己到底是怎么回事”;另一方面,我也会在其中获得一些教学案例——因为科学史——人类认识自然的历史进程中必然包含着认识的规律,也就是逻辑论证。而科学假说要说服他人接受,也会诉诸艰苦的论证或者精彩的修辞。从 19 世纪的赫胥黎,到当代的道金斯,两位英国生物学家为传播和说服别人接受达尔文的进化论,都付出了大量的论证和修辞的功夫。

比如,上周的评论课上讲到“轻率归纳”。在上课的前几天,我从我国已故的杰出生物学家朱洗院士的《智识的来源》一书中偶然看到生物学史上的一个认识过程,我将其引入讲义,作为“轻率归纳”的典型案例,效果不错。

法国著名昆虫学家法布尔对昆虫的活动观察甚细,对昆虫的描写也甚为生动,文笔优美,由此写出了一本在世界范围内传播甚广的著作《昆虫记》,国内许多人都拥有这本书的译本。

话说法布尔观察到胡蜂活动的一种有趣现象,对此朱洗院士书中描述的话是这样的——

> 他常常说起多种胡蜂捕捉到小虫(如别种昆虫或幼虫),无意将它完全杀害,有意使它成为昏迷不觉,半死半活,便负至自己预备好的巢窠中,然后产卵一枚于其旁,即封其出口,飞扬而去;此后这慈母不再来瞧顾来日出卵的小虫了。而此小虫亦能依赖这俘虏的肉质做食料,滋养身体……
>
> 法布尔观察到这类奇异的事实,便以为这些猎蜂虽然没有学过解剖学,但知道俘虏神经系统的结构,知道它自己的毒针应该刺入某地,使其麻醉但不致死,有时将它的生命延至幼虫孵出时,得以就近享用。法布尔赞美这些蜂类是精明的解剖学家…又称赞它们是生理学家…又称赞它们是数学家!因为它们能计算小虫所能活的时间,适与其卵的发育时间相等……①

由此可见,法布尔实际上是通过对胡蜂的实际观察,归纳(概括)出一个生物学认识的普遍假说:动物的本能是完美的。

“本能”,正是朱洗院士所谓“智识的来源”中的重要一种,它真正是一种“不

① 朱洗:《智识的来源》,新星出版社 2015 年版,第 150 页。

学而能”的“能”。许多动物不必通过父母传授、学校传授，而是通过生物遗传，生下来就拥有重要的生存知识。不用说人类以外的其他动物没有语言文字可以传授知识，就是靠父母做动作示范有时也是不可能的，因为有的动物出生之后见不到父母（“小蝌蚪找妈妈”就是一例），而有的动物出生的时候父母就死了。

在本能这方面，大多数动物可是比人类强多了。候鸟的迁徙，是大家都能看到的动物本能，而胡蜂的上述本能，则是经验丰富的生物学家长期观察才能发现的。

然而，法布尔对胡蜂的观察，真的能够概括出“本能完美”这样一个结论吗？

非也。

朱洗院士写到：他的后人，经过更详细的观察，知道这个结论未免过分夸张。

比如，另一位叫作马什尔的法国昆虫学家就发现：

……[胡蜂]这样的注射并没有一定方向，也没有一定的目的，也不能一定产生什么效果；但是这类工作可以一下重复多次。因为刺的地域太广，针数太多了，这根毒针偶然也会遇到两节中间抵抗力较薄弱的皮肤，毒刺始有内入的机会……

至于被刺中、而被麻醉的俘虏移到洞穴之后，所有的寿命，也不定：有的早期死灭，身体即归腐败，与未来子体不能发生一点关系。[①]

由法布尔观察胡蜂得出的“本能完美”，到马什尔揭示出的“并不完美”，实际上显示了法布尔是“轻率归纳”的。

这种轻率归纳产生的原因，可能是法布尔观察得还不够仔细，也可能是法布尔本人对大自然万千物象怀有强烈的热爱、赞美的诗意情感，还可能是观察对象的种类太少，比如昆虫之外的其他物种呢？而观察对象太少，则是轻率归纳出现的更为典型的原因。

相较而言——也是生物学史上的认识案例，达尔文通过对加拉帕格斯群岛上的效舌鸫的观察而提出进化理论中的重要假说“共同祖先”的归纳推理，则是成功的。因为，对效舌鸫的观察只是触发了他的灵感，他还有对其他物种的观察不断论证这一假说。如果不是华莱士把生物进化的论文寄给他，使他不得不决定提前与华莱士一起发表论文，也许他到死都还在悄悄地论证他的进化论观点，而不是公开他的伟大发现呢。

话说达尔文搭乘贝格尔号军舰在加拉帕格斯群岛上采集到三种效舌鸫标本，看上去与美洲大陆的效舌鸫很相似——

他把标本交给著名鸟类学家约翰·古尔德鉴定，古尔德告诉他那不是三个

---

① 朱洗：《智识的来源》，新星出版社 2015 年版，第 151 页。

变种，而是三种不同的物种。他恍然大悟，明白了地理隔离能够产生新物种：美洲大陆的效舌鸫在偶然（例如，被风吹裹）到达加拉帕格斯群岛后，其后代以不同的方式适应新的环境，不是演变成了三个变种，而是变成了三个新的物种，物种是可变的！如果群岛上的三个效舌鸫物种都源自一个共同祖先——美洲大陆的效舌鸫，那么也可以联想到，所有美洲大陆的效舌鸫物种也都源自一个共同祖先，以此类推，所有的属、科、目、纲……所有的生物，都源自共同祖先。①

这个案例显示的是归纳推理在科学（假说）发现中的作用。它典型地体现了由个别对象推演到普遍原理的思维过程。

达尔文所不知道的是，他的这个通过归纳推理得到的科学假说，最终得到了生物化石的证明。2002 年 4 月 25 日的英国《自然》杂志发表文章说，中美科学家近日在中国辽宁发现了已知的世界上最古老的真兽类哺乳动物化石，很可能是包括人在内的胎生哺乳动物 1.3 亿年前的祖先或近亲。

当代英国生物学家道金斯在《地球上最伟大的表演：进化的证据》一书中写道："若我们追溯到足够远的年代，所有物种，无一例外地都拥有一个共祖。"②

我们和其他动物拥有"共同的祖先"，这可能比"物竞天择""适者生存"这两个关于进化论的标志性命题更让人瞠目结舌。它始于对个别物种的观察，终结于对所有物种的整体判断，是典型的归纳推理。

当然，归纳推理作为一种由个别推断全部的推理，本身就包含着或然性，甚至包含着谬误的可能性。为了避免谬误，英国逻辑学家密尔又贡献了"求因果五法"，即求同法、求异法、求同求异并用、剩余法、共变法。这五种方法其实是相互补充的，使用单一的方法就可能导致谬误。

求同法，就是从不同对象中提取相同的部分进行归纳，这是我们在讲归纳的时候通常提示的方法。但是，对于不同的对象，如果只见其同，不见其异，尤其是把它们之间非本质的相同之处作为根据归纳出结论，就可能判断失准。这也是我在上周的课上特别向同学们提示的。

比如——我最后还是以新闻评论为例吧，最近韩国总统朴槿惠被弹劾下台，在中国也引发了一些议论。有人认为，这体现了韩国民主法治已趋成熟，也有人则认为这体现了韩国政治斗争的血腥。支持后一种观点的人观察到：韩国 18 位总统，除了几位代总统和个别连任总统外，剩下的 11 位总统中，只有李明博平安结束任期，剩下的都是非死即伤。

---

① 参见方舟子：《寻找生命的逻辑——生物学观念的发展》（第二版），上海交通大学出版社 2007 年版。

② ［英］理查德·道金斯：《地球上最伟大的表演：进化的证据》，李虎、徐双悦译，中信出版社 2013 年版，第 135—136 页。

——这其实也是轻率归纳。

其实，在这18位总统相继执政的几十年间，韩国政治经历了从军人独裁到民主制度基本完备的漫长历程，这是一个发展的、历时态的过程，已经不能做共时态的静态归纳了。

此外，还有人从前不久朝鲜领导人的哥哥被人刺杀，想到韩国领导人（也就是朴槿惠的爸爸朴正熙）也是被人刺杀的。由这两个“相同”之处，归纳出朝、韩两国政治都不正常。这也是轻率归纳。不仅这两起刺杀事件发生在不同时代，即使是刺杀事件本身，作为偶然事件，也不是判断国家政治状态的贴近本质的论据；与在“刺杀”这一点上的“相同”相比，两国当代在政治体制上的“相异”，才是更为本质的前提。在这个意义上，仅从“刺杀”的“相同”就对两国政治状态做出相同的判断，也是轻率归纳。

“凡刀加人身者罚”包含着什么谬误？

2019-3-16

研究生的评论课讲到论证分析一讲，我一般都会介绍普通逻辑学的每一种论证方法可能产生的谬误（或弱的论证）。其中归纳推理所对应的谬误就是“轻率归纳”。

归纳推理因为其基本思路是从个别推断全部，本身就是或然性的，也就是结论不一定正确。轻率归纳往轻了说是弱的论证，往重了说就是谬误。

而导致轻率归纳的原因有两个方面：一个方面是作为前提被观察的具体事物，其数量不够充足。所谓的数量标准，是针对归纳推理的结论对一个“类”的判断而言的。另一个方面是作为前提被观察的具体事物，其性质“不典型”（typical）。而所谓的“不典型”，也是针对归纳推理所要判断的一个“类”的整体而言的。有的教科书用“偏离的样本”来指称这类前提。

“偏离的样本”的一个典型案例，是对1936年美国总统大选的预测①：

久负盛名的民意调查机构《文学摘要》杂志，以240万人的庞大调查样本预测共和党人蓝登②将当选下一任美国总统。预测误差达到19%。而盖洛普则以一个约5万人的调查样本准确地预测了罗斯福当选。

而其原因在于：

《文学摘要》仅向该杂志订户、根据电话簿向家中有电话的人员和根据汽车

① 陈阳：《大众传播学研究方法导论》（第二版），中国人民大学出版社2015年版。

② 通译兰登。

拥有者名册向家中有汽车的人员发放问卷做调查。大家知道，自 1929 年起美国进入了长达 10 年的经济大萧条时期，可想而知，1936 年收入在一般水平之上的人员才有余钱订购杂志。根据统计资料，1936 年，美国每四个家庭中仅有一家有电话。……

本学期我讲到轻率归纳，一个新的视角，是引入了“偶性”的概念。使我产生这个设想的诱因，是我从美国法学教授弗雷德里克·肖尔的《依规则游戏》一书中读到的案例①：

设想我带着安格斯进入一家餐厅，它一进去就大吠，到处乱窜，跳到顾客身上，把食物的残渣弄得满地都是。餐厅的老板希望预防类似事情，不仅仅是杜绝安格斯现在这种事情，而且也杜绝未来同类事情再度发生。因此，这位老板就必须对安格斯的以下事情进行一般化：吠、窜、跳以及进食的时间（和地点）。安格斯是黑色的，所以老板可能定下一条规则，禁止任何黑色的东西进入餐厅……

在这里，餐厅老板所谓的“一般化”，就是我们说的归纳。而这种归纳，正是典型的轻率归纳。

肖尔教授分析说：

对此突发事件这样一种一般化在逻辑上或许是无瑕疵的，因为该事件是被正确地描述为一宗由一个黑色物体引发的麻烦，排除黑色物体可以确保不会有类似的事件再次发生。但是，这种逻辑合法的一般化是荒诞的，因为安格斯是黑色的这一事实，对于激发了将之排除在外的最近发生的事件而言，是因果不相关的。我们知道安格斯的黑颜色，对于引起它的吠、窜、跳和吃而言，是不相关的或错误的原因。

在讲义的这个页面之后，我做了一个按语：我感到，这正是归纳中的“偶性”问题。“偶性”其实是不相关性。

与什么不相关呢？与议题不相关，与认识的目的不相关。

从谬误的类型来说，这是轻率归纳。

“一般化”，或者归纳、概括，作为人的认识，是有方向性的。这个认识方向正是认识的功利目标：解决问题。

我正是借助这个案例引入“偶性”来说明轻率归纳的。

事实上，作为一名“讲师”，我的讲义的大部分内容都是别人的理论观点和我自己从报纸杂志中找出的案例。而我自己的观点，都是通过在其间以“少华按”的按语形式来表达的。

① [美]弗雷德里克·肖尔：《依规则游戏——对法律与生活中规则裁判的哲学考察》，黄伟文译，中国政法大学出版社 2015 年版，第 31 页。

在古典逻辑学的发源之地，古希腊的亚里士多德在《工具论·论题篇》中就谈及“偶性”①：

既然在事物的特性中，有的表现本质，有的并不表现本质，那么，你就可以把特性区分为上述的两个部分，把表现本质的那个部分称为定义，把剩下的部分按通常所用的术语叫作特性。根据上述（原则），很明显，按现在的区分，一共出现有四个要素，即特性、定义、种和偶性。

……

偶性是：它不是上述那些的任何一种，即既不是定义和特性，又不是种，但也属于事物；并且，它可能属于，也可能不属于同一的某个体，例如坐的姿势就可能属于也可能不属于同一的某物。白色也如此；因为没有什么东西能妨碍同一个事物在此时为白，在彼时为非白。

亚里士多德在《工具论·前分析篇》中还写道②：

有些事物在本性上是不可能述说其他事物的。大致说来，每个可感事物都是这样的。除非是在偶然的意义上，它们不能表述其他事物。因为有时候我们说，“那个白的东西是苏格拉底”或者“那个正在走来的是加里亚斯”。

——显然，在这里亚里士多德要说的是，“白”对于苏格拉底就是偶性的东西，它不能反映苏格拉底的本质特点，不能反映他的睿智、博雅和伟大。

以事物的“偶性”为前提进行推理会造成谬误。而这种包含着“偶性”的前提，就是“偏离的”和“非典型的”。

民国初年著名逻辑学家章士钊所著的《逻辑指要》中，将西文逻辑学中的谬误（fallacy）译为“悖”——悖谬之“悖”。这倒是个古汉语词。他在该书的第二十八章“诸悖”（也就是各种谬误）中提到“质悖”（也就是性质的谬误，与其相对应的，则是形式谬误）的一种：“偶性之悖”，就是从事物的“偶性”推导出错误结论。而与“偶性”相对的概念是“常性”，应当指事物的一般属性、本质属性。

他举了一个“偶性之悖”的谬误例子③：

凡刀加人身者罚。

外科医生刀加人身。

故外科医生当罚。

这显然是一个演绎推理的三段论，它有一个错误的结论。这个结论的错误不是因为违反了演绎推理的形式规则，而在于前提中包含着认识上的错误（即

---

① ［古希腊］亚里士多德：《工具论》（下），余纪元等译，中国人民大学出版社 2003 年版，第 354、356 页。

② ［古希腊］亚里士多德：《工具论》（下），余纪元等译，中国人民大学出版社 2003 年版，第 149 页。

③ 章士钊：《逻辑指要》，生活·读书·新知三联书店 1961 年版。

“质悖”)。

“凡刀加人身者罚”这个命题似乎是一个法律命题(尽管法律没有这么表述),它是对持刀伤害他人的犯罪行为的禁止。而相对于这个法律命题的本意而言,相对于禁止犯罪所表述的“类别”,外科医生持手术刀作用于人体,则是为了人的健康,完全不包含任何犯罪的动机。在这里,小前提“外科医生刀加人身”的案例,相对于大前提“凡刀加人身者罚”,就是一种“偶性”,就是“非典型的”“偏离的”样本。(外科医生也可能有用手术刀杀人,但那是极端的个案,对于“外科医生动手术”而言是非典型的样本。而上面小前提中“外科医生刀加人身”则是对外科医生这一“类”的判断。)

也就是说,这个小前提其实并不包含在大前提之中,因此不可能得出正确的结论。而演绎推理三段论的基本原理就是大、小前提与结论的包含关系。

反过来看,虽然这个案例是一个演绎推理,但任何演绎的前提都是归纳产生的。这个演绎推理的前提产生的推理过程,把外科医生“用刀”这一对犯罪行为而言的非典型案例与法律所禁止的典型行为——行凶“用刀”合在一起归纳了,而这两者本来就不在一“类”之中。

这个归纳过程正是轻率归纳。

归谬与类比,远了,就弱了

2016-11-22

每当我的评论课讲到归谬法和类比推理的时候,总不免引发同学们的一些疑惑,我也在回应同学们的疑惑和质疑中逐渐加深了对这两种论证(反驳)方法的认识,并将其写成文章。比如教学日志《“打耳光就是杀人”?》《归谬法如何走到谬误?》《归谬法推演中的可接受性限度》;以及发表在报纸杂志上的文章《归谬法的边界与论争的伦理》《类比须防不同类,归谬莫到不相干》《归谬法中的类比思维与抽象思维》。

这次课讲到归谬法,新用的一个案例比较有意思,是针对这样一组图片的(见图9):

显然,这一组图片表达了动物福利主义者(或者我们不用这个“主义”的标签,而用“那些疼惜动物的人们”)试图通过创意图片诉诸人们的感情,让人们在与动物“换位”的虚构情境中反思我们对动物的行为与态度。

然而,一篇评论则反驳这样“换拉”。作者写道[①]:

---

① 刘夙:《这个大坑,哪怕赵薇跳了我们也绝不跟着跳》,微信公众号“环球时报”2016年4月3日。

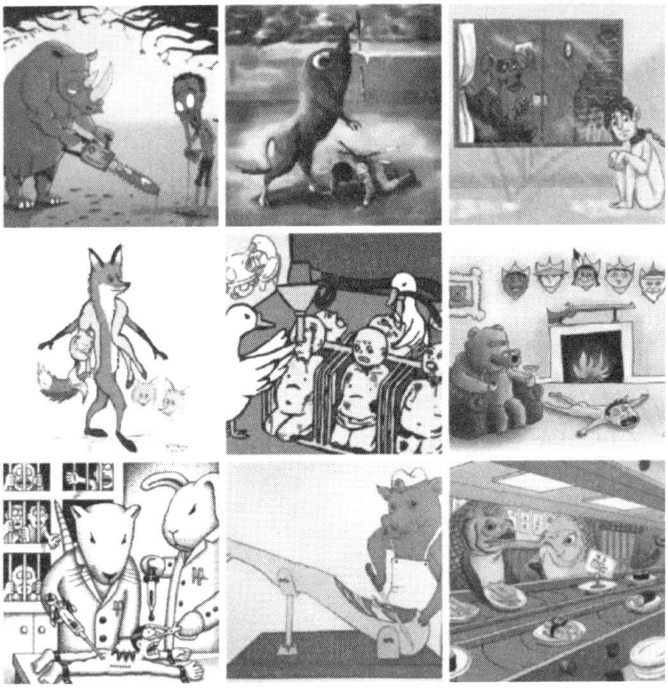

图 9 “换位思考”

所谓“换位思考”,一个“换”字表明了这本该是个双向的过程,既有甲换为乙替乙思考,又有乙换为甲替甲思考,最后甲和乙还要彼此沟通各自的思考,达成谅解。但是,人可以把自己换到动物的位置上替动物思考,动物能把自己换到人的位置上替人思考,并且和人互换意见吗?当然不能!国内外的动物福利主义者嚷嚷了这么多年“动物也有灵”,但连一个最基本的事情都没怎么做到,就是让动物明确表达自己的意见。这本来就是强动物所难——没有像人那样的智力,怎么可能表达什么意见!

既然如此,动物就不能和人类比,不能和人互换。非要让人和动物单向“互换”,那岂不是也可以让人和石头“互换”、和水“互换”?这样的话,我们修高铁隧道,也是让山石家破人亡,何其残忍!我们修核电站,更是让铀元素粉身碎骨,何其不仁!

在这个归谬法中,作者有意忽略了人与其他哺乳动物的相同或相近属性,以及生物与非生物(石头、铀元素)的不同属性。在这里,作者自己超过了一个边界:本来是要否定动物“有灵”,或者动物与人类有同样的感受力和思维能力(动物有痛感是无法否定的),却用“石头”“铀元素”这类完全无痛感、无思想、无表达能力的非生物物质来论证,实际上是树立了一个对方没有提出的“稻草人”来攻击,属于“稻草人谬误”。

在课堂上,我还提示同学们注意:所谓“换位”的创意,其诉求无非吁请人们关爱动物。但作者却过于认真地着眼于“换位”的现实可能性,并且为其提出了一个过高的标准:动物能够用语言与人交流。其实这个条件是不必要的。

我们知道,当我们用脚踩了狗的尾巴、猫的爪子,它们都会疼得大叫,这不就已经表达了吗? 这和我们用语言表达的内容是相当的。其实,动物何尝没有“语言”呢? 一只蚂蚁怎样通知一群蚂蚁那边有食物(“大家快去搬呀”)? 一只头雁如何带领雁群万里迁徙? 它们自己能够交流就够了,你非要求它们能够说出人类的语言,非要它们说中国话,说普通话,这不是太苛刻了吗?

在“进化之树”上,我们与有些动物(脊椎动物)有着共同的祖先。虽然我们人类后来确实比它们发达多了,但把我们与它们的界线说得那么难以跨越,达尔文是不赞成的。

类比推理的案例作品,虽然我在课前删掉了一些,但还是比其他推理方法的案例多一些。

比如,今年3月26日《北京青年报》社评《别让“暖心饭卡”遮蔽了公平问题》。这篇作品针对的是某高校基于对学生在食堂用餐消费的数据分析和对贫困生隐私的保护,精准投放补助,推行“偷偷给贫困生充饭卡”的“暖心饭卡”项目。文章虽然对学校用心之细做出了肯定,但仍然在公开程序方面提出了质疑:

大学生已是成年人,应当具有基本的权利与义务观念,享受了一定的权利,就要承担相应的义务。居民申请低保或承租、购买保障性住房,个人基本信息要在街道、社区进行公示,接受其他居民和相关方面的监督,同样的道理,大学生享受了贫困生助学金或其他补助,也应当承担公开个人基本信息的义务。

——这一段类比推理的论证效力在于,作者选择的类比对象(申请低保或承租、购买保障性住房的居民)与贫困大学生有这样几个相同的属性:都是成年人,都接受国家(也就是纳税人)的资助;如果其中一个群体的个人信息有必要公示,而大家对这一点没有疑义的话(这也是一种“属性”),那么另一个群体也承担相应义务(具有“公开信息”的属性),也不应有什么疑义。除非你能揭示出这两个群体的重大差异。

另有一个类比推理案例是上海学者傅蔚冈去年发表在腾讯“大家”栏目的《出租车司机是即将被淘汰的职业》(2015年3月17日)。与上面那个案例涉及的价值问题不同,这个案例其实是对未来趋势的事实判断,其“或然性”更大一些。作者选择的类比对象是打字员:

为什么私家车接入专车必定会成为现实? 我们不妨以打字员这个行业为

例。如果时间回到20年前或者更早一些时候……在这种情况下，打字是一个专业活，而打字员也是一个职业，就像今天的出租车司机一样。不过随着电脑价格走低，在绝大多数机构人手拥有一台电脑几乎是标配，除了极少数单位会设有打字员这个岗位外，打字员作为一个职业已经在社会上消失。……今天出租车和当年的打字机很像，出租车驾驶员则类似于当年的打字员。换句话说，随着轿车进入家庭，出租车作为一个行业可能会消失，而出租车司机作为一个工种也会消失。

单独看，这个类比有一定说服力。但作者还嫌不太可靠，他又在上述类比的语段中补充论证了一番打字员何以成为一个职业——

让我们想象一下电脑的昂贵吧。1996年，联想公司发动了一场让电脑进家庭的降价运动，但即便如此，价格还是普通人难以承受：一台“联想天蝎1+1”台式电脑，其配置为“MMX166，16M内存，1.6G硬盘，15寸显示器”，这种配置在今天几乎低于任何一部智能手机，但是在当年其价格还是高达13 000元左右，而那些相同配置的进口品牌则超过2万。

13 000元是什么概念？据国家统计局的数据，1996年中国人均GDP是7 157.23元，换句话说，购买一台“联想天蝎1+1”台式电脑，需要两个人一年的产出——注意，是两个人的产出，而不是两个人一年的收入。如果按照收入计算，估计需要3—4个人。或者说，购买一台品牌电脑需要一个三口之家一年的收入。

——在课堂上给同学们讲到这一段的时候，我才发现一个问题：作者为了论证因为电脑昂贵所以才会出现打字员这个行业，不惜让打字员使用昂贵的品牌电脑打字！——这个就有点过分了。其实，过来人都知道，那个年代除了“联想天蝎1+1”台式电脑可以打字之外，如果你只是用来打字的话，那只需一台“四通”打字机就可以了，那要便宜得多。

而我自己当年作为报纸编辑，也是经历过由“打字员”（开始是印厂排字工，后来是照排车间工人）排稿到自己打字的过程的。在我的新闻从业经历中，确实看到有一些职业由于技术进步而消失了，这也许可以和出租车司机作类比。但是我仍然认为让打字员使用昂贵的“联想天蝎1+1”台式电脑是弱的论据，尽管照排车间工人使用的一套激光照排设备要比“联想天蝎1+1”台式电脑贵得多。

类比推理用在差异较小的事物之间，有着较好的论证效果。比如，去年春节期间，大学生小陈上车前发现丢了火车票，在列车上她向列车长出示了12306网站购票成功短信、邮件和身份证等，却仍被要求全价补票，并且无法退票。小陈没有像其他有同样遭遇的旅客一样忍气吞声，而是选择了将昆明铁路局告上法庭。海南大学的法学专业老师王琳支持这位大学生,他在微信公众号“天涯法律评论”发表文章《司法为何改变不了“铁老大”的专横》(2015 年 10 月 19 日),其中有这样一段:

有过乘坐高铁经验的人都知道,在网上订票后,不少高铁站可以直接持二代身份证乘车。这些直接持二代身份证乘车的旅客虽然没有打印车票,但他们与铁路方面的运输合同仍然成立。这就如民航旅客登机也不一定非得打印机票(行程单)作为航空运输合同的依据一样。若民航旅客丢失了机票,对旅客来说最大的影响其实只意味着他丢失了一张报销凭证,但该旅客持身份证件一样可以办理登机。

——这一段类比推理的论证力,在课堂上大家都认可。为啥呢?因为都是交通工具嘛!

还有一个类比推理的案例,是我在今年红网全国大学生“评论之星”选拔赛上看到的一篇作品,题为《交通法规能否引入“不良示范罪”?》(作者:全鹏飞,2016 年 10 月 25 日)。作者的思考是从下面这样一个悲剧性事件中生发的:

10 月 17 日晚,在北京市通州区发生了一起交通事故,一辆出租车被拉石头的大卡车压扁,出租车司机当场死亡。监控视频显示,现场一共先后出现四辆车,第一辆大货车冲闯红灯,第二辆出租车停下来等灯,第三辆尾随出租车的小轿车实线并道,停在大货车空出的位置上,第四辆肇事的大卡车看来也想闯红灯,根本没有刹车动作,被实线并道的小轿车晃了一下,发生侧翻。①

在这个案例中,作者敏锐地意识到:

守规则的人付出了生命,违反规则的人安然无恙,这样的结果实在让人心寒,也是对守法人,甚至是法律的讽刺。舆论将矛头指向实线并道的小轿车司机和预备闯红灯的货车司机,鲜有关注第一辆货车司机,甚至在新闻的不断传播中,第一辆闯红灯(或黄灯)的货车已经不再被提及,而笔者认为第一辆货车司机更应该被关注。

于是,作者提出了如下的诉求:

虽然他只是闯红灯(或黄灯),在行为学上只能称作不良示范,按交通法规来说顶多扣分罚款。但是他解禁了后来者的规则意识。如果他能停下来等红灯,小轿车没有突然变道的机会,第二辆货车也会提前减速,惨剧也不会发生。但是,没有如果。我们在讨论“守规则是否吃亏”的同时,是否也该考虑对“始作俑者”的惩罚?

---

① 参见林琳:《工人日报刊文评“唯一守规则的司机惨死”:应纠偏,体现正义》,“澎湃新闻网”2016 年 10 月 22 日。

《道路交通事故处理程序规定》第六十条第二款：因两方或者两方以上当事人的过错发生道路交通事故的，根据其行为对事故发生的作用以及过错的严重程度，分别承担主要责任、同等责任和次要责任。对于这起交通事故的追责，需要等交管部门调查结束后出具《交通事故责任认定书》。无论怎样判定，第一辆货车司机没有理由承担刑事责任，我们只能从道德的层面批判他的“带头作恶”。这正是我们所忽略的：有对主犯的严惩，而没有对“始作俑者”的惩罚。《刑法》中有教唆罪，而交通法规中却没有“不良示范罪”。

——你看，落到最后，竟然也诉诸一个类比推理。

但是，这个类比推理的论证力，在课堂上引发了争议。

小帅说：

文中将假想的“不良示范罪”引入交通法规中有悖法律常理。只有《刑法》才能将某种行为定罪，而交通法规并没有这种权限，最多只能规定在出现了某种情节的情况下，按照《刑法》的相关规定进行惩处。

小天说：

文中使用了很多法律用语，但其中很多地方都存在问题。首先，文中模糊了交通法规与《刑法》中的权限边界与用词，如文中谈到“对主犯的严惩”“对始作俑者的惩罚”，而这里的“主犯”是《刑法》意义上的。其次，“教唆罪”应该是指鼓励他人进行一些违法犯罪的活动，而这里只是指司机的不良示范，类似有人违法，别人也可能会跟着去违法。但我们对首先违法的人的处罚是基于他的违法事实，而不是因为别人后续的违法行为。因此这种类比是不正确的。

小锦说：

文中放大了“始作俑者”的作用。首闯红灯的司机违规是一回事，而其他人要不要违反交通规定取决于他们自己。

圣乔说：

“始作俑者”的定性是非常主观的。首闯红灯的司机可能会带来的不良影响与不良后果，如严重到发生车祸等，都属于作者个人的假想和推断，以之做前提是不充分的。

京州说：

我倒觉得这种类比有其合理性，一是两者都在法律框架之内，二是就两者的属性而言，教唆与不良示范两者存在共性。虽然在量上面很难去界定，但也很难否认这两种行为都会产生一种激发别人违法的作用，是一种不良环境对人产生的不良作用。不过也正是因为量上难以去界定，在制度法规的设计上要更加谨慎。

海昕说：

这个类比不是很有效，因为虽然不良示范和教唆都是一种对他人行为产生不良影响的个人行为，但是前者更多的是属于主观上没有示范的想法却造成了不良示范的事实；而后者不仅在客观上造成了不良影响，在主观上也有影响他人的想法。因此两者还是有区别的，所以将两者进行类比不是很妥当。

俊鹏说：

刑法与交通法规所针对的行为性质和轻重程度差异较大。刑法中之所以有教唆罪，是因为刑法所判处的行为都是非常严重的犯罪行为。而交通法规所处罚的行为，除达到交通肇事罪的严重程度之外，多数属于不那么严重的违法行为，比如说闯红灯之类的。而且两个法律的位阶也有差异。因此将两者进行类比还需更进一步的说明。

正坤说：

今天课上这几篇类比推理的文章，作者都在刻意规避用来类比的两个事物之间的差异。如何规避，规避到什么程度，这几篇文章各不相同。这一篇就比较明显。教唆的人，是在思想上主观地去教唆他人犯罪；而一个先闯红灯的人，却没有这种主观上的动机。

我插言：

这是重大差异。他甚至不知道后者的存在。

此时，下课铃声已经响了。但坐在后排的杰艺同学还是举手发言说：

教唆罪中的犯罪者，目的就是教人犯罪；而这个闯红灯的人却没有这个目的。

这篇文章实际上提出了一个立法诉求——这是许多新闻评论的典型思路。立法诉求如果不只是说说而已，而是真的要实际促动一个立法程序的话，肯定是需要论证的。而这种论证，除了要指出某一种行为本身的严重程度只有立法才能规制以及这种规制带来的社会收益之外，也可能会诉诸其他已有的法律规定。我觉得，这种类比，如果作为一种论证的话，可能是较弱的论证，不宜充当论证的主体。而且，需要充分地从法律思维的角度来考虑其合宜性。而按照法律思维，在划定罪与非罪的界限时，应当尤其慎重。

我在《归谬法中的类比思维与抽象思维》一文中谈到，归谬法中有类比思维——只有通过类比，把论题的情境转移到另一种更接近、更容易看清楚的情境中，论题中所包含的荒谬性，也才更容易看得清楚。因此，归谬法与类比推理都存在两个事物的关系和距离问题，两者距离近，则论证的可靠性强；距离远，则可靠性弱。

那篇否定人与动物可以"换位思考"的评论，当作者从动物推到石头、铀元素的时候，就远了，也就弱了。而另一篇提出应当追究先闯红灯的人对后面发生的交通事故的责任的评论,当作者引用刑法中的“教唆罪”来类比的时候,也远了,也弱了。所谓“远了”,就是事物之间的差异大了,因此对于那些敏感于事物之间差异的人们来说,说服力就不强了。

如果算上身后发生的惨剧,闯红灯该当何罪?

2017-11-16

本周的课堂上,在讲到类比推理时,我仍然以上文所述《交通法规能否引入“不良示范罪”?》[①]为案例,又一次激发了同学们的热烈讨论。

同学们对这个类比的论证力表达了完全不同的评价,而且有意思的是,在我教的三个班中,有两个班的同学在整体上(多数)倾向相反。这是为什么呢?

新法班的小斌同学首先发言:

在交通领域中的闯红灯者的“不良示范”与刑法中的“教唆”的差异是:前者没有“故意”,而后者就是“故意”。

显然,“故意”这个因素在法律中是很重要的。

同样的看法,在另一个班上,也首先被一位国防专业的同学提出来了,尽管他使用的不是“故意”这个法律术语,而是“有意识”。

肖鹏说:

文章类比的是教唆罪,教唆罪是有意识地去引导,但是这个案子里的大货车司机并不是有意识地引导后面的车去闯红灯。我可以不守规则,但我没有要求后面的车不守规则。有意识在法律中非常重要。

若晨说:

在这个案例中,(第一辆车闯红灯的)行为与(后面车发生车祸的)结果之间没有刑法意义上的因果关系。

小驰说:

小车变道导致后面的大车侧翻,这个责任是可以推断出来的。但是,你不能因为第一辆货车闯红灯就推断出第二辆小车会变道。后面的小车变不变道是小车司机自己的选择。

与考虑到几个行为的因果关系的思路相比,这位同学一方面注意到行为的可预期性,另一方面更在意行为主体的责任,即每一个人应当为自己的行为负责。

婉琪说:

---

① 该评论及其所涉新闻事件参见本书《归谬与类比,远了,就弱了》一文。

教唆犯罪,是一个人的教唆行为导致另一个人的犯意,进而从事违法犯罪的行为。而他的犯意必须是由教唆者引起的,而且他真的从事了犯罪,在这个基础上才有教唆罪的成立。而在这个交通案件中,首先我们不能说是第一辆货车闯红灯的行为,导致后面的车辆违反规则,可能他们本身就有违反规则的意念,也就是说不能确认前者导致后者产生违反规则的意识。第一辆货车闯了红灯,后面的车辆也有可能守法;也有可能第一辆货车停下来等红灯,但是第二辆车还是想闯红灯,这个时候可能就会发生第二辆货车和第一辆货车相撞。这说明,不能从第一辆货车的错误推导出后面更严重的后果和相应的责任。

新法班的一位女生咏佳则指出原文中一个措辞的错误——在交通安全法中引入"不良示范罪"。

她说:

如果是一个"罪"的话,那是要"入刑"(《刑法》)的。如果在交通安全法中进行规范,那么,它虽然是一个违法行为,但不能叫"罪"。

你看,新法班虽然有一半的同学来自新闻学院(另一半来自法学院),但在这样一个案例中也明显地表现出法律意识和法律素养。

在这个班上有一位来自其他学院的选修同学紫荆的发言特别有意思,她说:

如果照这样推论的话,那么是否可以追溯前面闯红灯的司机所受到的影响呢?在他的前面是否有另一个人的错误行为影响到他闯红灯呢?

尽管这位同学设想的情况因为前面的"绿灯"而可能不存在,但是,我理解她的意思正与哲学家悉尼·胡克的名言相符:原因的原因的原因,就不是原因(我是在著名学者朱学勤以此为题的文章中看到的)。

而我这两天读《西塞罗全集·修辞学卷》中的《公共演讲的理论》,刚好看到一句话就是:"把事情追溯得太远,这样的命题也是有缺陷的。"①

在另一个班上,还有一位龙轩同学则考虑到用来类比的两个事物中因果关系的强弱差异。他说:

文章中认为闯红灯的前车"解禁了后者的规则意识",并不很有论证力,即使前一车没有闯红灯,后一车仍然可能闯红灯。教唆罪有个很强的因果关系,但是不良示范罪的因果关系没有那么强。

而在周二的课堂上,针对这个案例发言的两位同学都不认同这个类比推理的论证效力,其理由各不相同:

小钰说:

---

① [古罗马]西塞罗:《论公共演讲的理论》,《西塞罗全集·修辞学卷》,人民出版社2007年版,第40页。

第一个司机闯红灯是无目的的，对之后的事情也不知情。但是“教唆”强调主动和故意，这两个概念是没有可比性的。

小晗说：

我们常说“人不该为预想不到的后果负责”。“教唆”是明知后果却仍然坚持这样做，而案例中的第一个司机却无法预知自己闯红灯之后的一系列蝴蝶效应。他确实违反了交通规则，却不需要为自己无法预知的事情负责。

在三个班同学的发言中，有一位同学的表达给我印象很深，他说：

如果根据一个行为的间接后果来为其定罪，而这种后果可能很大也可能很小——实际上是不确定的，那么按照罪刑相适应的法律原则，我们实际上根本无法为其定罪。

我记不起是哪一位同学说的了。这是从司法的现实可行性考虑的思路。罪刑相适应的法律原则，体现在 1997 年《刑法》第五条的表述就是：“刑罚的轻重，应当与犯罪分子所犯罪行和承担的刑事责任相适应。”

当然，一个假定的前提是，这个罪名成立。

而认同这个类比推理的理由，则比较典型地体现在另一位同学的发言中。这位叫小堃的同学说：

很多传播出来的视频都没有播前面这一段，如果单看剪辑的视频确实会把责任归于后面并线的小车，前面闯红灯的大车根本没人会关注，这个评论出来我才知道原来事情是这样。这样一想责任就不能完全归于小车，大车的责任是相当明显的：如果他不闯红灯，后面小车就不会并线，事故也不会发生。用《刑法》中的教唆罪和本案件中的不良示范进行类比，虽然是不同的法律，具体情况也有很大差异，但是从本质上看，从责任的归属看，前面的大车也应该承担责任。

对这一事件的认识过程——了解事物之间更为确定、具体的因果关系，显然对这位同学的观点产生了影响。与其说他更多地考虑到与“教唆罪”的类比是否成立，不如说他更多地考虑到在真实的因果关系中，法律责任如何合理、公平地分配。

在赞同那篇文章中类比推理的同学比较多的班上，一些同学即使赞同也在某种程度上承认两种行为的差异。

王浩说：

我觉得《刑法》和交通法规的规则都是对人们行为的规范。这个案例中前车的示范给后车造成严重后果这种现象在生活中并不是很典型，典型的是引起更多人闯红灯：在路边等红灯本来好好的，一旦有人开始走，人群就都开始往前走。我觉得交通法规确实该引入不良示范罪。《刑法》中如果教唆未成年人犯罪刑罚是很重的，交通法规中的不良示范罪程度可以轻一点。但是我认为这个类比可以成立。

显然,追责“不良示范”这样的思路,在总体上对这个同学产生了积极的影响,他在自己的思想中接通了生活中的其他“不良示范”现象——它们往往是社会治理的顽疾。

还有一位同学则讲了自己对这个类比看法变化的过程,先是不认同,后是赞同。

小萍说:

我想说一下我想法改变的过程。我一开始不认同这个类比,因为教唆罪是把自己的主观意愿强加给别人,让别人去犯罪,他也有一个参与的过程,但不良示范罪前面的人并没有要求后面的人也那样做。大家的争议可能也是看到了最后一句话,但继续往前读,“这正是我们所忽略的:有对主犯的严惩,而没有对‘始作俑者’的惩罚’”。我们可以把重点放在“始作俑者”,这个类比论证的有效性就在于,教唆罪中的教唆者和第一辆闯红灯的车在“始作俑者”这一点上的相似性。

从这位同学的表述中可以看出,文章中“始作俑者”这个被抽象表达的概念,消除了对后车事故产生影响的闯红灯者与教唆罪犯罪者的差异(故意、直接与否),而突出了两者的共性,这对这位同学改变看法产生了重要影响,即她自己并不是没有意识到两者的差异,但一个抽象的词语掩盖了差异。

这可能正是一些类比得以成立的基础,即我们实际上是在一个更为抽象的层面看到两个事物的相似性的。而这种抽象本身,实际上放弃了两个事物具体的差异。

有一位同学的发言引起我的格外注意,他不是对这个类比推理的有效性表达认同或不认同,而似乎是认为,在这个问题上不宜使用类比推理。

鸿坚说:

我比较认同论证的结论,但是用类比的方式不太合适。制定法律是因为生活和实践中有这样的情况需要法律来规范,如果举更多的现象或数据可能会更好。

我理解鸿坚同学的意思:就交通事故的责任认定而言,应当回到交通领域之中寻找更多的论证资源,比如同类情况发生的频率、严重情况,非立法追责不足以解决问题的程度。这实际上是倾向于在这个特定的问题上依靠归纳推理。

而我们面对的更深的问题可能是:法律为什么要处罚一个闯红灯的司机?对于闯红灯行为本身(而不是它引发的事故)的处罚,到底是什么性质的?处罚闯红灯者,除了令其忌惮而达到避免这种行为可能导致的交通事故之外,是否已经包含了对可能导致交通事故的责任?

如果已经包含了，那么，当其间接引发了事故，再对他处罚，那是否是对同一个行为重复处罚？如果没有包含，那么，法律为什么不将其预先包含进去？

此外，因为立法或修法涉及增加一个人的法律责任（处罚）的积极行为，实际上是改变一个人的权利、义务，除了对实施效果的考虑之外，恐怕还要考虑《刑法》和《立法法》的一些程序性、限制性的基本原则。这就不能仅在交通法规的层面论证了。

对于那篇文章中类比推理的效力，我自己内心也是有看法的。但是，在课堂上，我不会把自己的看法明确表达出来，一是使自己保持开放——拥有被说服的可能性；二是避免以自己的看法当场否定同学们的看法，使其有挫败感。

所以，我的总结性发言看起来比较委婉：我这样来看类比推理的论证效力，它们可以说服那些能够被说服的人，而不能说服那些不能被说服的人。

为了使自己的委婉不至于被看作滑头，我进一步解释说：那些不被一个类比说服的人，更加在意用来类比的两个事物之间的差异性；而那些被类比推理说服的人，则认为两个事物的差异是可以忽略的。（用来类比的）所有事物都有差异，我们在类比中是重视还是忽视这些差异，取决于那些差异与具体议题的关系。

你看，我表达了自己的倾向了吗？

人体和车胎的类比怎样才会成立？

2020-3-27

昨天下午的“论证与修辞”课进入了类比推理环节。

差不多30年前，我作为硕士研究生上逻辑学课的时候，《普通逻辑》教材中的案例，往往都是有关科学发现的，类比推理也同样。比如，英国的詹纳医生从挤牛奶的女工不患天花病而发现了“牛痘”（疫苗）免疫的原理，大型水利工程的模型，还有光的“波粒二项性”等等。这在无形中将类比推理的应用局限于“确认事实”甚至科学认识的领域，其实类比推理在社会生活中的应用更广泛。

这是因为，类比推理是一种特别容易启动的思维，只要在一件事情上我们跟人家说不清道理，就很容易想到另一件相同或相似的事情，把它拿过来说事。因此类比推理看起来也似乎更为简单、容易。其实并不尽然。

有一位对比研究苏格拉底与孟子这两位伟大的辩论家的学者董业明，在他的专著中写道：

类比，作为一种推理形式或方法在日常思维和表达中被经常使用，特别是在缺少一般原理可以引用（也就是不能演绎），又没有足够的事例可以归类（也就是不能归纳)的时候,类比就可以派上它特有的用途了。[1]

由此可见,类比推理其实是在比演绎和归纳条件"更少"的情况下做出的推理。因此,它的或然性也往往更大,通俗一点说,它更可能不靠谱。

那么,为什么有一些类比推理看起来比较靠谱,而另一些则不太靠谱呢?我们评价一个类比推理论证力的标准是什么呢?这就是我们今天课上要讨论的问题。我也会引述一些学者的评价标准。

比如,《批判性思维》就提出了如下标准:

1. 类比项之间的相似性越多、越广泛,论证越强;类比项之间的差异性越多、越广泛,论证越弱。

2. 相对于我们关心的属性而言,各相似性或差异性之间,存在着联系程度的不同。

3. 相反类似项越少,论证越强;相反类似项越多,论证越弱。[2]

我先举了一个例子——《司法为何改变不了"铁老大"的专横》中关于火车票与高铁票、飞机票的类比。[3] 显然,火车票与高铁票、乘火车与坐飞机——这是由两组比较接近的对象构成的类比关系。至少在交通工具这个抽象层面上,至少在交通服务的提供者与服务对象的关系这个抽象层面上,交通工具的具体差异其实是可以忽略的。

这个案例虽然时间较久了,但我在讲类比的时候往往难以舍弃,原因就在于,它是类比推理"靠谱"的难得案例。我们在生活中或文章中看到的许多类比推理,往往都经不住人们琢磨两个类比项之间的差异。

但是,就这个案例而言,它与"詹纳医生从挤牛奶的女工不患天花病而发现了'牛痘'(疫苗)免疫的原理"等自然科学中的类比推理的差异在哪里呢?

在这里,类比推理不是用来确认一个事实,而是用来诉求公平。这是类比推理在社会生活中更为广泛的用途之一。

所以,我在教学中暂且把类比推理的应用分为:判断(预测)事实的类比、诉求公平的类比、诉求规范的类比、追求反驳(归谬)效果的类比。

其中诉求规范的类比主要用于呼吁立法和解释法律。

比如:

法人犯罪的观念导源于古老的侵权行为赔偿法里的一个原理——"仆人过错主人负责",据此推演,法人代理人犹如法人的仆人,代理人的犯罪行为应当

① 董业明:《先哲的论辩术——苏辩与孟辩》,山东人民出版社 2009 年版,第 92—93 页。

② [美]布鲁克·诺埃尔·摩尔、理查德·帕克:《批判性思维》(原书第 10 版),朱素梅译,机械工业出版社,第 248 页。

③ 参见本书《归谬与类比,远了,就弱了》一文。

由法人(股东)负责。①

而我之所以列出“追求反驳(归谬)效果的类比”是因为我们在归谬法的运用和观察中不能不面对类比,即把针对一个事物不那么显著的荒唐适用到另一事物上,以彰显其荒唐。

在美国连续修订出版了至少10版的《批判性思维》的两位作者也这么认为:

类比在道德和法律论证中有重要的用途。

在遵循基本的道德原则:相同案件同样处理时,其基础就是在不同的案件之间作比较。例如,有两个类似案件:两个人在类似的条件下做出类似的行为,褒奖其中一个而贬损另外一个在道德上是值得怀疑的。法律上的遵循先例的原则也是在案件之间作类比,在当下的案例和判决的先例之间作类比。②

而我最近看到的一个“诉求公平”的类比案例,是在新冠肺炎疫情期间,一篇为别人“说公道话”的自媒体文章。

疫情期间传播的一段视频中,浙江援助武汉医疗队的一位护士透露:一位重症患者写下遗言:“我的遗体捐国家”,令人感动。但也因为这七个字之外,写在同一张纸上的还有另外四个字:“我老婆呢”,《长江日报》关于“七字遗书”的报道,被指“篡改遗书”。

有一位叫作“雪白春阳”的作者于2月26日在微信公众号“山下诗社”发表文章《“我老婆呢?”张口就骂易 直面事实难》,首先追溯了那封“遗书”的信息源头:一位名为“杭州市一医院徐燕平”的护士在2月12日23:23分发的一条朋友圈,然后写道:

由截图可知,那张“遗书”的图片就是由徐燕平最先发在朋友圈的,而徐燕平在(配的)文字里只提到“我的遗体捐国家”几个字,而对“我老婆呢”只字未提。徐燕平是一位护士,她不是媒体人,那些加之于《长江日报》的批评恐怕不适合加在徐燕平身上吧?那么反过来讲,如果我们承认那些批评不适合徐燕平,那么是否适合针对《长江日报》,也是要打一个大大的问号的。

这一段文字,我把它看作“诉求公平”的类比,因为它是为《长江日报》说公道话的。但仔细琢磨,它的内核恐怕仍然是“确认事实”的类比。也就是说,它以那位护士没有把“我老婆呢”看作“遗言”内容这个事实作为类比项,用来确认《长江日报》也不存在把“我老婆呢”几个字排除在“遗书”之外的“故意”。判断

① 储植槐:《美国刑法》(第三版),北京大学出版社2006年版。

② [美]布鲁克·诺埃尔·摩尔、理查德·帕克:《批判性思维》(原书第10版),朱素梅译,机械工业出版社2014年版,第249—250页。

是否“故意”,是一个事实判断。

那么,在这个类比案例中,那位护士与《长江日报》这两个“类比项”之间的共同点在哪里呢?

我觉得,它们之间的共同点就是:一般人关于遗言的辨识经验。也就是说,人们出于语言和特定情境的生活经验,把同样令人感动的另外四个字排除在“遗言”之外了,因为后者是一个问句,而不是像“遗言”那样明确表达意志的诉求句。我后来看到五岳散人的一篇文章,也是从“遗言”本身的规律性来谈的。这里就不再多说了。

我昨天的课上还使用了一个案例,我把它当作“确认事实”的类比。但现在回头想来,它作为一个论证,其结论可能为医院免除相关责任,在这一层面上也会起到“诉求公平”的效果。

这个案例,我是在2017年央视《今日说法》栏目播出的《大法官开庭:“血”之殇》中看到的,当时就用手机拍摄了屏幕(见图10)。

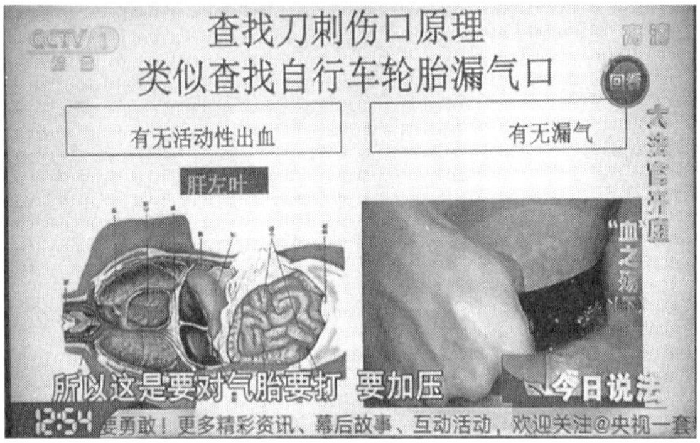

图10 《大法官开庭:“血”之殇》节目截图

安徽省高级人民法院在审理一起执刀伤人致死的上诉案中,有一个争议点是:被害人之死是否是由医院在抢救时没有发现被害人身上有几个出血口导致的。为此审判长在质证程序中引入了专家辅助人提供专业意见。那位专家认为:实际上,被害人已经失血殆尽,没有发现的出血口即使被发现也不足以避免被害人死亡的结局。为了说明那个出血口为什么没有被发现,专家以自行车轮胎查找漏气口的办法来说明医生如何查找出血口。

我在课上提出的问题是:这是不是一个类比推理?它的论证效力在哪里?如何评价它的论证效力?

当时有的同学一时没有明白这个专家作证的意图和效果在哪里。

我略作解释说:在这个刑事案件中,执刀刺伤被害人的犯罪嫌疑人对被害人的最终死亡当然负有责任。但是，如果医院的救治不力可能成为被害人死亡的一个原因的话，那么就可能减轻犯罪嫌疑人的相应责任。所以，提出医院没有检查出所有出血口，可能是辩护人的策略。

这时有一位旁听的同学璐瑶回答："轮胎漏气口和人体出血口都与内部压力有关，比如轮胎有气压，人有血压。"

我肯定了她的判断。

后来又有同学问："专家类比两种情况，是想说明或者论证什么？是想说明人身上的出血口很难找到吗？"

我回答说："我想专家要论证的是血已经流光了，有没有发现所有的出血口没有意义（血流光了，可能也就更不容易发现出血口了）。"

这时，我忽然想到，这个案例可能脱离了同学们的经验。他们不仅没有司法的经验，而且，现在的年轻人恐怕也没有推着被扎破了胎的自行车满大街找修车师傅的经历了。他们可能没有看到过修车师傅把漏气的自行车内胎扒出来，打足了气，然后按到一个水盆中寻找漏气孔。现在的共享单车，已经不用空气车胎了，即使用空气车胎，也用不着他们自己去找人补胎了。

我曾写过一篇教学日志《归谬与类比，远了，就弱了》。而这个案例中两个类比项之间的关系确实显得比较远，因此它的可接受性也许会受到怀疑：人有意志，人的身体器官是有机的、复杂的系统，是由生物组织构成的；而车胎只是由简单的橡胶材料做的。

但即使如此，它们之间也仍然有共同的属性：都受物理规律的约束。我们是大自然——物理世界的一部分。这一点点共同，在法庭作证中说明出血和检查出血口的问题上，刚好够用。

这也反映了类比的一个特点——它的可接受性，往往就在"一点"相同之处，再多"一点"，就是谬误。

类比的客观基础在哪里？

2019-4-26

昨晚读道金斯《魔鬼的牧师：关于希望、谎言、科学和爱的思考》第一章所录《科学、遗传学和伦理学——给托尼·布莱尔的备忘录》。其中，在"遗传学"一节中有一个诉诸类比，实际上是归谬法的反驳很精彩。

作者为了反驳对转基因农作物的质疑，先是指出：

遗传学的密码是真正数字化的，和计算机编码的数字化一样。这不是什么含糊的类比,而是确确实实的。①

这样一个科学事实,构成了后面类比——拓展到其他对象的基础。

在此基础上,作者将可能受到质疑的认识对象——由北极鱼进化出来的“抗冻”基因可使番茄免受霜害,与财务报表中使用的平方根子程序用于火箭制导相类比。作者写道:

那么,对于一切“转基因”进口从普遍的本能的敌意上升到讨厌,又是怎么回事呢?我猜测,这来自DNA发现之前的误解。那种有吸引力但是不正确的推理想必是这样的:鱼的抗冻基因一定带有鱼的“味道”。那么想来肯定会粘点鱼腥味吧?鱼的基因本该只在鱼身上起作用,把它复制到番茄细胞那个完全不同的环境中,想来就是“反常的”吧?然而,没有人觉得平方根的子程序被粘贴进火箭制导中会带着“金融味”。从这方面来说,“味道”这个概念不仅错,而且错得离谱又可笑。②

当然,“味道”这个类比之中的感性因素,是道金斯虚构出来的。它只是为了代表“感性”,并以此揭示感性被放到了不该放的地方。

质疑转基因的人们,由于没有在数据的层面上理解基因,因此在转基因的问题上不免带有感性的成分,而“味道”无疑是这样的感性因素。由北极鱼的抗冻基因想到引入抗冻基因的番茄有可能带有鱼的特性(鱼腥味只是鱼的感性特征之一),这样的联想,也是感性的。

作为生物科学家和科学普及教育者(他在牛津大学曾专司此职),道金斯是使用类比的大师,也是诉诸比喻的大师。他的比喻,有的只是为了使人感到有趣,产生亲近感,接通读者自己的经验——比如“自私的基因”这个说法,就是比喻,只是用来描述基因具有自我复制和自我保全的基本倾向。

而他的类比,则往往是诉诸科学事实——不是事物之间表面上的相似性,而是最深层面的相同性,比如普遍存在于不同物种体内的基因。再比如,普遍存在于不同事物(包括生命与非生命事物)中的数据,后者只不过是物质(在原子层面的)的排列次序而已。美国物理学家塞萨尔·伊达尔戈在《增长的本质:秩序的进化,从原子到经济》中,就把“信息”解释为“有序的结构”,并以此来解释DNA。

这种深层次的相同,构成了科学意义上不同事物之间进行类比的基础。这个基础,深藏在客观世界之中,深藏在事物自身之中。

---

① [英]理查德·道金斯:《魔鬼的牧师:关于希望、谎言、科学和爱的思考》,马岩、刘丹、齐东峰译,中信出版社2016年版,第31页。

② [英]理查德·道金斯:《魔鬼的牧师:关于希望、谎言、科学和爱的思考》,马岩、刘丹、齐东峰译,中信出版社2016年版,第32—33页。

世界是多样的，也是统一的。多样性体现在事物外在的特性之中，统一则体现在事物深层原子层面的数据之中。科学的发展，逐渐使当代人有机会超越事物表面的多样性，认识到事物的统一性。

达尔文仅仅通过对不同物种外在形态的观察和动态的推演，就历时态地推测出万千物种有着共同的祖先——这一进化论的基本原理。而当代分子生物学则共时态地确证了万千物种中包含的共同因素：基因。

我是一名新闻评论教员，在我看来，新闻评论课不仅是一门教写作的课，而且是一门思维课。我在讲到不同的推理方法的时候，往往引导同学们思考其哲学认识论的基础，尽管不一定给出答案。

比如，归纳推理背后的客观世界的事实基础是什么？

——这是牛津大学一位女教授在批判性思维课程中向同学们提出的问题，而她给出的答案是英国哲学家休谟关于“自然划一”的原则（我是在“网易公开课”的视频中看到的）。

还有，类比这种或然性的推理方法为什么往往有效？或者，它作为一种往往不大靠谱的推理方法，为什么被人类保留下来？

对于这个问题，我自己则用“共生矿”的例子来说明。共生矿中的成矿元素往往具有相似的地球化学性质，而且成矿地质条件相近，并在统一的成矿过程中形成。[①] 类似铅矿与锌矿“共生”的现象，可能比较典型地反映了铅与锌两种客观事物之间的联系。这种客观联系可以帮助人们从一种条件下存在某种事物，推定同样条件下可能存在另一种事物。这种推定是事实层面的认识，它最初可能起于经验，但可以在理性层面上深入认识。

世界万物的普遍联系，是类比这种思维方法在这个世界上普遍有效的物质基础。

当我在课堂上提出这些问题之后，同学们有的想回答，也有的不想；有时他们来得及发言，也有时来不及。我提出“类比有没有客观基础”的问题只是启发同学们更为开阔的思考，只是想使评论课讲到的论证方法接通更广大的认识世界。

这些问题有用吗？

虽然中国古代的《墨子》中就有“异类不比”的规则。但其实人们对“类比”的认识，自古以来就有模糊之处。这是因为，人们其实往往不知道哪些事物才是真正同类的，以至于孟子和告子都拿“决诸东方则东流，决诸西方则西流”的“水性”来论证人性的善恶。

---

① 百度百科词条“共生矿”。

直到今天,人们诉诸类比推理的两个事物,似乎也有“相似”或“相同”的差别,但人们往往意识不到。这种模糊性增大了类比推理结论的或然性,也是类比推理看起来有的强有的弱的一个原因。

而在道金斯为转基因辩护的这个案例中,他首先提出“遗传学的密码是真正数字化的,和计算机编码的数字化一样。这不是什么含糊的类比,而是确确实实的”——这就揭示了后面进行类比推理的两个事物之间完全相同的因素。

这种相同性,藏在客观世界的深层,只有依靠科学才能发现。它们不是想象性的、修辞性的,而是物质性的。

所以,他在上面所引一段的最后乐观地写道:

让人感到鼓舞的是,在今天,大多数年轻人远比长辈们更了解计算机,因此他们应该迅速领会要点。盲目反对基因工程的卢德主义,可能会因为不了解计算机的一代被取代而自然消失。①

牛痘,怎样理解才是一个类比推理的案例?

2019-11-22

类比不仅是人们推理论辩的工具,它也同归纳一样,是人类的知识之源(尽管有时不太靠谱)。

30年前我读硕士研究生的时候,逻辑学课用的是上海人民出版社的《普通逻辑》,书中引述了大量自然科学史中的案例,比如,在讲到类比推理的时候就写道:“英国医生詹纳发现‘种牛痘’可以预防天花,这是受挤奶女工感染了牛痘而不患天花的启发。”②

就这么短短一句话,它该怎么理解为一个类比推理的案例呢?原书语焉不详,学生只可意会。

多年以后,我作为一个评论课教员,在讲到类比推理的时候不免就想到、用到这个案例。

但我的理解是错误的——直到我昨天读到本月出版的今年第31期《凤凰周刊》封面文章《天花消灭30年后:传染病抗争史》。

那么,我一直是怎么理解《普通逻辑》中牛痘案例的类比推理的呢?

我是这么想的:牛在感染了天花病毒之后没有死去,因此获得了免疫力;而

① [英]理查德·道金斯:《魔鬼的牧师:关于希望、谎言、科学和爱的思考》,马岩、刘丹、齐东峰译,中信出版社2016年版,第33页。

② 《普通逻辑》编写组:《普通逻辑》(修订本),上海人民出版社1986年版,第231页。

挤奶女工因接触牛而轻微感染了天花病毒,也就在不觉间获得了免疫力。而詹纳医生则在这个案例中看到了牛与人在免疫这个生理层面上的类比关系。

所谓牛痘——也就是从牛身上提取后注射进人体,不会使人死亡却可增强免疫力的病毒,不过就是"疫苗"这个抽象概念所涵盖的万千品种的一种而已。

这样,我实际上从当年《普通逻辑》课本中那句简短的话出发,下意识地假定了詹纳医生是从牛和挤奶女工身上直接发现了疫苗的原理,即为人注射传染病疫苗的原理是从挤奶女工通过牛感染了天花病毒而对天花免疫中获得的直接启示。

但在阅读《凤凰周刊》这篇文章之后,我才知道自己原来的理解是错的。

这组封面文章中的一篇——记者段宇宏写的《与天花的斗争,人类第一次完胜了死神》中写道:

……天花历史悠久的中东和印度,很多医生观察到一个现象,一个人如果早年患上天花并幸存下来,此后不会再被传染。

从观察到的现象中得到灵感,有人提出自然感染法,即刻意从轻微天花患者身上取脓液感染自己,以此获得免疫力。但自然感染法的风险极高,很多人因此丧命。1717年,英国驻奥斯曼帝国大使夫人玛丽·沃特利·蒙塔古,给国内朋友写去一封信,告诉他们当地流传一种天花预防技术,不是由医生而是由农妇来操作:从病情轻微的天花患者身上取少许脓液扎入健康者皮肤之下,让其接受感染,经过轻微症状后如果没有死亡,那么将对天花具备终生免疫力或部分免疫力。

由此可见,具有天花免疫力的"人痘"接种,其实要早于牛痘。由于蒙塔古夫人的勇敢实践和大力宣传,"人痘"接种被引入英国。

只是因为接种"人痘"比牛痘的死亡率和失败率高得多,才有了后来詹纳医生对牛痘的伟大发现。也由牛痘的发现,人类才最终发现了以"疫苗"应对传染病的基本原理。

詹纳医生也正是在农民接种人痘的过程中才发现了牛痘效应的。他发现一些人接种人痘后几乎没有什么反应,"经过询问得知这些人都是奶场工人,从牛乳头那里染上过牛痘。詹纳早就听过民间传闻,说挤奶工对天花有免疫力,他一直认为这只是迷信,现在他开始重视这一传闻",并在大量调查的基础上做出成功的实验:

他从一个挤牛奶女孩手中的牛痘脓疱中取出痘苗,接种到一个男孩的手臂上。男孩七天后感到手臂略有不适,第九天有点头疼,没有胃口,第十一天一切恢复正常,手臂接种处流出一点脓液,跟天花出液症状相同。两个月后,詹纳再次给这个男孩做人痘接种,结果男孩再没产生任何症状,对天花有了完全免疫力。

从詹纳医生1796年做的这个实验,到1980年世卫组织宣告人类完全战胜天花,其间180余年是牛痘这种科学有效的天花疫苗不断传播和优化的过程。这看起来时间较长,但比起天花肆虐人类的数千年历史,则要短得多了。

“詹纳被后世尊为‘疫苗之父’当之无愧。”——我想,这个评价并不是因为他首先发现了疫苗免疫这一克服传染病的原理,而是因为他在前人对偶然个案的观察经验的基础上进行了具有专业精神的科学实验,这才使他获得了与失败率和死亡率较大的人痘相比完全无风险,因此真正可以称为疫苗的东西——尽管那个东西最初只是牛痘。

我们应当在英国工业革命的科学背景中理解这样的实验精神,应当从达尔文环球航行,在对万千物种的观察中发现生物进化原理的意义上理解这样的实验精神;应当从牛顿“被一只苹果砸中了脑袋”而发现万有引力定律,从瓦特受“沸水顶开壶盖”的启发发明蒸汽机的意义上理解这样的实验意义。

由此,也应当在科学实验的意义上理解类比推理作为人类知识来源的意义及其限度:类比只是开启了一个认识空间,指出了一个认识方向。

而相较于近代科学具有专业性、规范性的实验精神和实验过程,最初启发科学家认识灵感的类比思维也许并没有那么重要,或者说,它的作用也许被逻辑学教科书夸大了——就像苹果砸中了脑袋、水蒸气顶开了壶盖,对发现万有引力、发明蒸汽机并没有那么重要一样。

回过头来说,把牛痘作为类比案例的作用,也许应该这样理解:既然从轻微患天花的人身上提取脓液(人痘)可以使其他人获得相应的免疫力,那么从轻微患天花的牛身上提取相应物质(牛痘),也可能使人类获得相应的免疫力。

其间更具体的物质关系和物质作用过程,用接下来的话表述可能更准确:牛痘病毒与引起人类天花病的天花病毒具有相同抗原性质,人接种牛痘疫苗之后,也可以同时获得抗天花病毒的免疫力。①

这样看来,普遍存在的,是一种可以使不同物种产生免疫力的抗原——能够刺激机体产生(特异性)免疫应答,并能与免疫应答产物抗体和致敏淋巴细胞在体内外结合,发生免疫效应(特异性反应)的物质。

这是我们大千世界普遍联系的一个证据。而世界的普遍联系,则是类比这种思维方法在这个世界上普遍有效的物质基础。

免疫力的原理并不是在这种类比中发现的。在这种类比中发现的,是一种具有免疫力的抗原从牛到人——跨越物种仍然有效的可能性。正是这种跨越,

① 百度百科词条“牛痘”。

使人类不再局限于最初的个别经验，而获得了对“疫苗”的普遍性认识。

而牛痘的实践价值则无非是这一条路径可以比原来的另一条路径——人痘——更为安全。

如果我们不了解科学史中关于接种“人痘”这一段过程的知识，就不能准确地理解牛痘作为类比案例的机理。

如果脱离科学史的完整背景，脱离更早、更多的人积累的观察、实践和经验，被选入逻辑学教科书的孤立的科学案例，就像是神话一样。

逻辑学作为“思维的科学”，是人类的思想实践（包含试错）的结晶。而科学探索正是最活跃、最典型的人类思想实践。

在“实践是检验真理的唯一标准”这个在我国20世纪80年代曾掀起过思想解放运动的伟大命题中，“思想”与“实践”是两种不同的人类活动。而我之所以使用“思想实践”这个概念，是因为我在评论课上讲解逻辑学的来源的时候一直觉得：指导人类实践且往往通达实践的思想活动本身，也具有实践的意义。一些被实践证明有效的思维方式被人们保留、提炼为逻辑推理方法（也承认结论不完全为真）；而被实践证明无效的思维方式，则在逻辑学中被划归为“谬误”。

我正是在这样的意义上理解科学史案例作为普通逻辑案例的价值的。而牛痘的科学史则使我认识到：应当按照科学探索的真实过程正确理解这样的案例。

此外，我以往在课堂上讲到类比推理，提及牛痘时还有一个错误：我以为人类到现在一直在接种牛痘。我甚至在课堂上还问同学们，胳膊上有没有小时候注射牛痘的疤痕。

但阅读了《凤凰周刊》这篇文章我才知道：1980年，世界卫生组织就已最终宣布人类已经彻底消灭天花，而中国则自1981年起逐步取消了牛痘接种。

这样，坐在课堂上的90后同学们自然没有接种过牛痘，恐怕他们连听也没听说过。这样看来，以牛痘作为类比推理的案例，可能真是太老、太旧了。

但在天花被牛痘消灭30年后，人类仍然在与许多历史悠久的传染病抗争着，目前仍然看不到止境。鼠疫这个可能被人们认为早已灭绝了的古老的传染病，最近就小小地惊扰了住在北京的人们，而我自己也没有经历过。

也许，这正是《凤凰周刊》发表这一组封面文章的背景，也体现了新闻周刊这一类喜爱历史主题的媒体在网络时代的价值。

首富可否被看作“把人推落天桥”？——类比案例的课堂讨论

2015-11-25

昨天上午的评论课继续讲类比推理，我把上次课后看到的一个案例——腾讯网11月20日"今日话题"作品《"首富"被胁迫杀人,该当何罪?》引入课堂,请同学分析评价。

这是近日比较热的一个议题,《新京报》《南方都市报》《东方早报》都有相关评论;我们两位新法班的同学在评论作业中也有诉诸专业知识的分析。而"今日话题"作品则诉诸一个著名的"有轨电车"伦理难题(也就是哈佛大学教授桑德尔在网络视频公开课《公正》中讲到的那个案例)。

我们看《"首富"被胁迫杀人,该当何罪?》这篇作品的类比推理是如何展开的:

这是一个艰难的伦理学问题。不妨与著名的"有轨电车"问题结合来看——

假设你驾驶一辆自己无法使其停下来的有轨电车,即将撞上前方轨道上的五个检修工人,他们根本来不及逃跑,除非你改变轨道。但是,备用轨道上却有一个人,那么,是否可以通过牺牲这一个人的生命而拯救另外五个人?

你站在天桥上,看到有一台刹车损坏的电车。在轨道前方,有五个正在工作的人,他们不晓得电车向他们冲来。一个体重很重的路人,正站在你身边,你发现他的巨大体形与重量,正好可以挡住电车,让电车出轨,不至于撞上那五个工人。你是否应该动手,把这个很胖的路人从天桥上推落,以拯救那五个工人,还是应该坐视电车撞上那五个工人?

心理学家发现,大多数人在面对第一个状况:可以切换轨道,让电车撞上一个人,或是不切换,让电车撞上五个人时,都会选择切换轨道。但是在面对第二个状况:亲手把路人丢下天桥,让电车出轨,以拯救五个人,或是不动手,让电车撞上五个人时,大多数人又会选择不动手。这显示人类拥有的道德直觉,在第一个状况中,像是功利主义(哲学家边沁主张的一种观念)一样运作;而在第二个状况中,则像是道德义务论者。哲学家康德认为,道德应该建立在必要的义务责任上,如果不可以杀人是一种道德义务,那就不能杀人。

于是作者得出结论说:

所以说,即便是连同老婆孩子一起被威胁,章英启依然是面临极大的伦理困境的,因为按摩女西妹是个活生生的人,她的生命权没有任何人有权去剥夺,尤其是在自己动手把她勒死的情况下,这与切换个轨道让电车撞死另一个人是不同的。因此,即便章英启的选择完全可以理解,但人类普遍的道德观以及法律不能对此就表示认可。

我当时读到这篇文章时,感到作者的论证实际上是把"心理学家发现"的在"电车问题"中"大多数人的选择",作为判断章英启被胁迫杀人可接受性(可免罪)的根据。也就是说,在与电车案例的类比中,作者要指出的是,章英启的情境更接近于大家一般不会选择的“动手”把那个人推下桥去送死，而不是更接近于“切换轨道”。

但是，这个类比中，章英启案与“有轨电车”案例的差异仍然在于：在有轨电车案例中，那个选择是否把人推下桥去送死的人，自己的生命并未受到威胁——他的行为是主动的、自由意志的行为。而章英启被胁迫杀人则是因为自己的生命受到威胁，是没有自由意志的。而这个区别，在法律上是重大的。

而在课上，我向同学们提出的问题是：

文中提到（章英启被胁迫勒死按摩女西妹）“这与切换个轨道让电车撞死另一个人是不同的”。——那么，与什么相同？

这篇文章诉诸“有轨电车”案例的类比效果如何？

它的类比机理是什么？

论证是强还是弱？

同学们发言比较热烈。

尔雯说：

我觉得作者想说的是“与推一个人下去的情况相同”。类比的效果还是可以的，因为他把我们正讨论的问题，转化成了一个答案已得到人们普遍认同的问题。但这个类比也不是特别恰当，在有轨电车的案例中，推人下桥会害死一个人，可被救的五个人与你并没有直接的关系，但（首富）如果不杀按摩女，自己就会有生命危险，是与自己有着切身的关系的，从这个层面来说这个类比不是很恰当。

小玮说：

我觉得这个类比的效果不是很好，作者提到的电车困境本身就是有争议的，怎么能证明其他的问题？另一点是类比应当找到两者之间相同的属性，首富杀人案与文章提及的电车困境并非十分贴合，刚刚尔雯提到的利益关系层面就不太相同。

仁亿说：

我看到这个问题的时候，第一个想到的是在法律上行不行，第二个是在道德伦理层面上行不行。如果是在伦理层面上，作者用到的应该是边沁的功利主义的理论，如果是这样，我觉得这个类比是可以的。但是如果我站在当事人的立场上，其实两者的情境相差是挺大的，在电车困境当中“我”站在一个没有利害关系的第三者的位置，而在这个案例当中首富首先是被绑架的，他是一个受害者，其次在绑架者施加给首富的语境当中，如果首富不杀人，他就可能会受到更严重的伤害，所以这样的类比就不太合适。

小沫说：

我觉得有更合适的类比:有两艘船,一艘船上有100个乘客,一艘船上有100个囚犯,我是乘客那艘船上的人,这艘船被安置了炸药,如果我推一下操作杆,囚犯的那艘船就会炸掉,如果不推的话我的这艘船会炸掉,这个类比会更合适,因为我是其中的一个参与者,我会受到伤害。而且我们假设这个首富在一定程度上认为他杀死的女性与他自己在社会地位上存在一定的差距,这样的类比比切换轨道的类比更为贴切。至于类比的效果如何,因为切换轨道的案例是一个非常著名的道德困境,不论是目的论还是结果论,简单来讲,不同的哲学家有不同的想法,两个方向都没有问题,作者本身持有其中一种观点,并不能增强论证。

小沫用一个看上去更合适的类比来否定了这个类比。

策旭说:

我觉得作者除了类比之外,更多的还有对比的意思。作者通过切换轨道的例子得出了一个结论,就是人的道德直觉是不应该去杀人。作者得到了这样的道德直觉,再把这样的道德直觉作为大前提,先类比了,再去对比。这个类比是否是正确的呢?首先大前提的出现就是有问题的,作者强行加入了“人是有理性的,人有这样的道德直觉”的假设。我觉得作者得到了这样的大前提,再用这样的大前提去解释结论,不完全是一个类比。

君穷说:

我不太同意小沫说的囚徒和乘客的类比,不同意之处在于被害的按摩女是无辜的,而囚徒通常被认为是有罪的,情况有些偏差。

雨师说:

我觉得轨道电车的案例是在理想状态下的,是理论上的讨论,就像在现实生活中不可能一个胖子就能让电车停下来,而首富杀人的问题是一个现实中的问题,就存在一个现实和理论之间的差距。第二点在于首富杀人是有前提的,他是被胁迫的,在轨道电车的例子中却是一个纯粹的个人道德选择。

韶滨说:

我觉得这个类比不恰当。首先,一个是现实生活中发生的事情,一个是理论上的假设;其次,假设这个类比行得通,还是存在一些问题,一个是生命的一和五、一和多的对比,从功利主义的角度来讲存在一个让更少人受害的问题,但是首富和按摩女的生命无论如何都是平等的,不是说社会地位更高的人从功利主义的角度来看他的生命就更重要。

卓逸说:

我觉得这个类比不恰当,因为作者只进行了理性上的类比,没有进行感性上的类比,类比中忽略了情感方面。假设绑匪威胁富翁,你不杀这个人我就要去杀另外多少个人，不是富翁的家人、不是富翁自己，这样的情况下才会比较相似。

另一个班的几位同学发言如下（其中几位新法班的同学带入了法律专业视角和专业案例）。

小锰说：

这两个案例相同的是都有一种功利主义倾向。哈佛大学桑德尔讲了在社会贡献、价值比较上，往往最可取的是保障大多数人的利益。案例中切换轨道和杀害按摩女，都涉及了保护更多的人（如果绑匪威胁杀他妻女的话），这是一种功利主义倾向。

有轨电车案例乍一听让人很受震动，但只有这一件案例会让人对相关行为产生怀疑。如果加上其他案例，如天桥上推倒胖子，这样进行类比，会让人感觉出两者还是有差别的。我觉得，文章中这个类比论证能引起人的反思，但是要说服人们接受其中某一观点，还需要一些火候。

小越说：

评论者为何在有轨电车案中提到桑德尔的两个假设？即一个转变轨道，一个推倒胖子。因为评论者是想将首富杀人和推倒胖子做类比。文中也提到，第一种假设情境中大多数人会选择改变轨道，而在第二个假设情境中却不会推倒胖子，毕竟这种杀人行为更不可接受。首富杀按摩女和推倒胖子都是亲手杀掉一个人，手法更相似，因此我觉得评论者是在用第二个假设情境和首富的案子作类比。

小珂说：

我不太赞成文中这种类比方式，因为有轨电车中的两个例子都是没有定论的。桑德尔的课不仅讲了功利主义，也讲了伦理、道德等原则。他也讲了生命是不能以数量、地位作比较的。这些案例在法学上或道德上都是有争议的。用一个有争议的事例去做类比，这本身是不可取的。

另外，我不赞成评论中的“认为有罪但是不作处罚”的说法，这在法律上是有漏洞的。只有《刑法》第 13 条规定“情节显著轻微危害不大的，不认为是犯罪”，但杀一个人显然与之不符。如果不处罚，以后我们的裁量权会过大。我觉得，首富被迫杀人完全可以在定罪时以有责性归于紧急避险之类。这样可以完全不定罪，而不是说不处罚。

梦娴说：

评论者举有轨电车的两个假设例子，看似想凸显的是手段上的残忍与否。例子中的结果都是一样的——杀死了一个人。但手段上有区别，一个是转变轨道，一个是亲手杀人。但我觉得关键在于到底是为了私利还是公利。有轨电车案例中的人是为了救别人而这样做，首富案例中他是为了救自己，这更不容易被原谅。

小玲说：

这两个例子做类比有相同之处。拿首富来说，在当时的情境下如果不杀人，有可能自己被杀。他是在绝境中做出的比较合理的选择。有轨电车案例也是一个绝境，牺牲少数人可以保全更多的人。当然，在法律上说，任何故意伤害他人性命的行为都是有罪的，首富在现实中被判有罪也体现了这点。

这里，我想到法学中的一个著名的假想案例——“洞穴奇案”：被困的人以吃掉一名同伴来保全其他人。该案的作者还虚构了多位大法官就此进行争执，从多个角度去分析杀人者是否该被判刑。首富杀人和“洞穴奇案”还是有些相像的。

琛炜说：

有轨电车案涉及一个宏大的主题，和首富杀人这个具体案例类比，还是有些不适合。有轨电车案不是在从法律上，而是更多地从人性、道德、正义上进行讨论。对首富杀人案件的判决，诉诸之前的类似判例可以，但和有轨电车案做类比，案例之间还是有很大差异。

小珂说：

刚有同学说，应该以“有利于他人还是自己”为评判标准，我并不是太赞同该观点。桑德尔在课中也有提到，人都是有私心的，不能因为救自己而不是救他人来认定这个人罪更大。“有利于他人还是自己”并不能作为评判的绝对标准。

——同学们对这个案例的讨论，使我也很有收获。因为同学们考虑的角度和层次，都大大超出我自己原来对这个案例的思考。

“苹果”——相距太远的类比对象

2015-11-18

昨天课上讨论最热烈的一个案例是“腾讯大家”10月6日的一篇评论《屠呦呦获奖不代表世界承认中医》中的一段类比——其实可能就是比喻，但作者显然要借助它的说服力：

这就好比，据说牛顿因为掉落的苹果而受“启发”发现万有引力，不能就此认为苹果树在物理学上具有什么贡献一样。一名中医科学院的科学家受中药验方“启发”发现青蒿素，也同样无法表明作为传统医学的中医药有什么实际的贡献。

在课上，我提出的问题是：这个类比的有效性在哪里？其限度又在哪里？

孟蝶说：

我不同意这个类比，在牛顿的案例中，苹果的作用是“启发”，这真的是单纯的启发，可以不加引号，但中药对屠呦呦的研究起到了更直接的作用，这两个事件是不同的。

亚男说：

我觉得不能这么推断，因为两者的关系是不一样的。苹果和物理学之间的联系，就如同孟蝶所说——一个启发而已，但中药验方和医学进步之间的联系要更紧密一些。

策旭说：

我觉得这个类比本身就是不对的。中药和发现青蒿素的关系，应该与苹果掉落和发现万有引力的关系差不多，认可了万有引力就是认可了苹果掉落这个事情是真实的，是有价值的；认可了青蒿素，就是认可了中药是有价值的，而不能说我认可了苹果掉落是有价值的，我就要认可苹果树是有价值的。

我当时心中赞叹这位同学的思维非常清晰，他通过找到一个恰当的类比对象来否定一个不恰当的类比。

嘉懿说：

发现万有引力不一定要通过苹果树的启发，桃子树也可以，身边的任何一样东西都可以。

卓逸说：

我认为“掉落”并不是苹果独有的特点，但中药验方所包含的药理却是特属于中药的属性，和苹果的例子相比更直接一些。

卓逸同学从事物特点着眼的分辨思路很具启发性。我当时插言说：“是所有事物的特点。”我想说的是重力（地球引力）规律，但我马上意识到“所有事物的特点”这个表达不准确，因为那就不是“特点”了。

雨师说：

我觉得这个类比有问题，因为苹果是一种物质，但中医验方代表的是传统中医药的一个体系、一种思维，用物质和思维来做类比是不太合适的。

子曜说：

我觉得这个类比不是特别对。如果按照作者的话来说，牛顿是看见苹果落地就发现了万有引力，那之前苹果落了成千上万个怎么没有人发现万有引力？中药验方和苹果落地完全不是一码事儿，前者是中医长期经验的产物，这与苹果落地这一自然现象之间没有可比性。

斌成说：

因为苹果是一种具象化的东西，与其说苹果落地使牛顿发现万有引力，还不如说悬空的没有束缚的物体会掉到地上这一自然现象促使牛顿发现了万有引力。而中药验方已经是一种经验性的东西,在我看来二者是不具有可比性的。

斌成的这个分析实际上把"苹果"这个具体的类比对象从原文的论证中排除掉了。他揭示出的是:在这个论证中,"苹果"不具有说服作用。

昭君说:

我觉得可以从第一个事物的内容和属性对第二个事物的影响来看。青蒿素是通过中药验方里的内容发现的①,这里的第一个事物对第二个事物是有价值的。但苹果树如果从内容和属性来讲,与发现万有引力的联系是偶然的,苹果树不一定就能对物理学有所贡献,我觉得作者偷换了概念。

同学们发言之后,我才展示了讲义中自己的看法:

这个类比只保持了形式上的"有效",但忽视了两个类比对象内容上的差异:苹果只是一个"物",它本身并不思考,也不是知识的载体。而"中药验方"则是知识的载体。

对于人类知识进步这个议题来说,这个差异就很大了。

而实际上,就在上一篇文章发表之后不久,"腾讯大家"发表张石的文章《日本人为什么不像中国人那样攻击中医》,就有一段专门反驳前面那篇文章中诉诸"苹果"的类比:

苹果树是我们所面对的自然,而不是人类对自然原理的发现,当然不能说苹果树有贡献,它只是被认识的对象,而中医是人类在一定程度上对自然原理的发现,屠呦呦沿着中医的原理结合现代科学发现青蒿素,当然是受到了传统中医学的启发。

我忽然理解了:前面那位作者之所以用"苹果树"类比中医药(体系),也许恰恰是因为她把中医药(体系)看成是没有认识贡献的——没有对"自然原理"做出有益的发现,所以才会将其类比于苹果树这种"我们所面对的自然"。

但是,中医药(体系)没有对"自然原理"做出有益的发现,这不正是那位作者需要论证的结论吗?怎么可以当作类比论证潜在的前提呢?

也就是说,只有当我们接受一个知识体系没有认识自然原理,我们才可以(也许仍然不可以)把它类比于"自然"(就是苹果)。但是,我们却要诉诸这个类比来论证这个知识体系没有认识自然原理,这不正是"丐题"——循环论证吗?

我在这个案例之后引入了一些学者对类比推理的提醒。比如:

类比推过头就要"不灵"。所有的类比早晚都要不灵,所以谨慎的思维者总是提防着现出不灵的那个点。②

---

① 编者注:中药验方提及了青蒿对疟疾治疗的效果。

② [英]L. S. 斯泰宾:《有效思维》,商务印书馆 2005 年版,第 100 页。

类比属于创造性有余而有效性不足的一种推理类型。①

对这个案例的讨论给我的启发仍然是：对类比推理这样一种“创新性有余而有效性不足”的推理的论证力评价，往往既要考察两个用来类比的事物性质是不是相近，也要考虑它们之间的距离是不是过远。诉诸相距太远的两个事物的论证，还是不是类比？

如何论证基因编辑的可接受性

2018-11-30

我们评论教员工作的一个特点，就是在判作业的时候面对不同的观点——包括与我自己不同的观点。

在这种情况下，我不会以自己的观点为标准给学生作业打分。这是因为“打分”这个行为，并不是解决不同观点分歧的通常、应有的方法——辩论、说服。如果做不到说服对方，那就只有相互尊重，各自保留观点。

我也尽可能避免师生之间的辩论。因为这毕竟是一种不对等的关系，而辩论往往只能在对等的主体之间展开——这是与评论教学的目标相悖的。

总之，无论是老师以自己的观点为标准给学生评论习作中的观点打分，还是在作业点评中或课堂上与同学展开辩论，结果可能并不是消除了一种错误的观点，而只是消除了学生表达自己观点的勇气。

那么我对学生评论习作的评价从哪里着眼呢？

(1) 着眼于学生是否明确清晰地表达了自己的观点；

(2) 着眼于学生是否尽可能调动了论据资源来论证自己的观点；

(3) 着眼于学生在论证中使用的推理方法的正误和论证力的强弱。

你看，这三个着眼点中，前两点与我自己持有什么观点其实是没有什么关系的。也就是说，它们是可以单独进行评价的；学生习作的结论即使与我自己的观点不同，我也可以打出较高的分数。

通常来说，前两点在观点的市场中，已足以产生自身的说服力，说服能够说服的人。而在评论写作训练中，它们也被看作可以单独评价的培训目标——写作能力。

至于对第三点——在论证中使用的推理方法的正误和论证力的强弱，其实是需要耐心分辨的。如果学生作业运用的是演绎推理，我看到违反形式规则的情况会直接指出——这是知识问题，是就是是，非就是非。而在运用类比推理的

① 谷振诣：《论证与分析——逻辑的应用》，人民出版社 2000 年版，第 192 页。

情况下,则往往要在不同的类比对象和不同的类比关系中权衡强弱,这种情况下要对学生的推理进行点评,则不免实际上变成了一则论证分析。

事实上,在与我的观点不同的情况下,学生的观点越是不同凡响,他们在论证中投入的力量越大,对我就越具有挑战性。

也许正是因为这个原因,当我昨天面对一位同学为贺建奎的基因编辑婴儿项目进行辩护而写的三千多字的文章时,不觉间就写了一千多字的点评和评语。

在文章中,那位同学表达了对科学发展的乐观态度。他诉诸长周期的历史框架和大量历史论据,否定了人们对"超人"的恐惧心理——因为科学发现的历史上人们曾经有过的许多警觉与忧心,都被后来的实践证明是不必要的——这实际上是归纳法。

比如:

18 世纪的英国议会曾有人提议禁止煤气罐的使用。"这是给每家每户装上了一个炸弹! 它很危险,而且违背道德!"那位议员是这么说的。

20 世纪的晚清朝廷曾有人提议禁止铁路的铺设。"这铁疙瘩压了龙脉! 它毁了风水,不合伦理!"那位官员是这么说的。

到了 21 世纪,我们提议禁止基因编辑的进一步发展。我们是这么说的:"这玩意儿会造出超人! 它不合道德! 不合伦理! 不……"

前两个提议已经有了结果。至于第三个,我想时间会给我们答案。

他又诉诸科学史中其他科学发现作为类比对象,论证科学发现的力量本身是不可能被阻止的,而人们能够做到的,不是徒劳地阻止,而是合理利用。比如基于爱因斯坦的动量方程式,原子能最终得以被利用,尽管核武器使这个世界增加了毁灭的风险。

这位同学总的观点是:"超人"最终会"平民化",即基因编辑技术会普遍提高人类的体质和能力——就像人类的能力随着科技进步已经不断提高的每一步一样。

在阅读这篇作业的过程中,我惊喜地感受到这位同学宽阔的腹笥,他所使用的论据肯定是长期阅读积累的,他的观点肯定是长期思考形成的,只是现在遇到了基因编辑婴儿,遇到了人们对基因编辑婴儿的批评,于是喷涌而出,汪洋恣肆。

但是,我还是忍不住对他的论证提出了自己不同的看法。

比如,这位同学的文章中关于"超人"的可接受性有这样几段论证:

让我们试想一下,对于 500 年前的人来说,拿着手机的你,是超人吗?

你能够看到西半球发生的事——这是千里眼,你能够听到南半球说出的话——此乃顺风耳,你甚至能够打开前置摄像头让你同时出现在两个不同的空间坐标上——还说什么呢,这不就是影分身吗？因此,我们有充分的理由相信,在500年前的人的认知里,你就是灵媒,你就是巫师,你,就是超人。

看到这,必定有人要说了:这是科学的进步！这是工具的发展！它和编辑基因这种对人类自身的修改所导致的人类自身的进化是完全不同的两码事！

是吗？试问现代化社会中有哪一个人能够在抛开手机、切断网络之后还能进行正常的社会生活？不夸张地说,在当下这个时代,手机就是人体的一部分。麦克卢汉说“媒介是人的延伸”,就是这个意思。

因此,我们不能够把所谓的“工具能做到的”和“人能做到的”作一个二元对立,再完全隔离地去分析——在很多时候,工具的功能,就是人的功能。而基因编辑,只是又一种形式的应用科学。它不过是从发展客体(工具),变成了发展主体(人)。归根到底,两者同样是对人的能力的拓展。

从这个意义上看,“超人”这个概念是不具备时间上的连续性的。因为今天的“超人”,或许就是以后的“凡人”。

那么,为什么你能够接受手机使你成为一个“超越过去的超人”,却不能够接受基因编辑使你成为一个“超越现在的超人”呢？

看了同学上面的论证,我情不自禁地写出如下点评：

这一段中类比推理和对话式的修辞产生了较好的说服效果。自己的论点也由此显现:对人们在基因编辑婴儿问题上的“超人”恐惧不以为然。但实际上,这一段以技术进步作为类比对象的推理中也有逻辑漏洞。

目前对基因编辑婴儿的警惕主要是来自三个方面:一是,这种技术本身目前不成熟,它可能对人体造成不可逆转的伤害;二是,即使这种技术成熟了,它带来的社会后果可能是人类在体质上的阶层固化,而这种固化的深远性,是以往任何技术都没有实现的。三是,基于前面两种警觉,世界各国以严格的程序约束基因编辑对人类胚胎的实验。而人们对目前这一例事件的批评主要集中于它破坏了现有的程序规则。这些情况,都是人类工具的技术进步难以类比的,因为后者不包含那么复杂的因素。

此外,你这一段中的类比的成立,一是建立在“功能”上的,即所谓“工具的功能,就是人的功能”的命题。二是建立在“超人”的动态定义上的,即不同时代对超越现实人类能力的人的感觉。但其实,这两个类比基础都有点靠不住:

一方面,虽然“工具的功能,就是人的功能”在一定程度上是成立的,但人本身并不是工具,不能把人工具化。在工具层面可以接受的,在人身上并不都能接受。

另一方面,今天的人类因为工具的进步会被古代人看作超人,并不是否定我们今天禁止在人类中制造超人的充分理由。这是因为我们的认识能力与古人不同,古人是有认识局限的。他们迷信中的超人与我们担心的超人,并不是同一个东西。

此外,我在文章后面的评语中还写道:

难得你对这个问题进行了这么深入的思考,对技术进步整体和基因编辑技术进步做出了乐观的判断,又在长周期的历史框架中,调动了大量历史论据做出繁复的论证,非常不容易。我想,它肯定会产生一些说服力。

但对我来说,历史的经验,一方面的确会帮助我们认识现实和未来;另一方面,由于人类进步,尤其是人类的技术进步确实具有波普尔所言的不可预测的性质,历史经验的论证力其实也是较弱的。当代的条件、格局和面对的问题,都不是过去的历史经验能够回答的。因此,我倾向于更多的审慎,而不是更多的乐观。

此外,即使像你论证的那样,超人"在事实上"必然出现,但人类未必"在价值上"一定接受。围绕着基因编辑技术的争议,主要是在价值层面上的。

但作为写作老师,我不能以自己的观点来压制你的观点。我只能是向你阐述我的观点,并指出你论证中可能存在的问题。

在接到我的评阅意见后,那位同学又写了一篇近两千字的邮件,对我的意见逐条回复,进一步解释了自己的观点,也接受了我的部分观点,但仍然坚持自己主要的观点。他的论证对我也产生了实际的说服力。

比如他写道:

或许有人会认为假如全世界的国家与科学家都严格地遵守科学伦理,此次的事件就不会发生。但事实上这是不可能的。这种假想的状态过分理想化了现实生活,是一种乌托邦式的幻想。

所以既然无法改变基因编辑婴儿诞生这一必然结果,或许我们的目光就应该再往后望一望。

其实我对技术发展的态度并非盲目乐观,我认为我还是偏审慎的。我不赞同的是过分强调基因编辑这一技术的所谓"划时代性"而导致的故步自封的态度。其实每个时代的人们都有这样的忧虑。科幻作家道格拉斯对此是这么调侃的:"任何在我出生时已经有的科技都是稀松平常的世界本来秩序的一部分,任何在我 15~35 岁之间诞生的科技都是将会改变世界的革命性产物,任何在我 35 岁之后诞生的科技都是违反自然规律要遭天谴的。"我深以为然。

人有时候是非常愚蠢的。不说远,仅仅往前推一百多年,民国初年的人们还在为"留辫"还是"留头"焦头烂额。而我们今天再看,会觉得非常好笑。或许一百多年后的人回首看今天的我们,同样会发笑:做一个纯种人和一个转基因人,分别真的有这么大吗?

我也写了近千字的邮件回复,接受了他的部分观点——主要是针对科学发现及其相关应用难以阻止这一事实判断。

我们都没有勉强改变自己的观点,而是更加看清了自己难以说服对方的地方。

我写道:

我很赞赏你对这个问题有这么深入的思考——我估计也不是一天两天了,也不一定仅仅受这次基因编辑婴儿事件的触发,而是长久以来对于技术进步比较乐观的思考。而乐观还是悲观(其实是更加审慎)两种不同的态度,虽然都应当以事实为根据,但可能更取决于判断者的性格,这种分歧是没法根本解决的。我也不再重述我的观点和论证,以试图说服你了。

你谈到"技术的绝对发展是不受伦理道德的制约的"——或言,我们不希望出现的技术按规律必将到来,不以我们的意志为转移。这实际上恰恰是一种悲观的判断。但正是在这个事实判断上,我差不多接受你的观点。因为我才是悲观的:不仅对技术感到悲观,而且对现实的人们的伦理控制力悲观——贺建奎的选择恰是这种伦理状态的证明。

你在后面谈到动量方程式是必然会被发现的,我们能控制的是把它用于核电站,而不是核弹。这个例子,我也是可以接受的。因为我由这个例子理解你所持的立场是认可基因编辑技术本身,而不是真的支持制造"超人"。两个案例如果类比的话,那么,基因编辑技术作为人类对客观事物的认识的体现,相当于动量方程式,而"超人"则恰好相当于核弹。

所以,我仍然并不倾向于一般意义上的基于历史经验的乐观,而倾向于具体的、可控制条件下的审慎。我不赞成基于历史上的一般案例推论未来,因为人类进步所创造的条件已经远远超出了历史上的经验。就像核武器已经趋近于武器进化的顶端,它的毁灭性实际上超出了武器要实现的功利目标,因此我们已经不能以历史上武器的经验看待核武器了一样。

经过电子邮件两个来回平等的讨论交流,我们厘清了可以相互接受的观点,也坚持了各自主要的观点。

我最终内心推测:我和这位同学在基因编辑婴儿问题上的分歧,表面上虽然确实涉及论证的效力问题——这是与评论教学有关的;但根本的分歧可能在于我们之间年龄和性格的差异,在于我们各自在阅读中悄然接受的对世界和科技发展的态度:或者积极乐观,或者消极审慎——这是没法让对方改变的。

至少在技术进步的问题上,我对"用过去说明未来"的论证持审慎的怀疑。在程度和速度上远超过去人类经验的科技发展面前,"历史经验"可能是弱的论据。

我征得了这位学生的同意,摘录我们的讨论交流,写成这篇教学日志发布。

为什么历史经验是一种较弱的论据

2018-12-1

在昨天的教学日志《如何论证基因编辑的可接受性》的结尾，我谈到“在程度和速度上远超过去人类经验的科技发展面前，历史经验可能是弱的论据”。

夜里醒来，我感到对这个判断需要进行一些补充说明和论证。

我为什么说历史经验是一种较弱的论据呢？这与归纳法的或然性有关。

有学者说：

对演绎来说，一个好的论证就是那个可靠的、完美的真理路线，在这里，如果前提真，那么结论一定真。而对于归纳来说，如此完美的可靠性根本就不存在。通过定义，甚至一个好的归纳论证也可能是那种情形，即前提为真而结论为假。而且很清楚，我们给出的那些合理的归纳推论甚至在这个世界上并不完全可靠，因为有时它们会把我们从真理带向谬误。①

归纳推理通常是一种“以部分推断整体”的推理，因此结论具有或然性，即可能正确，也可能错误。比如：

你在 A&P 市场买的桃子看上去不错，但是有点烂；你不会再买这一批桃子了，因为你认为这批的其他桃子也一样烂。这里你又做了一个归纳推理——你把对已买的桃子的了解推及剩下的那组桃子上。②

归纳法的或然性，一方面与论证的前提是否充分有关，即论证者是否观察了足够多的对象；另一方面，也与观察的对象是否具有相同、相似的属性有关。或者说，一个事物本有多种属性，论证者是否观察到了被观察的多个事物之间共同拥有的、反映整体类别的本质属性，并由此对整体做出判断。这影响着结论的正确性。

一般来说，在同样条件下的被观察对象之间，有可能更多地具有相同相似的属性，因此结论的可靠性也就更大，而不同的条件则相反。

“历史”就是不同的条件。

人们运用归纳法考察事物的历史周期越长，历史发展的速度越快，事物存在和发展条件的相同相似性就会越弱，事物之间的差异就会增大——以致大到它们变得不再是“同一类事物”了，因而归纳结论的或然性也就会增大。

---

① ［英］彼得·利普顿：《最佳说明的推理》，郭贵春、王航赞译，上海科技教育出版社 2007 年版，第 7 页。

② ［美］布鲁克·摩尔、理查德·帕克：《批判的思考》，余飞、谢友倩译，东方出版社 2007 年版，第 384 页。

比如武器，从刀剑等冷兵器发展到枪支和火炮，已经是杀伤力的倍增了，但它们仍然具有共同的本质属性——杀伤敌人的“手段”。但是，核武器这种足以毁灭人类全体的东西，就超出了武器本来的存在意义。

按照德国学者京特·安德斯的说法——

假如原子弹爆炸了，它的最小当量也比人所设定的（政治、军事）目的要大。原子弹爆炸后的作用不仅大于所期望的目的，而且它的作用将会使所有事先设定的目的变得毫无意义。将这样的对象称为“手段”，实在太荒谬了。①

从这个案例可以推断：一个事物发展到极端，可能就会“超出其类”——这样，归纳法就不大适用了。

按照时间的不同，我们可以把归纳推理分为共时态的归纳与历时态的归纳。显然，共时态的归纳比历时态的归纳看起来更为靠谱。

因为“共时”——在同一时间（历史）条件下，被观察的“同类”（所谓“同类”只是一个观察和认识框架，它是有待论证的）事物之间具有相同相似属性的可能性更大。

但是，共时态与历时态的差别其实是相对的。比如：

当你星期一、星期二和星期三扔垃圾的时候，邻居家新养的小狗朝你狂吠；你预测星期四你扔垃圾的时候它还会对你狂吠。你正在进行归纳论证。②

——这个归纳看似是历时态的，但与共时态的归纳没有什么差别。这是因为“历时”太短了，基本的条件没有什么变化，即小狗的禀性没有什么变化。

“太阳还会从东边升起”——这是人类基本的生活经验，亿万年如斯，这看起来也是一个历时态的归纳。但由于地球自转的条件没有也不可能变化，相对于我们的结论而言，它与共时态的归纳没有差别。

社会也罢，包括科学技术在内的生产力也罢，发展变化的速率是不同的。当它们处于相对稳定的历史周期，近似于静止的时候，历时态的归纳就相当于共时态的归纳。

中国古代是一个“超稳定的社会”，差不多是静止的社会，时间在变，但事物的条件没有多少变化。因此，历史经验看似是历时态的归纳性论据，但实际上更近于共时态的论据。我们中国古人之所以对历史经验特别重视，原因正在于此；历史之所以成为“资治”的政书，原因也在于此。

但是近代社会则不同了。社会发展的速度在许多方面极大地改变了人类和

---

① ［德］京特·安德斯：《过时的人》（第一卷），上海译文出版社 2010 年版，第 223 页。

② ［美］布鲁克·摩尔、理查德·帕克：《批判的思考》，余飞、谢友倩译，东方出版社 2007 年版，第 384 页。

许多事物发展的条件。而其中发展变化最快、最难以预料的，就是科学技术的发展。相对于技术的发展变化，人性的变化最不显著。因此，与人性相关的历史论据，往往可以用于归纳。

然而，约束人性的制度，在历史中变化很大，比如当代的民主和法律制度就是古代没有的。这种差别削减了在人类社会领域进行历史归纳的论证效力。

人类社会领域中的制度进步，与技术进步一样，都是来自人类知识的增长。

英国哲学家波普尔在《历史决定论的贫困》一书中正是以知识的增长作为根据，根本否定了根据历史经验预测未来的可能性。他的逻辑是这样的：

（1）人类历史的进程受人类知识增长的强烈影响；

（2）知识的增长不可预测；

（3）所以，我们不能预测人类历史的未来进程。

我小的时候（20世纪六七十年代）看过一本书，叫作《科学家谈21世纪》，记录了当时多位中国顶尖科学家猜测的将在21世纪产生的许多新鲜事物——甚至包括按照不同方向、不同速度运行的道路（因此无须汽车）。但他们好像没有一个人讲到今日寻常可见的电子计算机的普及——这一21世纪影响深远的科技进步，以至于我在80年代末从西北新闻工作岗位上回到北京读完研究生之后，偶然听到“多媒体”这个奇怪的名词，竟是一脸茫然。我自己的这个小经历，就是我理解波普尔命题的一个案例。

关于历史经验只有较弱的论证力，胡适在20世纪30年代《独立评论》第85号的一篇文章中有过深刻的阐述：

关于吴先生的历史方法，我也有点怀疑。历史是“不再来的”，所以一切公式比例，都不能普遍适用。即以中国历史上朝代的革命来说罢，秦亡于民间的革命，而齐民革命的刘氏享国四百年，以后就没有同样成功的革命了，直到明朝的革命成功，才有个略相似的例子。此外如魏之代汉，如晋之代魏，如唐朝之代周隋，如五代之相继，如宋之代周，如元清之代宋明，皆不是同比。……古之所存，今未必有；古之所无，今何妨有。吴先生因为“在中国历史上，几乎没有例外，统一是以武力的方式完成的”，就以今日除了武力统一之外，没有别的方式可以完成统一的使命。这未免太拘泥于历史例证了。（《武力统一论》）

而从逻辑学的角度来看，他既是否定了对历史事例“轻率归纳”（hasty generalization）的可行性，更是否定了将“轻率归纳”的结论进一步作为演绎推理的前提，得出对当代事物的特定判断。

在历史研究领域，对历史论据的论证力的怀疑也同样存在。

英国历史学家艾尔顿曾说：

不论进行多少类比，均无法在历史中证明什么……真正的（传统的）历史中,类比亦有地位,不过微不足道,而其作用乃是构成思考与探索的刺激……且仅此而已,因此在这种情况下获得的类似,并不能证明什么事。①

而在《历史研究导论》一书中,英国历史学家迈克尔·斯坦福进一步阐发了这种怀疑论:

就严格的逻辑来说,艾尔顿确凿无误。比如我们设定若干相似而不相关的事件(例如各次成功的革命)并赋予代号革命(一)、革命(二)、革命(三)等。同时也假设革命(一)是出自向上攀升的社会团体,而非出自贫穷的贫民,并称这个因素为起源(一)。接着,检索革命(二)、革命(三),发现二者也有类似起源,为起源(二)、起源(三),继而检索革命(四),仍能找出相同因素。即使如此,我们是否足以正当地得出一般规则,凡是成功的革命必定源自向上攀升的群体?显然不能,因为革命(五)可能有不同的起源,乃至驳斥此规则。

纵使类起源(一)革命(一)、起源(二)革命(二)的事例再多,我们还是永远无法得出逻辑结论,声称此起源如果出现,必导致革命出现,或者必先有此起源而后有革命。此乃归纳的困境。

这位历史学者进一步推论说:

这种逻辑上的困窘并非只见于历史,所有其他科学亦然。②

说了这么多,还得回到我和学生在邮件中讨论"历史论据"的缘起——

正是因为历史论据的论证力较弱,所以用"历史上许多对科学发展的警惕都被证明是虚妄"作为论据,来否定当下人们对"基因编辑婴儿"的警惕,恐怕就是不太靠得住的。

你说的类比可能用错了,书上的类比可能译错了

2018-9-9

我前天在 kindle 商店购买了摩尔和帕克合著的《批判性思维》(原书第 10 版),从目录上对比了我此前购买的版本《批判的思考》(原第 7 版)。

我发现,除了论证与谬误等该书的基本内容之外,第 10 版还在"可信性"一章中论述了"可信性与新闻媒体"等问题,其中包含"政府对信息的操纵""媒体的偏见",以及对各种媒体节目的分析等这些看起来并非逻辑学的问题。

"批判性思维"教学是"非形式逻辑"领域的教学,它虽然以逻辑学的基本原

① 参见[英]迈克尔·斯坦福:《历史研究导论》,刘世安译,世界图书出版公司 2012 年版,第 60—61 页。

② [英]迈克尔·斯坦福:《历史研究导论》,刘世安译,世界图书出版公司 2012 年版,第 60 页。

理和规则为基础，但更实用、更开阔地触及社会生活领域的现实问题。

在这一点上，“批判性思维”比“普通逻辑学”更适合于包含新闻评论教学在内的新闻教育，也更适合于提高人们参与公共讨论的素养。

此外，在第12章“道德、法律与美学推理”中，第10版还增加了对价值判断的深入分析，这更涉及社会生活的推理问题。

我随意翻到该书第10章第3节“从特殊到特殊的推理：基于类比的非演绎论证”，感到这本书有否定类比是论证的倾向。

它写道：

人们常说“基于类比的论证”，但严格来说，这种说法并不成立。严格地说，类比是暗喻或明喻，它不具有命题的特征，既不真也不假，可以把暗喻或明喻描述为有用的、富于启发的、恰当的、贴切的等等，但我们不能说类比是真的或假的。因此，类比不可能是论证的前提，前提一定是真的或假的。实际上，人们常说的“基于类比的非演绎论证”是指，通过主张两个（或更多）事物都具有一个或多个属性来进行论证。①

然而，接下来，这本书又这样解释了类比论证的机理：

两个对象都具有一些属性的事实，增加了如下可能性：它们在其他属性上也相同。例如，同一个厂商生产的两部手机增加了它们质量相同的可能性。正因如此，其中一部手机运行得不好，就让我们有理由认为另一部手机也运行得不好。基于类比的论证的前提就是这样支持结论的，即前提就是这样提高结论的可能性的。②

这正好与国内《普通逻辑》教材对类比推理的抽象定义相符：

根据两个对象在一系列属性上是相同的，而且已知其中的一个对象还具有其他属性，由此推出另一个对象也具有同样的其他属性的结论。③

这样看起来，摩尔和帕克的这本教材就有些自相矛盾了：如果认为“基于类比的论证”只是比喻，而不是真正的论证，那么，怎么又可以分析它如何提高了判断（推测）的可信性（论证机制）呢？

我猜测，这本书在类比问题上之所以出现看起来矛盾的“态度”，可能是因为英语中表达类比的词 analogy 也表达比喻。因此，前述“基于类比的论证”其实可能是“基于比喻的论证”。

---

① ［美］布鲁克·诺埃尔·摩尔、理查德·帕克：《批判性思维》（原书第10版），朱素梅译，机械工业出版社2017年版，第245页。

② ［美］布鲁克·诺埃尔·摩尔、理查德·帕克：《批判性思维》（原书第10版），朱素梅译，机械工业出版社2017年版，第245页。

③ 《普通逻辑》编写组：《普通逻辑》（修订本），上海人民出版社1986年版，第228页。

既然是基于比喻，当然不可能是逻辑意义上的论证。换句话说，这本书在文面上明显的矛盾，可能正是因为译者没有意识到 analogy 的双重含义以及两种不同的含义在论证上的重要差异。

这种可能的错译在英国逻辑学家斯泰宾《有效思维》的译本中也曾出现：

一个隐喻引出来的论据必然是一个很坏的论据。

如果拿"国家之舟"①这么一个修辞格里所包含的类比作为论据，那么这个论据的逻辑力量就完全要看：一方面，政府的地位是否可以比作船上的员工；另一方面，选民是否可以比作船上的乘客。在我看来，在这些互相比较的事物之间并没有什么有意义的相似之处。②

在上面一段话中，"一个修辞格里所包含的类比"中的"类比"，显然应当译为"比喻"，因为比喻才是修辞格。而它的原文可能正是同样可以译为"类比"的 analogy。

我自己在课上每次引用上面那句话的时候，都会感到有一点为难，因为容易给学生造成混淆——他们本来可能就分不清楚比喻和类比。所以，我往往在课上不得不提示同学们：书上可能译错了（而不是在引用时自己私自改掉这个词）。

我在英国量子物理学家戴维·多伊奇所著的《无穷的开始：世界进步的本源》一书第十五章还看到这样一段涉及"类比"的话，也有同样的问题：

通过类比进行论证是错误的。虽然任何两种事物之间的任何两种类比都包含着些微的真理。但人们在对什么与什么相似，它们为什么相似有了独立的解释之前，不可能判断出这些真理到底是什么。生物圈—文化类比中的主要危险在于，它会鼓励人们以还原主义的方式去思考人类状况，这种方式会抹杀那些对理解人类状况至关重要的高层次差异——例如没头脑与有创意之间、决定论与选择之间、正确与错误之间的差异。这类差异在生物学水平上没有意义。实际上，人们提出生物圈—文化类比，正是为了推翻一种常识观念，即认为人类是因果关系的能动者，有能力为自身做出道德选择并创造新知识。③

作者在这里所说的"生物圈—文化类比"，类似于把生物学中的进化论适用于社会领域的"社会达尔文主义"：认为生物进化中的优胜劣汰、适者生存原理，同样适用于人的社会关系和国家之间的关系。这种理论在进化论出现之后很流行。但是，"社会达尔文主义"也直接被纳粹德国采用，用以支持他们的种族优

---

① 编者注：指有人用"国家"和"船"的"相似性"论证独裁社会的合理性。

② ［英］L.S.斯泰宾：《有效思维》，商务印书馆 2005 年版，第 105 页。

③ ［英］戴维·多伊奇：《无穷的开始：世界进步的本源》，王艳红、张韵译，人民邮电出版社 2014 年版，第 401—402 页。

越理论和消灭犹太人的行动。可见,它是一种反动的理论。

多伊奇在这一段话中强调"生物圈—文化类比"的危险性和消极性正在于此。他要指出的是:人类是"因果关系的能动者",我们可以自主选择怎样的社会和怎样的人类关系。在自由和创造的意义上,人类超越了生物进化论的规律。

但实际上,所谓"生物圈—文化类比",并不是一种真正意义上的类比,而是比喻。就像"国家有机体论"(把国家看作有机体的理论)一样,是一种比喻,而不是类比。因为,自然与社会、国家与人体,有着不同的属性。

我们可以这样说:凡是拿两个具有不同属性的事物来说事的,就是比喻。而凡是指出两个事物之间有着相同属性的,才可能是类比论证。

在科学的意义上,真正同类的事物之间,才有共同的属性。

比如"哺乳动物"就是真正的一类(在生物分类学层次上实际上是"哺乳纲")。而太阳和足球虽然都是圆的,却不是一类,它们没有共同的属性,"圆"这个共同的特点微不足道。太阳和月亮才是一类——天体;足球和单杠、双杠才是一类——运动器械。

我感到,多伊奇上面这段话的开头似乎是彻底否定类比这样的思维;但从他后面所举的"生物圈—文化类比"的例子来说,他反对的其实只是类比不当,甚至只是反对从比喻关系中得出结论。

而在我看来,"生物圈—文化类比"其实是一种比喻关系,就如斯泰宾《有效思维》中的"国家之舟"也是比喻一样。

而这里的"类比",其实可能也是译错了——译者没有在意比喻与类比之间具有意义重大的差别。

前面说过,比喻之所以被误译为类比,是因为它们都用 analogy 来表达,但可能更是因为,人类对"拿两个事物的相似性来说事"效果的认识,存在一个逐渐深入的过程:从两个事物之间表面的、外在的或想象性的相似,到内在的、本质属性的相同。前者属于比喻的关系,后者才具有论证性。

也就是说,事物之间可以"论证"的关系,是人类深入认识事物的结果。我们的祖先因为认识的局限,原来看啥都相似,以为有着同样的道理。以此建立起了一个模糊的"世界观"——关于事物之间关系的模糊认识。后来随着认识的深入,才逐渐发现哪些事物之间真的具有共同的属性,而哪些只是外在的、想象性的相似。

我国古代只有"比"这个概念(本意是靠近、并列或挨着)——不分比喻和类比,这正是因为古代的人们对事物的认识还没有到达那个程度。只有充分认识事物本身,才能有条件充分认识事物之间真正的关系。

但是,人类的语言是有保守性的,也就是说,它仍然保存着旧有的认识,并且往往用旧的词语来指称新的认识。英文中 analogy 既代表比喻,又代表类比,就反映了语言的保守性。而这体现在汉语中,就是"比喻"与"类比"这两个词中都有"比"这个最初的古汉语单字词。

事实上,我们人类各民族语言都有这种"多义性"。一个词在词典中列出多个义项,除了因为语言在人们的使用中含义不断"偏转",还因为人们对事物的认识不断深入——它们都是语言演进的规律。

那么,同样用 analogy,能不能把比喻与类比分开呢?也可以。有的英文教材采取的方法,就是在其后加限定词"as…"("作为……的")。

比如,一本美国大学写作教材就用 analogy as clarification 与 analogy as persuasion 来区分比喻和类比:

其中,clarification 是澄清、说明的意思,即这里的"比"是用来澄清、说明的。

对于 analogy as clarification,该书这样解释:

In exposition the chief function of analogy is to translate an abstract or difficult idea into more concrete or familiar terms.①

我直译出来就是:

这样一种 analogy,其主要作用是:把一个抽象的或难以理解的意思"翻译"成为更具体的或人们更熟悉的词语。

——这不正是比喻要达到的效果吗?

而 analogy as persuasion 中的 persuasion 则是劝说的意思——也就是要用在论证之中。

In this function, do not confuse the "rhetorical" analogy we are discussing here with "logical" analogy. In logic analogy is a special and rigorous type of proof.②

我把对 analogy as persuasion 这一段的解释直译出来就是:

在这里,不要与"修辞的"analogy 弄混了。我们这里讨论的是"逻辑的"analogy,"逻辑的"analogy 是一种严密的证据。

你看,这本书不仅用了后置的不同定语(as clarification 与 as persuasion),还用了前置的不同定语(rhetorical 与 logical)来区分 analogy 容易混淆的两种含义,同时也恰恰证明了比喻和类比是容易混淆的。而清除这种混淆对于思维清晰则是重要的。

---

① T.S.Kane(1983). *The Oxford guide to writing: A rhetoric and handbook for college students.* p.141. NY: Oxford University Press.

② T.S.Kane(1983). *The Oxford guide to writing: A rhetoric and handbook for college students.* p.141. NY: Oxford University Press.

法律、公道与“圆圈”,孟德斯鸠啥意思?

2016-3-18

昨天上午,我给专业硕士班上本学期第四次评论课,讲到比喻修辞与类比论证的区别以及比喻的说服效果时,我使用了不久前读孟德斯鸠《论法的精神》时摘录的一小段话:

在法律制定之先,就已经有了公道关系的可能性。如果说除了人为法所要求禁止的东西而外,无所谓公道不公道的话,那就等于说,在人们还没有画圆圈之前一切半径都是长短不齐的。①

我在这个案例后面提出的问题是:后面那一句对前面那一句起到什么作用?

当时同学们沉吟半晌无人回答,我就说不用着急,先放过它。

不料,回家午休之后,我却发现在这个班的微信群中,同学们对这个案例已经讨论得很热烈啦——

雨薇说:

比喻。更形象啦!

阿豪说:

后一句是个比喻论证,比较形象地说明公道关系的基础作用。公道关系之于法律,如同半径之于圆。公道关系是固有存在的,因公道关系做前提,才产生了人为法。

小阳说:

法律不能限定公道但是圆是可以限定半径的呀。一个圆的半径是固定的,这个是有唯一指向关系的;而俗话说公道自在人心,但法律和公道两者之间是没有固定指向关系的吧?制定法律不是为了定义公道,而更多的是画一个底线限制恶的发生。我觉得相似性不够是这个类比的问题。

阿豪说:

这个公道,更像我们说的道德吧,这就涉及道德和法律的辩证关系。道德先于法律存在,但在法律禁止之外依旧存在着道德的约束。如果只求法律,而不重视传统的已经存在的道德,社会约制依旧是不完整的。

碧颖说:

我也觉得是比喻论证,不是类比论证。主要有两点理由:

(1)老师上课说,比喻论证中的A与B不是属性相似,而是事理相似。此

---

① [法]孟德斯鸠:《论法的精神》(上),张雁深译,商务印书馆1982年版,第2页。

处，从概念的范畴来说，“人为法”和“公道”属于社会科学，“圆”与“半径”属于自然科学。“公德不公德”这个理念，属于社会科学的伦理学，虽然比较稳定，但还是处于变化中的；但“圆的半径长短”这个理念属于自然科学，圆和半径的关系是恒定不变的。这两组概念并不符合类比论证中“相同”或“相似”的标准，但却在事理上更为相似，即“虽然物体承载了理念，但理念的存在是不以物体的存在为转移的”。

（2）还有就是比喻论证的结论不必然真。如果此处算类比论证的话，至少不是很严谨的类比论证。这段话的结构是：（类比论证）+（判断：这是错的）。

A.“没有人为法做禁止规范之前，就没有公道不公道之分”+“这是错的”。

B.“人们没有画圆圈之前，所有半径的长短都不一致”+“这是错的”。

如果算类比论证，那A成立的条件是B要成立，但是B真的一定成立吗？很严格地推敲的话，必须先存在“圆圈”这个概念，才会存在“半径”这个概念，进而才会存在“半径长短一致”或者“半径长短不一致”这样的判断——因此，如果用类比论证的严格标准看，B是否成立是不确定的，因此就更不能推定A能否成立。但如果从比喻论证的角度考量的话，B只须符合公众的一般经验就可以被接受了，所以结论A最后不必然真，符合比喻论证的特点。

最后一点感觉很绕，还请大家多多指正。

小昕说：

我认为这段话的类比关系是成立的，它把人为法类比为圆圈，把“公道关系的可能性”（此处指具有普遍价值的最基本的公道关系，如杀人是不对的）类比为半径，因为存在着人们普遍认同并承认的基本公道，才能建立让多数人信服的人为法。反之，如果这种公道关系不存在，就像一个圆圈的半径无法确定，那么每个人都可以画出大小不一的圆圈，也就无法建立起对所有公民都有相同约束作用的法律了。

倩玉说：

觉得是比喻。法律和公道关系对社会有规约作用，半径对圆有规约作用，法律如同人为制定的半径长度，公道关系如同自然存在的半径长度。但不论如何，半径和法律之间的距离还是较远的。

看到大家已经讨论得这么深入，我便忍不住表达了自己的看法：

我提示同学们注意文中的“人为法”三字——当孟德斯鸠谈到“人为法”的时候，就暗示了他没有明示的对立物——“自然法”。这个抽象的、看不见的“自然法”，虽然也是人类社会特有的，并不真的是像自然规律那样的东西，但孟德斯鸠用“圆”的“半径”来比喻它，就暗示了它是先于“人为法”（制定的）存在的。这个神秘的权威，作为判断是非的知识源头，从来都是为了批评法律（人为法）

而存在的。

这也就是小昕所阐发的法律与“公道”的关系。而倩玉用“如同”,所揭示的无非是“自然法”先于“人为法”的源头地位,但它并非是先于人类社会的,因此只能是“如同”。但是,这种“先于”的关系,用这个比喻就足以传达了。

后面那一句话的荒谬性是明显的。孟德斯鸠用这一句话要表达的是:人的行为和人的认识(画圆圈)都受制于自然规律。

那么这与前一句是一种什么关系呢?我觉得是比喻性的关系而不是论证性的关系。因为它们是相隔较远的、各自独立的事情,尽管孟德斯鸠用这个比喻是想说明前者与后者包含着同样的关系。但只有在肯定了两者包含着同样关系的前提下,前后两者的相似性才能得到理解,而不能从这样的比喻直接推导出这两者包含着同样的关系。

孟德斯鸠用圆圈和半径的关系,显示的只是在人为法之外有一种“近于”自然规律的自然法,它先于人为法,并且是人为法的源头(这也就是阿豪所说的“公道关系的基础作用”)。他在这一节还指出,“从最广泛的意义来说,法是由事物的性质产生出来的必然关系”,即事物的性质决定法律,而不是法律决定事物的性质。这个思想本身十分深刻,但比较抽象,因此,孟德斯鸠采用一个显明的比喻从反面帮助人们理解他的观点。

上面的三段话,是我本来写在讲义中的——同学们当时没有回答,我也就没有亮出自己的看法。同学们的讨论引起了我更多的思考。

看了我的话,阿豪接着说:

确实,这里的比喻修辞是很明显的,圆和半径是几何数学上的概念,自身不承载太多社会含义,更像是比喻论证。

我回复说:

你说得对,孟德斯鸠用圆和半径的关系,无非是要说明自然法不以人的意志为转移的客观性和先于人为法的地位。

在《论法的精神》的一开头,孟德斯鸠就从事物普遍、一般的法则出发,从“自然法”出发,从人类与其他物种的自然状态出发谈法律的起源,并且谈到人类与其他物种与自然规律的不同关系。这正是这一段话的语境。

孟德斯鸠把“自然”的色彩赋予了先于人为法的“公道”。但是,我们应当看到,“自然法”并不是“自然”,也不是“自然的规律”。他用此例并不是为了特别说明自然法的“自然属性”,而是要说明自然法先于人为法的属性。对于说明这一点,他的比喻——就说是比喻论证吧——是有效的。但这种有效性仅此而已,不能认真追究。

因为如果认真追究的话,我们就会陷入碧颖所提示的陷阱——就连“圆”和

“半径”的理念都是人产生的,而不是“自然”的。

我从来认为:交流促进思考。作为一个老师,我最主要的交流对象正是学生们。在这一堂课上,虽然因为时间的关系,我们对孟德斯鸠的这个案例没有展开交流,但幸好有互联网,幸好有微信群,它使我们师生终于在课堂之外实现了交流,也使我对这个案例及其问题的思考更深一步。

感谢同学们!

“加害方也是被害者”不宜怎样论证和比喻

2016-12-21

昨天一早,在办公室评阅一篇学生作业,是评论校园欺凌问题的,标题是《加害方和被害方都是被害者》。我首先感觉这个论点争议性会较大,难于论证。然后注意到作者为了论证校园欺凌中加害方受到的损害,诉诸一个比喻修辞:

就好比用一支沾满油彩的笔在纸上乱画,在纸被弄脏的同时,笔自身也在被磨损、老化。只不过这一特征体现得不是那么明显。在校园欺凌中,被“弄脏”的是被害者的身心健康,被“磨损”的是加害者的价值观念与社会行为方式。

而接下来,则用两个段落分别论证了两个分论点:其一,“加害方自身也存在缺陷”;其二,“这种缺陷很大程度上来自家庭”。

然后在最后一段重申了论点:“在校园欺凌中,加害者也是被害者,他们也需要得到社会尤其是家庭的关注。”

我在文章第一个分论点的段落后面批注:

这个分论点本身的论证是可以的。但“自身存在缺陷”与在伤害他人的过程中被“磨损”(或者因伤害他人而“磨损”)毕竟是两个不同的命题。

我在文章的评语中写道:

这篇文章论证校园欺凌中加害者自身的心理缺陷和价值缺陷,是论证得比较好的,有说服力。但是,要论证“在校园欺凌中加害者也是被害者”就比较难以让人接受,因为他们“受害”的过程并不在校园欺凌的过程中。从因果关系来看,他们也是先有了心理缺陷和价值缺陷才去伤害别人的,而不是在伤害别人的过程中产生了心理缺陷和价值缺陷的。

在昨天上午的评论课上,我和同学们一起讨论了这篇作业。

我首先请同学们谈谈“画笔”的修辞起什么作用。有同学认为是降低前面的“加害方和被害方都是被害者”这个判断抽象度的作用,也有同学认为,前面的判断可以理解,不必要使用比喻。

但我感觉,作者也许只是想用这个比喻来降低上述论点难以被理解和接受的程度——这本身就是论证的意图了,尽管他自己也许并未意识到。

在与同学们的课堂分析中,我更清楚地意识到:即使“画笔和纸的相互磨损”是一个比喻,也与校园欺凌中的双方关系是不相称的。

首先,画笔与纸的相互磨损是同一个过程:磨损笔的正是纸。而在校园欺凌这一对关系中,加害者“被害”的过程,却发生在校园欺凌之前,其“加害者”可能是不当的家庭教育方式,而不可能是在校园中的被欺凌者。

其次,画笔在纸上的磨损——也就是绘画的过程,本身是有意义的、积极的行为,纸的存在,就是为了让笔画的;而人活着却不是为了被人打的,后一个过程没有积极的意义。

在这篇习作中比喻关系的不对称与文章论点、分论点与论据之间的关系的不对称可能存在某种并非偶然的关联:“挪威心理学家 Olweus 与伦敦大学教授 Peter Smith 教授经研究发现……”等论据支持分论点“加害方自身也存在缺陷”;而“中国教育科学研究院研究员储朝晖表示,从以往的统计情况看……”等低层级论据支持另一个分论点——“这种缺陷很大程度上来自家庭。”但是,这两个分论点却不能支持加害方在校园欺凌这一对关系中“也是受害者”——受害于被欺凌者。

当这位同学想要论证“加害方和被害方都是被害者”时,可能感到人们在情感和常识上难以接受这一观点,所以诉诸一个比喻——“画笔”和“纸”相互磨损。他自己和潜在的读者一想,嗯,真是这么一回事呀!但是,这个比喻却遮蔽了校园欺凌问题中更复杂的关系:加害者的“受损”,其实是发生在校园欺凌的过程之前的。

“也就是说,一个孩子是先变坏了,才去欺凌别人的;而不是在欺凌别人的过程中变坏的。”——我在课堂上说。

一个欺凌别人的孩子同样应当受到关心爱护,这样一个命题是可以成立的,也是可以论证的。甚至,“加害方和被害方都是被害者”,在不同的关系中也是可以成立的。但是,把它表述为“在校园欺凌中,加害者也是被害者”却无疑增大了它的论证难度;而“画笔与纸相互磨损”的修辞,则无益于降低它的论证难度。

那位同学在接到我的评阅意见之后,又做了一番修改:放弃了那个“画笔与纸”的修辞,而改为以雾霾及其成因的关系作为比喻,认为它们都“是一系列社会行为的结果”,“我们在遣责校园欺凌中行为不当的孩子时,更应该看到其行为形成的原因”。

论证的效果，恐怕还要看语境、对象和意图

2015-03-28

本周四晚上，我的“论证与辩论分析”课讲类比推理。上课一开始，我先与同学们分享了一位同学关于归纳推理的“课下深思”以及我对他的回复。

针对上次课所讲到的归纳推理，那位同学对“归纳的认识论基础”以及归纳法在逻辑学中的地位都发表了独特见解。他还针对我在上次课上用作“轻率归纳”案例的《韩非子·备内》中由赵武灵王的悲惨结局和晋献公的家庭悲剧而推导出“人主之患在于信人”的归纳推理做出了自己的阐释和评价。

这位同学认为：

尽管韩非子的例证极少，但是它的逻辑却不能说没有价值。它触动了最敏感的利益关系。结论尽管黑暗，“夫以妻之近与子之亲而犹不可信，则其余无可信者矣”，但对于帝王这种拥有特殊身份特殊地位、处在特殊利益关系中的人来说，这一点难道不对吗？相反，放弃这个结论，当事人要付出的代价实际上是巨大的。

而我在回复中则从价值性的角度否定了韩非“人主之患在于信人，信人，则制于人”这一观点的可接受性，还举出了唐太宗“示天下以信”的故事来说明“信人”的正面价值——哪怕对于君主也是一样。

《资治通鉴》记载：唐太宗为了打败突厥，倡导骑射，太宗“引诸卫将卒习射于显德殿庭”。群臣认为这太危险了：“于律，以兵刃至御在所者绞，今使卑碎之人张弓挟矢于轩陛之侧，陛下亲在其间，万一有狂夫窃发，出于不意，非所以重社稷也。”太宗回答说：“王者视四海如一家，封域之内，皆朕赤子，朕一一推心腹中，奈何宿卫之士亦加猜忌乎！”

司马光在下面的叙述是：“由是人思自励，数年之间，悉为精锐。”

唐太宗此举，虽有“演戏”之嫌，但也说明韩非的那一套“人主之患在于信人，信人，则制于人”的说法，在价值上难以被人普遍接受。

我们师生在课下交流中的不同看法，在本次课的开头也引发了进一步的讨论，形成了本次课第一个发言热潮。

哲学院的鑫炎同学认同韩非的推理。他提示大家注意：韩非推理的大前提其实是对于人的“性恶”的假定——“性恶论”。

我听到这位同学提到“大前提”这个演绎推理的概念，疑心他将韩非的推理由归纳理解为演绎，志敏同学则直接提出质疑：“性恶”的判断，难道不是归纳得出的吗？

鑫炎的回应，则从韩非溯及他的老师荀子，从容不迫地阐释："性恶"其实应当放在人与人现实的竞争性社会关系中来理解，而不是对所谓"天性"的一种判断。这无形中引发了一个小小的论争。来自不同学院的同学，把各自的专业知识背景带到了这个全校选修课的课堂。

另外两位同学达镛和思鹏则把韩非的判断置于战国时代臣弑其君、诸侯不安其位的险恶情境之中来阐释，也认可韩非推理的有效性，认为韩非的判断对于帝王来说是非常正确的。

这使我想到对一个具体推理效力的评价，确实应当考虑它所在的具体语境和具体对象。尤其是对于归纳、类比这样以具体事例作为前提的推理。

引发课堂热烈讨论的另一个案例，则是几年前一位研究降低烟草焦油含量的学者被评为中国工程院院士引发的舆论争议中一位网友的话："这跟研究地沟油怎么才能食用有啥区别。"

同学们对这一句类比推理的合理性和效力进行了多个方面的分析与评价。有同学一下子指出了两个事物、两种行为在合法性和社会危害性上的根本差异，否定了这个类比推理的效力。

女同学锦钰却仍然坦然承认：

我可能因为偏感性一点，觉得他这个类比说得挺好的。地沟油和烟草共同的属性，就是对人体都有害。他这个类比之所以好，是因为他通过夸大，提醒我们应当关注它的有害性。虽然烟草的危害性没有地沟油那么大，但是，我们确实应当关注——它真的是一件有害的东西啊！所以，他通过这个类比告诉大家：它这么有害，所以你就不要再研究它了。

而一向取严格标准的雨菲同学则表示不同意。她说：

虽然适当、合理地夸大一下也是可以说得过去的，但是，有的时候，程度上的加深，就会引起质变。如果换一个情境，可能这个类比就合理：比如说他研究的不是降低烟草的焦油含量，而是研究如何降低毒品的毒性的话。

接下来发言的维莹同学则指出了烟草与地沟油之间的重要差异，她说：

看起来两者都有害，但实际上选择是不一样的：烟草虽然有害，但还有一部分人会选择它，而且我们的社会允许这种选择。但是，地沟油是我们在不知情的情况下被迫食用的，没有人会主动食用它。这位院士研究降低烟草的有害性的价值也正于此：当香烟作为人们的一种选择时，他的研究就是使香烟对那些不愿放弃这种选择的人的危害降到最低。

"选择"——她把这个重要的判断标准表达得非常清楚。

而郭锰同学则清楚地指出：

对这个类比的评价，取决于那位网友这样说的具体意图是什么。如果那位网友是为了表达对那位院士具体的指责的话,我认为这是不合适的。因为那位院士肯定会有基于科学层面的回应,指出自己的研究与地沟油研究有什么区别;但如果那位网友只是为了表达自己的看法,提醒大家注意烟草的危害的话,那么,这个类比即使不那么严谨也是可以用的。

而我在讲义中的评价认为:

至少,“研究烟草”或者“研究如何减少烟草的危害”并不违法,即使这种研究可能导致更多的人吸烟而不是戒烟。而“研究地沟油如何食用”,则在合法范围内是一个“空概念”,因为从事地沟油食用的经营行为是违法的。这是两者之间的重要差异。

但是,那位网友的类比,其真实的诉求并非要将那位研究烟草的院士“绳之以法”,而只是在道义的层面上将他的研究与“研究地沟油”做粗浅的类比,以揭示其在道义上是有问题的。因此,在这个层次上,他的类比是有效的。

我在此处向同学们总结自己对类比推理效果的总体看法:

我们在评价一个类比论证的有效性和效果的时候,不仅要看用来类比的两个事物之间的共同点,还要看它们之间的差异。此外,还要看这个类比的真实用意和诉求。比如,在上面那个案例中,那位网友的类比如果是要用来追究那位研究烟草的院士的法律责任的话,那么,就不能避开合法与犯罪这个重要差异,那个类比就完全不能成立。

“杀盗非杀人也”,是什么逻辑?

2019-3-12

给研究生讲论证分析时,我喜欢引入自己平时阅读到的更丰富的学术资源,以帮助同学们更深入地理解逻辑学教科书中的逻辑原理。

比如,梁启超、胡适虽然都不是逻辑学家,但在自己的研究中对逻辑学有深刻的理解,并且能够用生动的案例来阐发逻辑规律,其中就表现在他们对《墨子》中涉及逻辑学的诸篇的解读上。胡适在《〈墨子·小取〉篇新诂》中对演绎推理的教学难点“周延”进行了相当生动的阐发,而梁启超曾在《新民丛报》上连载《墨子之论理学》,也对“周延”问题阐发甚详。

比如,为了揭示“肯定判断的谓项不周延”这一逻辑规律,梁启超分析了《墨子·小取》中一连串的命题:

其弟,美人也。爱弟非爱美人也。车,木也。乘车非乘木也。船,木也,乘船非乘木也。盗,人也。多盗非多人也。无盗非无人也。恶多盗非恶多人也。欲无盗非欲无人也。爱盗非爱人也。不爱盗非不爱人也。杀盗非杀人也。

下面是梁启超的分析：

以图示之，则弟为美人之一部分；车、船为木之一部分（如图 11-a）。虽然，皆不普及者也。弟之外尚有美人；车船之外尚有木。故谓爱弟即爱美人，乘船即乘木，悖于论理，不辨自明。反言之，谓爱美人即爱弟，乘木即乘车船，亦不得也。盖弟有时可以在美人之范围外，而木与车船两端皆不普及：车船之外尚有他木；木之外尚有他物为车船之原料者也（如图 11-b）。

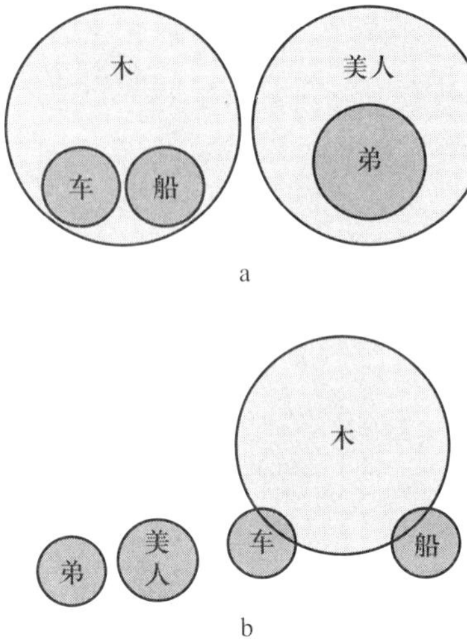

图 11　梁启超《墨子之伦理学》图示

上文中的“论理”，就是当年对西文“逻辑”（logic）的翻译，而上文的“普及”就是当年对西文“周延”（distributed）的翻译（好像现在台湾地区还用“普及”）。而梁启超用圆圈来展示概念之间关系的图示，则几乎就是当代逻辑学教科书中普遍使用的，由英国数学家约翰·维恩（John Venn，1834—1923）发明的“维恩图”。

梁启超这么一解释，不仅揭示出《墨子》的作者们（宗师墨子的后代门徒）对“肯定判断的谓项不周延”这一逻辑规律的明确意识，而且借《墨子》的语境，精彩地解释了这一普遍规律本身。

然而，当我读到最后的“杀盗非杀人也”这个命题时，我感到它与自己的常识理性相违背，难以理解。

我最初想到的，就是把这一句在引入讲义时悄悄删掉算了，以免我难以面对它在课堂上引发的困惑（这样做当然是不合适的）。

这个疑惑使我几乎一宿没有入睡，一早思路豁然开朗。我将自己的理解写入读书笔记，并引入讲义。但在上一周讲到这里的时候，我并没有把自己的理解向同学们和盘托出，而是卖了一个关子，提示同学们深入思考这一难以理解的命题,并在本周的课上发表自己的见解。(实际上,上一周下课以后,就有同学走到讲台前对我表达他们的理解,我也留到本周让他们在课上公开表达。)

对于《墨子·小取》中"杀盗非杀人也"这个命题,梁启超自己是有解释的。他先列出了一个三段论:

盗也者人也。

所杀者盗也。

故所杀者人也。

然后接着说——

此于论理,似无以为难。然盗之内包,必非能尽人之性。盖如空气(原文如此,应为氧气)与淡气(原文如此,应为氢气)各皆可燃,及合为水,已变原质矣。如第五图上(原文如此,见本书图12),常理也。而盗之性质,如第五图下(原文如此,见本书图12),故曰所杀者人,于论理不当也。

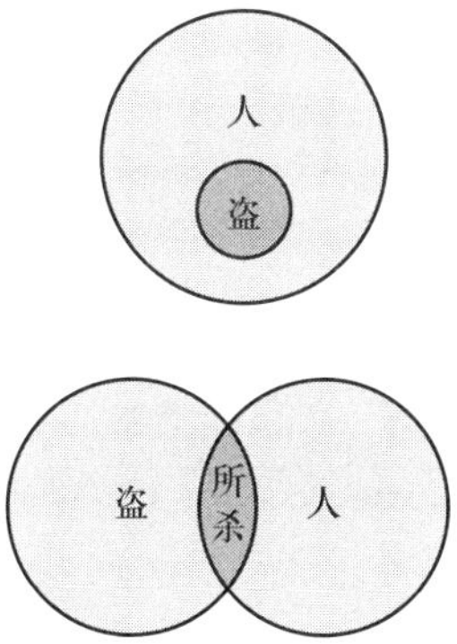

图12 梁启超《墨子之伦理学》图示

但我觉得,梁启超以氢、氧两种元素可燃,而其组成的水(H_2O)不可燃作为说明"杀盗非杀人也"的例子是不合适的。因为氢、氧与水确实有着不同的属性,即元素与其化合物有着不同的性质,但盗与人都不是彼此的化合物,盗完整地包含着人的普遍属性——比如生命的属性,精神、心理和认知能力的属性。所以,梁启超的这一番解释,并没有完全说服我。

但是,可以拿前面"其弟,美人也。爱弟非爱美人也"这个句子来参照理解,它的含义是:妹妹虽为美人,但对妹妹的爱,并不意味着对美人的爱。即美人虽然是妹妹的一个属性,但对妹妹的爱并非是因为她有这个属性。相对于对妹妹的爱而言,美貌这个属性是她的"偶性"。[少华按:古代文字通假,原文中的"弟"不是指弟弟,应该同"娣"——妹妹。]

以此理解"盗,人也。……杀盗非杀人也"这个句子:人是盗的一种属性(尽管这个属性比“美”要重要得多),但杀盗并非因为他有人的属性,而是因为他有盗的属性——也就是其犯罪性。

这就是“杀盗非杀人也”这个看似荒唐悖谬的命题的真实含义。

对“杀盗非杀人”那一段话,孙中原的《墨子解读》的译文是这样的:

强盗虽然是人,爱强盗却不能说是“爱人”,不爱强盗不能说是“不爱人”,杀强盗也不能简单地说是“杀人”(指杀好人,犯杀人罪)。①

孙中原先生是当代研究《墨子》的大家,他对逻辑学也有精深的把握。但译文着眼于浅显易懂,在译文的文面上不可能体现逻辑学层面上的关系。

在课堂上介绍我的理解和孙中原先生的译文之前,有一位专业硕士生晓桐先讲了她的理解。她认为,因为“盗者,人也”这个判断中的“人”不周延,因此,“杀盗非杀人”这个命题的意思是:所谓“杀盗”并不是指杀所有的人,而只是指“人”中的那个“盗”。

这位同学的逻辑直觉非常敏锐,她表达得也更为清晰简洁。她所说的“杀盗”并不是指杀所有的人,正是梁启超所说的“盗之内包(即内涵——少华注),非能尽人之性”的意思。也就是说,杀掉一个强盗,并不是对人的生命属性和生命尊严的否定,而只是对其中个体犯罪行为的否定。

我由此想到:这就好比,当我们从“语言是社会现象”这个前提出发,要对“社会现象”做出某种判断的时候,我们接下来所说的那个“社会现象”其实也无非是指前提中的那个“语言”而已。这是因为前提中处于肯定判断谓项的“社会现象”并不周延。

我由“杀盗非杀人也”这个命题还想到:我们在演绎推理中,不仅要考虑到“类”的包含关系(整个演绎推理依赖于类的包含关系);还应当意识到:作为谓项的“类”也只是主项的一个属性而已。

比如前文提到的“安格斯是黑色的”,其中的谓项“黑色的”对于安格斯而言其实并不重要,毕竟它是一条狗(法学教授弗里德里克·肖尔在《依规则游戏》中常常拿它作例子)。

再比如,“马少华是一名教师”。在这个命题中,马少华属于“教师”这一个类(职业群体)——这个属性对于马少华而言就很重要了,他人生的许多价值感都从中获得,他从事最久的职业也是教师。但“教师”也不过是马少华的属性之一而已,并不包含马少华身上更丰富的东西——

除了从事教学工作,他还有偏向于古代士人的清高性格,从不傍附趋奉;他虽然尊重几乎一切规则,但内心却开放自由。他虽然一生很少外出游历,可谓宅

① 孙中原:《墨子解读》,中国人民大学出版社 2013 年版,第 197 页。

男,但内心却无限向往广阔的世界和丰富的自然。他胆小怕事,很少激烈直言,但内心自有鲜明的价值判断。

判断中的谓项,不足以尽主项之性。一个职业,也不足以尽人之性。

是“滑坡谬误”,还是“见微知著”?

2019-3-30

本周一的评论课讲到“谬误分析”,有一小波关于“滑坡谬误”的课堂讨论耐人寻味。

按照一些教材的定义,“滑坡谬误”是这样一种谬误:

滑坡谬误假定,在没有证据的情况下,一个事物作为第一步,将不可避免地导致后面一系列的结果。这种错误的推理假定了一个“多米诺效应”,一旦一件事发生,便会不可控制地引发随后一连串事物的发生或发展。①

错误使用因果论证图式的另一个通常情况与语用论辩有关。其错误在于,在没有证据证明会发生这种结果的情况下,错误地认为,采取某一行动将不可避免地使情况更糟。由于没有(证据)表明所预料的负面结果真的会发生,因此其中一个合乎因果论辩的批判性问题并不能得到令人满意的回答。这就是滑坡谬误。②

无限引申论证是谬误推理,像在水滑道中一样,它主张一个人一旦开始了行动,直到触底才能停止。例如,这个论证一直被枪支控制法的反对者所使用,这些法律的一般目的在于禁用手枪,但并没有禁用猎枪、刀等。然而,像下面对枪支控制的反对言论并不罕见:“确实,他们想夺走我们的枪。这是他们目前想做的。但下一个他们打算禁用的是什么呢?接着是猎枪,再就是猎刀。不久我们将有一个警察国家及有军队的暴政政府。他们会得寸进尺。简而言之,放弃我们的枪无异于放弃我们的自由。”③

最极端的案例是以下这个:

异族通婚在美国迟至1967年才合法,当年反对异族通婚的人除了诉诸圣经

① E.Inch & B.Warnick(2002). *Critical thinking and Communication:The Use of Reason in Argument* (4th *ed.*). Allyn and Bacon.

② [荷兰]弗兰斯·H.凡·爱默伦、弗兰西斯卡斯·斯·汉克曼斯:《论辩巧智——有理说得清的技术》,熊明辉、赵艺译,新世界出版社2006年版,第130页。

③ 加里·R.卡比、杰弗里·R.古德帕斯特:《思维》(第4版),韩广忠译,中国人民大学2010年版,第228页。

之外,最经典的说法就是“如果白人可以和黑人结婚,那有一天人可以和猴子结合”。①

哈哈!大家都知道,白人与黑人结婚,后来产生了一个很英俊的美国总统。但人与猴子结婚的事,却并没有因此发生。

显然,“滑坡谬误”是一种多层次的因果推论。它的典型特征是:由最初的一个原因,推导出一系列恶劣的结果。

在我看来,这个论证特征至少反映出它是论据不充分的论证。因为,严格说起来,在“因果长链”每一个链环上的因果关系,都需要分别论证并提出论据,只有最初的那个原因其实是不够的。

然而,同学们的思考,却没有止于接受教科书为其确定的性质以及展示的典型案例。

有一位同学小雪提问:“老师,有没有不是谬误的‘滑坡’?”

这个提问就体现了批判性思维。

而在随后的课间休息时,毕业多年后回到学校看望我的小友业欣说:所有的非形式谬误似乎都具有“暧昧性”(他的意思是:其谬误性并不那么确定或显然自明)。古人说的“见微知著”,往往是后来得到验证的预见,但它们在形式上看起来就是“滑坡”——符合“滑坡谬误”的定义或描述。

他认为:判断一个“滑坡论证”是不是谬误,取决于其背后的东西,也就是事物之间那条细若游丝的因果之链,有没有一个可以被整体理解的原则和倾向。如果没有,就是谬误;如果有,就不是谬误,而是从微小的征兆推断事态发展的洞见。

应我之邀,业欣随后在课堂上举出了一个自己认可的“滑坡”案例,就是美国波士顿犹太人屠杀纪念碑上所刻马丁·尼莫拉牧师的那首小诗。我事后在网上检索到了大家熟悉的译文:

纳粹杀共产党时,
我没有出声
——因为我不是共产党员;
接着他们迫害犹太人,
我没有出声
——因为我不是犹太人;
然后他们杀工会成员,
我没有出声

① 欧阳文风:《同性婚姻,为何而反》,《南方都市报》2011年9月8日。

——因为我不是工会成员；
后来他们迫害天主教徒，
我没有出声
——因为我是新教徒；
最后当他们开始对付我的时候，
已经没有人能站出来为我发声了。

业欣说：

叶子何错之有？一叶障目还是一叶知秋，取决于人。核心在于把叶子和推论联系起来的知识是否靠谱。在他看来，“纳粹杀共产党”和最后杀到我自己，背后是纳粹的法西斯思想，其行为是连贯一体的。因此，从“纳粹杀共产党”就能预见到他们会杀更多的人，这属于一种见微知著的洞见，而不是滑坡谬误。

对马丁·尼莫拉牧师这首小诗的说服力，我也非常认可。多年前我最初看到人们引用这首小诗的时候，它就触动了我，我认同它所包含的因果逻辑。而“滑坡”（说它是谬误也罢，论证也罢）正是一种确认因果关系的断言。

但在课堂上，我表示，我们其实可以不把这首小诗看作一种“滑坡”。我的理由正是业欣谈到的“整体的原则”：纳粹对不同人群的侵害，其实有着统一的、整体的原则，即纳粹意欲侵害的，是在他们之外所有自由、独立的人。这种侵害的原因，存在于纳粹反动的思想之中，而不存在于被他们侵害的不同人群的关系之中。也就是说，在这首小诗中，不同的人群虽然是陆续被侵害的，但他们受到的侵害之间不存在因果关系。

这个话题在课上没有得到充分探讨。下课时，我问同学们还有什么疑问，坐在最后一排的海侠同学举手发言，表达了他对这个案例的看法。他也认为，这个案例不是“滑坡”。它所展示的被纳粹侵害的不同人群，其实是一种“并列的关系”。但这首小诗一个一个地接续将他们表达出来，使它显得很有力量。对，我觉得海侠谈到的，正是一种修辞的力量。

然而，业欣并不认为这首小诗中没有因果关系。实际上，他在课堂上就表达了这个意思，只是没有来得及详言。课后，他在微信中进一步阐述了他的见解：

昨天有同学认为，滑坡推理的每一步之间均存在因果联系。而马丁牧师所言的共产党、犹太人、工会成员、天主教徒，他们都是因同一原因（法西斯暴政）受侵害的不同对象，属于并列关系，不属于滑坡推理。如果真是这样，那“我”被捕应该说在劫难逃（为法西斯暴政这个“因”所必然决定），跟其他人被不被抓有什么关系呢？然而马丁牧师想强调的，正是这种想法的错误。希特勒一人之心，本不足以酿成空前惨祸。正是之前群体的不公遭遇没有被及时制止,才进一步导致了暴行的扩大化,同时使得幸存者更加孤立(从而增大了被侵害的概率)。从这个角度来说,他的真实意思是:每当其他人被抓的时候,我们都觉得他们是与我们并列的平行对象。针对他们的侵害,是出于特定的原因(例如排犹),而这个原因对我不成立(我不是犹太人);然而事实上,我们是彼此联系的前因后果,他们的被捕助长了暴政、加剧了疯狂,这些进一步导致了本不会被捕的"我",被捕了。"已经没有人能站出来为我发声了"的意思,即是说:如果之前的某一次疯狂被阻止,那么幸免于难的人将会为后来的人说话,后续的悲剧就不会持续发生。这正是一个隐含的因果联系。

我这两天正忙于看几位研究生的论文改稿,并为他们草拟答辩推荐意见,没有仔细阅读和揣摩业欣的这些话,只是感到:他提示的是存在一种"消极原因"的传递,即人们的"不作为"引发的结果。而一般的"滑坡"(论证或谬误)展示的因果关系,则是"作为"引发的结果。看起来这两者有些不同。

但业欣的分析恰恰正面揭示了马丁牧师小诗中表达的一种对"不作为"责任的积极断定:"不作为"是会导致结果的。"不作为"导致的结果与"作为"导致的结果在性质上没有什么两样。

在我看来,这种从被侵害者个体角度的认识,与我们从希特勒纳粹的恶性来认识这个问题,是完全不同的思路。

作为一种对因果关系的推断,"滑坡"论证是对事实的推断。但是,就像许多难以得到确切结论的事实推断一样,它其实也许更取决于推断者内心不同的价值观。而内心的责任感,就是这样一种价值观。它推断的是一种当事者自己认可的因果关系。

在随后的微信交流中,业欣对我说:

我觉得这虽是对一个小问题的讨论,但很有意义。所有非形式逻辑谬误在形式上都是中立的,本身无所谓对错。错,都是因为知识不足导致用错。日常教学中,我们经常把这些非形式逻辑谬误总结为不同类型,逐一学习加以避免。有时候学习者就不免在事实上把它们当成形式逻辑谬误来学习,一看见符合滑坡的形式,就判断其为逻辑谬误,这是深可警惕的。

我感到,业欣虽然毕业多年,不在学校了,但他对教学问题还是思虑甚深。

其实,20 世纪 70 年代在西方兴起的"非形式逻辑"这一派,对谬误已经比较宽容了,即并不一定把传统的谬误看作谬误,而是承认它们往往具有说服力。但谬误分析作为批判性思维的一种教学法,仍然被非形式逻辑学家们认为是有重要价值的,它至少可以使我们时常警惕:这一番说辞是不是谬误?

在什么条件下可以接受“滑坡谬误”？

2020-6-23

逻辑学中的“谬误”五花八门，但无非可以总括为几点：或者论据与结论不相干，或者前提不充分，或者推理形式错误，或者表达上存在疑义。

逻辑学家往往给一些谬误类型取一个形象化的名称，以表示其特点。比如：“稻草人谬误”“滑坡谬误”等。“稻草人谬误”本质上是转移（偷换）论题，而其特点，主要是在反驳的情境中，将要反驳的观点有意或无意地偷换为一个更容易反驳的观点。而“滑坡谬误”诉诸的形象，其实是一个“动图”：它描述一个人或一个物体站到斜坡的边缘，只要再迈出一步，就会不可避免地滚下坡去。以此表示，一旦接受某一个前提，就会不可避免地接受其后发生的一连串结果。

但是，这个“坡”的形象，遮蔽了一个“连环”——也就是事物之间一个一个具体的因果关系。也就是说，它以一个前提，一个简单的条件，遮蔽了此后连续发生的事件之间具体的因果关系，也代替了每一个具体因果关系所需要的论证。

问题在于：存在这么强大的、敏感的前提吗？

我在论证与辩论分析课或研究生评论课上讲“谬误分析”时，通常会讲到“滑坡谬误”，这个传统已有多年了。而昨天晚上，本学期的最后一次课上则有新的收获，那就是：同学们在针对案例的讨论中比较清晰明确地触及了“滑坡谬误”可以被接受的条件。

“谬误”是逻辑学中一个负面的、否定性的术语，它是对一个论证很弱，或者根本不成立的评价。但我在教学中感到：有一些“谬误”往往让人觉得其实是可以接受的。“滑坡谬误”就是这样一类谬误。所以，有的学者也客气地称其为“滑坡论证”，而不直接称“滑坡谬误”。而另有学者则似乎认为它的“谬误性”只是表现在过于肯定的表达上。

我们在课堂上，不是要根据教科书的定义和描述，给一些论证案例“定性”，为其戴上谬误的“帽子”，而是要通过学生自己的理性（有时也不免诉诸感性）判断，确认一个论证为什么是谬误，或者一个看起来是谬误的论证为什么可以被接受。

比如，我先用《韩非子》中假托孔子的一段推论，作为滑坡谬误的典型案例——

殷之法，刑弃灰于街者。子贡以为重。问之仲尼。仲尼曰：知治之道也。夫弃灰于街，必掩人；掩人，人必怒；怒则斗；斗必三族相残也。此残三族之道也，虽刑之可也。

对在街道上乱丢垃圾的人处以刑法——可能还是肉刑，这样的“环境法”在现在看来当然过于严苛。

子贡也认为过重，孔子却认为是“知治之道”。孔子的论证，实际上是依托于一连串的因果关系展开的：从“弃灰于街必掩人”，推导出“三族相残”的悲惨结果，他在看来，至少存在这种可能性。为了从根本上消除这种可能性，他认可对“弃灰于街”的人施以刑法。

这是一个公正的法律吗？这是一个有效的论证吗？

由“弃灰于街”发展到“三族相残”的可能性到底有多大？这其中的每一步，都还有其他的可能性，也还会有其他的行为，这些行为，或者比“怒则斗”更好（比如道歉、改正），或者比它更坏（比如骂人、动手）。那些更好的行为有可能终止走向“三族相残”的脚步；而那些更坏的行为，也会有其他法律予以严惩。

如果按文中孔子的说法，“弃灰于街”这种行为因为不能避免“残三族”这样一种最为极端的恶果，就是“残三族之道”，而必须课以刑法；那么，任何一种较轻的不良行为都因为可能导致更严重的后果而必须严罚。这样一来，有罪与无罪之间，轻罪与重罪之间的处罚，还有什么区别呢？

事实上，这当然不是孔子的思想，甚至与孔子的德化思想相悖，而是韩非假借孔子之名而阐述的法家重刑主义的思想。我后来从《史记·李斯列传》中偶然看到李斯在给秦二世的《行督责书》中提及，所谓“刑弃灰于街”的刑律，真的是商鞅在秦国实行过的法律，这完全就是一种滥刑的恶法。

如今网络上有一些“段子”看起来像是“滑坡”，作者其实没有什么说服动机，只是戏谑，但它们在客观上可能造成对“滑坡”思维名声不利的影响。

而真正有意义的思考则是：为什么这样的滑坡令人难以接受，而有一些滑坡却显得可以被接受？

比如，刚上大学的孩子感到自己选的一门课上起来比较吃力，他担心这门课的成绩很低，会影响他的平均学分绩点，因此想放弃这门课。然而父亲不赞成儿子放弃，他担心孩子一旦放弃了这门课，以后每次上课遇到困难就都会想要放弃——最终可能完成不了学业。

这个案例被《批判性思维与传播：论说中的推理》明确当作滑坡谬误。① 理由是父亲没有证据做出这样的论断。

而在课上，有同学觉得父亲的判断确实不太靠谱，而另有同学觉得父亲的担心可以接受。

---

① E.Inch & B.Warnick (2002). *Critical thinking and Communication: The Use of Reason in Argument* (*4th ed.*), p.218. Allyn and Bacon.

洁民说：

感觉这种推论的主观性挺强，毕竟不是每个相同的因都会导出一样的果。像父子对话里的主观性就是父亲认为孩子把课放弃掉后，后续将很难面对挫折。但是，偏偏就有些孩子，第一学期的课都放弃了，却依旧能在接下来的学期把成绩补上。主观性似乎不能太强，不然整个讨论就会失去根基。

贤成说：

感觉这个劝说儿子不要放弃选课的推理虽然是滑坡谬误，但比前面的容易接受一些，可能因为：

1. 推理链条比较短，还是在学习考试的范围内；

2. 劝说的目的是“正能量”的，符合道德要求。

我赞赏贤成同学的地方，就是在于他能够明确提出评价和判断的标准。具体而言，我更赞赏他的第一条标准，因为它在逻辑推理的客观标准之内。

雯涓说：

这个父与子的滑坡更容易接受，我甚至没意识到这是个滑坡谬误。因为日常生活中有很多这样的例子，比如初高中老师说“抓到你一次没写作业，就当十次”，还有数学上的“极大似然法”。

可是“弃灰于街者当刑”就难以接受，我很认同贤成同学说的推理链条的长短区别。

小雪说：

感觉父亲劝儿子的这段话，在一定程度上可以接受，因为儿子的这一次放弃，和下次遇到难题选择放弃的行为之间，虽然没有必然联系，但是属于同类事件，确实可以引起合理的担忧。

梓桐说：

滑坡谬误所提出的只是某种决策做出后带来的可能后果之一，且专注于负面的可能性，倒确是父母教育子女的惯用手法。

在上面的回答中，雯涓的可接受条件是“生活中有很多这样的例子”，小雪的可接受条件是“同类事件”，梓桐的可接受条件是“父母惯用”——如果我理解无误的话，“普遍被人使用”含有“一般都有好的效果”这样的因素。

“推理链条短”“属于同类”“普遍使用”和“正能量”可能是他们可以接受“滑坡”的条件。其中“推理链条短”和“同类”这两个条件，更接近逻辑学的论证条件；而“普遍使用”和“正能量”，其实只是人们接受一个论证（或谬误）的心理条件。

鸿博同学问：

是不是滑坡符合人们的共同经验时，就容易被接受呢？

恐怕是这样。这算是一种主观心理条件吧。

而另一位同学雪莹又提出了一个经典案例——“象箸之忧”，既是“正能量”的，也恰好是古代臣子教育君王的“惯用手法”。

她说：

老师，象牙筷子定律也可以算作是滑坡谬误吗？——“殷纣王即位不久，命人为他琢一把象牙筷子。贤臣箕子说，‘象牙筷子肯定不能配瓦器，要配犀角之碗，白玉之杯。玉杯肯定不能盛野菜粗粮，只能与山珍海味相配。吃了山珍海味就不肯再穿粗葛短衣，住茅草陋屋，而要衣锦绣，乘华车，住高楼。国内满足不了，就要到境外去搜求奇珍异宝。我不禁为他担心。’”

这是《韩非子》中的故事，原文如下：

昔者，纣为象箸而箕子怖，以为象箸必不加于土铏，必将犀玉之杯；象箸玉杯必不羹菽藿，则必旄象豹胎；旄象豹胎必不衣短褐而食于茅屋之下，则锦衣九重，广室高台。吾畏其卒，故怖其始。居五年，纣为肉圃，设炮烙，登糟丘，临酒池，纣遂以亡。故箕子见象箸以知天下之祸。故曰：“见小曰明。”

我回答说：

嗯，这的确符合滑坡谬误的形式特点。中国古代有好多这样“防微杜渐”的箴言警句，普遍为人们所接受。

[少华按：商纣王以“象箸”为起点，以“亡天下”为结果的链条，也是比较完整的，特别具有警示效果。但实际上，商纣亡国的最初起因，是否恰好是吃饭使用了“象箸”，其实并没有人真的在意。]

小垚说：

感觉象牙筷子的例子比起严刑峻法更能让人接受，或许是滑坡谬误在进行劝说时，当劝说对象是统治者时，我们默认对统治者的要求应该更高。但严刑峻法的要求对象是普通人，对每个普通人进行这样的要求就显得过于苛刻了。

嗯，我觉得这个对比很有意思。“我们默认对统治者的要求应该更高”，显然增加了“象箸之忧”这类“滑坡”的可接受性。而小垚实际上又提出了一个具有启发性的可接受性标准——说服的对象。而且似乎凭这个标准给不同的“滑坡”分类，细化了前述“正能量”的标准。

我觉得这是有意义的标准。因为统治者客观上比普通人具有更大的影响力，他们的一言一行，甚至个人爱好，不仅影响天下风习，甚至还影响百姓生活。汉无名氏诗云：“吴王好剑客，百姓多创瘢。楚王好细腰，宫中多饿死。”——表现的正是统治者的影响力。

它们不是滑坡谬误，而正是统治者的权力过大可能造成的恶果。

较近的一个案例是在前不久上映的电视剧《清平乐》中：宫中制作的一种小

吃，使用了市面上的一种草药提味。结果是，这种看起来无害的口味和制作配方，使这种草药在市面上价格飙升，穷人看病就用不起了。所以宋仁宗知道以后，赶紧禁止宫中制作这种小吃。

这也不是滑坡谬误，而是可以理解的权力的影响——哪怕是在这么小的事情上。

振球同学在课上想到了鲁迅批评当年一些中国人联想思维特别活跃的例子，问我算不算滑坡谬误。我一时没反应过来，子怡则马上查到了那一段话：

一见短袖子，立刻想到白臂膊，立刻想到全裸体，立刻想到生殖器，立刻想到性交，立刻想到杂交，立刻想到私生子。中国人的想象惟在这一层能够如此跃进。[①]

我其实难以确认这个“短袖子联想”算不算滑坡谬误。它在形式上似乎与“滑坡”相近：一个简单的初始条件——“短袖子”，竟然通过一系列联想，一直到“私生子”才算停下脚步。

但仔细想来，这一段话只是对一种过于敏感的联想的描述，而并不是对事物之间因果关系推断的描述。而滑坡谬误是对因果关系的错误推断。

去年，是否应当放开单身女性冷冻卵子的议题进入公共舆论。有一位同学在习作中写道：

卵子冷冻之后，无疑都要使用人工受精技术，如果放开冷冻卵子的申请，女性可以挑选精子，那么当人有机会选择时，是否会放弃定制后代的机会？通过基因诊断从开始就保证自己的孩子健康，没有心理障碍，可以请医生们帮忙选择或修补出一个健康完美的孩子，那么后续呢？我们会不会有更大的野心，在基因方面花心思，想让孩子更完美。那这与基因编辑有什么区别吗？

我把这个案例拿到课上讨论。

梓桐说：

冷冻卵子和基因编辑相隔甚远，在这里，作者过度发挥了。冻卵总体来说是对生育时间的选择，而基因编辑是对生育质量的选择，似乎不是一个维度的问题吧……如果讨论野心，那么任何技术的发展都可以推动野心膨胀了……

晓婷说：

感觉这篇讨论冻卵的文章还有树立“稻草人”的嫌疑，选择冻卵的女性更多的是希望“保存”自己的生育能力，根据自己的人生计划选择时间生育，并非是有“野心”。

子君说：

---

① 鲁迅：《小杂感》，原刊 1927 年 12 月 17 日《语丝》周刊第 4 卷第 1 期，后收入《而已集》，《鲁迅杂文全编》（上编），浙江文艺出版社 1993 年版，第 550 页。

这也要结合伦理来讨论，试管婴儿解决的是不孕不育问题，冻卵解决的是时间问题，但基因编辑婴儿显然是涉及伦理道德的，恐怕不能放在一起讨论吧。

这几位同学都是通过辨析和强调“冻卵”与“基因编辑”的差异，以阻断“滑坡”的可能性，尽管它们同属于“生物技术”。

而贤成同学则表达了一个更开放的展望：

人们对事物的接受度确实是递增的。中国首名试管婴儿诞生于1988年，至今也才30多年，中国人对试管婴儿已经从不能接受到习以为常。也许以后随着技术不断发展，冻卵已经不是问题，甚至基因编辑婴儿也会为大多数人所接受。人们会讨论更新的生物辅助技术，比如人造子宫……

我想他的意思是：既然基因编辑婴儿终究也会为大多数人接受，那么它就不足以作为一种“危险的结果”来否定“冻卵”这个初始前提。在这个意义上，“滑坡”的说服效果不成立。

而在子怡同学看来：

滑坡谬误的每一步看起来似乎都只是在错误的方向上迈出了一小步，一系列本不太可能接踵而至的连锁反应造就一个灾难性的结果，引入了由进一步行动带来的不相干材料。这样来看，滑坡谬误大多还是诉诸情感方面的说服。

海滢则将子怡所谈到的情感方面的说服“再细化一点”：

是利用读者的恐惧心理进行情感说服吧？滑坡一般就是推导最坏的结果，使用滑坡一般是想引起人们对这个事情最坏结果的想象，从而拒绝这个事情。

雪莹则从生物技术的话题谈到了人工智能：

似乎我们在谈到人工智能这些未来技术的发展时，也常常陷入滑坡谬误，比如从人工智能技术的某种突破推论到机器人最终控制人类。这种审慎思维或许出于人类对未来有可能失控的不安全感，因为担心发生某种不可挽回的后果，所以预先提出最坏的情况，警示大家。

而振球则提出：

科幻似乎不是一种滑坡？因为它不是一个逻辑严密的论证，而是一种想象和预测？

他们引出的话题使我想到了一本自己20年前买的书《为什么机器人将统治世界：机器的征途》。作者凯文·渥维克是英国雷士大学控制系教授，他从事人工智能、控制论以及机器人领域的研究，而这本书正是他的结论。

这本书的中文版封面文字写道：

控制论领域的最新突破说明机器人已经拥有了与昆虫相同的大脑智能。

5年内，机器人将拥有与猫相同的大脑智能。

10至50年内，机器人将拥有高于人类的智能。

未来的人会不会被机器人当作宠物豢养

这不是科幻小说。

如今,10年已经过去。50年还未到来。至少,这本书是一位科学家的论证。

回到滑坡谬误问题。我对同学们的一些认识还是很欣赏的——

比如梓桐说:

我觉得滑坡谬误的一个很重要的缺陷就在于它的猜测过于宽泛了,而没有对具体的细节进行明示,即在什么条件下滑坡会发生。就好像直接说下雨会导致泥石流、山体滑坡,而没有对条件进行限定。

滑坡谬误用于教导或警醒世人可以接受,不失为一种策略,也是提醒人们某事最终酿成大祸的可能性,但用来作为定性的参考,则完全是一种谬误了。

——她的第一段话强调的是滑坡谬误的“条件缺失”,其实是揭示了作为单一前提的初始条件不足以推断出巨大的恶劣结果。

她的第二段话实际上也是提出了“滑坡”的一种可接受标准:把它当作一种有效的警示策略来接受,而不把它当作一种可以验证的事实判断来接受。

这实际上是一种实用的社会价值的标准。就如吃饭用象牙筷子虽然不一定导致亡国,但君王戒奢总是有利于社会的。

在对立的文章之间体验说服,审视论证

2016-4-1

昨天上午,在给专业硕士班上的评论课上,我向同学们介绍了《北京青年报》评论版上进行的关于“贫困,是不是贫困大学生的隐私?”的话题讨论。这场讨论的缘起,是某大学近日启动“暖心饭卡”项目——通过对学生在食堂就餐的数据分析确定受助对象,直接将补贴款打入受助学生的饭卡,除受助者本人外再无人知晓。《北京青年报》3月26日为此刊发社评《别让“暖心饭卡”遮蔽了公平问题》,认为大学生享受了贫困生助学金或其他补助,应当承担公开个人基本信息的义务。而这篇社评的观点引发了一些不同见解。所以,该报评论部索性借机组织一场讨论,以推动整个社会对这个争议性问题的认识。

我提示同学们注意、观察这样的讨论:在这种对立观点的论争中,我们有机会通过对比观察到论证力的强弱,也能够亲身体会到说服的效果。

就说服而言,你可能很容易就被一篇文章说服了。但是,当看到对那篇文章的反驳时,你可能又被反驳的文章说服了。这是一种很常见的现象,也是一种很奇妙的体验。不要因此而感到惶惑,不要因此而对自己的判断力失去信心。因为,这种不断变化的说服效果,正是公开论争的公共收益;也正是我们培育自己

批判性思维能力的机会。我自己作为一个曾经的评论人和现在的评论教员，至今仍然不能免于这种体验。

在上课的前一天，我阅读了这场讨论的第二篇文章《受助学生信息公开是必要的权利让渡》，感觉对我有说服力。于是课上先与同学们一起阅读、分析。

这篇文章给我的第一个良好印象，是在对隐私与公共利益的关系中建立自己的论证基础：

隐私是一种与公共利益、群体利益无关，当事人不愿他人知道或他人不便知道的个人信息，当事人不愿他人干涉或他人不便干涉的个人私事，以及当事人不愿他人侵入或他人不便侵入的个人领域。不难发现，隐私的成立要件有一个基本前提，即个人信息不涉及公共利益与群体利益，不与别人的利益存在交集。只有确保了自身信息的高度独立性，才能做到严密的封闭性，否则回避公开或者拒绝公开，都是对程序正义的回避。

作者指出：完整得到尊重的隐私权，其前提是与公共利益、群体利益无关。而显然，当涉及运用公共资金对一个人进行资助的时候，这笔资助本身就已经与他人和公众相关了。正是在这个基础上，作者认为受助者的隐私权应当克减。

接着，作者提出对贫困大学生实施补助“有三个不得不公开的理由”，进入了具体层次的论证。

第一个理由是“程序设计本身的要求”：

公开受助人员的信息，是实施帮困政策的基本程序要求。无论是保障房的获得，还是廉租房对象的确定，抑或低保户、贫困户身份的确认，将受助对象的基本信息向外公开，接受外界的监督，成为不可或缺的环节，也是确保公平的必要程序。大学生作为具有完全民事能力的人员，在制度公平方面没有特殊性，理应参照普遍的程序要求公开相关信息。

在这一段的论证中，作者提出了另外一类人：申请保障房、廉租房的低保户、贫困户。那么，他们在论证中起什么作用呢？显然，作者试图借助情况大致相同的事物和程序来论证资助贫困大学生应有的公开程序。这样看来，这似乎是一个类比推理的论证。

但是，我在课堂上提醒同学们注意：从这一段的最后一句话来看，作者显然更多地诉诸普遍的公开原则，而不是诉诸与另外一组具体对象的相同性或相近性。因此，我更倾向于把这一段论证看作一个演绎推理的论证，也就是：以公共资助普遍的公开原则作为大前提，推导出资助大学生也应当公开的结论。而保障房、廉租房的申请者和低保户、贫困户这一类对象所起的作用，与其说是与被资助的贫困大学生之间形成“类比”关系，不如说更像是为公共资助普遍的公开原则提供一个事例，以此具体说明这个公开原则。

公开的第二个理由是“既有惯例的延续”:

……推出“暖心饭卡”之前,实施信息公开早已成为惯例,其间虽然出现了“因(被)公开而拒绝帮助”的个例,引起了部分贫困学生的不适,不过多数贫困学生还是能坦然面对,其他非受助学生也能宽容对待,就在于有高度的程序认同。贫困本身并不可耻,接受补助也属于正当的权利,讳疾忌医和掩耳盗铃的做法,会让一些贫困学生错过受助的机会,甚至可能造成校园风气的败坏。

——在课堂上给同学们读到这一段的时候,我感觉这个理由和这一段的论证要弱于前面诉诸公开原则的理由和论证。因为“惯例”虽然是一种做法的理由,但并不是充分的、绝对的理由。一件事长期以来如此,并不能论证它应当永远如此,只不过改变“惯例”需要有说服力的理由。

我还提示同学们注意作者所使用的“数量对比”的修辞:他在陈述对“公开”感到“不适”的同学时,使用了“部分”;而在陈述“坦然面对”的同学时使用了“多数”。这种陈述策略,有利于自己支持“公开”的立场。

但是,人数的多少并不是判断和评价这一做法的充分理由。何况,作者实际上不可能了解那些感到“不适”与“坦然面对”的同学的绝对数量,因此也不可能做出多与少的准确判断。这么说纯属修辞。

公开的第三个理由是“获得受助资格与权利让渡”:

一方面,对贫困大学生给予补助与公共利益密切关联,并非孤立性的存在和封闭化的循环体系,是对具有监督权利人的基本权利的满足,从而为外部的有效监督创造条件;另一方面,对外公开信息既是对具有同等资格人的交代,也是对公共资源的安全性和公共政策的公平性的负责。阳光是最好的防腐剂,公布受助贫困生的基本信息,是防止暗箱操作和弄虚作假的应有之举,也是获得受助者应当做出的必要的权利让渡。

——这一段论证,虽然是抽象陈述,但我觉得也是此文说服力比较强的论证。它较好地说明了资助贫困大学生这一件事情的公共性,是前面那个前提的展开。作者也把这个理由提炼到了标题中。

然而,当我在上课之前读到这个“饭卡讨论”的第四篇文章《大学帮困不能搞“隐私换资助”》的时候,我感到自己被这篇文章的反驳说服了,至少,这位作者的论证中有我在阅读前一篇文章时没有注意到和没有想到的东西。

因此,我随后在课堂上与同学们分析了这篇文章。

首先,这篇文章为自己建立了这样一个论证基础,就是资助贫困大学生这件事情的特殊性:

关于保护隐私和公众的知情权,不是所有人员都可一概而论,不能简单地把公职人员、申请廉租房者的隐私和大学贫困生的隐私相提并论。大学生获得贫困补助，与申请廉租房的性质貌似相同，但主体身份、获得利益有很大差别——大学生还是消费者，他们获得补助是为了更好地完成学业，他们面临与廉租房申请者不同的人际关系环境，而没有申请廉租房那么大的利益空间。简单地把其他领域的操作，用在大学生帮困上，忽视了大学生群体的特点，这也是目前大学生帮困中存在的突出问题。

——显然，强调资助贫困大学生的特殊性这样一个论证策略，针对的是前一篇文章中公开的普遍性前提与“申请廉租房”这个相似案例的说服力。这些特殊性确实存在，但它们并没有被那些支持“公开”的文章提及。那些文章只是强调普遍原则和大学生作为成人并非特殊群体，应当适用（服从）普遍原则。

但是，我在课堂上提醒同学注意：这篇文章的作者着重于强调贫困大学生与廉租房申请者之间的差异，实际上是反驳两者之间“类比”关系的成立。但却有意无意地忽略了从公共资金资助必须公开的普遍原则推导出大学生受助也须公开的演绎推理。

也就是说，作者有信心在两个具体的群体之间找到差异，却无力反驳那个公共资金资助必须公开的普遍原则。而正如我在前文提到的，前面那篇文章与其说是诉诸与廉租房申请者的类比推理，不如说更多的是诉诸普遍公开原则的演绎推理。廉租房申请者经济状况的公开只是为了说明普遍公开原则的一个事例而已。

接下来，这位作者进一步回应前面那位作者的具体观点：

大学贫困生获得资助，需要让渡权利，但让渡权利不是交换，操作不当，很容易被大学贫困生认为是拿隐私做交换。目前，不少高校的帮困操作，就让贫困大学生感觉是交换——用隐私公开和充满感激的感恩表达去交换——因此自尊心受到很大伤害，甚至宁愿放弃申请贫困补助。

——在课堂上给同学们读到这一段的时候，我心中隐约感到有一点问题，但到底是什么问题，我当时没想清楚。现在，我意识到：在这一段中，这篇文章的作者其实是明确接受前一篇文章作者的一个观点的，即“大学贫困生获得资助，需要让渡权利”。但是，这位作者又提出另一个观点：“让渡权利不是交换，操作不当，很容易被大学贫困生认为是拿隐私做交换”——也就是说，这里反驳和批评的，其实已经不是前一篇文章的观点了。

“拿隐私做交换”，其实是这位作者对在“公开”中“操作不当”的“命名”，而作者实质上反对的是：以家庭贫困这一隐私的公开作为资助贫困大学生的前提条件。

作者在这里没有清晰地界定什么是他所同意的“权利让渡”，什么是他反对的“拿隐私做交换”，所以，他虽然表面上接受抽象表达的“权利让渡”，但实际上反对把公开家庭贫困这一“隐私”作为资助的程序前提。

这有一点不够坦荡，有一点“稻草人谬误”的感觉。

但是，这位作者接下来的论证都对我有说服力，一方面是诉诸对“人性弱点”的宽容，另一方面是诉诸美国的论据：

不要说我国大学生怕暴露自己家庭贫困，是由于我国社会“嫌贫爱富”造成的，其实这在全世界范围内，都是具有共性的问题。家庭的贫富差距是不可能消除的，一味要求学生都理性地认识贫富差距，这是不顾及人性弱点的做法，真正关注贫困学生心理者，不会这样简单说教，而会尝试去理解，并给他们创造平等、不被歧视的环境，让他们感受到尊重，从而学会自尊、自信。在美国，学校也是小心翼翼地从保护贫困学生的隐私出发，处理帮助贫困学生的事宜。比如，学校在给贫困家庭孩子提供餐饮补助时，不会发放专门的补贴券，而是对学生的消费卡进行处理，贫困学生和其他学生一样刷卡消费，不会有任何差异。

也正是在对美国论据的引用中，这篇文章触及了资助贫困生以及资助社会其他贫困群体的制度性条件——社会信用体系：

有人认为，让贫困生公开自己的家庭经济情况，以接受其他学生和有关方面的监督，是十分正常的。但是，这种“正常”某种程度也来自社会管理的不正常。美国学校帮助贫困生，不会公开学生的家庭经济情况，原因在于申请补助的贫困学生，可以向学校提交家庭纳税证明，这一纸纳税证明就可以说明家庭的经济情况，据此学校就可以做出资助的决定。这在我国现阶段是没有的，社会缺乏基本的诚信与信任，包括地方政府部门、学生原来所在学校出具的证明有时并不真实，因此，有的学校只有采取公开的方式评议贫困生、竞选贫困生，舆论有时也呼吁让所有受资助学生公开信息。

——正是在这篇文章的这个认识层次上，我才意识到，我们目前在资助贫困生和资助其他贫困群体的问题上所坚持的“公开”，其实可能有一个潜在的、我们自己没有意识到的认识性局限，那就是：我们社会有待改进的信用体系，使得我们很多人对“面向资助机构的贫困陈述”不大信任，只有借助“向所有人陈述”这样一种“公开程序”才足以相信。而如果诸如纳税证明等信用体系已经建立起来了，则“向所有人陈述贫困”，就并不是充分和必要的条件了。

正是在这个意义上，这篇评论拓展了对“贫困，是不是贫困大学生的隐私?”这场话题讨论的认识空间，尽管它所诉诸的条件要假以时日才能具备。

接下来，我们还对这场讨论的第三篇文章《大学生“遮贫”更多缘于社会环境的影响》一文进行了分析讨论。

这篇文章的作者，在我十多年前做《北京青年报》评论编辑的时候，就是我们报纸的评论作者，我经常编发他的稿件。此次看到他的作品感到很亲切，尤其使我感兴趣的是其中基于不同价值对比、排序的推理论证：

贫困是不是贫困大学生的隐私？从理论上说，贫困不应该成为大学生的隐私。道理很简单，贫困是指大学生的家庭经济情况不好，贫困可能是由疾病、受灾、人多劳动力少、下岗失业、创业破产等导致。这种贫困是一个客观事实，但不是一种耻辱。大学生有什么必要隐瞒家庭的贫困事实，把家庭贫困当作一种不能为别人知晓的“秘密”呢？甚至有的大学生为了保守这个“秘密”，连可以获得资助和救济的权利也放弃了，以至于影响正常的学习和生活，难道隐私权比吃饱饭还要重要？

即使你把家庭贫困当作隐私，在进行权利排序时，也不能把隐私权放到不适当的高度。就社会而言，保护隐私权是不能损害公共利益的；就个人而言，隐私权也不能高于生命权和生存权，否则隐私权还有什么意义？

——显然，这位作者不赞成贫困大学生把贫困当作隐私，更不赞成为了保护这个“隐私”而放弃得到资助的机会。

但是，我仔细琢磨，感到这个推理有一个问题：对于同一个主体，不能拿隐私权与生命权进行对比，因为它们本身并不处于矛盾的关系中。一个大学生重视隐私权也不意味着他就得放弃吃饱饭的权利。所谓隐私权，所谓权利，是相对于他人而言的，尊重个人权利是他人的义务。一个家庭贫困的大学生主张其隐私权，这就意味着：他既要得到国家对贫困生的资助，也不想公开他家庭的贫困情况。因此，在这里，不能把“要资助还是要隐私”这个选择作为讨论的前提——因为这是讨论的议题本身。

在课堂讨论中，也有同学指出：伙食补助对贫困大学生来说，只能说是“吃得饱”还是“吃得好”，或者说是“多一块肉少一块肉”的问题。作者把它说成是“生命权”的问题，似乎在抽象中把事物本身“放大了”，在此基础上否定隐私权的论证就不够合理。

还有一位同学课后在讲台边对我说：“贫困是一个客观事实”，并不能否定贫困同时是一种隐私；隐私完全可能是客观事实。我觉得，这位同学的看法也是有道理的，比如父母离异就是一种客观事实，但孩子把它当作一种隐私，一般人都会理解。所以，这篇文章否定贫困是一种隐私的论证路径可能是不够妥当的。

当然，课上也有同学认为：即使我们接受家庭贫困是一种隐私，它也是一种重要性较轻的隐私，它的确可以在与其他价值相比时被放弃。但有一些隐私，对于有些人来说，则更为重要（比如性隐私），有些人甚至为其放弃生命。但我认为：这仍然是一种不正确的价值观。在我看来，在普遍的意义上，不会有隐私高于生命。当然，讨论这一问题的前提是用来比较的真是生命，而不是“吃饱吃好”。

第四编　新闻评论中的修辞效果

修辞往往在论证之外增加评论的说服力和传播力，但它们也往往构成清晰认识的障碍。

装扮成论证的修辞

2014-6-3

最近看到台湾的一篇评论文章，整篇拿韩国“岁月号”游轮的不幸沉没来议论台湾的事。

开头说：

那些听话的学生，误信落跑船长之言、丧失宝贵的逃生良机。这样的事实，让人联想到台湾目前的窘境。

结尾说：

试想让人面对一个无法信任的船长，乘客们是要选择相信他并坐以待毙，抑或另寻生路？“岁月号”已经给我们一个最好的答案了。

文章批评了台湾地区领导人多次政策失误，将其比作“一个毫无作为的掌舵手”，“虽然未见他逃跑，但是多次的指令错误，却使台湾这艘船变得险象环生，颠摇欲沉”。

整篇文章在修辞上非常有技巧。但我们仔细想想：台湾与“岁月号”到底有什么关系呢？

我在“论证与辩论分析”课上与同学们讨论这一案例，也请同学们在课下做出自己的分析。从课堂发言和作业来看，同学们对这篇文章说服力的评价差异很大。而对其使用的说服方法，有同学认为是类比论证，有同学认为只是比喻。而我更倾向于认为这是一个打扮成类比的比喻，打扮成论证的修辞。

其实，把一个国家、一个地区比喻成风浪中的一艘船，把领导者比喻成“船长”的案例，我们在论证分析中经常会遇到。比如，《牛津写作指南》一书中就谈到：

一些政治思想家曾经用“船”和“国家”之间的“相似性”来论证独裁社会的合理性。他们争辩说，只有船长掌握所有权力，船员无条件服从，船只才能安全渡过风暴。同样，只有所有公民都毫无疑义地服从统治者，一个国家才能度过危险。这种用船来比喻国家的方法，推导出来的是一种强迫的、偏颇的、没有得到论证的结论。它可以称作谬误。①

这个案例,其实出自20世纪30年代英国逻辑学家斯泰宾在《有效思维》一书中所列举的英国报刊言论。斯泰宾在书中指出:

如果拿"国家之舟"这么一个修辞格里所包含的类比作为论据,那么这个论据的逻辑力量就完全要看:一方面,政府的地位是否可以比作船上的员工;另一方面,选民是否可以比作船上的乘客。在我看来,在这些互相比较的事物之间并没有什么有意义的相似之处。②

我在这里需要说明的是,文中的"修辞格"经常被中文翻译者译成"类比",这是非常令人遗憾的,它在这里的意思其实就是我们通常说的"比喻"。二者含义、功能有着很大差异,这正是本文要强调的。

类比论证与比喻的机理、目的和所要求的条件也不同。类比推理是"根据两个对象在一系列属性上是相同的,而且已知其中的一个对象还具有其他属性,由此推出另一个对象也具有同样属性的结论";而比喻,作为一种修辞格,则只是"用跟甲事物有相似之点的乙事物来描写或说明甲事物"。后者的目标并不是推导出一个新的认识,也无法推导出一个新的认识。

实际上,一些批判性思维教科书都专门揭示了"两种形式的 analogy"之间的差异:

从逻辑的角度看,比喻并不具有可检验的价值,但是它可以使一个观点更为形象。③

没有逻辑训练的人一般分不清比喻与类比论证,这恰恰是"打扮成类比的比喻"能够具有说服力的原因。

有人认为,风浪中的一条船与危机中的一个国家,在某种程度上具有一定的相似性,可以进行"类比"。

而我之所以不赞成把它看作类比论证,不是否定这种"想象中的相似关系",而是警惕从一种想象性的关系中推导出严肃的、导致行动的结论。

因为,国家中人的关系比一艘船上的人际关系复杂得多,国家的运行机制也比一艘船的运行机制复杂得多,至少包括民主、定期选举和监督机制,还包括人民通过舆论影响政府的机制,这些都不是船上具有的。因此,不能从"船上的原则"来推导出国家的原则,不能从大风浪中"船员绝对服从船长"推导出国家危

---

① T.S.Kane(1983). *The Oxford guide to writing:A Rhetoric and handbook for college students.* p.143. NY:Oxford University Press.

② [英]L.S.斯泰宾:《有效思维》,商务印书馆2005年版,第105页。

③ E.Inch & B.Warnick(2002). *Critical thinking and Communication:The Use of Reason in Argument (4th ed.)*,p.201. Allyn and Bacon.

难时“人民绝对服从总统”。

最后,回到本文最初的案例——无论是从“船长”与“总统”的比喻关系中推导出“总统”应当拥有绝对权力,还是推导出“大家不应该相信总统的话”(否则会像“岁月号”那样沉没),这两种结论虽然不同,但它们的逻辑错误都是同样的,都是试图使用只是修辞的东西,来达到需要论证才能达到的说服效果。

概言之,凡是试图得出某种结论,达到某种说服效果的修辞,都是僭越论证的地位。

虚夸的修辞术与理性的逻辑学

2018-5-26

昨天的研究生评论课是一场自我挑战,我打足了精神,从孟子的论辩术,讲到《墨子》的逻辑学,并以“挂六国相印”的纵横家苏秦为例,讲到战国策士铺张扬厉的修辞风格。到下课时,略拖几分钟,讲完了东汉王充在《论衡》中通过各种逻辑推理方法质疑不实的历史记述的三个案例。

这一讲,我胆敢叫作“中国古代论辩的特点”,其实自然挂一漏万。在研究生的评论课上介绍中国古代论辩(实际上是古人思维)的特点,是我多年前就产生的想法,因为我觉得,评论课首先是一门思维课,而讲思维不能隔断传统。

我们每个人虽生于一代之内,几十年之间,这个时代虽有足够丰富的信息和知识,但我们仍然需要通过阅读经典来达到“思接千载,视通万里”的开阔,否则就会成为自己时代的“茧中人”。

昨天的这节课,讲《墨子》和《论衡》才是重点。在我看来,与那些铺张扬厉的修辞术相比,《墨子》和《论衡》中的逻辑推理,才是中国古代理性思维、批判性思维的高峰。

春秋战国几个世纪“百家争鸣”,一定会在思维方式上结出硕果,而这个硕果,就是《墨子》中的逻辑学。就像西方的逻辑学和修辞术最初产生于古代希腊以言谈辩说为特点的开放的政治生活。

如果将修辞术与逻辑学两者的价值勉强做一对比的话,那么在我看来,修辞术只能帮助人获取当下舌辩之胜——即庄子所谓“胜人于口,不能服人之心”;而逻辑学——作为有效思维的保障机制,却可以帮助人拓展对客观世界的认识。

西方的逻辑学自古希腊以来绵延不绝,益愈精湛;中国古代的逻辑学则随墨家的衰落而近成绝学。两者的消长盛衰,与中西方在近代科学领域的强弱异势,关系非小。

而在西汉“罢黜百家,独尊儒术”之后,墨学既绝,在儒家一统天下、思想僵化的局面中(东汉皇帝多崇信谶纬,社会中虚妄之言流行),仍然能够产生王充《论衡》那样质疑传统和权威、质疑虚妄的古代记述的批判性思维和逻辑推理,则可以说是思想的奇迹了。

论辩中的修辞术,在先秦诸子中已经很发达。比如,幺峻洲先生所著《〈孟子〉问答》中就统计出"《孟子》全书 261 章中,就有 93 章总共用了 159 种比喻"。①

这样的修辞术,也同样广泛流行于春秋以来各国"行人"(外交官、使者)的外交辞令之中(参见陈彦辉《春秋辞令研究》)和战国策士纵横捭阖的"三寸不烂之舌"中。

比如,我在课上引用《史记·苏秦列传》中苏秦为说服齐宣王联合抗秦而编出这样一段夸张的修辞:

齐南有泰山,东有琅琊,西有清河,北有渤海,此所谓四塞之国也。齐地方二千余里,带甲数十万,粟如丘山。三军之良,五家之兵,进如锋矢,战如雷霆,解如风雨。……临菑甚富而实,其民无不吹竽鼓瑟,弹琴击筑,斗鸡走狗,六博踏鞠者。临菑之途,车毂击,人肩摩,连衽成帷,举袂成幕,挥汗成雨……

——我在课上说,就是今天的北京王府井大街的繁华也到不了这种程度吧?更让人难以相信的是,这是用口头语言说出来的话。其实,苏秦无论到哪个国家都是这一套话,无非根据具体情况略作修改。

古人之所以善用(爱用)比喻来进行说理论辩,并且坚信比喻的论证力,其实是与他们的"世界观"和认识论有关系的。他们认为世界万物虽然表相各殊,但有着同样的原理。因此,孟子与告子论争人性到底是"本善"还是"本恶",才拿水来做比喻。

告子坚信人性本无善恶之分,善恶只是受外在的影响罢了。他说:

性犹湍水也,决诸东方则东流,决诸西方则西流。人性之无分于善不善也,犹水之无分于东西也。

而孟子则坚信人性本善。那么,他又是如何论证的呢?他说:

人性之善也,犹水之就下也。人无有不善,水无有不下。

——其实,告子说的"决诸东方则东流,决诸西方则西流",本身就是孟子说的"水无有不下"的另一种表现。它们都是由水的液态特点和重力原则这些物理特性决定的,与人性的善恶倾向完全没有关系。

把《孟子·告子上》记录的这场论争作为一个案例,恰好可以证明比喻真的不适合论争——不适合用于认识一个问题。

---

① 幺峻洲:《〈孟子〉问答》,齐鲁书社 2008 年版,第 120 页。

叶绍钧、王钟麟在1919年由北大学生创办的《新潮》第一期上发表的《对于小学作文教授之意见》一文就指出：

古人持论，喜为联想，少事归纳，究其结果詈词累幅。效此推理论事，谬误必多。

——这是对古代思维方式消极影响的一种深刻的警觉。

而钱锺书在《管锥编》中也对中国古人多用譬喻进行了反思——恰好就说到水的比喻效果：

董仲舒《山川颂》言仁人君子取譬于山川，以成其德；颂水德有曰："循微就（赴）下，不遗小间，既似察者"；《荀子·宥坐篇》记孔子观东流之水而称水有九德云云；实名学所谓"比论"（analogy），非思辨所尚。盖取譬设喻，寓言十九，乃善说之修词，非真知之析理。①

这都是从现代逻辑学和批判性思维的角度来反思古人思维存在的问题。

墨家善于说服，其修辞术代表了先秦修辞术的精华，学者傅斯年谓之"辞彩焕发，引喻明切，又为东周诸子所不及"。正因如此，《墨子》中那些阐发抽象思想的长篇大论，如《兼爱》《非攻》等并不难读。比如《兼爱》篇开头一段：

圣人以治天下为事者也，必知乱之所自起，焉能治之；不知乱之所自起，则不能治。譬之如医……

圣人治天下之乱，必须先知道乱从何处而起；就像医生给人治病，必须先知道病根儿在哪。

再比如《墨子·所染》中的这样两段：

子墨子言见染丝者而叹曰：染于苍则苍，染于黄则黄，所入者变，其色亦变，五入必，而已则为五色矣。故染不可不慎也。非独染丝然也，国亦有染。舜染于许由、伯阳，禹染于皋陶、伯益，汤染于伊尹、仲虺，武王染于太公、周公。此四王者所染当，故王天下，立为天子，功名蔽天地。举天下之仁义显人，必称此四王者。夏桀染于干辛、推哆，殷纣染于崇侯、恶来，厉王染于厉公长父、荣夷终，幽王染于傅公夷、蔡公谷。此四王者所染不当，故国残身死，为天下僇。

显然，《所染》篇讲的就是"影响"。这篇文章的议论特点，是把具体的生活现象（染丝）抽象化，上升到国家事务——统治者接受的影响，同时，也使得国家事务形象化。一个抽象的道理，以一个具体的形象统摄，整个议论结构就具有了修辞化的特点，给人印象深刻。

回过头来再说"兼爱"——无差别的普遍之爱。这在今天也是一个非常令人敬佩的、难以达到的伦理标准；而在先秦，更是一个有争议的命题。因为人都

---

① 钱锺书：《管锥编》（第三册），中华书局1986年版，第931页。

是有“私”的,即以自我为中心,产生亲疏有别、关爱递减的人际关系。孟子之所以骂墨子“无父”“是禽兽也”,骂得那么狠毒,看起来一点也不文明,就是因为儒家的社会伦理和国家治理理论是建立在人有亲疏之别的基础上的。

——我在课堂上向同学们介绍了这个命题的论证难点之后,便介绍了《墨子》精彩的修辞设计:为了论证“兼爱”的普遍性,墨子自己设计了一场辩论,其中一个人持有“兼爱”的理念,姑且称他为“兼士”;另外一个人持有反对的观点,姑且把他叫作“别士”。下面是虚构人物“兼士”的话,他在论辩中设置了一个特殊的情境:

今有平原广野于此,被甲婴胄将往战,生死之权未可识。又有君大夫之远使于巴、越、齐、荆,往来及否未可识也。然即敢问:不识将恶择家室,奉承亲戚,提挈妻子而寄托之?不识于兼之有是乎?于别之有是乎?我以为当其于此也,天下无愚夫愚妇,虽非兼之人,必寄托于兼之有是也。

也就是说,即使你坚持人人亲疏有别,不赞同墨家“兼爱”的理念,但是,当你自己不得不奔赴战场,或者到远方旅行,你到底是愿意把家人托付给那些“兼爱”的人,还是愿意托付给那些“不兼爱”的人呢?当然是前者!如果你自己不赞成“兼爱”,在行动中却宁愿相信“兼爱”的人,这不是自相矛盾吗?

但是,墨家学派真正高出于先秦诸子的,其实并不是修辞术,而是逻辑学。

而《墨子》中难读的,其实也并不是《兼爱》《非攻》那样的长篇大论,而是墨家弟子为了方便背诵,记录在小竹简上的那些认识论原理、思维原则和推理规则。这也就是《经上》《经下》《经说上》《经说下》《大取》《小取》六篇,统称《墨经》或《墨辩》。

这些内容抽象、简短,虽为汉字写就,读之却若天文。如果不是清末以来几代墨学研究家辛勤考证,尤其是以现代逻辑学来解释阐发,我们今天的普通人几乎完全读不懂。

在这一讲介绍《墨子》中的逻辑学,之所以对我是一场挑战,原因就在这里。这也是近年来我借助梁启超、胡适和当代学者水渭松、孙中原的研究成果和普及性读本学习《墨子》的一点心得积累。

比如,《墨子·小取》中有一段话集中概括了墨家眼中逻辑学的认识价值:

夫辩者,将以明是非之分,审治乱之纪,明同异之处,察名实之理,处利害,决嫌疑。焉摹略万物之然,论求群言之比。以名举实,以辞抒意,以说出故。以类取,以类予。

这一段话,文字简短,却并不易懂。因此孙中原先生的《墨子解读》把它翻译成现代汉语,就不免多一些文字:

“辩”这门学问的目的,是判明真理与谬误的分别,审察治理与混乱的头绪,判明同一与差异的所在，考察概念和实际的原理，权衡处理利益与祸害，洞察精心策划和可疑的痕迹，于是能反映概括万事万物的面目与根源，讨论探求各种言论的利弊与得失。用概念模拟事物的实质，用语句表达思想意念，用推论提示主张的理由和根据。根据事物的类别来取例证明，根据事物的类别来举例反驳。①

你看，墨家的一个"辩"字，何止于"辩论"，而是全面的"认识论"，是全面的逻辑推理方法。

而梁启超则在《墨子学案》(1921)中举例说明"以类取，以类予"这一句简略紧缩、特别难懂的推理方法：

取是举例，予是断定。何谓以类取？看见玻璃杯在这种条件之下结露，玻璃窗、墨盒、树叶，都是在这种条件之下结露，几属同条件的都引来做例证，便是"以类取"。何谓"以类予"？把同类的现象，总括起来，下一个断案，"凡传热难散热易本体比周周东西较冷的东西和那含水分太多遇冷物变成液体的空气相接触一定要结露"便是"以类予"。② ……

按梁启超的解说来看，"以类取"+"以类予"，实际上就是一个从对个别事物的观察到提炼普遍原理的归纳推理过程。

我在课堂上谈到，"类"的概念——我们今天常说"类似"，表面上是涉及个体事物之间的"相似"，其实涉及的是事物的种属关系、整体与部分的关系。我以生物的分类学和图书馆的图书分类法为例，解释了我们对外在客观事物之关系的认识，就凝结在对事物的分类之中。而"类"体现了事物的包含关系，也正是演绎推理的基础。

胡适说：

一切推论，无论是归纳还是演绎，都是把一个"类"字做为根本。所以，《大取》篇说："夫辞以类行者。立辞而不明于其类，则必困矣。"一切论证的谬误，都只是一个"立辞而不明于其类"③。

这一段非常深刻。我在课上进一步解释说："辞"在墨学中是指判断；"立辞而不明于其类"——其实就是我们前面讲演绎推理的规则时讲到的——一个判断中的词项没有得到周延(如中项没有周延一次或在前提中不周延的项在结论中周延了)，这样事物之间包含的关系就不清楚、不确定，结论就推不出来。

墨家的逻辑学内容当然不止于《小取》篇上面那一段精练的概括，还有一套具体的论证方法：

---

① 孙中原：《墨子解读》，中国人民大学出版社2013年版，第195页。

② 《梁启超全集》(第11卷)，北京出版社1999年版，第3294页。

③ 胡适：《中国哲学史大纲》，商务印书馆2011年版，第165页。

或也者,不尽也。假者,今不然也。效者,为之法也。所效者,所以为之法也。故中效则是也,不中效则非也,此效也。辟也者,举也物而以明之也。侔也者,比辞而俱行也。援也者,曰:子然,我奚独不可以然也。推也者,以其所不取之同于其所取者,予之也。

这一段话也比较难懂。幸好还有前人的研究解读,孙中原先生的译文如下:

"或"是表示一种事物中仅有一部分是如此,即并非全部都是如此。"假"是表示思想上的假设,并非表示现实中就如此。"效"是提供标准的辩论形式和法则,所"效"的是被提供的标准辩论形式和法则,所以合乎这些标准辩论形式和法则的是正确的,不合乎这些标准辩论形式和法则的是不正确的,这就是"效"。"譬"是列举其他事物来说明这一事物。"侔"是比较同类的词句来说明它们都是行得通的。"援"是说:"你可以这样,我为什么偏偏不可以这样呢?""推"是我摆出一个证明来反驳对方,我这个证明旨在说明对方所不赞成的与对方所赞成的本为同类。①

梁启超在《墨子之论理学》中,用西方形式逻辑的语汇逐个解释《墨子》中的上述逻辑概念:他把"类"解释成三段论中的"中项"(middle term),把"或"解释为西方逻辑学中的"特称命题"(particular proposition),把"假"解释为逻辑学中的"假言命题"(普通逻辑学中有假言判断和假言推理,即如果……,那么……)。

而《小取》中的"效"又是什么样的逻辑形式呢?梁启超认为,"效"字含有"法式"之意,即近于西文中的 law 和 form,它应当就是演绎推理三段论中的"格"。

胡适在美国留学时的博士论文,题目就是《先秦名学史》。"名学"就是逻辑学。显然,他对墨家逻辑也深有研究。他在《中国哲学史大纲》中认为,《小取》七种推理方法中的"效"是演绎推理,"援"是类比推理,"推"是归纳推理。他对墨家逻辑与西方形式逻辑的对应关系,分析得比较精细。

他还写道:

"或"与"假"系"有待的辞",不很重要。"效"是演绎法,由通则推到个体,由"类"推到"私"。"辟"与"侔"都用个体说明别的个体。"援"由个体推知别的个体,"推"由个体推知通则。这四种——辟、侔、援、推都把个体事物作推论的起点,所以都可以叫作"归纳的论辩"。这七种之中,"推"最为重要。②

《〈墨子·小取〉篇新诂》,是胡适研究墨家逻辑学的代表作。他在其中解释《小取》中的"推":

---

① 孙中原:《墨子解读》,中国人民大学出版社 2013 年版,第 195—196 页。

② 胡适:《中国哲学史大纲》,商务印书馆 2011 年版,第 178 页。

此所谓“推”,即今名学书所谓归纳法。归纳之通则曰:“已观察若干个体事物,知其如此,遂以为凡与所已观察之诸例同类者,亦必如此。”其所已观察之诸例即是“其所取者”。其所未观察之同类事物即是“其所未取者”。取就是举例,予就是判断。今谓“其所未取”之事物乃与“其所已取者”相同,由此便下一判断,说“凡类此者皆如此”。此即是推。①

而他在同一篇文章中这样解释《小取》中的“援”:

援也者,曰:子然,我奚独不可以然也。现今人说“援例”,正是此意。现代人译为类推。其实类推不如用“援例”说的明白恰当。援例乃是由这一件事推知那一件事,由这一个推知那一个。

“援例”的推论的结果,大都是一个“个体”事物的是非,不能常得一条“通则”。但是,“援例”的推论,有时也会与“归纳”法有同等的效能,也会由个体推知通则。例如见张三吃砒霜死了,便可知李四若吃砒霜也会死。这种推论,含有一个“凡吃砒霜必死”的通则。这种由一个个体推知通则的“援例”,在《墨辩》另有一个名目,叫作“擢”。②

“推”与“援”可能比较容易理解,另外一种论辩方法“侔”也许就比较难一些了,前人的解释也不完全统一。

《小取》本身对“侔”的解释是:“侔也者,比辞而俱行也。”

那什么叫“比辞而俱行”呢?

如果从字面的概念来解读,“比”就是相邻、挨着的意思,“海内存知己,天涯若比邻”中的“比”就是这个意思。“辞”又是什么呢?是判断、命题的意思。“俱”看起来简单,就是“都”“一起”的意思。

这一句话中主要单词都懂,但这一句话连起来还是不懂,因为不理解其中的“行”是什么意思。“行”看着平易简单,但因为多义而不明。

胡适解释说:

侔与辟都是“以其所知谕其所不知而使人知之”的方法,其间却有个区别。辟是用那物说明这物,侔是用那一种辞比较这一种辞。③

在我的理解中,胡适讲的是“辟”(比喻)表示两个事物的相似,“侔”表示两个判断的相似。

而我国台湾学者陈大齐先生的解释是:

比有齐等的意思,有类例的意思。……故比辞而俱行亦即取与另一判断

---

① 《胡适文存》(一集),黄山书社 1996 年版,第 198 页。
② 《胡适文存》(一集),黄山书社 1996 年版,第 198 页。
③ 《胡适文存》(一集),黄山书社 1996 年版,第 197 页。

(案:判断即命题之异译)相等的方式以造判断,或仿另一判断之例以造判断,或亦可说,比照另一判断,以造判断。①

而孙中原先生在《墨子解读》中说:

侔:比较相似句群的类比推理。

这三位学者的解释使我大致理解了“侔”的意思是:两个内容不同却形式相同的命题。如果其中一个可以成立,那么另一个就有了合理性。这就是所谓“比辞而俱行”,即两个可以相“比”的“辞”(命题),其中一个“行”(成立),另外一个也就“行”。

是这样吗?

如果是这样的话,那么我们在古文中就不难发现“侔”的案例,比如同学们在中学时就熟悉的唐代魏徵《谏太宗十思疏》:

臣闻求木之长者,必固其根本;欲流之远者,必浚其泉源,思国之安者,必积其德义。源不深而望流之远,根不固而求木之长,德不厚而思国之理,臣虽下愚,知其不可,而况于明哲乎!

而我前不久在大街上的宣传牌上也看到过:

牛奔草处去,人往高处行。

水阔船好渡,德大人吉祥。

看到我讲义页面上的这两幅宣传牌的照片,课堂上有同学笑了出来。其实我是担心这一讲太枯燥了,不得不日常留心可以接通当代气息的元素。

这个案例也反映出:“侔”其实很难说是一种严谨的论证方法,至多只是一种论辩方法。因为它事实上跨越了对不同事物的判断,也就跨越了不同事物的特定规律。

不过,难得的是,墨家对自己总结出的推理论辩方法可能导致错误的结论这一点,有着很深的自觉。这也见诸《小取》篇:

夫物有以同而不率遂同。……是故辟、侔、援、推之辞,行而异,转而危,远而失,流而离本,则不可不审也,不可常用也。

胡适对此解释说:

辟与侔皆是“使人知之”的方法。说话的人,已知那相比的两件,那听人的却知道一件。所以,那说话的人须要用那已知的来比喻那不知道的。因此这两种法子,但可说是教人的方法,或是谈说的方法,却不能作为科学上发明新知识的方法。②

---

① 转引自陈癸淼:《名家与名学》,台湾学生书局2010年版,第607页。

② 《胡适的北大哲学课》(第1册),新世界出版社2014年版,第146页。

墨家思想中的理性，就在于这种对自己的思维方式可能产生错误的警惕。

一堂课用嘴讲出来的内容，用笔记下来，文字就不免太多了。关于王充《论衡》的案例更精彩，他在《书虚》《变虚》《异虚》《感虚》等被称为"九虚"的九篇文章和《儒增》《艺增》和《语增》被称为"三增"的三篇文章中，以类比和归谬法等逻辑方法对古代记载中夸张描写的质疑，更具有批判性。

幸好我的公众号中以前也有关于《论衡》的几篇文章：《武王伐纣，兵不血刃 or 血流漂杵?》《投向远古的质疑与推理》《审视夸张的历史书写》。我这里只简略提及昨晚课上的一例吧。

《论衡·薄葬》反对"鬼"的存在（遗憾的是，信鬼正好是墨家的观点），其中有一句：

人生万物之中，物死不能为鬼，人死何故独能为鬼？

这一句话恰好是一个浓缩的演绎推理三段论：

大前提：（动）物死亡不能为鬼；

小前提：人属于（动）物；

结论：人死不能为鬼。

我提醒同学们，人只有建立事物普遍联系的观念，然后在"类"的观念之下，才能从普遍的通则推出具体的结论。但中国古人万物同理的观念往往是虚妄的，所以王充的这一句话，就甩出孟子和告子好几里地。

回头再说《墨子》。需要说明的是，建立《墨子》中逻辑学的，不可能是生活在公元前5世纪的墨家学派的领袖和导师墨子本人，而是自称"别墨"一派的墨学后人。按照孙中原先生的说法，《墨子》这本书是在二百多年间"历代墨者薪尽火传，一再加工整理，集体创作而成的"。

1920年，梁启超于在清华大学讲授国学小史，讲完"墨家之论理学"（逻辑学）后，感慨道：

只可惜我们做子孙的没有出息，把祖宗遗下的无价之宝，埋在地窖子里两千年，今日我们在世界文化民族中，算是最缺乏论理（逻辑）精神的民族，我们还有面目见祖宗吗？①

而孙中原先生则在《墨子解读》中指出：

从专讲逻辑、哲学和科学的意义上说，《墨经》比同时代的其他任何典籍都更有价值。②

---

① 《梁启超全集》（第11卷），北京出版社1999年版，第3294页。

② 孙中原：《墨子解读》，中国人民大学出版社2013年版，第2页。

想到那些湮没于历史中的无名的墨家弟子,想到他们在那个战乱的时代里思维曾经达到的高度和精度,我站在课堂上不禁感慨系之!

修辞的诉诸情感与“粗直”表达

2015-4-18

周四晚上是论证与辩论分析课,接着讲修辞分析,下课时讲完了粗直语和委婉语。

上课一开始,我先介绍了杨建国《汉语修辞学教程》一书中引征的对修辞的不同定义与描述。我引导同学们认识到:修辞的多样化的定义,可能源于修辞在不同历史时代、不同社会领域中的不同功能。我由此提到中西方古代修辞学的不同倾向:古希腊、古罗马的修辞学土壤是社会公共辩论空间,其主要作用是说服性的。这与我们中国古代流传下来的,主要表现艺术风格的修辞有较大的差异。而本门课程讲授的是说服性的修辞,这也是“新修辞学”的内容。

然后,我们讨论的第一个案例是《中国不会在网上设置“政治租界”》:

上海自贸区是个筐,什么都想往里面装。这不,某媒体近日声称上海自贸试验区内将取消互联网防火墙等管理措施。此言一出,顿成热点,许多人将话题引向探讨“网络特区”乃至“文化特区”。但第二天权威机构就通过官方媒体否定这一说法。这场乌龙事件让人们再次看到了许多人和机构的缺乏判断力与盲从,也对这些受愚弄的人所主张的东西添了几分忧虑。

上海自贸区是经济特区而不是政治特区。中央下发的文件中对这一定位相当清晰明确。在网络管理方面另搞一套的可能性很低,即使未来有朝一日自贸区真的不设防火墙,也必然是因应全国共同发展步伐而采取的统一措施。只要拥有正常的理智,就不可能想象在一个经历了多少年血与火的洗礼方才诞生、经过了60余年持之以恒自我奋斗方才成长跃居世界第二大经济体的泱泱大国,会在国势蒸蒸日上之时主动在自己境内设置新的“政治租界”。①

我在课上提出的问题是:上文中“政治租界”是不是一个修辞?它要取得怎样的效果?”

明哲同学指出,这个修辞起到的作用,就是诉诸国人的情感,使人们对作者要评论的事物——“在自贸区取消互联网防火墙”产生消极的情感。

而接下来发言的人志敏同学则着眼于“取消互联网防火墙”与历史上丧失国家主权的租界之间的差异:前者是一种主动的行为,而后者是外力强迫的

---

① 梅新育:《中国不会在网上设置“政治租界”》,《人民日报》(海外版)2013年9月27日。

结果。

我把课前从《公共租界:鼓浪屿与近代厦门的发展》前言中摘录的对租界的描述展示给同学们。这个修辞与事实本身的距离自然显现出来:

近代中国饱经忧患,历尽凌辱。1840年,英国殖民主义者发动了鸦片战争,用炮舰打开了中华帝国的门户,西方列强接踵而来,迫清政府签订了一系列丧权辱国的不平等条约……与此同时,强占中国土地,开辟租界,置中国主权于不顾,建立完全独立于中国的行政系统和法律权限以外的殖民主义统治,在中国领土上出现了大大小小的“国中之国”。……

“政治租界”这个修辞体现了说服性修辞的一个一般特点:通过诉诸人的情感和心理来达到说服效果。

有同学把这个修辞看作是“比喻”,固然差不多;但是,若是从“用于对听众或读者对某事的态度制造负面影响”这样一种效果来说,我觉得它更近于“粗直语”——我当时没说,这是我在后面才讲到的。

我在讲“粗直语”之前向大家展示了一篇质疑“共有产权房”政策的评论片段:

针对某些经适房的问题,最近正在起草的《住房保障法》中拟规定,将由出资的地方政府和保障对象共同拥有经济适用住房产权,出资比例主要根据土地使用和建筑及安装费用比例确定。就是说,经适房的产权将是业主与房主共同拥有,经适房的房产证看上去估计就像个结婚证了。但相信住进去的业主对这个办法未必情愿,一方强制而一方不情愿的结婚证,大致该叫作强奸证吧。①

其中的“强奸证”一语,作为对“共有产权证”的负面评价,正是“粗直语”。

在分析这个案例时,同学发言较多,都谈到:作者创造了“强奸证”这样一个不存在的概念,就是为了把人们对强奸的厌恶感转移到“共有产权”这样一个他所批评的事物上来。

其中小伟同学用“越来越偏”一语来评价作者先用“结婚证”比喻共有产权证,继而用“强奸证”来比喻共有产权证——这样一种前后相继的“两级”修辞的特点。

我为大家分析说:显然,以“结婚证”比喻共有产权证,两个事物之间的相同相近因素是“自由合意”。但是,由“结婚证”推到“强奸证”的根据是什么呢?正是作者自己提到的“相信住进去的业主对这个办法未必情愿”——即“强制”因素。那么,在“结婚证”与子虚乌有的“强奸证”之间,有什么共同因素呢?只有一个因素,就是性。“强奸证”就这么产生了。推到这一步,已经与文章要讨论的产权问题无关了。

---

① 五岳散人:《你共享我的产权,我共享谁的产权?》,《南方都市报》2010年2月4日。

但是，难道不是先有“自由合意”，才能领取“结婚证”吗？那么，既然“自由合意”，“不情愿”和“强制”又是从哪儿来的呢？这不是矛盾吗？这不是违反了逻辑学的同一律吗？——“在同一思维过程中，概念必须保持同一，不能任意变换；判断也必须保持同一，不能随便转移。”对于同一个事物，同一种关系，你怎么能说它既是“自由合意”的，又是被“强迫”的呢？

如果以偏离的“同义选择”“近义选择”这样一个修辞的操作特点来看，“粗直语”和与它相对的“委婉语”都是对直率表达的“偏离”选择，只是两者方向不同而已。而“粗直语”作为一种修辞手段，并不列于我们中国传统的“修辞格”之中，我是多年前从美国教科书《批判的思考》中才看到它的。这样一种有意表达的“粗直”，显然与我们中国传统的“修辞”观念有距离：在我们中国传统的修辞理念中，“修辞”中的“修”，不仅有“修饰”这个动词的意思，也有“美好”的意思。无论是“准确、鲜明、生动”说，还是“调整、修饰、加工”说，都不能解释为什么一个人有意把话说得难听也是一种修辞，而只有“选择”说可以解释。所以，《西方修辞学》中说：“选择本身就是修辞。”①

粗直语为什么是一种修辞？

2019-4-9

本周的评论课讲到修辞分析——这一讲的标题也可以表述为：“当代新闻评论的修辞观察。”除了在开头介绍学者们对修辞的不同定义、修辞的基本原理，以及我对修辞不同功能的理解之外，我并不着重介绍花样繁多的“修辞格”，而是着眼于通过案例分析揭示那些“悄悄地”影响读者的态度，增加评论说服力的修辞手段。

也就是说，我主要是从批判性思维的角度，而不是从增强文字表现力的角度来讲修辞的。这正是上承古希腊传统的“新修辞学”的角度，而不是审美的角度。因为有一些特定的修辞手段恰恰是不“美”的，比如被批判性思维教程论及的一种修辞手段：“粗直语”。

在《批判的思考》一书中，粗直语是作为委婉语的反面被定义的：

粗直语被用于对听众或读者对某事的态度制造负面影响，或者降低其可能含有的积极联想。②

书中的一个案例是“死亡税”：

---

① 从莱庭、徐鲁亚：《西方修辞学》，上海外语教育出版社2007年版，第501页。

② [美]布鲁克·摩尔、理查德·帕克：《批判的思考》，余飞、谢友倩译，东方出版社2007年版，第140页。

遗产税（一种向被继承的财产征收的税）的反对者为此税创造了一个新名词："死亡税。"华盛顿特区的"美国人支持税收改革"的领袖罗弗·诺奎斯特在该组织举办的一个新闻发布会上说：超过70%的美国人反对死亡税，他们理直气壮。死亡税是双重征税的最坏形式，在你被征了一辈子税之后，政府决定在你死时甚至还要再巧取豪夺。"死亡税"是粗直语。就像很多粗直语一样，它是被用来误导读者的。①

当代评论，尤其是新媒体评论中，"粗直语"也时常可见。

比如，2018年8月的一天，浙江温州乐清一名年轻女子乘坐滴滴平台顺风车时被司机奸杀。网络舆论一致谴责滴滴公司监管不力，该公司随即发布道歉声明，其中称："未来发生的所有刑事案件，滴滴都将参照法律规定的人身伤害赔偿标准给予3倍的补偿。"这样一个表态引发的反响并不好。有一个微信公众号"电波发射基站"发表一篇评论，标题就是《滴滴：你尽管死，我只管赔》，我摘录几句，你就能理解作者何以采用这样一个令人皱眉的标题：

以后每死一个人，我们都会赔钱的。

我要你赔钱何用？我要人活着啊，你们有时间出来道歉，为什么不把功夫花在安全整改上啊。

人命是一件可以被怠慢的事，这个公司还有什么做不出的？

祝滴滴早日倒闭。

显然，标题暗示的是滴滴平台的态度，但是滴滴平台当然不会有这样的态度，谁也不会这样表达对生命的冷漠。但是，作者将对滴滴声明的理解"粗直"化，就成了这样一个标题。这种粗直化的表达意在强化滴滴声明中暗含的对生命的冷漠。

取得同样效果的，还有《南方都市报》2011年4月5日个论版发表的评论家刘洪波的专栏文章《这个视死者为麻烦的时代》，其中写道：

……现在，确实有人连"入土为安"都觉得是一种落后的观念了。有的媒体就说，人们存在着"入土为安"的观念，使草坪葬、树葬、花坛葬、海葬等"绿色殡葬"不能推广。殡葬是一种文化，"入土为安"并非中国特有的观念，包含着人们对生死的理解。敬事生死，无所谓"落后"。"绿色殡葬"很好，但还不能说人只有客观唯物视死者就是"一具臭皮囊，埋了好肥田"才算先进。

"一具臭皮囊，埋了好肥田"这一句话说得够"粗直"。它"粗直"地表现着对死者的不敬。但是说这句话的主体是谁呢？没有主体。作者虚设了一个说这句话的主体，用来对应主张取消"入土为安"的观点。取消"入土为安"的观点本身并没有表达得这样"粗直"，但是作者选择了这样一句粗直语"还原"了其"粗

① ［美］布鲁克·摩尔、理查德·帕克：《批判的思考》，余飞、谢友倩译，东方出版社2007年版，第138页。

直”。这是一种修辞技巧,明显不利于对方。读者读了这样的粗直语之后,不免会感到激进推行新的殡葬方式过于粗暴。但其实,如果不是行政强制,而是人在生前的自主选择,本来没有什么可非议的。

后面这个案例因为较早,我已经将它从讲义中删掉了,其实挺典型的。

课上,一位同学提问:

老师,该怎么区别“粗鄙”与“粗直语”呢?

这个问题问得好,我对此并没有思想准备,在课上迅速整理了一下思路答道:

我觉得,还是应该从确认修辞的一般标准来看。“粗鄙”是人们对作品中使用词语的品位的一种负面评价,它是以高雅词语或一般通用词语作为标准而做出的评价。简单地说,这是对词语品位的一个评价。

而我们说一个词语是修辞意义上的“粗直语”,则是在确认作者故意选择了一个使人产生负面印象、情感的词语。重点在(故意)“选择”,因为“同义选择”正是修辞的机制(有一位修辞学者说得干脆:选择本身就是修辞)。

这时,另一位同学谈了他的一个理解:

有意选择的“粗直语”可能是粗鄙的,但不一定所有的“粗直语”都明显粗鄙。反过来,并不是所有粗鄙的话,都是修辞意义上的粗直语,如果它们只是显示了说话者的品位的话。

课堂上的这一番交流使我在课后想到:实际上,一般写文章的人,品位都不至粗鄙。而其文中如果出现粗鄙词语,也一般都是有意选择的。

此外,确认修辞意义上的粗直语(而不是粗鄙),还有一个参照因素,那就是整篇文章的词语品位。如果我们在一篇文章的语境中可以看到作者的词语品位不错,甚至很高雅,但在文中恰恰出现了一个刺目的粗鄙词语,那么我们基本上可以确认这是修辞——修辞意义上的粗直语。

我由此想到著名历史学家傅斯年先生于20世纪三四十年代在《独立评论》和《观察》上发表的一些评论,都有痛快淋漓的表达风格。其中一个方面就表现为“粗直语”的修辞方式。

比如,发表于《独立评论》上的评论《教育崩溃之原因》有这样几句话:

试看孔二先生所教出来的那些门徒,还不是专找季氏孟氏寻出路?

——其中,“孔二先生”是粗直语,有意表达了对孔子的不敬。

李斯相秦始皇,叔孙通相汉武帝封平津侯,挟书射策之人自然扬眉吐气,不过这些人才都不是考试得来的,而考试得来的董巫师,几乎以乱说阴阳送了老命。①

---

① 载于《独立评论》1932年7月17日第九号。

——其中，直称董仲舒为“董巫师”，说其“送了老命”是粗直语。

傅年斯先生学富五车，当然不是品格、言语粗鄙之人。这里有意使用粗直语，一方面是为了增强表达的力度；另一方面，更深的一层含义是：对中国传统教育弊端的绝望和清算。这其实正是傅斯年这样五四时代觉醒的中国知识分子当年的心理倾向。我们今天对传统和古人大可不必如此，应当保持一份温情。

值得注意的是，傅斯年在文章中使用的粗直语是与书面语相间的，比如上句中的“挟书射策”。正是因为与书面语相间，有意使用的粗直语才显现出鲜明的修辞特征。如果没有书面语，则会显得满篇“粗直”，文气自然卑下。

我将自己在课后的思考在微信中分享给自己指导的几位研究生。一位同学回复说：

所以一般我们在文本中看到的“粗鄙”的词语，如果不是整篇文章的品位都比较粗俗的话，一般都可以视为作者有意选择的粗直语。老师您看这样理解正确吗？

我觉得他的这个理解是有道理的。

另一位同学则回复说：

老师好，您说“一般写文章的人，品位都不至粗鄙”很点醒我。您说的这句话实然让我感觉到“粗直语”这个词概括得或许并不准确，很容易让人产生歧义。一个不粗鄙的人，下笔时有意为之，如此细密的用心，反倒是真正粗俗的人所达不到的。而在刻意制造负面影响，减少读者可能的积极联想的过程中，像“强奸证”这样的很粗鄙的用词倒在少数，更多的是那些从字面上根本看不出来粗鄙，但是却有意为之的用词。

从这个角度来说，“粗直语”更像是概括了冰山一角，而不能概括水面下的冰山，抓住了少数，却忽略了多数。

——这位同学思考较深入。词语是所指称的事物的一个标签，尽管词语在一定程度上可能直接表现着对象的某些特点，但词语的有限性和事物本身的丰富性，永远是一对矛盾，词语也许永远无法完整地表达对象。又因为在词语的“大家庭”中，一个词语有着与自己词素相近的“亲属”，所以，当我们选择用一个词语指称一个专属的对象时，往往容易产生“粗直语”与“粗鄙用语”之间的所谓“歧义”。其实就词语而言，这两个词没有什么本质的差异，差异在于它们指称的对象不同。一般人谁会想到，“粗直”也是一种修辞呢？

其实，像该同学所说的“从字面上根本看不出来粗鄙，但是却有意为之”的修辞方式，我在课上就举了一例：《环球时报》2012 年的一篇社评《高速免收费，从“积小善”做起》。其中一段写道：

高速收费的问题显示中国人很多时候还是一对一花钱买具体服务，而不是交完税就可以从国家买来较高的服务体系和标准。在社会福利上中国还吃不起高质量的“大锅饭”。

其中“大锅饭”就是一个看起来没有那么粗直的“粗直语”。尤其是对于课堂上的“90后”来说，这个久远的词语的消极性可能难以被他们感受到。

“大锅饭”这个概念是中国人对计划经济时代的一个批评性的概念，使用这个概念指称欧美福利体制，就悄然把这种负面的色彩传递过来。其实，我们计划经济时期“干不干一个样，干多干少一个样”的分配体制，与西方自由市场经济体制下的“福利国家”是两回事。这个词语在认识上是不准确的，哪怕加上一个修饰词“高质量”也不准确。

无论是否称它为粗直语，无论它给你的感受是否“粗直”，无论它的使用是否准确，如果它是被有意选择来影响你的印象或态度的，它就是一种修辞。

修辞也容易迂远

2016-9-29

本周一(9月26日)《人民日报》发表评论《失去奋斗，房产再多我们也将无家可归》。我看到之后，打算把它作为第二天一早评论课上的案例——一个关于对同一个评论对象提炼不同“论题”的案例。我先把这篇文章传到学生的微信群中，又把它转发到微信朋友圈。没有想到的是，这篇文章在朋友圈和课堂上都受到一些质疑。

有人在朋友圈跟帖说：“失去房产，奋斗再多我们一定无家可归。”——这句话后来刚好成为一篇反驳文章的标题。

我当时回应说：“‘家’在此文中是修辞，指的是社会的心灵居所，和咱们的直接感受有距离。”

但我后来明白，这种质疑更接近人们的直接经验，更切合“房产”与“家”的直接关系。

在周二一早的课堂上，我和同学们一起阅读这篇文章的时候已临近下课，没有来得及讨论。但课后还是有几位同学走到讲台前，向我表达他们与这篇文章不同的观点。其中一位本科生小林同学表示：这篇文章陈义过高，难以说服他。另一位刚入学的硕士研究生小徐同学则直接说：“这个标题没有表达出对没有住房的青年人的关切。”这让他有点受伤。他认为：其实这个社会中有不同的群体，而这篇文章却过于简单地把他们看成是同一个对象。

这两位学生的感受才真正触动我——这也许是我作为一个老师的心理倾向吧。他们的感受是我没想到的,也恐怕是那位作者没想到的。因为作为一个有房的中年人,我也许已经失去了他们对房子问题的那种特殊的敏感。

周二、周三,我看到对这篇文章的批评也多了起来。

评论人佘宗明在他的微信公众号上发表题为《在楼市里读懂中国》的文章,其中嘲讽道:

某官媒说,失去奋斗,房产再多我们也将无家可归。好想体验下它所说的房子多多型"无家可归"是什么滋味。

而另一家报纸一位评论员则在转发上面这篇文章时加按语说:

这句话的逻辑到底在哪里,我百思不得其解。

其实,与一些持批评观点的同行和同学们不同,我仍然赞同那篇文章在整体上表达的价值观,但作者可能确实没有更多考虑到受众的切身感受。

湖南评论人周东飞在我的微信朋友圈跟帖说:

文章整体的意思没有问题,只是那一句想要拔高的话让人无法接受。而之后的传播,人们大都是冲着这句话来的,已经不知道整篇文章要说什么了。

陕西评论人毕诗成跟帖说:

可是网络传播(甚至人类传播)就是这么个特点,最后被沉淀的,不见得就是传播者所要表达的本意,一句表述遭到另类解读,是常会发生的。某些发散解读会成为传播的异化,我们无法去一句句说服别样解读的网友。从传播角度,人们往往只记住一个标题、一个概念,这也是网络时代真实的现实语言环境所致,对评论写作也有了更多的要求。

——他们的话从传播关系的角度触及了这篇文章引发的舆论反响的本质层面。当人们为自己具体的生存焦虑的时候,媒体抽象的价值焦虑再有道理,也会遭到嘲讽。尽管,媒体所关注的抽象价值其实与每一个人的命运相关,但确实不如"房子"的焦虑离他们更近。所以,这篇文章其实应当更多地关注一下"人",而不是贬低房产的价值,才能得人心。因为房价高企,伤害的正是人——既伤害人的生存状况,也伤害人的奋斗价值。

另外,我也从自己评论教学的角度想到:作者可能试图用修辞来加强他所表达的论点的力度,试图用"家"作为比喻的喻体来指代一个社会整体发展所依赖的"奋斗"精神。但是,修辞却反而让他表达的论点不清楚了。

一般来说,修辞在评论中的作用(尤其是在标题中的作用),就是使抽象表达的观点容易被接受和记住,就是给你的观点寻找一个形象。比如红网 2013 年曾有一篇获奖评论《路,其实也可以修成弯曲的》,就得到了鄢烈山、魏剑美、曹林等评委的赞赏。在这个形象感鲜明的标题中,行政权力对公民权利的谦抑有一个形象的表达——弯曲。

此外还有《权力不被关进笼子,就会提着笼子关人》《希拉里能穿过"健康门"摸到白宫门吗》等,修辞在标题中都有较好的效果。为什么在这个案例中却遭遇失败了呢?

这恐怕是因为:一方面,房价高涨之下的社会心理焦虑,更为直接地指向作为实际生存居所的房子,而不是指向作为抽象价值的奋斗精神。对于个体而言,前者较近,后者较远。——这是一个理解路径的问题。另一方面,要理解标题中表达的"无家可归",确实需要较高的脑力投入,说白了就是"比较烧脑"。所以,这样的表达可能不适合网络传播的快速阅读和快速理解。

总体来说,如果用一个判断表达两个事物之间的关系——比如"天是蓝的""男人是穿裤子的云""阿大葱油饼关乎经营公平问题",那么,两个事物之间具体的关系就比抽象的关系"更近",更容易理解。修辞为了表达抽象的关系,一般诉诸更为具体的形象,有可能使人感觉"更近",但在一些特定的议题中,人们的理解路径可能仍然执着于"就近"的倾向,在事物的具体关系中进行理解,而不去走那条抽象的"远路"。

当然,舆论对这篇文章的反感,也可能反映了开放、自由、多元的社会心理与党报宣传在某些议题上的距离。

有人说:"买房不就是一种生活中的现实奋斗目标吗?"

——他说得对啊!买房当然是个体的一种现实奋斗目标。但这种"奋斗"当然不是指有钱之后"买房"的具体过程(那不需要什么奋斗),而是指为了积攒买房的钱进行的劳动、创造。而《人民日报》那篇文章忧心的正是高企的房价淹没了人们劳动、创造的价值——使人们感到劳动、创造本身没有价值。而劳动、创造才是一个社会所有价值的源泉。

如果这个道理没有说清楚,这篇文章的传播对象也不清楚,那么让人看起来就可能只是为了突出"奋斗"的价值而无端贬低房子的价值。结果,用一个修辞化的标题使自己的观点远离了人们的生活经验和心理焦虑。

说病毒"狡猾"是一种修辞,还是实际如此?

2020-5-29

昨天下午的"论证与修辞"选修课,进入本学期的最后一讲"科学传播中的修辞",这是我作为评论课教员以前没有讲过的。它是我自己兴趣和学习的延伸,也是对修辞观察和理解的自然延伸。修辞是人类交流中普遍使用的语言手段,在不同的领域各自有其特点。

我在修辞分析一讲中，曾经把修辞的效果简单划分为“说明性效果”“艺术表达效果”和“说服性效果”。如果说在评论写作和法庭辩论中的修辞更多地具有说服效果的话，那么，在科学传播中的修辞则可能更典型地体现出“说明的效果”。这是因为：科学发现或科学成果对于科学传播的对象——普通公众而言，具有较强的专业性和理解难度。而修辞就是降低这个难度的语言工具，它被用来搭造理解的桥梁。

比如，几个月来新冠肺炎疫情侵袭中国和世界，焦虑中的人们期盼疫苗，自然会产生对相关医学知识的认识需求。一篇专业性的微信公众号文章这样向人们解释疫苗的作用：

新型的病毒是无药可治的。只能靠人体的免疫力，但是麻烦就出在了人的免疫系统上。免疫系统到底是怎么工作的呢？首先是对外来入侵者进行识别。假如是自己身体里的东西，那么就不管。假如不是自身的东西，招呼大量的免疫细胞过来围殴入侵者，直到把入侵者消灭为止。

首先是身体的免疫系统要认识谁是外来的，假如认不出来，也就不会发起攻击。你要学习打虎，总不能一上手就去打真老虎吧。先弄个死老虎认识认识，练练。死老虎不好找啊，万一没死透，那可麻烦。不要紧，找个猫来当模特也行。看看老虎的照片也行，办法多种多样。这就是疫苗的作用，让身体认识这些外来入侵者。①

你看，在这篇文章中，入侵人体的病毒被比喻为“老虎”，而疫苗被比喻为长得有点像老虎但当然不会比老虎更可怕的“猫”（老虎与猫在生物分类学中同属“猫科”，而疫苗来自病毒，但已经“灭活”处理，对人体无害），后者是为了让身体的免疫系统“练手”的——产生抗体。而文章通过“招呼”“围殴”“认识”这些动词的使用，把人体或者是人的免疫系统隐喻为一个或一些有意识、有认识能力的人——这不就是修辞格中的“拟人”吗?!

这是典型的、精彩的，也是比较简单的一个科学传播案例。

尽管我以前没有在课上讲过科学传播中的修辞，但由于我对修辞和科普一直感兴趣，尤其是对英国生物学家道金斯博士关于进化论的科普著作中繁密而精彩的修辞深为叹服，以前就在微信公众号上写过一些读书笔记，比如《科普中的比喻，它的边界和基础》《鱼变成人需要多久？——少年读科普系列》。

不过，这学期在“论证与修辞”选修课上讲“科学传播中的修辞”，在准备期间给我最大启发的一本书，还是安军先生所著《科学隐喻的元理论研究》。正是这本书使我认识到：修辞不仅存在于科学传播过程中，不仅是实现科学传播良好

① 《新冠病毒的来龙去脉》，微信公众号“视角学社”2020 年 2 月 2 日。

效果的工具，而且它实际上已经先于科学传播，存在于科学家群体的科学研究、科学发现的认识过程中了。

安军先生写道：

思维隐喻是最深层次的科学隐喻……

科学隐喻的思维运作结构基于人类对于自然世界运行模式的一种涉身性理解……

科学家们在解读自然的研究过程中也不得不自觉或不自觉地根据每个人在日常生活中都会使用的涉身推理进行实际的思维运作……

随着当代科学理论向微观层次和宇宙层次的不断推进，自然科学所牵涉的对象已经越来越超出了人们观察能力的范围，越来越抽象化。例如，当代物理学的夸克、似星体、黑洞、电子轨道、量子跃迁、势能井，以及化学、生物学中的蛋白折叠、DNA 的双螺旋结构等概念，除了以涉及推理的隐喻方式就无法理解。事实上，这些概念中没有一个是传统科学所要求的那种严格地按照字面意义表达出来的东西。①

这些论述实际上是在思维规律的层面上对科学认识过程中不得不借助的修辞进行有效解释。

你注意到了没有？——黑洞、电子轨道、量子跃迁、势能井、蛋白折叠、DNA 的双螺旋结构等，这些科学发现的基本概念本身就包含着比喻——人类日常生活中的经验。

也就是说，科学家并不是已经有了一套抽象的专业概念来描述这些科学对象，为了给外行说明白才借用比喻的，而是——他们自己就使用这样的比喻来进行科学认识。当然，在科学认识中，他们不会受这些喻体本身的限制。

此外我还觉得，在科学认识过程（不是科学传播过程）中的这些隐喻，也是科学家群体交流所必须借助的。毕竟科学家群体的交流从来都是科学认识推进的重要途径，而假若没有这些基于共同经验的隐喻，他们无法指称共同认识的对象。

我们今天在一条哪怕看不懂的科学新闻报道中，都不难看到科学家实际上使用的修辞。它们作为科学家在认识进程中借助的词语工具，保留在认识成果的名称中。比如我昨天看到的这篇文章写道——

……研究人员通过在离子阱体系束缚带电的钙原子和氢化钙分子，使用激光调控制备出他们之间的纠缠态。当钙离子的电子轨道状态处于基态，分子的转动也在低转动能量状态的一种整体状态；同时可以“叠加”截然不同的另一种

---

① 安军：《科学隐喻的元理论研究》，科学出版社 2017 年版，第 86—88 页。

整体态——前者处于轨道的激发态，对应分子处于高转动能量的状态。[①]

再比如，在与我们较近的新冠病毒科普文章中，也保留着隐喻的科学概念——

这些国家的应对方针也许会被人斥为懒政，或者是科学依据并不充足。不过，还有一个比较充分的科学根据，即免疫学的免疫印迹（immunological imprinting），或免疫记忆理论。

该理论的意思是，如果一个人得了一种疾病，如此次感染新冠病毒肺炎，体内会产生抗御这种疾病的免疫力，在未来的岁月中再遇上新冠状病毒感染，就会由免疫印迹唤醒体内的抗体和免疫系统，攻击病原体，让人们免患同一疾病，或者即便再次患病，症状也会轻得多，不会致人死亡。[②]

——其中，“唤醒”显然属于“拟人”修辞格，但它已经深深注入了对这个原理的表述中。

所以，在这一讲的开始，我就向同学们做出提示，我们实际上需要从两个层面来看待科学传播中的修辞：

（1）科学家在科学探索中启发认识的隐喻。它们是科学描述的一部分，且往往被保留在科学体系之中，也是人们理解科学的认识框架（或工具）。

（2）科学传播者为了降低大众理解的难度而选择的修辞。

第一种本身就包含着科学的专业性和严谨性，自由度很小。第二种更为自由一些，但也受科学本身专业性、严谨性的限制。

比如，19 世纪的英国牧师威廉·培利[③]在他的《自然神学》一书中用他所掌握的许多生物学知识来维护《圣经》中上帝创造万物的观点，其中一个论据就是人类的眼睛。——如此精密的眼睛，如果不是“有人”设计和制造，它怎么可能从大自然中产生呢？

这个论据非常有力是吧？

而生物学家、科普作家道金斯博士则在《盲眼钟表匠》这部科普著作中这样回应这个问题：

培里拿眼睛与人设计出来的仪器（如望远镜）比较，得出结论：“以同样的证据可以证明，眼睛是为视觉而造的，正如望远镜是为了协助视觉而造的。”眼睛必然有一个设计者，像望远镜一样。

---

① 吴长锋：《我国科学家首次制备出单原子和单分子之间的量子纠缠态》，《科技日报》2020 年 5 月 27 日。

② 张田勘：《英国交卷，让 60% 人口感染新冠病毒！这是一场科学“豪赌”》，微信公众号“冰川思享号”2020 年 3 月 15 日。

③ 又译威廉·培里。

> 培里的论证出于热情的虔敬，并以当年最好的生物学知识支持，但是却是错的；光荣或有之，仍不免铸成大错。望远镜与眼睛的模拟，钟表与生物的模拟，是错的。表象的反面才是正确的，自然界唯一的钟表匠是物理的盲目力量，不过那些力量以非常特殊的方式凝聚、运行。而真实的钟表匠有先见：他心眼中，有个未来的目的，他据以设计齿轮与发条，规划它们之间的联系。①

这个案例的意义是：即使在科学传播中，修辞的选择也不是任意的，它同样受科学认识正确性的约束。

这至少在一个方面是因为：科学传播承担的一种使命是反驳非科学的解释。因此其所选择的修辞，也必须正确地反映科学规律。

此外，科学家在进行科学传播时，往往既使用说明性的修辞，又要揭示事物之间认识性的隐喻关系，后者往往正是他们在科学发现中所借助的。

两类不同事物之间的这种关系不是语言或形象层面的相似性，而恰恰是不同事物之间的共同因素，是世界的统一性。

比如，道金斯博士写道：

> 我每一个论点，都以一个生物机器面临的问题开场，然后讨论一位明智的工程师可能提出的解决方案，最后说明“自然”实际采用的方案。当然，我举这个例子只是用来说明：要是蝙蝠能让工程师觉得开眼，那么类似的生物设计就多得数不胜数了。
>
> 蝙蝠有个问题：如何在黑暗中找路？知所趋避？……
>
> 为了在黑暗中活动、猎食，工程师会考虑哪些解决方案呢？他首先想到的也许是制造光，使用灯笼或探照灯。萤火虫与一些鱼类（通常有细菌协助）能够制造光自用。但这个过程似乎要消耗很大的能量。……
>
> 工程师还有什么点子？也许他会想到盲人。有时盲人似乎有一种不可思议的感觉，知道前面有障碍……其实盲胞是利用回声，感觉到前面有障碍物，是自己的脚步声或其他声音。不过他并不知道，发现这个事实之前，工程师已经制造过利用这个原理的仪器，例如从船上测量海底深度。这个技术发明之后，军工人员利用它侦察潜艇就是迟早的事了。②

这个案例实际上体现的是道金斯用“工程师解决问题的思维”作对照，来说明自然进化实现的生物功能，这是一种整体隐喻思路。两者的关系，因为主体的不同，所以是隐喻性关系。（自然本身并不是“主体”，而进化中的物种作为适应

---

① ［英］理查德·道金斯：《盲眼钟表匠：生命自然选择的秘密》，王道还译，中信出版社 2014 年版，第 8 页。

② ［英］理查德·道金斯：《盲眼钟表匠：生命自然选择的秘密》，王道还译，中信出版社 2014 年版，第 28—29 页。

的主体，其适应过程是无意识的；工程师作为人类主体，是有意识的。）

但是，从功能的物理原理和物质机制的角度来说，二者又是具有共同属性的类比关系。

该书还讲道：

鹦鹉螺的眼睛使用碟形反射板机制，与我们的照相机——眼睛完全不同，可是这种机制许多不同的软体动物与甲壳动物（节肢动物）分别“发明”过好几次（我们制造无线电望远镜与最大的光学望远镜，也使用这种机制，因为大型镜头比大的透镜容易制造）。①

在这里，鹦鹉螺的眼睛与无线电望远镜、光学望远镜之间的关系不是比喻的关系，而就是存在某种“相同”。这种相同，其实正是“仿生学”的基础。

“仿生学”的本质其实是：我们人类向自然学习，向自然进化的结果学习，向不同物种在亿万年的漫长时间里为了适应环境而不自觉地形成的复杂功能学习。

道金斯所谓的“眼睛是一个光学仪器”，在仪器是工业制成品而眼睛是生物进化的结果这个差异上，是一种隐喻；而在光学仪器与眼睛具有相同的构造（相同属性）这一点上，是一种类比关系。

这种在广阔的科学视野中揭示的“相同”，其实正是包括我们人类自己和人类创造物在内的客观物质世界中超越物种的普遍联系和普遍的规律性。

事物之间的共同属性，还被量子物理学家薛定谔在其生物学科普著作《生命是什么？》中用这样一个案例揭示——

荷兰人德弗里斯发现，即使在完全纯种繁育的原种的后代里，也有极少数个体（比如万分之二三）出现了微少但却“跳跃式”的变化。“跳跃式”并不是指这个变化相当大，而是说它不连续，未变与少许变动之间没有中间形式。德弗里斯称之为突变，重要的事实是不连续性。这使物理学家想起了量子论——两个相邻能级之间没有中间能量。他会倾向于把德弗里斯的突变论比作生物学的量子论。以后我们会看到，这远不是比喻。突变实际上是由基因分子中的量子跃迁所引起的。然而当德弗里斯 1902 年首次发表他的发现时，量子论才刚刚问世两年。难怪要由另一代去发现它们之间的密切关联！②

薛定谔之所以既是量子物理学的重要开创者，又是分子生物学的重要开创者，他之所以能用物理学理论的最新发展阐释达尔文开创的生物进化论，就是因

① ［英］理查德·道金斯：《盲眼钟表匠：生命自然选择的秘密》，王道还译，中信出版社 2014 年版，第 109 页。

② ［奥地利］埃尔温·薛定谔：《生命是什么？》，商务印书馆 2018 年版，第 36—37 页。

为物理学与生物学之间有着世界的统一性。这种统一性体现在构成物质基础的原子层面,这种统一性,也正是隐喻思维能够推进和拓展科学认识的基础。

我在前面说过,科学家们不仅在科学认识中借助修辞,而且在科学探讨乃至科学论争中借助修辞。比如,英国科普大师格里宾教授的《深奥的简洁》一书中介绍了一个科学史上的案例:

虽然牛顿定律(包括重力定律)可以完美地算出两个物体互相环绕的轨道(月球环绕地球或地球环绕太阳等),但它们不能给出三个以上由重力吸引的物体运动的精确计算(例如地球、月球和太阳共同在太空中的运行)。这就是所谓的“三体问题”(three-body-problem)。①

——这意味着在漫长的时间之后,行星会脱离原有的轨道。牛顿自己无法解答这个问题,于是就出现了这样的辩论:

他自行提出一个答案,认为如果行星偏离了现在的轨道(或许一路向太阳回旋,或者往外层空间跑),上帝总会插手把它们放回正当路径。这个论点引来莱布尼兹的激烈反击,他用时钟和牛顿的机械宇宙做模拟,嘲讽牛顿的上帝一定是个差劲的钟表匠,因为他竟然做不出一个不需要修理就能正确运行的时钟。②

——我联想到道金斯把大自然比拟为“盲眼钟表匠”,忽然意识到“钟表隐喻”可能是科学家喜爱使用的修辞,于是便在课堂上设置了这样一个提问:为什么科学家会喜爱“钟表”这个喻体?

在我继续往下讲的时候,同学们的回答也在微信群中陆续传来。

小元说:

自然界的运转是精确而有规律的,而钟表也是由大大小小的齿轮推动着巧妙运行的,二者有相似的基础。

心园说:

钟表象征着合规律的机械的运行机制,与用物理学视角解释的世界运行机制具有相似性。

梦丹说:

钟表有固定的转动规则,大自然也有恒常的运行机制,它们都是精密复杂的。

宁欣说:

而且钟表是大家比较熟悉的事物,也容易理解其运行机制和特点。

梦丹说:

① [英]约翰·格里宾:《深奥的简洁》,马自恒译,江苏凤凰文艺出版社2020年版,第15—16页。

② [英]约翰·格里宾:《深奥的简洁》,马自恒译,江苏凤凰文艺出版社2020年版,第15—16页。

而且钟表给人一种累积感，大自然的秘密就是很多规则、现象积累在一起的。

梦丹说的“累积感”好像挺深奥的，我还得好好琢磨一下。我觉得同学们都能在课上积极动脑，体味一个词语的修辞效果，以及一个科学传播修辞与科学所揭示的客观规律之间的深层关系。

在接下来的课堂上，我们还一起探讨了科学传播修辞的合理性边界问题。比如，达尔文在他伟大的生物进化论著作《物种起源》中原来写过这样一段话：

可以说自然选择每日每时都在世界范围内检查每一种变异，甚至最细微的变异。它剔除坏的变异，保存和积累好的变异，只要有机会能改善每一只生物和它的生存条件的关系，自然选择就默默地、不知不觉地工作。[①] ……

但是，生物进化论的另一位共同发现者华莱士却礼貌地提出意见，不赞成达尔文使用“自然选择”这个词语，因为这个隐喻容易使人把“自然”看作一种有意识的主体——等于另一个上帝了，从而完全误解进化论创造性发现的自然历史过程。

所以，在《物种起源》后来的版本中，达尔文便把这句话修改为：“可以隐喻地说，自然选择每日每时……”

——达尔文在某种程度上接受了华莱士的意见，却最终也没舍弃修辞。于是“自然选择”这个实际上修辞化的表达就成为人们所熟知的进化论的基本原理了。

其实在当代，科学话语中的修辞问题仍然免不了华莱士那样的担忧。比如，数月以来肆虐世界的新冠肺炎病毒是不是很“狡猾”？

这是一种修辞，还是病毒的客观属性呢？

一篇题为《“三阴”感染者出现，如何揪出“躲猫猫”的新冠病毒？》[②]的文章中，除了介绍实际感染了新冠病毒的患者入院前三次核酸检测均为阴性（“假阴性”）的各种原因，还有一段写道：

还有一个因素是，可能新冠病毒也比较狡猾，很难检测到。就像艾滋病病毒（HIV）若发现有抗逆转录病毒药物的阻击，就会假死，甚至躲藏在肠道深处，让人无法检测它们在血液中的存在。新冠病毒是否有这样的特点，有待研究来确认。

而在一篇来自专业自媒体的报道中，一位专家说：

---

① 转引自［英］理查德·道金斯：《地球上最伟大的表演》，李虎、徐双悦译，中信出版社 2013 年版，第 56 页。

② 《新京报》2020 年 2 月 9 日，作者：张田勘。

其实新冠病毒比SARS病毒更狡猾、更难对付。新冠病毒的感染者50%以上是没有症状或者轻微症状的,而SARS没有隐性感染者的报道。①

以上是科学传播者和科学家自己使用的“狡猾”。

但是,香港大学李嘉诚医学院生物医学学院教授金冬雁在接受《财经》杂志记者纪麓的采访时,却对“狡猾”之说不以为然:

病毒跟宿主之间是相互作用相互拮抗的关系,我比喻它为“拔河”。这个过程中,病毒和宿主彼此要适应——病毒适应人,或者人适应病毒。

……

有人说病毒很狡猾,这个说法并不恰当,因为病毒进化的自然规律就是这样。病毒的传染性变强,它的致病性就转弱。可以说这就是病毒逐渐适应人体的过程,并不意味着这个病毒有多特别。②

那么,为什么这位科学家自己使用了“拔河”这个修辞,却不接受别人使用另一个修辞——用“狡猾”来形容病毒呢?

前不久,上海市新冠肺炎医疗救治专家组组长、复旦大学附属华山医院感染科主任张文宏接受中新社、《中国新闻周刊》记者专访时也说道:

很多人现在都喜欢用“非常妖”这个词来描述新冠病毒。……我们一直在看这个病,一直在摸索新冠病毒的脾气,脾气搞清楚了以后,你就不会觉得它是非常妖的一个病毒。事实上它就是冠状病毒家族的一个病毒,只不过脾气跟别的冠状病毒略有不同。

它的排毒的时间可能跟你预想的稍微有点不一致,但是谁告诉你它排毒只排两个礼拜呢?谁告诉你每个病毒排毒的时间都是一样的呢?谁也没有说过,只是你自己这么认为而已,所以对于这样一个病毒,我们认为它妖,是因为我们可能还没有完全了解。③

显然,这两位专家都把人们对新冠病毒的“狡猾”的描述归结为人类自身的认识局限,即“狡猾”是人的主观感觉,是一种拟人化的修辞,而不是病毒的客观属性。

这实际上涉及的是修辞化表达与事物真实规律的关系。

从张文宏医生的话来看,如果了解了事物的规律,那个拟人化的修辞“非常

---

① 态℃:《姜世勃教授:新冠病毒疫苗能否研发成功,取决于病毒》,微信公众号“网易科技”2020年4月25日。

② 纪麓:《病毒学家金冬雁:治愈患者短期内二次患病几乎不可能》,微信公众号“财经杂志”2020年2月24日。

③ 李鹏:《实录|专访张文宏:“关于零号病人,我只认证据”》,微信公众号“中国新闻周刊”2020年2月29日。

妖”这个词就失去了存在的基础。但是你看，他自己也使用“脾气”这个拟人化的修辞。

我想问的是：为什么他不愿意接受“非常妖”这个修辞，而可以接受“脾气”这个修辞呢？

昨天下午的课，我就讲到这里。因为我最后提出了两个问题，所以同学们的回答也在下课后接连传到了微信群中：

乐滋说：

我感觉，用“拔河”来比喻病毒和宿主之间的对抗，其实体现出人和病毒斗争的平等地位；“狡猾”的用词好像有点强调病毒相对于人类的优势地位，在价值上不积极，不知道这种理解可不可以。

梦迪说：

虽然都是修辞，但是“拔河”更符合病毒的特征，体现出病毒和宿主的相互影响和牵制，这是符合科学的。但是“狡猾”的意思更多的是病毒完全占优势，人体一点办法都没有，这是不符合科学的。

红梅说：

因为“狡猾”突出了某种病毒的强大和独特性，仿佛它很不一样，人仿佛处于一种被侵犯的被动地位。而“拔河”是一种双向的过程，人与病毒相互适应，人与病毒相互搏斗，而不是单方面受到侵犯。

宁欣说：

我认为这和科学传播中修辞的使用受科学本身严谨性限制有关，“狡猾”还有“妖”都只是人们对病毒的想象，其实也是我们对病毒不够了解的表现，不太符合病毒适应人体的本质规律。另外，这种“妖”“狡猾”其实也会给大家一种病毒难以战胜的感觉，但是否真的是这样，还是需要探究的。

宇欢说：

我觉得具体修辞的选择主要还是依据病毒的真实情况而定。病毒与人的关系就是拔河中相互斗争然后“你赢我输”的关系，说病毒狡猾可能是把病毒复杂化了。

梦丹说：

其实刚刚老师也讲过，修辞的使用是为了更好地理解，前提是尊重事实、不违反现象本质，是否接受修辞就应该基于此。“拔河”体现二者的对抗关系、相互作用；“狡猾”就绕开了相互对抗，没有反映出敌弱则我强、敌强则我弱的关系，而且疫情当前，略显不够客观、偏消极。

小萌说：

科学家不认同的不是修辞，而是修辞背后的科学知识。比如金冬雁就认为病毒的确存在传染性变强，致病性转弱的特点，这并不是新冠病毒特别“狡猾”。

珂嘉说：

“狡猾”是一个带有贬义的词语，用于科学传播中不够严谨，会使医学素养不高的普通大众产生误解。“拔河”词意本身更中性，与人们生活更贴近，能够让人们更好地了解病毒。

我从同学们的回答中感到，他们能够深入体会一个词语的微妙倾向，也能够从科学传播的社会效果的角度进行评价。

我觉得，病毒的“狡猾”，就像道金斯在《自私的基因》一书中用“自私”来描述基因所具有的自我保存、自我复制的顽强倾向一样，不具有道德意义，更不代表病毒具有一种清醒的意识，它们至多是表达一种客观的生命现象。它们像达尔文使用的“自然选择”一样，是修辞化表达。

而张文宏大夫在表述人类的认识局限的时候，其实表达的恰是人类的理性态度。不过，当文学家这么说的时候，没有人会当真，但是当科学家也这么讲的时候，那可能就不一样了。

修辞产生的搭配不当问题

2016-4-22

今天“团结湖参考”公众号文章《校园性侵，在最弱者身上捕食》最后有这样一句：

校园性侵，就是一头在森林捕食的野兽，它更多地游荡在农村，又最多地集中在那些孤单的留守儿童身上。

这个修辞在搭配上有一些问题：

作者先是把“校园性侵”这一现象比喻成“野兽”，说它“更多地游荡在农村”——这没有问题，但后面说它“集中在那些孤单的留守儿童身上”就有问题了。因为，在比喻过后，“野兽”就成了一个替代（校园性侵）的主体和逻辑上的主语了，说“野兽……集中在那些孤单的留守儿童身上”——就明显搭配不当了。

我们现在来看，如果没有这个修辞，那么，说“校园性侵（这样一种现象）……集中在那些孤单的留守儿童身上”——这通常看来是没有问题的。但实际上，说某一种现象的时候，把它与一个较大的空间相搭配则是更为准确的，而儿童只是校园性侵这种行为的对象。

由此可见，修辞本身可能产生新的搭配不当问题，或者说，修辞使本来不明显的不搭配问题暴露出来了。

类似的案例以往在我们同学的习作中也有。比如:

这些谩骂的词语也正如碾过孩子的车轮,碾着我的喉咙,让我欲言又止,有言难发。

这个修辞产生的搭配问题是:“车轮”“碾”与“喉咙”不搭配——超出了经验的合理性。

又一同学习作《禁摩限电,快刀斩不了乱麻》:

如此看来,这种“一刀切”式的治理方式不免增添了“懒政”的嫌疑,这把快刀斩断了便利,而乱麻仍旧此起彼伏。

这个修辞意识不错,但“乱麻”与“此起彼伏”在感性层面上并不搭配。

在2015年红网大学生“评论之星”选拔赛作品《别急着说开除,先给“失信”定个性》中,有这样一句:

“园丁”这个职业存在的意义,就是为了修整那些没按“既定轨道”生长的植物,通过对它们一次次地美化而将之“带入正轨”。曾几何时,“园丁”也被用以指代老师,但如今这些“园丁”们,恐怕想要“修剪”前,还要问问“规定”同不同意了。

我在课堂上就这个案例提问:这一句有什么问题吗?

而我作为评委,在此文的后面评点说:

文章第一句“修整那些没按‘既定轨道’生长的植物”——修辞不搭配,“轨道”与“生长”不搭配(生命体的“生长”通常并不沿着“轨道”)。

我注意到,当代评论中作者的修辞意识越来越强,尤其是在网络写作中。这是一个好现象。但修辞可能会产生的一些问题,人们也许没有注意到。在此贡献愚见,提醒同行和同学们注意。

第五编　新闻评论的表现层面

结构、标题、语言，它们往往决定一篇评论的外在形象。

结构的创新与标题的修辞

2015-12-10

本周二的评论课讲完了“结构”一讲的最后一部分内容：分段和过渡性语句。我觉得，这也是实际写作中值得注意的问题。

自然段落或者段落群，一般被看作评论结构的单元，我这么说是因为：虽然有些论证可以由一个段落完成，而有些论证，则往往要由多个自然段共同完成。产生多个自然段的原因是一个段落的合理篇幅不能过长，因此，在一个较大的段落中，当意思的层次有所变化时——比如，已经做出了一个判断，就可以考虑分段了，把补充论证这个判断的具体材料放到下一个自然段，以避免一个段落中的意思层次过于密集，增加读者的阅读负担。

实际上，适当的分段也会产生强调的作用：由分段所产生的前一段的结尾和后一段的开头，都比原来它们在段落中间显得更为突出。

分段主要是经验性的，要在写作中有意识地揣摩。我在课上使用的案例，也都是从同学作业中选择的。

接下来讲的“过渡”，我把它看作连接不同层次的结构手段。

比如，梁启超《禁早婚议》的开头：

言群者必托始于家族，言家族者必托始于婚姻，婚姻实群治之第一位也。中国之俗，宜改良者不一端，而最重要者厥为早婚。①

这个开头的过渡非常简练有效率。它是沿着事物的“关系”推进的，由宏观框架通过几步推进，就进入了本文的具体议题。这是非新闻性的静态议题过渡的典型。

再比如，“9・11”恐袭事件十周年时，《纽约时报》社论《失去与希望》（*Loss and hope*）的开头两段：

回望那一天，回望那第二座塔楼倒下之后留下的深坑，我们的心中充满痛苦与困惑，眼中只有那片大火仍在燃烧，不知道有多少人丧生。曼哈顿下城区在庞

---

① 《梁启超全集》（第3卷），北京出版社1999年版，第621页。

贝古城的残灰一样的尘埃中喘不过气来。那个早晨的可怕事件给当代世界划出了一个界线，一个我们从未想过跨越的界线。它似乎意味着：任何事都被改变了。

几乎就在事件刚刚发生的时候，我们就理解了9·11的早晨如何将会改变我们的未来。十年之后，我们仍然在理解，回望和前瞻。仅仅回忆和悲伤是不够的。

如果仔细体味，读者也许能够从第一段到第二段之间体会到自然的、似乎不着形迹的过渡，即由情感层面到认识层面的过渡。

但第二段的最后一句“仅仅回忆和悲伤是不够的”，却是更为明显的过渡性标志语。它用“不够”，来结束情感方面的书写，进入认识方面的书写。

实际上，如果我们在阅读评论时总是留心观察的话，那么可能会发现，类似的句子普遍地出现在新闻评论之中，如：“不只这么简单”“仅仅……还不够”或“除了……之外”，由此引出更深一层的认识或者评论真正要议论的内容。①

而2013年3月15日《南方都市报》社论《从立法议案出发，让参政议政更有价值》的开头一段是这样的：

“两会”议程完成大半，昨日选举出国家领导人，不少民众将目光聚焦在他们身上，寄希望通过他们接下来的所作所为，确保中国的持续发展和普通民众之幸福。这是观察“两会”的重要视角，于此之外，我们也发现，今年的“两会”在一些细节上也有欣喜的变化。比如，至3月11日本次大会规定的代表提出议案的截止时间，全国人大代表共提出议案401件，其中，有关立法方面的393件，占总数的98%。这一数据表明，人大代表在参政议政过程中，更重视立法的作用。

这篇社论从“昨日选举出国家领导人”说起，但文章却并非议论这个问题，而是通过过渡议论参政议政问题。为什么要这样呢？

显然，立法的议题，是这一天社论本来确定的议题，但是，当天更抢眼的话题是“选举出国家领导人”。社论不免要回应这个热点——但在这个热点上没的可说，所以要从这个热点转（过渡）到更为静态的议题：立法。

“结构”这一单元讲完，在后面的一个班上，我还抽空提到了我原来讲义中没有的内容——“新媒体时代多样化的结构创新”。在这个环节，我用几个自媒体写作的案例提示大家注意新媒体、自媒体时代，公共议题的言论作品中呈现出的多样化的形式创新——结构创新、语体创新。这里的结构创新，可以理解为结构意义上的修辞，或者修辞化的结构。

比如，2015年6月高考北京卷作文题“假如我与心中的英雄生活一天”公布

① 对这个案例的分析，参见马少华：《评论中的过渡性语句》，《新闻与写作》2011年第10期。

出来的当天,《新京报》评论部微信公众号“沸腾”,发表了西坡的评论《“民族英雄”岳飞答西坡问》。这篇文章运用年轻人喜欢的“穿越”笔法,创造了一种新奇的阅读体验——作者把自己“写到”了岳飞生活的宋朝,把自己活活“写进了”关押岳飞的大理寺囚室,与古人对话。通过这样的古今对话,来探讨长期作为社会舆论争议点的“民族英雄”问题,表达了作者对这个问题的观点。

其实,各类微信公号上,这样一类结构创新花样迭出,不一而足。课上时间不多,我仅仅给大家列举了微信公众号“刘备我祖”的“史记体”时政写作、“精读党报工作室”以热播剧《琅琊榜》为叙事框架的时政写作,等等。

在这时,有一位女同学小越向我提出了一个问题:

老师,这些不都是杂文吗?它们可以算作新闻评论吗?

我答道:

新闻评论与杂文这样的文体界限过去确实是一直存在的。教学体系中的这种划分,既与它们各自在实际传播中的地位有关,也与我们新闻学教育自身的定位有关。新闻评论是一种职业化的主流写作,而杂文是一种小众化的高雅写作。

现在,随着传播结构的变革,尤其是互联网自媒体的出现。原来的传播结构都已经发生了变化,基于传播结构的文体界限,意义可能就不大了。我只看它是不是一种涉及时政或新闻的言论写作。

但是,我们说的新闻评论,即使文体界限再宽泛,它与“影评”“剧评”“书评”等的界限还是存在的,因为这不是表达形式的问题,而是内容的差异了。

小越同学进一步问:

如果作者只是以一个影片的社会影响作为新闻现象,写出的作品可以算是新闻评论吗?

我答:

这是可能的。具体文本一比较,本质的差别就会很明显。

接着,我们就进入了“标题”一讲。讲到评论标题反映评论内容的“确定性”,列举了一些案例,其中也涉及标题中的语法问题。

小沫同学举手插言提问:

用问句作为标题,例如根据自己的论点提出一个反问,然后进行解答。这样用问句作为标题是好还是不好?我觉得用问句做标题是在强调一种质疑性,会不会有一种偏向一方面答案的感觉?

我回答说:

问句本身肯定不如一个判断具有确定性,它可以提示思考,但也可能引发误解带来效率的损失。疑问句的确定性有一个度的问题,它暗示了什么则要看语境。

小亚同学接着提问：

如何判断疑问句暗示的是什么？

我回答：

通过我们在一段时间内接受的信息和文章中的内容进行判断。

她追问：

文章中要出现判断？

我答：

文章中肯定会出现判断，疑问句是在标题中单独出现的，但理解它的语境不仅在正文中，也在我们在这个时代、这个阶段获得的信息之中，甚至在我自己的心理、情感倾向之中。正是后者，使我们可以对这个疑问句的倾向做出一个判断。

后面的主要内容，我实际上是讲标题的各种修辞创造。

在介绍修辞方法的时候，我还引用古罗马修辞学家西塞罗的著作，介绍了转喻(metonymy)这样一种修辞格，即“用一个与之关系密切的事物的名称或与之相关的表达法来表示某个事物”。按照《汉语修辞学教程》的说法，它也就是我们汉语修辞学中的“借代”。

比如：《让银发闪烁在虚拟世界里》①《柑橘蛆虫是怎样一天天长大的》②

——理解后一个标题中“柑橘蛆虫”的借代关系，需要重新回到2008年《农业部：短信散布不实信息导致柑橘销售受阻》③这样的新闻报道的语境中。

再比如：《通往布鲁塞尔之路经过柏林》——这是2012年9月1日《环球时报》社评的标题。这篇文章评的是德国总理默克尔率领半个内阁访华，标题以一个“路线图”的方式形象地表达了中国与德国和欧盟的关系。

而与上面那个标题相类似，2014年8月26日《东方早报》评论《念斌与辛普森之间隔着N个赵作海》，则用三个人名和这三个人之间虚拟的“空间关系”形象化地表达了中国重视证据和程序的司法进步之路依然漫长而艰难。理解这个标题的含义和修辞效果，则需要了解念斌、赵作海和辛普森这三个刑事被告人的不同命运和他们所暗含的司法意义。

有律师资格的《东方早报》评论主笔沈彬在文章中写道：

……把念斌案说成“中国辛普森案”，更是错估了中国司法实践。在美国，刑事证据适用严格的“正当程序”原则，警方稍有程序违规，证据就可能被定为

① 新加坡《联合早报》2009年11月24日。

② 《新闻晨报》2008年10月23日，作者：杨耕身。

③ 新华网2008年10月31日。

违法。当然这种制度设计本身也存在缺陷，但中国的问题，远没有美国那么“高冷”。

……

三者，中国的刑讯逼供问题依旧突出，在基本案情不清、基本证据矛盾的情况下，法院也往往迫于压力做出有罪判决。在河南赵作海冤案中，当年判决时就疑点重重，比如，死者身份没有弄清、赵作海一个人根本不可能搬动五六百斤的石磙压住尸体，特别是赵作海还遭到警方刑讯逼供，但即便如此，赵作海还是被判决有罪了。

以上这些才是中国司法真问题所在。念斌案平反了，但这不意味着中国司法公正的焦点问题，在一夜间就穿越到美国式的“高冷”的程序瑕疵上去了。念斌与辛普森之间隔着 N 个赵作海呢！

无论是结构还是标题，它们的创新，在本质上都是修辞——提高表达效果的语言手段。

与岳飞的对话消解了什么？

2017-12-7

本周的评论课讲完了“结构”这一讲。在介绍了传统评论写作的一般结构类型（比如并列与递进）之后，我也展示了一些修辞化、创造性的评论结构，其中就包括新媒体作品。这样，我们分别在三个班的课堂上针对一篇《“民族英雄”岳飞答西坡问》展开了比较热烈的讨论。

这是 2015 年北京市高考作文题“假如我与心中的英雄生活一天”披露当天，《新京报》评论部微信公众号“沸腾”请著名评论人西坡写的一篇文章。

场外高手写作考场题目，这样的风习从清末还未取消科举的时候就有了。有的为游戏之作，有的为显示才情，还有的借此探讨考试作文题目对天下文风的引导作用。“假如我与心中的英雄生活一天”这个题目似乎暗示着叙事体裁；但《“民族英雄”岳飞答西坡问》却涉及一个认识性问题，即它实际上是作者借此题，在自己创造的一个虚拟语境中，回应“岳飞是不是民族英雄”的当代争议。

《“民族英雄”岳飞答西坡问》

所以，我与同学们一起欣赏完这篇奇文之后，提出的问题是：

这篇文章创造的“穿越式”结构，有什么样的效果？它的认识性（评论性）何在？如果我们把它看作一篇评论，议论一些认识性问题的话，这个认识性问题是什么？

我在讲义页面上还写着：它还算是一篇评论文吗？

（一）关于这篇文章形式的讨论

第一个问题涉及这篇文章的形式感。许多同学都对这篇文章“穿越式”的形式感给予积极的评价：新奇、轻松、有趣味，正是适合网络阅读的风格。

张驰同学说：

这种形式使人产生一种“代入感”，好像我与岳飞对话一样。

戈文同学指出：

这其实是杂文。

能做出这个判断并不简单。因为随着20世纪90年代时评兴起，“杂文式微”（这是已故杂文家朱铁志的断语），杂文这个概念也在不觉间从媒体和教学中淡出了。对于课堂上的“90后”同学来说，能说出“这是杂文”，反映出那位同学基于阅读而形成的文体经验。

还有一位女同学紫荆说自己虽然不能确认这篇文章是不是评论，但这篇文章的形式却让她想到了柏拉图的“对话录”——“让人有层层深入的感觉”。她说道：

正是这种对话展示了岳飞的历史局限性，也正是这种对话展示了民族英雄的定义并非是一成不变的。

紫荆的发言，使我内心惊喜，因为她正是在对作品形式的阐发中揭示了认识的进步。或许，这种对话体恰好是一种适合展示认识进步的形式。

《“民族英雄”岳飞答西坡问》虽然有对其穿越式的设定情境的描写，但它的基本结构是对话。我们可以从柏拉图的“对话录”中得到启发：柏拉图之所以采用对话的方式，正是因为对话是古希腊人所熟悉的、有效的认识事物的方式。它不仅具有认识的功能，而且具有呈现认识路径的功能。也就是说，它既是探索式的，也是呈现式的。探索，是作者主体通过“自设甲乙”，通过内心的辩驳认识事物；而呈现，则是针对读者，让他们在强度不同的论据与合理性不同的思路对比中接受作者最终呈现的结论。——也有人说这正是“苏辩”的特点。如果从这个角度看，对话实际上完成的是论证。

小婕同学则从说服策略的角度来理解作者采用“对话”形式的原因。她说：

如果一开始就提出岳飞不是民族英雄，那么，这显然与人民的惯常认识相悖；如果一开始就谈及民族、国家、世界和平等宏大问题，读者也可能会产生抗拒心理。但是，“对话”使人们一层层不知不觉地进入作者的认识层次，不知不觉地提升了认识，实现了较好的说服效果。

论证、说服——这不就是与评论接近的东西吗？

（二）关于这篇文章是否可以算评论

然而，在课堂讨论中，针对我提出的第二个问题：它的认识性（评论性）何在？——它还算是一篇评论文吗？——同学们则表达了两种不同的倾向。

康玲说：

它还算是评论，它表达了作者自己的想法——他自己对“民族”“中华”的定义。

雨薇说：

作品的形式具有新媒体的特点，通过层层递进，来反思人们对岳飞的评价。

梦仪说：

在这篇文章中，观点的呈现不像我们一般看到的评论文章那样明确、直接，需要读者自己去归纳、理解。

针对梦仪同学的阐释，我插言说：

对于这篇作品，可能有两种阅读：一种是读得轻松愉悦，但看完了就看完了。另一种阅读是，你本来就对岳飞是不是民族英雄这个争议有所了解，甚至有所思考，那么，你对文章中的议论性因素就会特别敏感。

戈文说：

这篇文章形式的创新并不意味着它评论性质的降低。它其实是在讨论何为民族英雄这个一直以来有争议的问题。看完之后我感到，它评论的意味并不亚于其他常规性的评论体裁。

苗滕说：

只要是针对当下人们关心的公共事务发表观点的文章，都可以看作评论。不论是严肃的时评还是杂文都是评论，我们应从文章的内容和功能来看，而非从表现形式来看。

而小垚同学则直率地表达，她不认同这样的评论形式：

这样的形式使人们过多地将注意力投入到它的形式之中，反而忽视作者论证的内容。这种对话的结构本身就注定了它必须要从小的切入点引入话题，这使它的中心偏移了，让人们捕捉不到作者真正要表达的观点是什么。

程贞说：

这篇文章虽然引发了人们的思考，但是按照新闻评论的要求来说，这篇文章的思维有些发散了，观点不够集中，就是让大家去猜。而且提出的问题太多了，其实可以有一些取舍，并且使自己的判断更明确一些。

庆梓说：

这篇文章涉及的话题很多，一步一步讨论下来，没有对一个问题进行深入的探讨。虽然逻辑上是完整的，但其论证的效果并没有一篇真正的评论文章那么强。

王一说：

感觉穿越式结构更适合新媒体叙事,但这已经不算是一种评论了。作者一方面是要借助新媒体的这种形式,另一方面想要借古人之口说当下之事。这篇文章冗余信息很多,更多的是一些不知所云的东西,没有把观点或结论清晰列出来,让人很困扰。

肖鹏说:

这算是一篇评论。开头的一问一答提出议题,后面的问答,无论是提问还是解答,都是围绕核心议题扩展开来的。最后做总结的时候说民族之分只是当时的民族之分,西坡也结合当代的时代背景对岳飞追问,因此这篇文章形式新颖但仍然是评论。

陆铭说:

整篇文章有递进结构,有讲逻辑的推理过程。作者在表达一个观点:民族之分古今不同。最后借岳飞之口提出了"我杀金人不假,但不仅是因他们非我族类,更因他们残害百姓",有评论性,但是由于没有由头算不上新闻评论,但仍然是评论。

超越说:

不太符合评论的要求。一方面,它作为评论的"是什么"不是很明确,另一方面是怎么评论,他的论据的事实性和恰当性可能都有欠缺,最后的论证结果还是比较明确的,但是作为一个评论来说还是不太好。

静怡说:

虽然这场对话每一步都触及了一定的问题,但在每一层对话中,双方的观点都不尽一致。作者也没有明确的最终结论。这种观点的留白,就不是评论所应有的。

小斌说:

这篇文章并非典型的评论,只适合人们茶余饭后在自媒体上阅读。但它融合了评论与杂文的特点,是自媒体时代人们阅读观点性文章的一种适合的形式。

京宏说:

这是一个精彩的对话故事,给人以强烈的印象。而这个故事给人的认识上的影响,也许是潜移默化的。作者以"沉默"结尾,也似乎暗示着,他不想让读者直接接受一个简单的结论,而是让读者自己思考。

(三)我自己对这篇文章的理解和阐释

同学们对这个案例明显不同的看法,也触发我想到:这种故事化的,把认识编入对话中的结构,似乎有着这样一种"背反"的效应:一方面,它有利于读者轻松阅读;另一方面,在这种轻松阅读中,读者要把握作者的认识与观点,比读一篇明确表达自己观点并论证观点的评论具有更大的难度。在这个意义上,这样的形式把读者“分层”了：人人看到了“故事”，而有人看到了更深的思想。

这种“穿越”的结构直接呈现的，是两位对话者知识、经验的差距，这是历史发展造成的，也就是我们通常所说的古人的“历史局限性”。我提示同学们注意，作者在确定岳飞是英雄这个不会产生争议的结论之后，提出第一个有争议性的问题：“您是民族英雄吗”，“岳飞”自己的回答马上就反映出知识障碍。

他说道：

民，我懂，我岳家军个个心中有黎民，故严守“冻死不拆屋，饿死不掳掠”之戒。族，我也懂，左传云“非我族类，其心必异”。然而民族是何物，还请指教。

——这是作者有意的敷设：就是为了呈现出岳飞的历史局限性。因为“民族”就是近代产生的概念和观念，也对应着近代才被赋予和确定的内涵和外延，这是不可能通过“望文生义”的方法去理解的。因为任何反映新事物的新概念，往往只能使用旧有的语言材料，但不可能从这些语言材料中推导出这个新概念的意义。

那么，岳飞的这个历史局限，可以导出什么样的结论呢？我认为，那就是我们不应当以古代人所不可能有的现代民族意识要求他们、评价他们。这样一个结论，实际上消解了“岳飞是不是民族英雄”或者“岳飞到底是哪个民族的英雄”的问题，也消解了当代人们在这个问题上无谓的纠结。

在这篇文章的对话中，岳飞自己最后就说：“既然各族归于和平，我是谁的英雄又有何干呢？”

岳飞关于“那时中华胜了夷狄，还是夷狄胜了中华”的提问以及作者对这个问题的回答，同样通过两个对话者的知识差距，展现了八百年间民族融合的历史过程。这个过程也实际上消解了“中华/夷狄”的界限，同时消解了岳飞提出的问题。

而这场对话的设计更精彩之处还在于，我们不仅可以看到相隔八百年的两个对话者的知识差距，而且可以看到这种对话在推进认识上的有效性。我提示同学们注意，随着西坡在对话中输入现代知识——后来的历史发展，岳飞的看法其实是有所改变的。他不再坚持自己原来的“华夷之别”，而且甚至自己调动古代资源（“《春秋》有言，夷狄入中国，则中国之，中国入夷狄，则夷狄之”）来否定“华夷”界限。

通过岳飞看法的改变，我们实际上看到的是一个悄无声息的说服过程。也可以说，岳飞代替读者，在这场对话中被说服了。

这不就是一般评论在争议性问题上要实现的目标吗？

（四）怎么看待观点写作的不同形式？

有同学谈到这种结构中“冗余”信息多，也有同学谈及它的观点不够集中，其实都是从观点的表达效率而言的。而观点的表达效率,正是我们在教学中对评论的要求。同学们的这些看法使我感到老师没有白教。

我们把"新闻评论"看作一种有效率地表达观点的文本,它有着基于大众传播规律的独特的形式优势。但在当代,多元化的表达空间和传播渠道,也必然产生多元化的观点表达方式,因此,也不必在认识上局限于传统意义上新闻评论的标准。人们可以用不同的形式进行"观点表达"。所以,"观点写作"(opinion writing)是一个更开放的概念,有更宽松的标准。它也许容得下多种形式和更丰富的形式创新。

作为一名曾经长期在传统媒体做评论员和评论编辑的评论教员,我在教学中的确已经不知不觉地把评论写作的一些规律——比如议论集中和表达效率的规律传达给同学们了。这个我不能否认。但是,当人们问到我某件作品算不算新闻评论的时候,我却往往不愿意简单回答这样的问题。因为我意识到,这样的提问和简单回答可能反映着以某种传统的写作模式为金科玉律,从而否定、无视或者贬低实际上更开阔、更多样化的观点写作的可能性。

评论标题的修辞:"复用"与"互文"

2015-12-16

昨天的评论课讲完了"标题"一讲,涉及语言规范和修辞效果的讨论。案例文本都短,同学发言较多。

接着上次课讲到的"转喻",我介绍了"复用"这种修辞手段在评论标题中的表达效果,使用的案例包括:

(1) 2005年《经济学人》杂志社论的标题《"帮助非洲"帮助自己》(*Helping Africa help itself*)。

有家国际机构叫作"帮助非洲"(Helping Africa),他们自己有点麻烦,需要解决自己的问题。在这个标题的原文中"帮助"(help)出现了两次。

(2) 中央电视台2010年9月23日《新闻1+1》栏目播出的《"抄论文"为何变成"抄家伙"?》——评的是医生肖传国因被方舟子揭发抄袭他人研究成果而雇凶报复的事。

(3) 记者王文志2015年在自媒体上发表的文章《权力不被关进笼子,就会提着笼子关人——以沅陵县县长为例》。

对这个标题,一位女生洁垚说:

"权力不被关进笼子"的主语是"权力",读者在读后面一句时还会将"权力"当成主语,想成权力不被关进笼子,权力就会提着笼子关人。

我说:

作者正是要把抽象的权力形象化,好像是权力拿着一个笼子到处关人。

(4)《北京青年报》评论部微信公众号"团结湖参考"2015年1月3日文章《有人踩踏职责,就有人踩踏生命》。

这是针对2014年12月31日晚上海外滩踩踏事件的一篇评论的标题。那一事件导致36人死亡,49人受伤,被认定为一起对群众性活动预防准备不足、现场管理不力、应对处置不当而引发的拥挤踩踏并造成重大伤亡和严重后果的公共安全责任事件。文章中的第二个"踩踏",是这一事件中的事实信息,也是这个事件的特点。而标题中前置的第一个"踩踏"则是借用事件中的"踩踏",用以修辞化地表达当地相关责任部门未尽职责的严重程度。两个"踩踏"的复用前后相继,彼此映衬,强烈地表达了执政者的疏于履责与人民生命损失的因果关联。

(5)《钱江晚报》2014年1月9日评论《"威胁我就是威胁党"威胁了谁》——看到这个标题,教室里一片笑声。这笑声本身也体现了这个标题的表达效果。

标题中的引语其实是被媒体曝光的一名地方官员面对人民群众的狂妄之言。而标题中第三个"威胁"则体现了作者对狂妄之言的批评。作者在文中指出:这种官员的错误观念"威胁到党的执政基础"。"威胁"一词的复用,不仅给人强烈的印象,而且实际上强调了问题的严重性。

(6)2015年红网大学生"评论之星"选拔赛参赛作品《"阎肃"的事,媒体严肃了吗?》其实利用的也是这样一种"复用"效果。

著名歌词作家阎肃的姓名刚好借来一用——也只是巧了,这篇文章批评的是当时有媒体报道阎肃去世的假消息。

(7)此外还有《经济学人》2013年的一篇文章《奥巴马会让克里做克里吗》(*Will Obama let Kerry be Kerry*)。

克里(Kerry)是美国前总统奥巴马第一个任期时的国务卿,两人对一些问题的看法有所不同。克里的名字在标题中复用,第二次使用意指(奥巴马是否允许)克里坚持自己的观点。

那么,这种"复用"的修辞到底可以达到什么效果呢?

北大教授陈汝东在《新兴修辞传播学理论》一书中写道:

重复使用已出现的词语或语素,在听觉上具有回环复现作用,听起来语章和谐,具有一定的趣味性。

复用现象在文字形态上,也就是诉诸视觉时,也形成复现,起强化作用,能增进无意注意，具有强化文字视觉信息的作用。①

而古罗马修辞学家西塞罗早在自己的著作中就写道：

同一词语的频繁出现不能视为词汇贫味，倒不如说，词语的重复给演讲增添了一种耳朵能够比较容易区别的优雅。②

——这当然是指有意识地积极使用同一词语，而不是语汇真的贫乏。

此外，我还分析了微信公众号“再深一点”文章《其实这不是崔永元，是转基因的崔永元》这个标题的修辞效果，以及网上其他人不同的看法。课上同学们也有不同的看法。

梦娴说：

我觉得是把崔永元妖魔化，因为崔永元认为转基因会给人类带来不利的影响。用“转基因的崔永元”，可以说，崔永元也“变质”了。

琛炜说：

这是对崔永元比较委婉的批评。作者想表达，崔本来不是这样，但自从关注转基因之后，变得有点奇怪了。意思是说，崔永元在转基因议题上的看法较为偏激，但本来不该如此，作者这种批评委婉一些。

浩田说：

我觉得转基因不一定是坏掉了，转基因是让生物有了新的性状。这种表达只是听起来比较有趣而已。

小晨说：

我读起来认为不是贬义。转基因是一个很有争议性的话题。加到崔永元的名字前，表示崔永元在这个议题上，也是具有争议性的人。

桥孜说：

我们知道，崔之前的身份，是比较有地位的媒体人，比较受人尊重。在这个议题上崔用了比较粗俗的语言，应该是有什么隐情，是在一个特定语境发生的事情。通过这样的标题，作者想说这不是正常情况下的崔永元，引导读者进入新的语境，用不一样的角度来解读崔永元。

梦灵说：

我觉得标题挺讽刺，不觉得是委婉的告诫。这不是说转基因有问题，像刚才同学说的，崔是新闻专业的人，但一碰到转基因，很多做法和其一贯的做法就不一样了，这是一种讽刺。

---

① 陈汝东：《新兴修辞传播学理论》，北京大学出版社 2011 年版，第 15 页。

② ［古罗马］西塞罗：《论公共演讲的理论》，《西塞罗全集·修辞学卷》，王晓朝译，人民出版社 2007 年版，第 93 页。

而我自己原来对这个标题的看法则是:前面说“其实这不是崔永元”,是表达对这位优秀新闻人职业贡献的尊重。当我要表达对他的看法时,总难免因此犹豫,惋惜他不知走到哪里去了。“其实这不是他”,可能表达的是:在转基因问题上,他背离了一个优秀新闻人应有的品质和尊严,背离了自己,背离了那么多尊重他的人。

我还与同学们讨论了一篇学生评论习作的标题《有一种冤叫“大家觉得你很冤”》。这篇评论评的是一位大学生因盗卖燕隼被判处10年半徒刑而引发的舆论争议。

我问同学们:

这个标题与论点的关系是什么?它的修辞效果如何?

我之所以问第一个问题,是因为这个标题并不像是一个明确论点的标题,但是似乎也能从中感受到作者的观点倾向。

小璇说:

作者想说的应该是其实他不冤。

我问:

你为什么有这种判断呢?

小璇说:

因为大家觉得你很冤,大家可能是被一些事情蒙蔽了。

荣荣说:

我想起网上有一个说法叫“有一种冷叫你妈妈觉得你很冷”,这个标题应当是套用那个表述。你妈妈觉得你很冷,其实是她的主观揣测,我觉得这个标题是强调了公众的主观感受,说公众不够客观。

小璐说:

我觉得这个标题一眼看上去就挺吸引人的,就很像刚刚荣荣说的,仿拟了“有一种冷叫你妈妈觉得你很冷”。但仔细去看的话就会觉得这个标题特别绕,“冤”这个字本身就含有几方的意思:一方对一个事件有一定的误解,第三方看到后认为很冤。这个词与“冷”还不一样,“冷”只是个人的主观感受,但“冤”就至少有三方在里面,如果把“大家觉得你很冤”作为标题就会特别绕。

淑斌说:

媒体的报道可能隐瞒了一些确实的细节,然后导致公众觉得这个人很冤。在修辞上我觉得应该是有复用的,但有没有仿拟我看不太出来。

仁亿说:

我觉得这个标题与复用可能还有一点点差别,刚刚的《“帮助非洲”帮助自己》中,“帮助”的意思很明确。但在这个标题里,“冤”包含了我们对司法的不了解,我了解的可能也不是很全面,但我觉得这个评论说的是司法判决是没有问题的,从真正的法律专业的角度来说他并不冤,但很多网友看到这个事的第一反应是觉得他冤。这两个"冤"和"帮助"还是不太一样的。

梦灵说:

我也想起了"有一种冷叫你妈妈觉得你很冷",所以现在的这个标题就很亲切、很吸引人。作者是用诙谐活泼的方式总结一个论点,他的结论其实是"不冤"。

"有一种冷叫你妈妈觉得你很冷",这话我没听过,感到很有意思。如果是这样的话,那么这个标题还包含另一种修辞格:仿拟。我感到,仿拟是大量修辞"再创造"的发动机。

而正是因为人们在"有一种冷叫你妈妈觉得你很冷"的体验中早已确认了"并不是真的冷",那么,《有一种冤叫"大家觉得你很冤"》这个标题的语义,也就不难理解了,那就是作者并不认为判得冤。

从后面讲到的"互文性"(intertextuality,亦译文本间性)的层面上看,"有一种冷叫你妈妈觉得你很冷"与《有一种冤叫"大家觉得你很冤"》正是一种"互文性"关系。后者脱胎于前者,是一种再创造,而前者则帮助人们理解后者。

而我是这样分析这个标题中蕴含的倾向的:这个案例涉及司法判断。而司法判决的标准只有两个:一个是事实,另一个是法律,即"以事实为依据,以法律为准绳",从来没有以"大家觉得冤不冤"作为判决依据的,所以作者并不认可其冤。或者说,作者写下这个标题,并不在意当事人是否被冤枉,而只是探讨一个核心问题:社会公众对这个判决的反应有没有道理,或者为什么会有这种反应。该标题虽然并没有明确表达论点,但暗示出了论题。

这位同学在文章中确实写道:

最近大学生抓 16 只鸟获刑 10 年半的案件引起舆论争议,多数网友认为这个案件量刑过重。但如果仔细阅读河南省辉县市人民法院的判决书,很容易就会发现这两个大学生并不冤。笔者认为,多数网友觉得这两名大学生冤主要还是媒体叙事的偏差和公众的代入感所导致。

后面,我还介绍了"互文性"在评论标题中的使用效果,告诉大家课后可以阅读我的《以"互文性"拓展评论标题的表意空间》[①]这篇文章作为参考。

比如,2004 年 9 月 3 日《华尔街日报》的一篇社论,对布什政府的一项教育法案提出批评,该法案为《不让一个孩子落后法案》(No Child Left Behind Act)。社论则把这项法案用于标题中:《有些孩子落后了》(*Some children left behind*)。

---

① 载于《新闻与写作》2011 年第 1 期。

无独有偶,2009 年 10 月 30 日《纽约时报》也有一篇社论:《夏威夷的孩子落后了》(*Hawaii's children, left behind*)

在我那篇文章中没有提及的一个比较"极端"的互文性案例是 2012 年凤凰网评论频道"自由谈"的一篇文章《应当重视电影〈武训传〉的解禁》。

我之所以说比较"极端",是因为这个案例中"互文"的那个文本,在座的同学几乎不可能知道,因为这部电影被禁的时候,我自己都还没有出生呢。

作者有意使用了 1951 年 5 月 20 日《人民日报》上毛泽东批判《武训传》文章的标题《应当重视电影〈武训传〉的讨论》的句式,使了解这一段历史的读者平添了一种历史的感慨。

但是,婧怡同学很快就提出了一个问题:

这种情况下传播效果是否会受到一定的影响?因为能理解作者这种苦心的人其实比较少。包括对其他的一些"梗"的使用,比如说《不让一个孩子落后法案》,如果我不了解这个法案,其实可能会出现两种效果:一种是我觉得这个标题很费解,还有一种是我觉得这个标题很有意思,我想去看一下文章。这种效果是双面的。这个标题我觉得就会给传播效果带来一定的影响。

我其实在《以"互文性"拓展评论标题的表意空间》中就触及了这位同学的问题:

具有"互文性"修辞的标题,对于读者来说,一般具有两个意义空间。第一层空间,就是文字本身体现出的意义,大多数读者应当都可以理解。而第二层意义空间,就是其所"接通"的另一个文本的意义空间,则需要读者自己具有那个"文本之外的文本"的知识经验。

针对同学的疑问,我又补充了一句:任何文本都有"语境"。所谓语境,就是理解这个文本含义所需的信息和知识。一个文本有意识地与另一个文本"互文",这类似于古代诗文的"用典",自然丰富了理解它的语境。这时,作者应当尽可能做到:使读者在并不了解"另一个文本"的条件下仍然可以理解"这一文本"的基本含义。

和同学一起挑评论语言中的 BUG

2015-12-23

昨天的评论课讲完了"评论的语言"一讲,仍然集中于短小语段的分析评价,既涉及语言规范问题,也涉及修辞创新。

语言规范问题,包括代词使用时的指代不清。

比如:

全世界的交通管理都有一个共同的价值取向:减少事故,特别是人身伤亡;也都有另一个共同的价值取向:提高效率,使人们宝贵的时间更少地耗费在路上。红绿灯一身而承担两种价值,尽管它们常常是一对矛盾。

这样写有什么问题吗?可以怎样修改?

小沫说:

这个“它们”指代的应该是前面提到的避免事故和提高效率这两点,但是“它们”与指代的东西相隔比较远,而且作者中间又提到了“红绿灯”,会让人觉得指代不明晰。可以换成“二者”,因为作者前面提到了两种价值,后面再说尽管“二者常常是一对矛盾”,就会比“它们”的效果要好一些,也可以再次重复一下前面提到的两种价值。

小麦说:

可以肯定“它们”是一对矛盾,因为提高效率要求快,而减少事故要求慢。我觉得想要让别人看得清楚,每个句子之间必须要有承接性,可以把“它们常常是一对矛盾”往前放。

这其实是我自己写过的一篇文章①中的一段。我自己曾经将其修改为:

全世界的交通管理都有一个共同的价值取向:减少事故,特别是人身伤亡;全世界的交通管理也都有另一个共同的价值取向:提高效率,使人们宝贵的时间更少地耗费在路上。红绿灯一身而承担两种价值,尽管安全与效率常常是一对矛盾。

我实际上是重复了“安全与效率”,而放弃了使用代词。

再比如:

这种可能有一些悲观色彩的反思和质疑,当然不足以否定新闻工作者把报道的真实性当作一个职业追求的目标,但它足以让我们警醒:在我们新闻传播的每一个环节上都尽可能为自己和受众留出发现虚假、回到真实的可能和线索。

这样写有什么问题吗?可以怎样修改?

璐瑾说:

我觉得“它”指代的应该是“反思和质疑”。

晓瞳说:

我不知道可不可以直接把这个“它”字删掉,上文提到“当然不足以……”,在这里就说“但足以……”。

这两位同学看得准。

---

① 《“取消信号灯”离我们有多远?》,《北京青年报》2006年11月27日。

这其实也是我曾经写过的文章①。我是这样修改的：

这种可能有一些悲观色彩的反思和质疑，当然不足以否定新闻工作者把报道的真实性当作一个职业追求的目标，但这样的反思和质疑足以让我们警醒：在我们新闻传播的每一个环节上都尽可能为自己和受众留出发现虚假、回到真实的可能和线索。

我用“这样的反思和质疑”，替换了简单的代词“它”。虽然仍然使用了指示代词，但是重复了“反思”“质疑”，实际上是用增加冗余的方式强化了前后半句的连接性。因为这个句子确实比较长，词语抽象度又比较高。

美国一本高校学生写作指南介绍了使用代词可能产生的指代不清的问题及其解决方案：

使用“这个”和“那个”也会有危险。作者自己清楚“它们”指的是什么，并不总能让读者也清楚。尤其是当“这个”和“那个”所指代的先行词语并不是一个单词甚至一个短语，而是用一个完整的句子或段落表达的意思的时候。

因此，有时候最好不把这些代词当作名词来使用，而是把它们当作更准确地修饰主语的形容词来使用，这样可以更为准确反映它们指代的内容。比如：“这个事实”“这种危险”“这个真相”。这样，指示代词仍然可以连接前面的句子，便就不会造成令人迷惑的危险了。②

还有语法关系不当的问题。一位同学在习作中写道：

看到社会各界人士奉献的爱心，让人总算为这位“硬汉”松了一口气。

此句的主语是谁？

洁垚说：

我觉得可以把“让人”改成“人们”。

嘉懿说：

我觉得可以把“看到”删掉，然后让“社会各界人士奉献的爱心”当主语。

——这两个方案都不错。

再看同学习作中的这样一句有什么问题——

第三，作为医护人员，有责任将患者平安放在担架上，而不是找理由说因为车门太窄就不顾患者能否有行动能力，让患者在极度疼痛的情况下自行上车。

小羽说：

还是没有主语，把“作为”删掉就好。

---

① 《新闻报道要有自己的叙事规范》，《新闻与写作》2013 年第 12 期。

② T.S.kane(1983).*The Oxford guide to writing: A rhetoric and handbook for college students*, p.118.Oxford University Press.

——没错，我们经常会错误（多余）地使用“作为”。

还有另一个案例：《男人休产假是权利还是责任》

作为一项权利，男性产假满足了男人的家庭需求；作为一项权利，政府和用人单位应该为男性休产假提供制度性的保障，而不是仅把它当成一种额外的恩惠或奖励；作为一项权利，男人可以休产假，也可以放弃不休。而作为一项责任，男性产假就意味着男人也应该分担生育后的照顾劳动；作为一项责任，男性产假体现的是男性为产妇和婴儿应尽的付出；作为一项责任，只要有产假，男人就应该尽量利用它来做好父亲和丈夫，而不是以“工作忙”为由忽视自己的家庭义务。

之君说：

我觉得这个问题主要是主语不清，有“男性产假”“政府和用人单位”“男人”三个主语。

小瑶说：

我觉得不仅仅是主语不清这个问题，我觉得这三个主语中有两个用得不对。“男性产假”可以作为一项权利，但是“政府和用人单位”“男人”是不能作为一项权利的。

我说：

你把“作为”和主语之间的关系看得很严谨。

昕玥说：

刚开始的时候作者还很清晰，将“男性产假”作为一项权利，而之后就出现了混乱，变成了“政府和用人单位”作为一项权利。

玮琪说：

我觉得后半段，“男性产假作为一项责任”的那一部分，作者列出了三个方面，而这三个方面有一些重复，而且仔细看作者后面表达的意思也是包含关系，三个方面都是在讲男性要为家庭付出。

小旭说：

我看不出这一段的价值取向到底在哪儿。前面说作为一项权利，后面说作为一项责任，把这个责任抬得这么高，前面却说作为一项权利可以休也可以不休，那如果不休的话，不就把抬得这么高的一项责任给扔了？

我回应说：

我的理解是作者想要强调后者——责任不能放弃。

而我自己此前的看法是：

“作为”引起的状语与几个分句的主语不搭配。因为“作为”在逻辑上也是有主体的——谁“作为”？——自然是“产假”，它与分句的主语不搭配。它们应该是同一个主体。

修改方案：

把几个分句的状语各自改成："把产假看作一种权利""把产假看作一种责任"。这样，"把……看作……"的逻辑主语在两句中分别为"政府"和"男人"。这与分句中的主语就搭配了。

此外还有并列不当的问题——既包括并列的事物并非同级、同类，也包括用来表达并列的语言手段（连词、标点）使用不当。

比如：

中国在亚洲的地位，北有俄罗斯，东有韩国、朝鲜、日本，西有喜马拉雅山山脉，东南面临台湾问题、钓鱼岛争端，南面面临着南沙群岛的问题。

这一句有什么问题吗？

馨艺说：

应该把"地位"删掉。

昭君说：

作者说北有俄罗斯，东有韩国、日本、朝鲜，这些是国家，而后面又讲到西有喜马拉雅山脉，南边有南沙群岛的问题，这些宾语都是不同类型的。

亚男说：

我觉得是可以的，因为这些宾语针对的都是同一个主语，也就是中国，中国北有什么什么，西有什么什么，都面临着争端。

策旭说：

第一个同学说的把"地位"二字去掉，好像语法上就通了，但这句话就没有意义了。我觉得作者实际想说的是中国在亚洲四面都面临一些国际争端，所以他直接说矛盾和问题就好了，西边不是有喜马拉雅山的矛盾，应该是中印有矛盾。

小沫说：

我觉得这句话应该分成两个部分，前面所说的俄罗斯、韩国、朝鲜、日本是纯地理位置的：中国在亚洲处于哪些国家中间，包括喜马拉雅山也可以暂时归到这一类。而台湾问题、钓鱼岛争端讲的则是中国面临的挑战。所以将这一段拆成两句就可以了，前面讲的不是地位，而是地理位置，后面再讲问题和争端。

静阳说：

我也觉得用"地位"显得不是特别贴切，因为评价一个国家的国际地位，一般我们会从经济、文化、政治或者其他领域来分析，而如果说的是地理位置就不涉及"地位"这个概念了。

婧怡说：

我觉得刚刚那位同学说得很对，我想作者的确是想说中国目前在亚洲面临的国际局势是怎样的,如果把“地位”改成“国际局势”,把日本、朝鲜、韩国后面加上“等邻国”,山脉那块应该去掉,或者像之前那位同学所说的改成中印问题。

小蝶说:

大家的关注点在于“地位”,我关注的地方是分号和逗号的用法。作者一直在使用分号,而分号应该谨慎使用,而且我曾经听老师说过,顿号之后用逗号,逗号之后用分号,而作者在顿号之后直接使用了分号,这是不对的。

斌成说:

我觉得这段文字主要想论述中国目前的国际形势,作者是想从地缘政治、国际问题,尤其是领土争端问题的角度去阐述,所以我觉得分成两句话会更合适。

搭配不当的问题——既包括一般陈述语句中主、谓、宾语的不搭配,也包括修辞性语句中本体与喻体的差别引起的词语搭配不当。

不同的词汇搭配,既有人们在习惯上长期使用而接受的固定组合,也有在心理上、事理上的合宜性。这虽然不属于语法问题,不是正确与错误的问题,但仍需要尊重语用习惯。

比如,同学习作《别让孩子与村庄一同消失》中的一段:

10日,贵州毕节4名儿童在家中服农药自杀的悲剧为这个本就惨淡的6月再添一朵愁云。经历了2012年5名儿童在垃圾箱内烤火取暖身亡的毕节,又一次因为留守儿童处在了舆论旋涡的中央。

课堂上,同学们都没有看出有什么问题。我在作业评阅中写道:

这个长长的定语,虽然有利于简略交代当下事件的背景,但说一个城市“经历”几个孩子“取暖身亡”,确实感觉有一些不搭配。

尽管“经历”这个动词有着似乎更宽泛的搭配性,但它对于描述城市来说,仍然有着“拟人”的隐喻限度。比如我们可以说城市“经历”灾难或某种危机,也可以“经历”几个孩子的死亡所带来的舆论风波。但直接说“经历”几个孩子的死亡,则似乎超出了原来隐喻的关系限度,除非“经历者”不是一座城市,而是这些孩子的亲人。

课上还讨论了以下案例:

案例1.《别急着说开除,先给“失信”定个性》:

“园丁”这个职业存在的意义,就是为了修整那些没按“既定轨道”生长的植物,通过对它们一次次地美化而将之“带入正轨”。曾几何时,“园丁”也被用以指代老师,但如今这些“园丁”们,恐怕想要“修剪”前,还要问问“规定”同不同意了。

芳宁说:

植物不应该是按“既定轨道”生长的,只有列车可以说按照既定轨道行驶。

俊杰说：

“既定轨道”和植物搭配不当。

案例 2.《警惕“网络水军”绑架网络民意》：

“网络水军”是我们走向网络文明必须要克服的一个拦路虎、一堂必修课。“网络水军”的存在是对所有网民的一种历练，在尝到了“被操纵、被利用、被忽悠”的滋味之后，迫使我们认真反思自己面对网络上漫天而来的信息的心态，找回通往理智和真相的路径。

这一段有什么问题吗？

小楚说：

“克服”一词用得不当。“克服拦路虎”本来就有点怪，“克服必修课”肯定不搭配。

除了搭配不当问题之外，有的同学还看到了语法问题。

浩田说：

第一句主语是网络水军，第二句前一分句的主语也是网络水军，但后面“在尝到……之后”主语明显不是网络水军了，前后主语不一致。

小锰说：

把“迫使我们”，改成“我们不得不”。

此后，我们还一起讨论了一些影响表达效率的长句子。它们主要是定语过长——把一个完整意义的陈述作为一个句子中主语的定语，无疑加重了理解的负担。

案例 3.《27 块钱一杯咖啡，贵不贵？》

近日央视所曝光的星巴克用 4 元的低成本售卖定价为 27 元的拿铁咖啡，并与之相一致的中国地区高利润的报道引起网上哗然一片。

韩露说：

“并与之相一致”不知道在说什么，是在说成本与之相一致，还是说报道？表述不清晰。

桥孜说：

第一是搭配不当，即“曝光”与“报道”不搭配，曝光的是一个事件而不是报道；第二是定语太长，可以先说事件引起了哗然，然后说成本太低。

子茉说：

我觉得句子顺序有问题，应该是“星巴克用 27 元的定价售卖 4 元低成本的咖啡”，因为“4 元的低成本”是客观的，不能说“用 4 元的低成本”。

梦贤说：

我不同意桥孜的观点。文中曝光的就是后边的事件，“曝光”与这个事件共同作为报道的定语,报道之前有个“的”字。此外,韩露说看不懂“并与之相一致”,我觉得作者的意思是说,“这个销售模式与中国地区的高利润是有关联的”,但这种陈述方式使因果关系不大明显。

案例 4.《“骑车送女”背后的社会情绪》

倒是通过此事件反映的社会心态,包括公车消费与管理问题,公务员应该常葆什么是荣什么是辱的价值观,以及社会对热点事件的是非判别标准及由此引发的舆情,是值得研究的。

这一句有什么问题吗?

昭君说:

“倒是通过此事件反映的社会心态,包括公车消费与管理问题”,我觉得这句话很不清楚,前面是社会心态,后面是消费与管理问题。

璐瑾说:

感觉作者所说的“是值得研究的”前面一块很不清楚,不知道什么是值得研究的。

淑斌说:

没错,因为“是值得研究的”前面的东西太长、太多了,有心态、有问题、有价值观。

小麦说:

我觉得当你说它“包括”,可以有很多问题,这样不要紧。可是你要尽量把句子讲得简短些,不要让别人看不懂前面要表达什么。

小婧说:

这句话乍一看,主题应该是“通过此事件反映的社会心态是值得研究的”。但社会心态后边包括的一堆插入语,我觉得应该是解释社会心态的,但公车消费与管理问题等并不是社会心态了。

——这是看得准的。

我此前只是把这个案例看作一个定语过长(包括插入语)的问题,但实际上还存在一个“包括不当”的问题。我们在说“包括”的时候需要注意:事物之间的关系,即被“包括”的事物是不是同一性质?是不是真的“包括”?

对“人称”的分析可以揭示什么

2020-5-12

昨晚的线上评论课,我接着讲“评论的语言分析”。第一个环节讲到评论中人称代词的使用及其不同的效果。这是一个微观的、可能不引人注意的因素,但它在评论中普遍存在。

这堂课的收获，不仅体现在同学们在课程微信群中精彩的即时发言，更体现在我今天一早看到的邮件——昨天深夜一位同学传来了3000多字的作业——《雷斯林文章中的人称效果分析》。这篇作业集中分析一篇文章中复杂、细微的人称效果，敏锐地把握了在一个敏感的争议性话题的写作中作者运用不同人称的微妙用意；揭示出在人称这样一个微观的语言因素的选择中，作者与不同受众的关系，以及人称选择助力说服的微妙动机。

我由此再次感到，研究生的评论课，其效果可能就在于老师提供一种分析的示范或者对研究的启迪。

“评论的语言分析”用了两次课才讲完。这一讲的作用，主要是引导同学们从特定语言因素观察和分析评论的效果，并在这个过程中介绍（批判性）话语分析方法，以及介绍相关的研究案例。

也就是说，对评论案例作品中那些微观的语言因素分析，是这门课接近新闻“实务”的内容；而介绍从语言学角度研究评论作品的相关论文，则是这门课接近“研究”的内容。这也就是“新闻评论研究”作为一门基于实务的研究生课程，在“评论的语言分析”这一讲中要实现的平衡。

对评论中人称使用的效果分析，就像是对评论中转折连词的分析一样，都是从微观的语言因素着眼，考察影响评论的社会性因素，比如社会变迁中的评论的主体（尤其是机构主体）与受众关系的调整，以及作者在写作中的不同心态和对传播语境的默认。

这看似是一个很小的入口，但语言学方面的研究有成熟的范式。实际上，影响当代世界语言学基本范式的系统功能语言学（或言“系统功能语法”），就是从人的社会关系的角度来揭示语言现象和语言的内在规律的。而你、我、他，你们、我们、他们，以及不使用人称代词（而使用机构名称和职务）的现象，反映的正是不同时代、不同语境中人的社会关系。它们在不同的社会背景和不同语境中，各自有着不同的内涵、外延和不同的使用效果。

比如，第一人称复数“我们”，看似简单，但下面这两篇论文就专门考察了“我们”在几十年的较长周期和十年的较短周期的使用情况。

在《我国政治话语体裁中人际意义的变迁——基于〈人民日报〉元旦社论的个案研究》中，作者写道：

1968年的元旦社论对社会主体的称名使用第三人称复数“各级领导同志、各革命组织”，机构权威拉开了与公众的权势距离。而2005年元旦社论中使用“我们”，凸显了平等关系。1968年元旦社论大量使用机构组织或表示类属的称名，即使用第三人称复数的形式，而2005年则没有这样的用法。从这一角度说，

2005 年元旦社论更凸显了平等关系，而 1968 年元旦社论更多体现了权势不对称关系。①

在《简析〈人民日报〉新年献词（2007—2017）的话语表达》中，作者写道：

不仅是题目，还有文章内容，十年间每一篇新年献词都使用第一、二人称表述，比如“我们面前有困难，更有战胜困难的信心和办法；我们征途上有风险，更有应对风险的经验和力量”。通篇用“我们”这类词极大地拉近了传者与受者的距离，将二者置于同一个信息场中，传播的方式是平行的，信息传递更加直接，使读者与媒体站在同样的位置，形成面对面人际传播的格局，读者也就更易于接受献词中所表达的观点，更容易使读者产生共鸣，在传播过程中凸显传者身份，达到更好的传播效果。②

在汉语中，“我们”的外延其实是不同的：其中一种是“我+我”，即与“我”属于同群体的多数；另一种是“我+你”，即把交流的对象包括进来。③

有语言学家谈到：

在某些语言中，第一人称代词的复数（“我们”）是两个不同的单词：一个“我们”既包括了说话者，也包括了说话的对象；而另一个“我们”为说话者传递的意思是“我和其他人，但是不包括你”。④

2004 年 6 月 18 日《新京报》社论《我们为什么反对“禁乞”》和 2020 年 4 月 1 日《环球时报》社评《美国只要专注抗疫，就能避免最坏情况》中提及的“我们”，都是“我+我”的简单外延，表达的是一个边界清晰的媒体立场。以下是《环球时报》社评：

现在到了美国团结国内和国外所有力量对抗新冠病毒的时候。中国刚刚经历了最困难的时期，作为中国的一家媒体，我们向华盛顿提一些中国社会普遍谈论的建议。

这样的使用方法，从更长的周期观察，其实并非从来如此，因为这至少显示了一家媒体以社论的形式独立承担一种言论责任的姿态。这在全国许多地方报纸每天出报都要向《人民日报》“对表”的年代里（我在 20 世纪 80 年代刚进报社工作时亲眼在夜班总编室见过），是不可能出现的，如今也并不普遍。

而这种“我们”的使用给我最深印象的一篇，是获得 1927 年美国普利策新

---

① 载于《广东外语外贸大学学报》2006 年第 2 期，作者：黄莹。

② 载于《新闻研究导刊》2017 年第 2 期，作者：李文杰。

③ J.Fahnestock & M.Secor（2004）.*A rhetoric of argument*：*Text and reader*（3rd *eds.*），p.117.McGraw Hill.

④ ［德］汉斯·约阿西姆·施杜里希：《世界语言简史》（第二版），吕叔君、官青译，山东画报出版社 2009 年版，第 240 页。

闻奖社论奖的《我们认为》①。它几乎全篇充满“我们”,表示了一家报纸对一个死刑判决不同见解的坚定立场,令人动容。

刚刚获得2020年普利策社论奖的系列社论中的一篇,也有同样的表述:

监狱医疗中心是私营机构。本周一,约翰斯顿说,县委员会将在1月1日年度协议终止之前审核与其订立的合同。他说,委员会的责任也就到此为止。

我们不同意这个说法。这是安德森县的合同及其具体规定。安德森县有责任对它们进行监督,以确保承包商在履行官方授权的服务中符合宪法。②

而另外一种“我们”的外延,就很不相同了:不仅把“你”加进来了,而且可能把“他们”也加进来了。

当论证中出现“我们”的时候,作者与读者就被一种友好的方式结合在一起了。“我”所潜含的自以为的感觉和“你”所潜含的盛气凌人就被作者和读者之间的认同感代替了。

当你的论证试图建立一种作者与读者共有的价值和假定的时候,使用“我们”是聪明的做法。当说到“我们”的时候,你就是在提醒读者你与他们共同有的那些信念。③

这样的“我们”所要实现的效果,就是向读者暗示我们共同拥有某些观点或信念,潜在地消除可能的质疑。它差不多就是北京人口语中的“咱们”——显得近乎。

“我们”这个词语在实际语用中大可玩味。第一人称复数本身就暗示了一种人群关系。它的两种大小不同的外延,我猜测一定是在实际语用中策略性地产生的。

一个较近的案例是《今日美国》在新冠肺炎疫情期间发表的一篇文章,对疫情期间一些美国人我行我素的自私行为进行了道德心理学的分析。

其主标题是:我们的自私威胁着人的生命。如何面对新冠病毒做出道德选择?其副标题是:为什么人们在疫情期间做出自私的行为,不顾给他人造成风险?道德决策的科学可以帮助我们做出更好的选择。

这篇文章的第一段写道:

在今天的世界,一个简单的抉择都充满道德意味。我是否应该在咳嗽的时

---

① 参见[美]沃尔特·李普曼、詹姆斯·赖斯顿等:《新闻与正义》Ⅳ,展江主译评,海南出版1991年版,第622—626页。

② Death without conviction:Commissioners need answers on jail death,*Palestine Herald-Press* 2019-06-24.

③ J.Fahnestock & M.Secor(2004).*A Rhetoric of Argument:Text and Reader*(3rd *eds.*),pp.117-118. McGraw Hill.

候去上班？我是否应该赶在一位矮小的老妇人之前抓起超市货架上最后一瓶洗手液，尽管她排在我的身后？

值得注意的是，文章在标题中使用了第一人称复数，并在第一段使用了第一人称单数。这可能与这个话题的批评性有关。这些人称的使用，是降低读者不愉快感的语言手段。

我讲到这个案例时，还介绍了一本研究文集中的两篇论文。其中一篇写道：

研究还表明，社论在传递权力和权威的同时，也表现出一定的参与策略。第一人称代词 we 的使用就是一个很好的例子。作者往往运用第一人称复数形式来试图与读者建立一种关系，试图说明社论作者与想象的读者一起表达观点，进而把读者拉到建构的话语社区中。①

我读这篇论文，感到它是典型的语言学论文。因为它虽然是“以《中国日报》社论为例”，但它并不研究《中国日报》社论在新闻传播语境中的发展变化；相反，它把《中国日报》社论当作一个任意选择的、典型的、静态的语言材料标本，用系统功能语言学的分析方法，来揭示语言中普遍存在的“人际功能”和社论语言中普遍存在的权力关系。

此外，这类语言学论文之所以倾向于研究社论，是因为社论作为一种权威性的语篇，典型地体现了系统功能语言学及批判性话语分析所揭示的权力关系。

与此相较，我在前面列举的《我国政治话语体裁中人际意义的变迁——基于〈人民日报〉元旦社论的个案研究》虽然也是语言学领域的论文，却更接近新闻传播研究的问题。

这是为啥呢？——我抛给同学们一个问题。

很快，我就在微信群中看到了同学们的回答：

贤成说：

因为前面那篇论文侧重于研究传播这个过程，探讨传播中意义的编码和解码，而不仅仅是语言本身的功能。

小雪说：

分析《人民日报》的这篇是在历年文本的基础上，分析语言的动态变化，这个变化便是在传播的过程中发生的。相对于分析单篇社论，这篇“意义的变迁”在分析为什么变化的时候，便可以分析传播背后层层的影响因素。

雪莹说：

是因为前面那篇文章研究的是“变迁”这一过程吗？传播因素会影响到政

---

① 刘立华、郭金英：《权力话语的语篇建构——以〈中国日报〉社论为例》，刘立华：《评价理论研究》，外语教学与研究出版社 2010 年版。

治话语体裁中人际意义变迁的结果。而这一篇论文只是把社论作为静态的研究文本,不牵涉动态的传播。

丁振球说:

根据老师PPT上放的段落,关于《人民日报》元旦社论的那篇论文重点研究人称代词的变化:从“各级领导同志”到“我们”所体现的权力关系的动态变化,这个变化与媒体报道方针的变化有关;以《中国日报》为例那篇重点在于阐明语篇建构权力的静态规律。

雯涓说:

前述以《人民日报》为例的那篇论文更侧重从对《人民日报》的长期研究中找到话语体裁中人际意义的变迁,其研究所依据的历年《人民日报》元旦社论的内容与新闻传播脱不开关系。

而以《中国日报》社论为例的论文更像是从社论文本中寻找支撑依据,换个文本内容可能也会起到相似的作用。

贤成同学还补充说:

我本科是语言专业的,感觉同样是研究新闻媒体,语言学和传播学的论文气质就很不一样。语言学更注重研究方法和研究设计,看起来比较规整,不会做太多延伸;传播学更加注重问题本身,对问题讨论扩展得比较多。

嗯,我们新闻系的研究生来自不同的本科专业,跨专业的知识结构可能形成了他们不同的视野。贤成同学的话其实暗合了我在这里提出这个问题的用意,这是一个涉及研究选题的问题:针对同一个对象(语言现象),不同学科有着不同的侧重点和延展方向。我们新闻学科的同学们应当从其他学科中吸收特定专业的研究规范和方法,同时要紧扣新闻传播来研究自己的问题,只有那些反映传播的主体或受众(以及传播方式)发展变化的问题,才是我们这个学科自己的问题。

在“我+你”的意义上使用“我们”,运用得特别集中且给我印象特别深的,还有媒体人张丰2018年发表于上海著名自媒体“冰川思享库”上的一篇针对“冰花男孩”的文章,其结尾写道:

我们帮了他一次,我们的爱心一次性付清了,但是他却必须用一生来偿还。我们帮他融化了头上的冰雪,却也为他打造了一个牢笼。我们不知道他是否满足(标准答案必须为“是”),但是,毫无疑问,我们自己满足了。我们被自己感动了。

请原谅,我从来不赞成写文章用“我们”,但是这一次,我确实希望“我们”能够反思。①

① 张丰:《我们帮冰花男孩融化了头上的冰雪,别又为他打造一个牢笼》,“冰川思享库”2018年1月23日。

以及更早的2009年湖北评论人刘洪波针对云南蒙自警察持枪杀人案的一篇文章的结尾：

……剥夺生命的刑罚令人痛苦，每一个剥夺生命的刑罚几乎都意味着至少两起非自然的死亡。一个是死刑犯造成的恶案，一个是法律审判的结果。也许可以深思死刑的意义，但如果不是这样，而仅仅争议一起开枪杀人案的判决，那么我看不出这种争议有何必要。请时时记住，我们在一个没有废除死刑的国家，我们都是没有枪支的人，我们可能无法避免与人冲突，但仍然不想被杀死。①

对于前一篇文章的人称使用效果，我们班上的一位同学心怡在微信群中分析说：

冰花男孩的问题：将“我们（施者）”和“他（受者）”明确划分为两个群体，强调两个群体在生活水平、社会地位等各方面的差距，暗示双方不平等的权力关系，从而批评“我们”作为高权力感群体“施予”“自我感动”的姿态。

而对于后一篇，我提示同学们注意：作者在最后一句中连续使用“我们”，有“复用”的修辞效果——不仅是强调，而且在节奏上容易促成情感的上升。此外，这种“我们”的使用，不仅在心理和情感上把大多数普通人集合在认同自己观点的倾向上，而且与潜在的“他们”（持有枪支的执法人员）形成划分。作者暗示：我们要站在自己利益的一边，我们的观点要符合自己的生命安全。

这就是《论证的艺术：文本与读者》（*A Rhetoric of Argument：Text and Reader*）这本书揭示的效果：

由于论证的总体目标是使读者与作者达成认同，就像同一群体的成员一样，所以使用“我们”总是聪明的选择。②

《今日美国》前天一篇文章的标题、副标题都突出使用了第一人称复数的第二种用法。

主标题的大意是：应对新冠病毒首先要做的是开启“我们的”眼睛和心灵。

副标题的大意是：像新冠病毒这样一种传染病，不可能被封闭在穷人社区之中。只要有人感染，“我们”就都处于患病的危险之中。

（*A coronavirus to-do list for the pandemic and beyond：First，open* ***our*** *eyes and hearts.*

*Communicable diseases like COVID-19 can't be quarantined in pockets of poverty. As long as anyone has it，**we**'re all in danger of getting it.*）

这样使用的“我们”，特别适合疫情之下的人类群体——无论贫富。

---

① 刘洪波：《蒙自杀人案判决争议什么》，《南方都市报》2009年4月16日。

② J.Fahnestock & M.Secor（2004）.*A rhetoric of argument：Text and reader*（3rd *eds.*），p.119.McGraw Hill.

至于第二人称——“你”(你们)的使用效果,我引用了美国《得梅因纪事报》近日的一篇评论:

Now we reach a point where you need a COVID-19 test, a ventilator, or some other public good. Can you just take the money you saved and run out and buy what you need? Nope. Bezos still can. But you can't. And the government cannot provide it, because it had to make cuts. See how this works?①

得梅因是美国中部艾奥瓦州的首府。这是艾奥瓦州约翰逊县的县长在《得梅因纪事报》发表的一篇评论。文章认为:几十年来共和党人的减税政策损害了美国公共卫生体系,它使得美国人民在新冠肺炎疫情暴发的情况下得不到足够的检测器和呼吸机等医疗设备:“你”因减税而省下的那些钱,在这个时候买不起“你”需要的医疗服务和设备。

文章交替使用了第一人称复数和第二人称。“你”指的是读者——普通的纳税人;而“我们”则采用了第一人称复数的第二种用法,即把自己包含其中,因为疫情是所有人共同面对的。

此外,前面使用“我们”也会减少后面“你们”可能让人感到的对立感。

《论证的艺术:文本与读者》(*A Rhetoric of Argument: Text and Reader*)一书中谈到,置于开头的“你们”常常会产生一种“引发注意”(attention-getting)的效果。我觉得,这与人的心理作用有关,哪怕文中的“你”与自己无关,也会自动触发心理反应。

但在语用中,“你”的使用效果更为复杂一些,它往往还有“将心比心”“设身处地”的心理提示效果。有一些效果,我自己在准备案例时并没有分析到,但在昨天上课的过程中,被同学们的发言揭示出来了。

比如,2019年12月6日凌晨,北京铁路局两名员工凌晨作业时遭高铁撞轧身亡,据媒体报道,原因是“车间内的一名干部用微信群发送推迟上线作业时间命令后,没有确认作业班组回复命令,导致了命令漏传”。② 一篇微信公众号发表的评论开头写道:

你是否也有这样的经历:临近下班,发现工作群出现“@全体成员”和“99+”的“收到”;回到家中,领导微信私戳你再完成一份报告;午觉醒来,一个新的群聊已经建立,组长在群中分配好了每个人的任务并督促开工……借由微信这一平台,工作正全面进入我们剩余的生活。

---

① We got to this point with coronavirus with short-term thinking, and it will cost us, *Des Moines Register* 2020-4-16.

② 《北京铁路局两名员工凌晨作业时遭高铁撞轧身亡》,《新京报》2019年12月8日。

这样的进入已导致灾祸……①

而两年前那个街头偶发的夺刀杀人事件引发的舆论争议中，一篇自媒体评论《你是好人，别站在文身哥角度看问题》，则从“你带着一身疲惫下班，骑着电动车，行驶在自己的车道上”开始，全文用一个一个的“你”将读者锁定在那位后来被确定为“正当防卫”的当事人的身心体验和作者所设置的立场倾向之中。

对于这篇文章中“你”的使用效果，课堂上同学大都认为是使读者感同身受，增强了代入感，提高了说服效果。但海滢却认为：

“你”也有一点点“绑架”的感觉，好像在说“你是好人，所以你应该完全支持于某某”。几乎没有人会拒绝自己是好人的赞词，但是，是一个好人不一定不能讨论当事人是否防卫过当的问题，作者用修辞直接捆绑这两者，我觉得也不太利于这个事情的讨论。

这是所见甚深的。我理解她的意思是：从尊重读者选择，促进公共讨论深入的角度来评价，不仅那些可能引起心理抵触的语言方法是不适当的，而且那些可能限制人们思考和表达的语言方式也是不适当的。

海滢同学揭示的是——仅凭词语代替论证，以影响他人态度的努力及其实现的可能性。这其实正是修辞的效果。而发现并揭示这种效果的能力，正是来自批判性思维及文本分析经验。

观点写作，在创新中建立新的文体默契

2020-7-14

前不久，我应《中国记者》杂志之约写了一篇涉及当代新闻评论发展状态的文章，梳理了自己近年来对新媒体条件下评论作品的一些印象和思考。

可能与别人的敏感点有所不同，我作为评论教员内心深刻地感到：新媒体条件下的写作，尤其是基于网络自媒体的写作，对原来业界与学界默认的评论文体边界和规范都产生了一些冲击，而我们许多年来以主流媒体评论作为范本的评论教学体系尚未在整体上做出调整和回应。这次约稿至少给了我一个机会，使我有机会对评论文体本身以及自媒体写作对评论的贡献做一下整体的表述。我在文章中使用“观点写作”而回避使用“新闻评论”这个词，反映的正是当下自媒体多样化的写作对原来文体边界的冲击，以及我对创新现象积极、开放的态度。

---

① 《命令漏传致员工遭高铁撞亡：过度依赖微信的工作将与生活两败俱伤》，红网论坛 2019 年 12 月 12 日。

“新闻评论”据说本来就是传统媒体条件下有着教学背景的概念①，要用它来描述当代中国公共言论空间多元化的丰富图景，是有一些勉强的。在由互联网创造的多元化的传播结构中，公共表达的各种写作式样、议题、作者和读者，在传统媒体、新媒体和自媒体广阔的空间中是平行地生存发展的。只有当它们在一些热点议题上交集之时，才可以大致置入“新闻评论”的观察框架。

新的传播条件是创新的土壤和推动力量。网络公共表达的多元化和自媒体传播的激烈竞争推动了包括观点写作在内的公共写作创新，它们也往往突破了原来人们对新闻评论文体的默认值，实际上可能动摇了长期以来传统的媒介体系和教学体系共同默认的文体边界。

尽管传统媒体整体上保持的巨大体量及其日常发表的评论作品仍然在一定程度上维持着新闻评论基本的文体共识，我们也仍然可以把它们当作典型的教学案例，但这宁静海湾之外的壮阔波澜，则是文体样式更为丰富的作品，人们并不关心它们属于什么文体，它们却同样影响人心。它们也像大海的洋流影响海湾的水波一样，对新闻评论的文体边界形成某种扰动和压力。至少从事教学的人已经感受到了。

如今，我们面对的可能不仅是一般意义上的、任何时候都会发生的写作创新，而是在传播渠道、传播格局变革基础上的文体观念的变革。我作为新闻评论教师、新闻评论传统经验的传承者，一方面不免感到困扰，另一方面也应当以开放的胸怀观察新的传播条件下的写作创新，并在此基础上思考观点传播的规律。而变动正是我们深入思考规律的机会。

一、哪些因素影响着文体创新

人们通常是在传播的意义上谈文体创新的。新闻评论的问题当然不仅是传播的问题、文体创新的问题。新闻评论的主要价值仍然是为公众提供认识价值。但文体创新也可能会为提高作品的认识价值提供更大的空间，比如，更丰富的认识资源，以及长周期的、更深远开阔的视野。这是我们特别关注文体创新的原因。

面对互联网条件下的写作创新，我越来越感到：所谓评论写作的文体规范，可能无非是在一定传播条件下作者与读者之间长期形成的默契，无非是在纸媒的有限版面和传统媒体的体制约束之下的长期写作和传播中形成的惯例。尽管在这样的写作中存在一些观点表达的传播规律，比如，在有限空间之内有效率地表达的规律。

---

① 四川大学评论教师张玉川老师在其《新闻评论学》第一章第一节中专门对“新闻评论”概念源流进行了考索。

但如今,互联网在很大程度上改变了传播条件,这样的默契也在被打破,或者说作者与读者在创新中正在建立新的默契。

那么,被互联网改变的传播条件都有哪些呢?

首先改变的是作者和读者。写作主体与接受主体的变动①,是文体变革的重要因素。

互联网和自媒体创造了新的言论作者和言论读者。也就是说,在以往有限的机构媒体是唯一表达空间的条件下,议题的有限性、写作规范的门槛和发表机会的稀缺,实际上长期挡住了一些潜在的观点表达者,以至于他们甚至不知道自己有观点表达的冲动和创造性表达的能力。而这种表达冲动和表达能力只有在门槛更低、更为自由的空间中才会自我发现。

专业人士群体在自媒体时代进入公共表达空间,也是影响文体规范的一个重要因素。

其实,早在20世纪90年代末国内许多报纸开设的言论版和专栏就已经吸引了一批历史学、经济学和法学的学者——他们根据媒体需要从学术角度阐释公共问题。只是到了自媒体时代,专业群体才以更为独立、更为自觉的姿态进入观点写作的公共领域,在热点问题、争议性议题上形成影响舆论的力量。比如,商业媒体“丁香医生”(“丁香园”)在医患纠纷、疫苗安全等热点事件议题中表现突出——这种反映医护职业立场和专业视角的自媒体还有多个,它们在2020年新冠肺炎疫情期间更是头角峥嵘。而“知识分子”微信公众号则在成为舆论热点的学术规范议题上显示出专业的认识层次。

自媒体条件下公共议题的专业性写作,对观点写作规范的影响也更为深刻。它们逐渐把一种接近科学规范的论证方式和更有专业特点的论据形式(比如数据图表和文献引注)置入读者与观点文本的默契之中。2016年8月,上海自媒体“冰川思想库”(“冰川思享号”)发表龙树的文章《王宝强公布妻子出轨,算不算侵犯隐私权?兼答曹林、沈彬》,其中引述了若干法学、法律界人士的观点及不少专著、论文。这在传统的纸质媒体上是不大可能的。评论文章中的数据图表和文献引注对于专业的读者来说,是其获得认同的规范性标志;而对于看不懂数据图表和不去注意文献引注的“外行”读者来说,它们则是一种修辞效果——向读者展示作品的科学态度和可靠性。

这种专业化的形式特征也体现在不少商业媒体的评论中,如腾讯网“今日

① 自21世纪以来,新闻理论界已经把受众看作新闻传播活动的主体,因此有“双主体”之论,主要是强调受众对传播内容和方式的积极影响。参见郑保卫:《当代新闻理论》,新华出版社2003年版,第123页;杨保军:《新闻理论教程》,中国人民大学出版社2005年版,第72页。

话题”团队化操作的长篇评论,凤凰新闻客户端荣誉主笔唐驳虎在从中印边境摩擦到新冠病毒源头的多个领域的热点话题评论等。它们共同在互联网—自媒体评论普遍的修辞化倾向(网络“段子”是其典型)之外,为评论写作置入了严肃的专业化倾向。它们也自会开发出自己的读者。这其实是当代观点写作的进步因素,即理性成分的收获。因为它们提高了读者对观点的理性期待,展示了理性的标准和形式。

在当代互联网传播格局中,这种公共话题的专业化倾向是有其社会基础的,因为互联网社交平台已经形成了若干集聚着专业知识爱好者的网络社区——他们既是公共观点领域新的作者,也是新的读者。

一些传统媒体人进入自媒体,也有不俗的创新实践。

《南方都市报》原评论员宋志标办过一个微信公众号“旧闻评论”,它更多地体现了舆论分析的专业视角,这是传统媒体评论的一个缺项。它满足了受众通过一文了解舆论整体面貌的需求。具有这种特点的写作,此前主要是徐达内团队的“媒体札记”。只是宋志标的“旧闻评论”更具有源流辨析和专业批判的色彩。这种舆论分析的评论倾向,对“光明网评论”微信公众号这样的传统媒体所办新媒体也有影响。

曾任《广州日报》国学专版编辑的刘黎平(“刘备我祖”),则与同类作品的其他作者一起,在自媒体上开创了一种仿拟古代“史传”风格,评述当代热点事件的“史记体”。

曾任新华社记者的王晓磊(“六神磊磊”),则选择以“读金庸”的独特方式直接评论热点事件。

在借助、接通历史语境和文学语境写作之外,还有“短史记”这样从历史钩沉的角度间接呼应热点话题的写作样式。

他们都从不同的途径扩大了观点表达文体的文化含量,同时拓展了观念表达的受众。

关于写作样式的新的默契,也产生于传统的约束条件的改变中。比如报纸版面的约束条件,长期以来其实潜在地塑造着评论作品的形态——使人们默认一篇评论大约应有多长篇幅。版面的条件也约束着评论论证的方式——包括论据的形态。尽管早在清末的《新民丛报》和《国风报》上,梁启超的时评作品就经常插入数据图表作为论据①,但此后媒体评论中却很少有这种论据,这可能主要是由于纸媒版面的约束。而如今在新媒体评论中,插入图表甚至视频都已是常

---

① 马少华:《论梁启超后期评论风格的变化——兼论梁启超对新闻评论形式演进的贡献》,《国际新闻界》2008年第11期。

态。这些新的植入因素，必然会对文体形式产生影响。

2017 年 4 月间发生在驻马店的一起交通事故中，一女子在斑马线中间站立时被汽车撞倒，由于没有得到及时救助，又遭后来的汽车二次碾压，最终不治身亡。一篇《驻马店车祸，真正的凶手是他们！》①的微信公众号文章着眼于还原事件的具体过程，指出对面汽车的远光灯才是悲剧的根源。文章插入了当时的监控视频作为直接的论据，又在文末调动了一些远光灯导致的交通事故作为论据。这种直接插入到文本中的视频论据，具有交由读者感性去做出判断的直接效果，这显示了移动互联网和自媒体时代的评论能够实现以往平面媒体在这一类特定的论题上难以企及的论证效果。

二、稳定存在的约束性条件

那么，互联网，尤其是自媒体的观点写作，是不是就完全没有规范或规律可言呢？

其实也不见得。这是需要细致审辨的。如果说，传统的物质条件的约束潜在地影响了观点写作的一些规范的话，那么，在那些物质条件的约束已经消失的情况下，还有哪些约束性条件稳定地存在呢？

我觉得，至少，人的注意力是永恒的约束性条件，即人的注意力是永远的稀缺性资源。这无非是因为，人的生命时长是永远的稀缺资源，读者将其珍惜地分配到一篇公共话题的文章（而不是消遣性作品）上，自然会"精打细算"。大众传媒时代新闻工作者创造的"倒金字塔导语"，即把新闻事件最有价值的要素提炼到开头一段的特殊结构，正是符合人们对注意力资源"精打细算"的文体规范，它们的作用是提高表达和传播的效率。而"读者要求作者尽快地提出自己的论点"的评论文体默契，也正是因为"时间太少，生命太短"②。难道到了互联网—自媒体时代，人的寿命会变得更长吗？

人们之所以感到目前自媒体写作似乎不再遵守那些"表达效率"的文体规范，可能有三个原因：

一是新媒体—自媒体读者的"分众化"，使得特定读者与特定媒体有着比大众传播关系更稳定的关系。这种稳定的关系使得作者对读者的忠诚阅读更有信心，以至于不大担心因为表达效率较低而失去读者。何况自媒体凭修辞创造的宽容度也可以在一定程度上抵消表达效率的不足，即在一定程度上作者可以用更有吸引力的表达方式来代替更有效率的表达方式。

二是因为自媒体作者可能缺乏传统的文体训练，尽管这也使他们在表达方

---

① 载于 2017 年 6 月 12 日"政经瞭望"微信公众号。

② R.W.Jones(1930).*The editorial page*,pp.128-129.NY:Thomas Y.Crowell Company.

式的创新上更为勇敢和自由。

三是因为微信公众号文章是一种主要依靠社交媒体平台传播的观点写作，其作者可能并不像传统的大众传播媒体的作者（和编辑）那样直接把读者默认为“不确定的陌生人”，因此感受到的表达效率的压力可能要轻一些。

但是，在不同层次上实现满足感的观点写作，要想实现超越社交线索的广泛传播，毕竟要面对“不确定的陌生人”。传统大众传媒以“不确定的陌生人”作为前提的效率性规律也必然会形成潜在的约束，只是这个过程可能会随着自媒体向专业化的发展逐渐自觉。

“自媒体”本身是整个传播结构变化过程中的一个相对性的概念。它的发展趋势是在多元化表达、多层次满足基础之上，形成比传统媒体结构更为多元的专业化媒体，也许在那时它们才会更为自觉地遵从更广泛传播的规律。

上海的“澎湃新闻”是由报纸媒体整体实现网络传播转型的新媒体，可以说它已经完全没有“纸”（版面）的约束，哪怕是心理上的约束。但是，其品种丰富的评论作品仍然在互联网特征与传统媒体特征之间保持着微妙的平衡。这种平衡，可能正是出于专业媒体对观点传播基本规律的把握。

后　记

我的《开放的评论课堂——新闻评论写作教学》第一辑出版于2015年，其中选编了自2006年至2014年间以评论课为主的教学日志。尽管当年得到学院资助将其出版，但我自己对它并没有多少信心。这本书后来作为“以网络教学日志拓展评论教学”的成果作品，获得了2017年北京市高等教育教学成果奖二等奖，算是得到了一种普遍的肯定。自那以后，我继续写作教学日志，一直到这本《新闻评论写作教学：开放的评论课堂（第二辑）》出版，我也就此结束了20年教学生涯。

这就是说，在互联网上公开分享给学生的教学日志，差不多覆盖了我教学生涯的四分之三。这是互联网给我的机会，是互联网对教学的增益。

那些在每次课后写作的教学日志，它们的教学价值在当日传播之后就已经实现了。如今将它们选编出版的价值在于：尽可能从当时具体的、特定的教学价值中提炼出评论教学中普遍的认识价值，形成系统性的认识结构。

因此，我为这本书确定的选编原则是：

一、全部选录2015年第一辑出版以后的教学日志，或那以后的与评论教学相关的文章，共70篇。

二、将本科生评论课、硕士研究生评论课以及“论证与修辞”“论证与辩论分析”等选修课中与评论内容相关的教学日志按评论教学自身的逻辑统一编目，以显示在同一个问题上的认识拓展和深化。

三、对教学日志文本一般只删不增。删减的是原教学日志在当时的教学进程中具体的教学信息，以突出一篇教学日志的核心问题和普遍问题。只对少数当时无须解释，事后却看不明白的案例补充背景说明。

四、尽可能精简教学日志中引用的案例文本，仅摘录其中可以说明问题的部分。有的只做概述而不录原文；可以在网络上检索到的作品案例，只注明发表的媒体和时间，或只列标题，以节省篇幅。

五、尽可能对教学日志中的学术性引文做来源注释，以方便读者拓展阅读。这是教学日志以往没有的信息。

六、为使全书更能体现评论教学系统的完整性，将我同期发表在《新闻与写作》杂志“少华评论课堂”专栏中的少数文章也编入本书。这些专栏文章产生于课堂讨论和教学思考，也保留了一些课堂信息。

我在教学的不同阶段，以不同形式记录下来的思考，都是围绕新闻评论的思维和表达规律的，将它们纳入同一个认识结构，尽可能实现“融会贯通”的效果，是本书的一个特点。

我从 2006 年 3 月起开始在搜狐博客上写作教学日志。《开放的评论课堂——新闻评论写作教学》（第一辑）选录的大部分教学日志都是在搜狐博客上写的。如今，搜狐博客已经关闭了浏览服务，本书选录的教学日志主要是我近年在自己的微信公众号“少华读书”上发布的。

因为新冠肺炎疫情，去年研究生的评论课和“论证与修辞”选修课都是在网上进行的。但这一点儿也没有影响同学们的课堂参与热情，一点儿也没有影响师生之间的交流和交流促进的思考。虽然那些同学我大多数都没有真的“见过”，但疫情期间的教学日志写作，却比以往更多。这个经历值得回味，它也似乎印证了网络对教学的助益。

在这个纸面的“课堂”上，有不同班级、不同学校的近 200 位同学发言；我引用或提到的书籍有 70 余种；课上提到和用来分析、讨论的案例作品上百篇（其中包括一些学生习作）。

在这本书收录的一篇写于 2016 年的教学日志《法律、公道与“圆圈”，孟德斯鸠啥意思？》的最后一段，我写道：

我从来认为：交流促进思考。而作一个老师，我最主要的交流对象，正是学生们。在这一堂课上，虽然因为时间的关系，我们对孟德斯鸠的这个案例没有展开生交流，但幸好有互联网，幸好有微信群，它使我们师生终于在课堂之外实现了在这个问题上的交流，也使我对这个案例和问题的思考更深一步。

感谢同学们！

——这就是我出这本书要表达的想法和心意。

为了我 15 年的教学日志，为了我 20 年的教学生涯，我永远感谢那些走进我课堂的学生——无论是在线下，还是在网上。

2021 年 6 月

为收集对教材的意见建议，进一步完善教材编写和做好服务工作，读者可将对本教材的意见建议通过如下渠道反馈至我社。

咨询电话　400-810-0598

读者服务邮箱　gjdzfwb@pub.hep.cn

通信地址　北京市朝阳区惠新东街4号富盛大厦1座

　　　　　高等教育出版社总编辑办公室

邮政编码　100029